A Garland Series

THE RENAISSANCE AND THE GODS

A Comprehensive Collection of Renaissance Mythographies, Iconologies, & Iconographies, with a Selection of Works from The Enlightenment

Fifty-three Titles in Fifty-five Volumes Including over 2,900 Illustrations, Edited with Introductions by

STEPHEN ORGEL

The Johns Hopkins University

FABULARUM LIBER

Basel 1535

Hyginus

Garland Publishing, Inc., New York & London

1976

Library of Congress Cataloging in Publication Data

Hyginus, mythographer.
Fabularum liber.

(The Renaissance and the Gods ; no. 6)
Reprint of the 1535 ed. published by Herwagen, Basel.
Contains the Fabulae and the Astronomica of Hyginus, mythographer of the 2d cent., works traditionally attributed to C. Julius Hyginus. Contains also De fabulosis narrationibus by Palaephatus; Mythologiae and De vocum antiquarum interpretatione by F. P. Fulgentius; Phaenomena by Aratus Solensis; and De sphaera by Proclus Diadochus.
Includesindex.
I. Hyginus, mythographer. Astronomica. 1976.
II. Hyginus, C. Julius. Fabulae. III. Hyginus, C. Julius. Astronomica. IV. Title. V. Series.
PA6445.H8A6 1976 873'.01 75-27848
ISBN 0-8240-2055-3

Printed in the United States of America

Notes

The earliest collected edition of the works of Hyginus, Roman fabulist and astronomer, traditionally (but almost certainly erroneously) attributed to the 2nd century scholar C. Julius Hyginus, together with a group of other early works on the mythology of the stars and constellations. The volume was compiled by Jacobus Micyllus (Jacob Möltzer, 1503-1558), Professor of Greek at Heidelberg, friend of Melanchthon, translator of Lucian into Latin and of Tacitus into German, and editor of Ovid, Martial, Lucan, and Boccaccio's *Genealogia Deorum*.

We reproduced the Bodleian copy, shelfmark Byw. F.2.11.

S.O.

cum altero, hoc est, cum fortuna uirtus cõiuncta ac sociata fuerit, egregium ac singulare quiddam elucere, ac tum demum εὐδαιμονίαν illam, quam in hac uita quærimus, omnibus suis numeris absolutam ac plenam esse. Proinde cum superiore anno genealogias deorum, perinde ut à Bocatio ante annos aliquot collectæ fuerant, hortatu amici nostri Ioannis Heruagij relegissem, & easdem ab innumeris mendis, quibus æditio prior inuoluta atq; obruta erat, castigatas excudendas dedissem: atque idem nuper alium quendam uetustum ac manu scriptum codicem, in quo per capita eadem res, atq; idem argumentum ab Hygino (sic enim inscriptus liber is erat) tractabatur, uisendum & quoad eius fieri potest, emendandum quoque & restituendum dedisset, ego quia non paruam aut contemnendam laboris partem in eo opere posuissem, uideremq; librum illum qualemcunque studiosis adolescentibus non inutilem aut ingratum fore, uolui laborem hunc meum excellentiæ tuæ clariss. Otho dedicare, tuiq; nominis auspicio in lucem prodire. Simul ut eo munere commendatum me tibi facerem, simul ut esses, cuius tanquam præsidio ac patrocinio quodam liber hic, & hæc studia nostra ab iniuria aliorum atque indoctorum hominum defenderentur. Vt enim amuleta quædam infantes, ex quorum collo suspensa sunt, contra inuidiam ac fascinationem malorum tueri credũtur, ita confido eos quoq;, qui tuum huic libro præfixum nomen ac titulum legent, à carpendo & obloquendo citius absterreri posse. Neque uero dubito, ne non animo lubenti ac grato munus hoc nostrum accepturus sis. Tametsi enim plane exiguum ac leuidense, ut uulgo dicitur, uocari queat, quid enim aliud quàm fabulis, ijsq; uetustis ac obsoletis constat: ab eiusmodi tamen animo profectum ac datum est, qui tibi studio ac uoluntate sua merito probari debet. Nã si Artaxerxen illum magnum Persarum regem pomo, quod ab homine rustico dono oblatum acceperat, ideo oblectatũ esse memorant, quod, quæ propria & prætiosa maxime habuerat, ille donasset, has quoque fabulas eodem nomine commendatiores tibi esse decet, ut quæ & ipsæ possessionum mearum propriæ maxime, & tanquam ex fundo nostro profectæ sunt, quibusq; ipse cognoscendis ac percolendis meliorem anteactæ uitæ partem fermè collocarim. Quanquam etiam si uel ad ipsum librum, uel ad operam, quam in castigando sumpsimus, aspicere uoles, ea quoq; non paruum commendationis pondus habent. Est enim hic autor, ut quidem non ita purus atque elegans, adeo ut in quibusdam parum etiam latinus uideri queat, ita uetus tamen, & à reliquis Hygini scriptis, quæ quidem ad nos peruenere, non omnino absimilis aut abhorrens: præcipue autem utilis ijs, qui in humanioribus hisce studijs multum ac diligenter uersantur. Ex hoc enim non pauca quæ tum apud Ouidium, tum apud alios plerosque poëtas minime hactenus, aut certe perperam intellecta sunt, intelligi & explicari tandem

posse

NOBILI AC GENEROSO DO. OTHONI TRVCHSES à Vualburg, Spirenſis eccleſiæ Canonico, Domino ſuo, Iacobus Micyllus S. D.

CVM pro humanitate, nobiliſſ. Otho, qua tum, cũ primum in conſpectum tibi ueniſſem, abs te acceptus fui, eximiam quandam de tua excellenti uirtute ſpem cõcepiſſem. Ex eo iam diu cogitare cœpi, quo pacto eidem tibi, ita ut dignum erat, itaq; ut meritus eſſes, commendare me poſſem. Nam cum ubiq; plurimum prodeſt eorum hominum fauorem ac gratiam emereri, qui quod genere ac opibus reliquis præſtant, eo aliorum ſtudia atq; conatus prouehere poſſunt: tum hoc tempore in primis circumſpicere omnes nos merito decet, ut contemptis & profligatis hiſce noſtris ſtudijs, patronos ac defenſores idoneos paſſim paremus. Adeo enim loci (ſiue hoc ira deorũ aliqua, ſiue noſtra potius culpa factum eſſe dicendum eſt) præclaræ illæ literæ, & à ueteribus ſolæ humanitatis uocabulo prædicatæ iterũ reciderunt, ut ſi unquam magnorum atq; potentum hominum auxilio opus habuerũt, hoc certe iniquiſſ. tempore, illorũ opem maxime implorare uideantur. Atq; ea quidem tum eruditio, tum uirtus tua eſt, ut non merito omnia illa quæ à ſummo atq; optimo quoq; expectari debent, de tua præſtantia ipſe mihi pollicear. Qui primum eo genere natus, atq; ijs imaginibus clarus es, ut nemini ſuperiorum, aut etiam priſcorum hominum nobilitati facile cedas. Deinde autem tanta cura ac diligentia in bonis literis iamdiu uerſatus & exercitatus es, ut quod ad ueram ac ſolidam uirtutem attinet, id omne labore ac ſtudio tuo tibi compararis. Ex qua re etiam eo maiorem laudem conſecutus es, quod diſcendi laborem, quem pleriq; ueſtrorum hominum contemptu, alij autem ignauia etiam quadam declinant ac uitant, eum tu in tanta generis atq; maiorum claritudine ſuſcipiendum ac perſequendum tibi putaſti: Et, quod raro iſta ætate contingere uidemus, cum ſummo genere ſummam doctrinam coniunxiſti. Cæterum ut in excellentibus picturis etiam colorum ſplendor & harmonia, gratiæ non parum addit, totumq; ipſum argumẽtum & artificis uirtutem illuſtriorem quodammodo reddit: Ita ipſam uirtutem quoque uidemus, ſi cum generis ac uitæ nobilitate coniuncta, & externis illis fortunæ dotibus illuſtrata ſit, neſcio quo pacto excellentiorem ſimul & admirabiliorem uideri. Non enim Stoici, opinor, illi audiendi ſunt, qui ut nudam omnino per ſe uirtutem ſpectandam eſſe, ita externam fortunam, ut nihil ad parandam illam conferre, ſic etiam nocere ſæpenumero, & ob id reijciendam eſſe contendunt. Quorum doctrina ut ab Ariſtotele, ac alijs quibuſdam iam olim confutata atque exploſa eſt, ita mihi certe uidetur, imò & exemplis quotidie comperimur, ubi utrũq; horũ

AVTORES QVORVM TESTIMONIO HYGINVS utitur, ſunt hi.

Aratus.
Amphis.
Aglaoſthenes.
Anacreon.
Aeſchylus.
Aſclepiades.
Alexander.
Ariſtonicus ſiue Ariſtomachus.
Cleoſtratus Tenedius.
Callimachus.
Cicero.
Conon Samius.
Diogenites Erithiacꝰ.
Eumelus Corinthius.
Eratoſthenes.
Euripides.
Euemerus.
Eubulus.
Heſiodus.
Homerus.
Herodotus Mileſius.
Hegeſianax.
Hegeſias.
Heraclides Ponticus.
Hermippus.
Iſter ſiue Hiſtrus.
Leon.
Mnaſeas.
Muſeus.
Ouidius.
Parmeniſcus.
Pherecides.
Petellides Gnoſius.
Panyaſis.
Polyzenus Rhodius.
Pyſandrus.
Pindarus.
Philarchus.
Sophocles.
Soſitheus tragicus.
Thales.

QVIBVS FVLGENTIVS VTITVR.

Antidamas.
Apuleius.
Auſonius.
Apollophanes.
Antiphon Philocrus.
Artemon.
Anaximander Lampſacenus.
Anacreon.
Ariſtoxenus.
Anaſimenes.
Ariſtoph. Athenæus.
Affricanus.
Battiades.
Beatinius augur.
Bebius Macer.
Corn. Tacitus.
Calphurnius comicꝰ.
Criſpinus.
Callimachus.
M. Cornutus.
Cincius Alimetus.
Diophantes Laced.
Dauid pſalmiſta.
Dromocrides.
Democrites.
Demoſthenes.
Euxemenes.
Epicharmus comicus.
Euripides.
Ennius.
Felix Capella.
Q. Fabius Lucullus.
Fonteius.
Feneſtella.
Galbius Baſſus.
Homerus.
Hermes triſmeg.
Heſiodus.
Iuba.
Iuuenalis.
Lucanus.
Lucretius Comicus.
Leophantes Heracleopolites.
Labeo.
Liuius.
Mintanor muſicus.
Memor tragicus.
Mnaſeas.
Menander.
Meliſſus Euboicus.
Martialis.
Mariandes.
Manilius Cræſtus.
Numa Pompilius.
Nicagoras.
Neuius.
Ouidius.
Orpheus.
Plautus.
Paccuuius.
Paminatius.
Petronius Arbiter.
Piſander Phyſicus.
Porphyrius.
Plato.
Rubrius.
Rutilius Geminus.
Succius comicus.
Syrophanes Aegyptiꝰ.
Serapion Aſcalanites.
Salamon.
Soſictates Cizicenus.
Soſides Atticus.
Sutrius comicus.
Steſimbrotus Thaſius.
Tertullianus.
Terentius.
Thales Mileſius.
Theocritus hiſtoricus.
Theophraſtus.
Tages.
Tyberianus.
Varro.
Vergilius.

QVIBVS ARATI COMMENTARIVS VTITVR.

Amphis comicus.
Agatoſthenes.
Aglaoſthenes.
Artemidorus.
Ariſtomachus.
Amphianus tragicus.
Ariſtoteles.
Antiſthenes.
Anaximander.
Archibius.
Crates comicus.
Callimachus.
Cæſar.
Diodorus.
Eratoſthenes.
Euripides.
Epimenides.
Euſchemis.
Herodotus.
Heſiodus.
Homerus.
Iſidorus.
Muſeus.
Mnaſeas.
Nigidius.
Ouidius.
Philo comicus.
Pammaſis.
Philiſtus.
Periandrus Rhodius.
Pherecides Athenæus.
Sophron.
Sophocles.
Soſitheus.
Varro.
Vergilius.
Zenodotus.

C. IVLII

HYGINI AVGVSTI

LIBERTI FABVLARVM LIBER, AD OMNIVM poëtarum lectionem mire necessarius & antehac nunquam excusus.

EIVSDEM POETICON ASTRONOMICON, libri quatuor.

Quibus accesserunt similis argumenti.

PALAEPHATI de fabulosis narrationibus, liber I.

F. FVLGENTII PLACIADIS Episcopi Carthaginensis Mythologiarum, libri III.

EIVSDEM de uocum antiquarum interpretatione, liber. I.

ARATI ΦΑΙΝΟΜΕΝΩΝ fragmentum, Germanico Cæsare interprete.

EIVSDEM Phænomena Graece, cum interpretatione latina.

PROCLI de sphæra libellus, Graece & Latine.

INDEX rerum & fabularum in his omnibus scitu dignarum copiosissimus.

BASILEAE APVD IOAN. HERVAGIVM
ANNO, M. D. XXXV
MENSE MARTIO.

posse uidentur, multaq; hic plana iam atq; expedita reperias, quæ dudū magnos atque eruditos quoq; uiros uarie ac misere torserunt. Quam quidem ob rem, sat scio, Grāmatici nostri nō minus sibi mox applaudēt, quàm gemma aut margarita aliqua pretiosiore inuenta, negotiatores interdū gestire solēt, ut possis uel eo nomine gratulari tibi, quod sub tuo titulo, hominibus ijs, quales te amare scio, & quorum studijs ipse quoq; interdum oblectaris, tantum mox gaudij atque uoluptatis parietur. Præcipue cum ipse quoque poëticis rebus, ut audio, deditus ita sis, ut nonnunquam ad exemplum ueterum carmen aliquod cum multa laude componas. Et quanquam non ausim affirmare, omnino eum Hyginum hūc esse, cuius A. Gellius noctiū Atticarum libro primo, capite 21. mentionem facit, quem ipse quidem commentaria in Vergiliū edidisse tradit. Volaterranus aūt, etiā cum eo qui temporibus Quintiliani uixit, librosq; de re Astronomica quatuor illos (siue is unus potius perpetuus dicendus est) quos eodem hoc uolumine, & ipsos longe quàm antea emendatiores, cum reliquis eiusdem generis scriptoribus coniunximus: itemq; alium Grammaticōn, hoc est, de rebus castrensibus inscriptum reliquit, eundem esse arbitratur, propterea quod & Plinius Hyginum quendam crebro citat: & fieri frequenter solet, ut eodem nomine plures appellentur: multa tum uerisimilia concurrunt, quæ me ad dubitandum impellunt. Nam & ipsum opus eiusmodi est, ut hominem grammaticum, & Græcorum imitantem facile agnoscas, & quod ad dictionem attinet, uideas illum cum cæteris Hygini scriptis omnino similem ac parem esse. Interdum etiam ipsas loquendi formas uelut inde repetitas præ se ferre. Huc accedit, quod in Astronomicorum opere ipse Hyginus genealogiarum à se scriptarum meminit, quarum certe aut fragmenta hæc, aut epitome, à studioso aliquo ex illius libris excerpta & abbreuiata uideri potest. Porrò quantum laboris in emendando ac restituendo illo obeundum atq; adeo exantlandum nobis fuerit, uel hinc coniecturam facere licet, quod primum ipse liber (qui beneficio excellentiss. D. Ioannis Vueyer Augustani, Frisingensis ecclesiæ Canonici, ac M. Io. Chrumeri Canonici apud diuum Andreā Frisingēsem, Notarij integerrimi, necnō & Viti Chrumeri ibidē bonas literas non sine laude docentis, nobis communicatus est, quibus & sua gratia debetur, quod studia promouere, si qua datur occasio, non negligūt) is inquā liber, externis ac Longobardicis notis scriptus erat, in qua tamen re nonnihil adiuuit nos is, qui prior illum latine describendum ceperat, cuius nos exemplum principio ceu filum quoddam secuti sumus. Deinde quod ipsa uerba pleraq; inter se ita impedita ac perturbata erant, ut alia nobis diuidenda, alia alijs abolenda: quorundam principium cum fine præcedentium, & rursum præcedentium quorundam finis cum principio sequentis coniungendus esset. Vt omittam, quàm multa uetustate obliteratā, expuncta atq;

corrosa fuere, quorum alia, æstimationem & coniecturas secuti restituimus, alia, ubi certum aliquid quod sequi possemus non erat, prorsus intacta reliquimus. Omnino autem nihil de quo non certo uel ex Græcis uel ex Latinorum poëtis constaret, immutatum, aut loco motum est, adeò ut in quibusdam etiam diuersam lectionem, iuxta alteram atque priorem adnotasse satis putarim. Nón enim mihi placet quorundam emendandi ratio, qui omnino temere, & ut quicq; posse uidetur, continuo mutant, aliaq; subinde pro ueris ficta supponunt. Quibus ut nihil aliud, illud certe acceptū referre debemus, quod plerosque autores minùs integros & mutilatos magis habemus. Hanc igitur operam nostram, Nobilissime Otho, si quod spero, grato animo acceperis, & illud utiq; facies, ut quod iam inde à principio optaui, tibi cōmendatus ut essem, hinc iam consecutus esse uidear & hoc quoque addes, ut ad reliquas horum studiorum partes deinceps capessendas & persequendas, alacriorem me reddas. Vale.

INDEX.

IN OMNES QVI HOC VOLVMINE continentur autores,

INDEX.

Ambiguæ

Apollo cur

Ascrea

B

Blanna,

Cebryones.

Cynosse-

L

Mene-

N

Parthenia.

Phyllitis

Prosery Serpens.

Temenus

FINIS.

FABVLARVM HYGINI PER CAPITA INDEX.

Arion.

FINIS.

LOCORVM QVORVNDAM EMENDATIOR LECTIO.

Pag. 13. linea 4. *Alcmenæ*. 30. *filio*. 38. *Oenomati*. 39. *à Pisis*. 16. 42. *in ahenum*. 17. 23. *&* *regi*. 37. *forte legendum atrotos pro Atropos*. 45. *gessisset*. 18. 15. *stercus bouile* 21. 7. *inuentam in monte*. 28. 2. *Pelopen*. 30. 46. *per uinum*. 36. 31. *cum Pisade*. 37. 7. *Ad Electram*. 41. *ut caueret*. 41. 20. *Polyidus*. 36. *quæ in tiliam uersa est*. 42. 31. *sorore sua*. 43. 1. *ex Inacho & Argia* 10. 44. 24. *altissimus*. 45. *Zetus & Amphion ex*. 45. 19. *ex Leodoce*. 22. *ex Creusa Erichthei filia. quanquam alij Procrin Erechthei filiã huius uxorem, ipsam uero Creontis Corinthiorũ regis filiã faciunt*. 27. *Linus ex Vrania Musa, Aristeus ex Cyrene*. 65. 35. *stellæ*. 67. 4. *ad eum*. 11. *antarcticos*. 71. 31. *fugæ*. 28. *pauperie*. 72. 19. *labyrinthi*. 73. 12. *sibi dij restituant*. 75. 2. *Aeschylus* 80. 4. *Hesiodus*. 82. 22. *ab hostibus*. 105. 33. *mentionẽ fecimus*. 116. 47. *hoc pacto*. 117. 24. *atq; naturæ*. 139. 5. *Soluerat*. 32. *cæsaries*. 141. 3. *Homerus*. 148. 2. *posuere. quasi* θεριναίων. 152. 48. *reserare*. 155. 10. *Stesimbrotus Thasius*. 35. *Sicinium Dentatum*. 161. 24. *& noni à musis. ut Homerus:*

C. IVLII HYGINI AVGVSTI LIBERTI FABVLARVM LIBER.

EX CALIGINE CHAOS:
Ex Chao & Caligine, Nox, Dies, Erebus, Aether.
Ex Nocte & Erebo fatũ, senectus, mors, lethũ, continentia, somnus, somnia, id est, Lysimeles, Epiphron, Dumiles, *Porphyrion, Epaphus, discordia, miseria, petulantia, Nemesis, Euphrosyne, amicitia, misericordia, Styx, Parcae tres, id est, Clotho, Lachesis, Atropos, Hesperides, Aegle, †Hesperie, Aërica.

Ouidius Morphea, Icelon, et Phantasum appellat.

Ex aethere & die terra, coelum, mare.

Ex aethere & terra, dolor, dolus, ira, luctus, mendacium, iusiurandum, ultio, intemperantia, altercatio, obliuio, socordia, timor, superbia† ingultum, pugna, oceanus, Themis, tartarus, pontus et Titanes, Briareus, Gyges, Steropes, Atlas, Hyperion, & †Polus, †Saturnus, Ops, Moneta, Dione, Furiae tres, id est, Alecto, Megera, Tisiphone.

Hae, Hespertusa & Areusa ab alijs dicuntur.

egestas. polus.

Ex terra & tartaro. Gigantes, Enceladus, †Coëmse, Lentesmophius, Astraeus, Pelorus, Pallas. *Emphitus, Phorcus, Ienios agrus*Alemone*Ephialtes, † Erylus, Effra*Corydon, *Pheomis, Theodamas, Othus, Typhon, Polibœtes. Menephiarus, *Abseus, * Colophomus, Iapetus.

*Caeus * Ophion fortassis, de quo Orph. apud Apolloniũ li. 1*

Eriolas.

Ex ponto & mari piscium genera, Oceanitides, Hestyaea, Meliae, Ianthe, Admeto, filuo, *Pasiphe, Polyxo, Eurynome, Euagoreis, Rhodope, Lytiscitia, * Teschinoëno, Clitemneste, * Piecus, Menippe, Argia. Eiusdem seminis flumina. Strymon, Nilus, Euphrates, Tanais, Indus, Cephisus, †Ismarus, Axenus, Achelous, Simois, Inachus, Alpheus, Thermodoon, Scamandrus, Tigris, Meandrus, Orontes.

Memphis, Apis fortasse.

Ismenus

Ex ponto & terra Thoumas*Tusciuersus, Cepheus.

a Ex Nereo & Dorede Nereides quinquaginta, Glauce, Thalia, Cymodoce, Nesaea, Spio, Thoë, Cymothoëa Actea, Limnoria, Melite, Iaera, Amphithoë, Agaue, Doto, Protho, Pherusa, Dynomene, Dexamene, Amphinome, Callianassa, Doris, Pœnope, Galathea, Nimertis, Apseudes, Clymene, Ianira, Panopaea, Ianassa, Maera, Orithya, Aemathia, Drimo, Xantho, Ligea, Phyllodoce, Cydippe, Lycorias, Cleio, Beroë, Ephyre, Opis, Asia, Deiopea, Arethusa, Clymene, Crenis, Eurydice Leucothoë.

Ceto fortasse, sic enim Hesiodus habet.

Memphalc

Ex Phorco & † Tetoa. Phorcides, † Pamphede, Enyo, Chersis. Pro hac ultima, Dino alii ponunt.

Ex Gorgone, & Ceto, Sthenno, Euryale, Medusa.
Ex Polo & Phœbe, Latona Asterie, *Aphirape, Perseis, Pallas.
Ex Iapeto & Clymene, Atlas, Epimetheus, Prometheus.
Ex Hyperione & Aethra, Sol, Luna, Aurora.
Ex Saturno & Ope, Vesta, Ceres, Iuno, Iuppiter, Pluto, Neptunus.
Ex Saturno & Philyra, Chiron, Dolops.
Ex Astreo & Aurora, Zephyrus, Boreas, Notus, Fauonius.
Ex Atlante & Pleione, Maia, Calypso, Alcyone, Merope, Electra, Celaeno.
b Ex Pallante, gigante & styge, Scilla, uis, inuidia, potestas, uictoria, fontes, lacus.

Haec tota pagina in uet. exemplari ita uetustate obliterata & corrupta erat, ut praeter uestigia literarũ, propemodum nihil deprehendi certo posset.

Ex Neptuno & † Amphitrione, Triton.

Amphitrite.

Ex Dione & Ioue, Venus.
Ex Ioue & Iunone, Mars.
Ex Iouis capite, Minerua.
Ex Iunone sine patre Vulcanus.
Ex Ioue & Eurynome, Gratia.

Ex Ioue

Ex Ioue rursus & Iunone, Iuuentus, Libertas,
Ex Ioue & Themide, Horæ.
Ex Ioue & Cerere, Proserpina.
Ex Ioue & Moneta, Musæ.
Ex Ioue & Luna, Pandion.
Ex Venere & Marte Harmonia & formido.
c Ex Acheloo & Melpomene, Sirenes, *Teles, Raidne, Molphetes, *Tione.
Ex Ioue & Clymene, Mnemosine.
Ex Ioue & Maia, Mercurius.
Ex Ioue & Latona Apollo & Diana.
Ex * & terra Python draco diuinus.
d Ex Thaumante & * Iris, Harpyæ, Cæleno, Ocypete, Podarce.
Ex Sole & Persa Circe, Pasiphaë, Aeëta, Perses.
Ex Aeëta & Clytia, †Medea. idyia
Ex Sole & Clymene, Phaëton & Phaëtontides, *Merore, Helie, Etherie, Dioxyppe.
Ex Typhone & Echidna, Gorgon, Cerberus, Draco, qui pellem auream arietis Colchis seruabat. Scylla quæ superiorem partem fœminæ, inferiorem canis habuit, quam Hercules interemit, Chimera, Sphinx, quæ fuit in Bœotia. Hydra serpens, quæ nouẽ capita habuit, quam Hercules interemit, & draco Hesperidum.
Ex Neptuno & Medusa Chrysaor, & equus Pegasus.
Ex Chrysaore & Cellirhoë, Geryon trimembris.

a *Ex Iliados σ. & Vergilij quinto, nomina, ex Hesiodo autem numerum transtulit. Panopæam uero & Clymenen repetit, numerũ explendi gratia. Nam apud Hesiodũ quinquaginta, sed tamen alijs nominibus recensentur.*

b *In uetusto exemplari legebatur ex Pallante gigante, Scylla Stygia uis, quæ uerba ex Hesiodo nos transposuimus.*

c *Commentarius in Odysseos μ. Telxiepiam, Agloaphemen, Pisinoën, & Lygiam, uocat, quatuorq; eas facit.*

d *Electra fortaßis addendum, sic enim Hesiodus habet.*

FABVLA PRIMA

THEMISTO.

ATHAMAS Aeoli filius, habuit ex Nebula uxore filiũ Phrixum, & filiam Hellen: & ex Themisto. Hypsei filia, filios duos, Sphinciũ & Orchomenum: Et ex Ino Cadmi filia, filios duos, Learchum, & Melicerten. Themisto quod se Ino coniugio priuasset, filios eius interficere uoluit. Itaque in regia latuit clàm, & occasione † nacta; cum putaret se inimicæ natos interfecisse, suos imprudens occidit; à nutrice decepta, quod eis uestem perperam iniecerat. Themisto cognita re, ipsa se interfecit. inuenta

II. Ino:

II. Ino.

INo Cadmi & Harmoniæ filia, cum Phrixũ & Hellen ex Nebula natos interficere uoluisset, iniit consiliũ cum totius generis matronis, & cõiurauit, ut fruges in sementẽ quas darẽt, torrerẽt, ne nascerentur. Ita ut cũ sterilitas & penuria frugũ esset, ciuitas tota partim fame, partim morbo interiret. De ea re Delphos mittit Athamas satellitẽ. Cui Ino præcepit, ut falsum responsum ita referret, Si Phrixũ immolasset Ioui, pestilentiæ fore finẽ. Quod cum Athamas se facturũ abnuisset, Phrixus ultro ac libens pollicetur se unũ ciuitatẽ ærumna liberaturũ. Itaque cum ad aram cum infulis esset adductus, & pater Iouẽ cõprecari uellet, satelles misericordia adolescentis, Inûs Athamanti consilium patefecit. Rex facinore cognito, uxorẽ suã Ino, & filium eius Melicerten Phrixo dedidit necandos. Quos cũ ad suppliciũ duceret, Liber pater ei caliginẽ iniecit, et Ino suã nutricẽ eripuit. Athamas postea ab Ioue insania obiecta, Learchũ filiũ interfecit. At Ino cum Melicerte filio suo in mare se præcipitauit. Quã Liber Leucotheam uoluit appellari: nos matrẽ Matutã dicimus: Melicerten aũt deũ Palæmonẽ, quẽ nos Portunũ dicimus. Huic v. quoque anno ludi gymnici fiunt, qui appellantur ἴσθμια.

III. Phrixus.

PHrixus & Hellen insania à Libero obiecta, cum in sylua errarent, Nebula mater eò dicitur uenisse, & arietem inauratum adduxisse Neptuni et Theophanes filium, eumque natos suos ascendere iussit, & Colchos ad regem Aeetam, Solis filium transire, ibique arietem Marti immolare. Ita dicitur esse factum. * Quò cum ascendissent, & aries eos in pelagus detulisset, Helle de ariete decidit, ex quo Hellespontum pelagus est appellatum, Phrixum autem Colchos detulit. Ibi matris præceptis arietem immolauit, pellemque eius inauratam in templo Martis posuit. Quam seruante dracone Iason Aesonis & Alcimedes filius dicitur petisse. Phrixum autem Aeeta libens recepit, filiamque † Calliopen dedit ei uxorem. Quæ postea liberos ex eo procreauit. Sed ueritus est Aeeta, ne se regno eiicerent, quod ei responsum fuit ex prodigiis: Ab aduena Aeoli filio morte caueret. Itaque Phrixum interfecit. At filii eius, Argus, Phrontis, Melas, †Cylindrus, in ratem conscenderunt, ut ad auum Athamãtem transirẽt. Hos Iason cum pellem peteret, naufragos ex insula Dia sustulit, & ad† Calliopen matrẽ reportauit. Cuius beneficio ad sororem Medeam est commendatus.

Chalciopen, ita enĩ ferè omnes sororẽ Medeæ nominant.

Citorus alij.

Chalciopen.

IIII. Ino Euripidis.

AThamas in Thessalia rex cum Inonem uxorem, ex qua duos filios perisse putaret, duxit Nymphæ filiam Themistonem uxorẽ, ex ea geminos filios procreauit. Postea resciit Inonem in Parnaso esse, † quæ bacchationis causa eò peruenisse. Misit qui eã adducerent. Quam adductam celauit. Resciit Themisto eam inuentam esse, sed quæ esset nesciebat. Cœpit uelle filios eius necare. Rei consciã, quam captiuam esse credebat, ipsam Inonem sumpsit, & ei dixit, ut filios suos candidis uestimentis operiret, Inonis filios nigris, Ino suos candidis, Themistonis pullis opposuit. Tunc Themisto decepta, suos filios occidit. Id ubi resciit, ipsa se necauit. Athamas autem in uenatione per insaniam Learchum maiorem filium suum interfecit. At Ino cum minore filio Melicerte in mare se deiecit, & dea est facta.

atque

V. Athamas.

SEmele, quod cum Ioue concubuerat, ob id Iuno toto generi eius fuit infesta. Itaque Athamas Aeoli filius, per insaniam in uenatione filium suum interfecit sagittis.

VI. Cadmus.

CAdmus Agenoris &†Agrisopes filius, ira Martis quod draconem fontis Castalii custodem occiderat suorum prole interempta, cum Harmonia Veneris & Martis filia uxore sua in Illyriæ regionibus, in dracones sunt conuersi.

Argyopes, ita à Pherecyde dicitur.

VII. Anti-

VII. Antiopa.

ANtiopa Nyctei filia, ab †Epapho per dolum est ſtuprata. Itaq; à Lyco uiro ſuo eiecta eſt. Hanc uiduam Iuppiter compreſſit. At Lycus Dircen in matrimoniũ duxit, cui ſuſpicio incidit, uirum ſuum clàm cum Antiopa concubuiſſe. Itaq; imperauit famulis, ut eam in tenebris uinctam clauderent. Cui poſtquã partus inſtabat, effugit ex uinculis Iouis uoluntate, in montem Cytheronem. Cumq; partus premeret, & quęreret ubi pareret, dolor eam in ipſo biuio coëgit partum edere. *Quos paſtores pro ſuis educarunt, & appellarunt Zeton, ἀπὸ τοῦ ζητεῖν τόπον. Alterum aũt Amphionem, ὅτι ἐν διόδῳ, ἢ ὅτι ἀμφὶ ὁδὸν αὐτὸν ἔτεκεν, id eſt, quoniam in biuio eum edidit. Qui poſtquam matrem agnouerunt, Dircen ad taurum indomitum deligatam uita priuarunt. Ex cuius corpore in monte Cytherone fons eſt natus, qui Dirceus eſt appellatus, beneficio liberi, quod eius baccha fuerat.

Epopeo, ut in Corinth. Pauſ.

Videtur deeſſe, peperitq; gemellos, aut ſimile.

VIII. Eadem Euripidis quam ſcribit Ennius.

NYctei regis in Bœocia fuit filia Antiopa. Eius formę bonitate Iuppiter adductus, grauidam fecit. Quam pater cum punire uellet propter ſtuprum, minitans periculum, Antiopa effugit. Caſu in eodem loco, quò illa peruenerat, †Epaphus Sicyonius ſtabat. Is mulierẽ aduectam domo, matrimonio ſuo iunxit. Id Nyctæus ægre ferens, cum moreretur, Lyco fratri ſuo per obteſtationem mandat, cui tunc regnum relinquebat, ne impune Antiopa ferret. Huius poſt mortem Lycus Sycionem uenit, interfecto Epapho, Antiopam uinctã adduxit in * Cytheronem, parit geminos, & reliquit. Quos paſtor educauit, Zetum & Amphionẽ nominauit. Antiopa Dirce uxori Lyci data erat in cruciatum, ea occaſione nacta, fugæ ſe mandauit. Deuenit ad filios ſuos. Ex quibus Zetus exiſtimans fugitiuam, non recepit. In eundem locum Dirce per bacchationem Liberi illuc delata eſt, ibi Antiopam repertam, ad mortem extrahebat. Sed ab educatore paſtore adoleſcentes certiores facti, eam eſſe matrem ſuam, celeriter conſecuti matrem, eripuerunt. Dircen ad taurum crinibus religatã, necant. Lycum cum occidere uellent, uetuit eos Mercurius, & ſimul iuſſit Lycum concedere regnum Amphioni.

Epopeus

IX. Niobe.

AMphion & Zetus Iouis & Antiopes Nyctei filii, iuſſu Apollinis Thebas muro circũcinxerunt uſq; ad *Semeduſtum Laiumq; Labdaci regis filiũ in exiliũ eiecerunt. Ipſi ibi regnũ obtinere cœperunt. Amphion in coniugium Niobã Tantali & Dionei filiã accepit. Ex qua procreauit liberos ſeptem, totidemq; filias. Quem partũ Niobe Latonæ antepoſuit, ſuperbiusq; locuta eſt in Apollinẽ & Dianã. Quod illa cincta uiri cultu eſſet, & Apollo ueſtem deorſum*, atq; crinitus, & ſe numero filiorum Latonã ſuperare. Ob id Apollo filios eius in ſylua uenantes, ſagittis interfecit in monte Sipylo. Et Diana filias in regia ſagittis interemit, præter Chloridẽ. At genitrix liberis orba flendo lapidea facta eſſe dicitur in monte Sipylo. Eiusq; hodie lachrymæ manere dicũtur. Amphion autem cum templum Apollinis expugnare uellet, ab Apolline ſagittis eſt interfectus.

inædificatum fortaſſe.

Videtur deeſſe, haberet, aut ſimile uerbum.

X. Chloris.

CHloris in urbe Seti Amphionis filia, quæ ex ſeptẽ ſuperauerat. Hãc habuit in coniugem Neleus * Hippocoontis filius. Ex qua procreauit libeíos, maſculos xii. Hercules cum Pylum expugnaret, Neleum interfecit, & filios eius decem, undecimus autem Periclymenis beneficio Neptuni aui in aquilæ effigiem commutatus, mortem effugit. Nam duodecimus Neſtor in Ilio erat, qui tria ſecula uixiſſe dicitur beneficio Apollinis. Nam quos annos Chloris & fratrum, Apollo eripuerat, Neſtori conceſſit.

Homerus tamen nõ huius, ſed alterius Amphionis, qui fuit Iaſij, filiã uidetur facere, Odyſ. λ

XI. Niobidæ.

LErta, Tantalus, Iſmenus, Eupinus, Phædimus, Sipulus, Chiade, Chloris, Aſtygratia, Siboë, Sictothius, Eudoxa, Archenor, Ogigia. Hi ſunt filii, & filiæ Niobæ uxoris Amphionis.

Nõ modo corrupta, hæc, ſed etiam tranſpoſita nomina uidentur, ſic enim ab aliis recenſentur: filiorum ſcilicet, Archemorus, Tantalus, Iſmenius, Epinicus, Phædimus, Sipylus, & Damaſichton: filiarum autem: Chloris, Aſtycratia, Pelopia, Neæra, Cleodoxe, Ogygia, & Clytia. Et erant quoque in ueteſt. exemp. eraſæ quædã literæ, & pro iis aliæ ab indocto, ut apparet, quopiam repoſitæ.

XII. Pelias

XII. Pelias.

PEliæ Cretei & Tyrus filio responsum erat, ut Neptuno sacrum faceret. Et si quis monocrepis, id est, uno pede calciatus superuenisset, tum mortē eius appropinquare. Is cum annua sacra faceret Neptuno, Iason Aesonis filius, fratris Peliæ, cupidus sacra faciendi, dum flumen Euhenum transiret, calciamentum reliquit: quod ut celeriter ad sacra ueniret, neglexit. Id Pelias inspiciens, memor sortium præcepti, iussit eum pellem arietis, quam Phryxus Marti sacrauerat, inauratam, Colchis ab rege Aeeta hoste petere. Qui conuocatis Græciæ ducibus, Colchos est profectus.

XIII. Iuno.

Apollonius Anaurum uocat cū fluuium.

IVno cum ad flumen †Euhenum in anum se cōuertisset, & staret ad hominum mentes tentandas, ut se flumen Euhenum transferrent. Et id nemo uellet, Iason Aesonis & Alcimedes filius eam transtulit. Ea autē irata Peliæ, quod sibi sacrum intermiserat facere, effecit ut Iason unam crepidam in limo relinqueret.

XIIII. Argonautæ conuocati.

Pymplæa, fortassis, sic enim Apollonius.
Cometæ alij, ut Apoll. et Orph.

IAson Aesonis filius & Alcimedes Climeni filiæ, & Thessalorum dux. Orpheus Oeagri & Calliopes Musæ filius, Thrax, urbe *Fleuia, quæ est in Olympo monte, ad flumen Enipeum, Martis cytharista. Asterion†Pyremi filius, matre Antigona Pheretis filia, ex urbe Peline. Alii aiunt Prisci filium, urbe Piresia, quæ est in radicibus Phyllæi montis, qui est in Thessalia. Quo loco duo flumina, Apidanus, & Enipeus, separatim proiecta, in unum conueniunt. Polyphemus, Elati filius, matre Hippea Antippi filia, Thessalus, ex urbe Larissa, pedibus tardus. Iphiclus Phylaci filius, matre†Periclymene Minyæ filia, ex Thessalia, auunculus Iasonis. Admetus Pheretis filius, matre Periclymene, *Minois filia, ex Thessalia, mōte Calcodonio, unde oppidū & flumen nomen traxit. Huius Apollinem pecus pauisse ferunt. Eurytus & Echion, Mercurii & † Antreatæ Mereti filiæ filius, ex urbe Alope, quæ nunc uocatur Ehesus. Quidā autores Thessalos putant. Ethalides Mercurii & Eupolemiæ Mirmydonis filiæ filius. Hic fuit Larisseus, urbe Gyttone, quæ est in Thessalia. Hic ostendit nullo modo Centauros ferro se posse uulnerare, sed truncis arborū in cuneum adactis. *Cæneus Elati filius, Magnesius, hunc nōnulli fœminā fuisse dicūt. Cui petenti, Neptunū propter connubiū optatū dedisse, ut in iuuenilē speciē cōuersus, nullo ictu interfici posset, quod est nunq̄ factū, nec fieri potest, ut quisq̄ mortalis non posset ferro necari, aut ex muliere in uirum conuerti. Mopsus Ampyci & Chloridis filius. Hic augurio doctus ab Apolline, ex Oechalia, uel ut quidā putāt, *Lypatensis. Eurydamas Iri & Demonassæ filius. Alii aiunt Ctimeni filiū, qui iuxta lacū Xynium *Dolopeidē urbem inhabitabat. Theseus Aegei & Aethræ Pytthei filiæ filius, à Trzœene, alii aiūt ab Athenis. Pirythous Ixionis filius, frater Centaurorū, Thessalus. Menœtius Actoris filius. *Amponitus. *Eribotes Teleontis filius.* Ameleon. Eurytion, Iri & Demonassæ filius. Ixition ab oppido*Cerintho. Oileus Leodaci & Agrianomes Perseonis filiæ filius, ex urbe Naricea. †Alii aiunt ex Eubœa. Clytius, & Iphitus, Euryti & Antiopes Pylonis filiæ filius, reges Oechaliæ. Hic concessa ab Apolline sagittarum scientia cum autore muneris contendisse dicitur. Huius filius * Clytius ab Aeeta interfectus est. Pæleus & Telamon Aeaci & Pæneidos* Ceptionis filiæ filii, ab Aegyna insula. Qui ob cædem Phoci fratris, relictis sedibus suis, diuersas petierunt domos. Pelæus Phthiam, Telamon Salaminam, quam Apollonius Rhodius*Atthida uocat. Butes Teleontis & Zeuxippes Eridani fluminis filiæ filius, ab Athenis. Phaleros Alcontis filius ab Athenis.

Clymene
Ita quidem uetustum exēplar habet, sed arbitror subdititiū, pro Minyæ esse, et à prox. repetitum.
Laothoes, sic a enī Orpheus.
Titaresius, sic enim Apollon.
Apud Apoll. Dolopeis gētile est, proprium autē Ctimene.
Canthus, ut Apollonius. b Euritus, uide Apolloniū li. 1.
Flaccus, nō Clytium, sed Iphitū in Colchis periisse tradit.
Endeidos, Chironis alij.

Tiphys Phorbantis & Hymanes filius, Boetius, is fuit gubernator nauis Argo.

Argus

Argus Polybi & Argiæ filius, alii aiunt Danai filiũ, hic fuit Argiuus pelle taurina lanugine adopertus, is fuit fabricator nauis Argo. Phliasus Liberi Patris, & Ariadnes Minois filiæ filius, ex urbe Phliunte, quæ est in Peloponneso, alii aiunt Thebanũ. Hercules Iouis & Alcimenę Electryonis filiæ filius, Thebanus. Hylas Theodamãtis & Menodices Nymphę Oreonis filiæ filius, Ephoebus, ex Oechalia: alii aiũt ex Argis comitẽ Herculis.

Apoll. Arestoris filium facit

Alijs autẽ Phlias dicitur ex matre Cheonophyle

Nauplius Neptuni & Amymones Danai filiæ filius, Argiuus. Idmon Apollinis & † Cyrenes Nymphæ filius, quidam Abantis dicunt, Argiuus. Hic augurio prudens, quãuis prædicentibus auibus, mortẽ sibi denuntiari intellexit, fatali tamen militiæ non defuit. Castor & Pollux Iouis & Ledæ Thestii filiæ filius Lacedæmonii, alii Spartanos dicunt, uterq; imberbis. His eodem quoq; tempore stellæ in capitibus ut uiderentur, accidisse scribitur. Lynceus & Idas Apharei, & Arenæ Bibali filiæ filii, Messenii ex Peloponeso. Ex his Lynceus sub terra quæq; latentia uidisse dicitur, neq; ulla caligine inhibebatur, alii aiunt Lynceum noctu nullũ uidisse. Idem sub terra solitus cernere dictus est, ideo quod aurifodinas norat: is cum descendebat, & aurũ subito ostendebat, ita rumor sublatus, eum sub terra solitũ uidere. Item Idas acer, ferox. Periclimenus Nilei et Chloridis Amphinois & Niobes filiæ filius, hic fuit Pylius. Amphidamus et Cepheus †Egei & Cleobules filii de Arcadia. Ancæus Lycurgi filius, alii nepotem dicunt, Tegeates.

Asteries Pherecides habet

Alei habet Apol.

‡Eleus, matrem aũt alij Hyrminen uocant

Augeas Solis & Naupidames Amphidamãtis filiæ filius, hic fuit ‡electus. Asterion et Amphion †Ypetacli filii, alii aiunt Hipasi, ex Pellene. Euphemus Neptuni & Europes †Tityi filiæ filius, Tænarius. Hic super aquas sicco pede cucurrisse dicitur. Ancæus alter Neptuni filius, matre Alta Cathesti filia, ab Imbraso insula, quæ Parthenia appellata est, nunc aũt Samos dicitur. Erginus Neptuni filius, à Mileto quidam Periclimeni dicũt, Orchamenius. Meleager Oenei & Altheę Thestii filiæ filius, quidã Martis putant, Calydonius. Laocoon Porthaonis filius Oenei frater, Calydonius. Iphiclus alter Thestii filius, matre Leucippe Altheę frater, ex eadẽ matre, Lacedæmonius. Hic fuit Arcas†cursor, iaculator. Iphitus Nauboli filius Phocẽsis, alii Hippasi filiũ, ex Peloponeso fuisse dicũt.

Hyperasij Apol. habet

Apoll. aũt Polyphemum uocat

c

Credo legendũ. artificiosus, aut simile quiddam

Zetes & Calais Aquilonis uenti & Orithyæ Erichthei filiæ filii. Hi capita pedesq́; pennatos habuisse feruntur, crinesq́; ceruleos, qui peruio aëre usi sunt. Hi aues Harpyas tres Thaumantis & † Ozomenes filias Alopien, Acheloën, † Ocypeten fugauerũt, à Phineo Agenoris fileo, eodem tempore quo Iasoni comites ad Colchos proficiscebantur. Quæ inhabitabãt insulas Strophadas in Aegeo mari, quę Plotę appellãtur. Hæ fuisse dicuntur capitibus gallinaceis, pennatæ, alasq́;, & brachia humana, unguibus magnis, pedibusq́; gallinaceis, pectus album fœmináq; humana. Hi autem Zethes & Calais ab Hercule telis occisi sunt. Quorum in tumulis superpositi lapides flatibus paternis mouẽtur. Hi autem ex Thracia esse dicuntur. †Focus & Priasus Cænei filii ex Magnesia. Eurymedon Liberi Patris & Ariadnes Minois filiæ filius, à Phliunte. Palæmonius Lerni filius, Calidonius. Actor Hippasi filius ex Peloponeso. Thersanon *Solis & Leucothoës filius ex Andro. Hippalcimos * Pelopis & Hippodamiæ Enomai filiæ filius, ex Peloponeso Apisis. Asclepius Apollinis & Coronidis filius. Atriacha * Thestii filia, Argiuus. Mileus Hippocoontis filius, Pylius. Iolaus Iphicli filius, Argiuus. Deucalion Minois & Pasiphaës Solis filiæ filius, ex Creta. Philoctetes Pœantis filius, à Melibœa.

Electræ Hesiod.

Celeno Apoll.

Phocus

Ceneus alter Coronis filius Coryna. Acastus Peliæ & Anaxabiæ Dymãtis filiæ filius, Ex Iolcho, duplici pallio coopertus. Hic uoluntarius Argonautis accessit, sponte sua comes Iasonis. Hi autem omnes Minyæ sunt appellati, uel quod plurimos eorum filiæ Minyæ pepererunt, uel quod Iasonis mater Clymeni† & Minyæ filia erat. Sed neq; Colchos omnes peruenerunt, neq; in patriam regressum habuerunt. Hylas enim in Mœsia, à nymphis iuxta Cion, flumenq́; Ascanium raptus est, quẽ dum Hercules & Polyphemus requirunt uento rapta naui deserti sunt. Polyphemus ab Hercule quoq; relictus, cõdita in Mœsia ciuitate, periit apud Chalibas. Thiphys aũt morbo absumptus est, in Mariandinis in Propontide, apud Lycum regem, pro quo nauem rexit Colchos, Ancæus

Alcimede Clymenes quæ fuit Minyæ filia erat. Apoll.

Neptuni filius. Idmon autē Apollinis filius ibi apud Lycum cum stramentatum exisset, ab apro percussus decidit, ultor Idmonis fuit Idas Apharei filius, qui aprum occidit.

Butes Teleontis filius, quāuis cantibus et cithara Orpheia*uocabatur, uictus tamen est dulcedine Sirenum, & nataturus ad eas in mare se præcipitauit. Eum Venus delatū fluctibus†Lilybęo seruauit. Hi sunt qui non peruenerūt Colchos. In reuersione autem perierūt Euribates Teleontis filius, &†Cantus Ceriontis filius interfecti sunt, in Lybia à pastore Cephalione Nasamonis fratre, filio Tritonidis nymphæ & Amphitemidis, cuius *fuste pecus depopulabātur. Mopsus autem Amyci filius ab serpentis morsu in Africa obiit. Is autem in itinere accesserat, comes Argonautis, Amyco patre occiso. Item accesserunt ex insula Dia Phrixi et Chalciopes Medę sororis filii, Argus, Melas, Phrontides, †Cylindrus, ut alii aiūt uocitatos, Phronius, Demoleon, Autolycus, Phlogius. Quos Hercules cum eduxisset habiturus comites, dū Amazonū balteū petit, reliquit terrore perculsos, † à Dascylo qui regis Mansuaden*filia. Hi autem cum exirēt ad Colchos, Herculem ducem facere uoluerunt. Ille abnuit, sed potius Iasonem fieri oportere, cuius opera exirent omnes: dux ergo Iason regnauit. Faber Argus Danai filius, cuius post mortem rexit nauem Ancæus Neptuni filius proreta nauigauit Lynceus Apharei filius, qui multum uidebat. Tutarchi autem fuerunt Zetes & Calais Aquilonis filii, qui pennas & in capite & in pedibus habuerunt. Ad proram & remos sederunt Peleus & Thelamon, ad*pitulum sederunt Hercules & Idas. Cæteri ordinem seruauerunt. Celeuma dixit Orpheus Oeagri filius. Post, relicto ab Hercule loco eius sedit Peleus Aeaci filius. Hęc est nauis Argo, quam Minerua in sideralem circulum retulit, ob hoc quod ab se esset ædificata, ac primum in Pelagus deducta est, hæc nauis in astris apparēs à gubernaculo ad uelum. Cuius spetiem ac formam Cicero in Phænomenis exponit his uersibus.

al. ad Lilybæū

Canethi enim filium facit Apol. eumq; cū Mopso in Lybiam delatum, ibiq; perijsse dicit

Cytorus alij

A Dascylo regis Mariãdyni fil.

*

At canis ad caudam serpens prælabitur Argo,
Conuersam præ se portans cum lumine puppim.
Non aliæ naues ut in alto ponere proras
Ante solent rostris Neptunia prata secantes,
Sicut cum cœptant tutos contingere portus
Obuertunt nauem magno cum pondere nautæ,
Aduersamq; trahunt optata ad littora puppim,
Sic conuersa uetus super æthera labitur Argo.
Inde gubernaclum tendens à puppe † uolante
Clari posteriora canis uestigia†tangit.

Diuerso lumine fulgens

al. condit

Hæc nauis habet stellas in puppe quatuor, in gubernaculo dextro quinque, in sinistro quatuor, consimiles inter sese omnino tredecim.

a Videntur hæc corrupte legi, et ad sequentē potius Ceneū referri debere. Sic enim Apollon. ex quo huc multa ad uerbum etiam trāslata reperias. Καινέα γὰρ ζῶόν περ ἔτι κλείουσιν ἀοιδοὶ κενταύροισιν ὀλέσθαι, ὅτε σφέας οἶος ἀπ' ἄλλων ἤλασ' ἀριστήων, οἱ δ' ἔμπαλιν ὁρμηθέντες, οὔτε μιν ἐγκλῖναι προτέρω σθένον, οὔτε δαΐξαι. ἀλλ' ἄρρηκτος, ἀκάμπτος ἐδύσετο νειόθι γαίης θεινόμενος στιβαρῇσι καταΐγδην ἐλάτῃσι. & de eodem in commentario ferè eadem uerba sequuntur, quæ hic de Neptuno & munere eius citātur. Quanq; Apollon. nō ipsum Cænea, sed Cænei filium Coronū cum Argonautis profectū dicit.

b Apollonius non hunc sed Canthum ex Eubœa uenisse ait, uidetur ergo transposita clausula hæc esse à librario.

c Comment. Apollonij Astypaleæ Phœnicis filiæ, cæterum Apollonius nō uocat Imbrasiam insulā proprio nomine, sed epitheto, ab Imbraso fluuio, qui postea Parthenius dictus est (ut Com. ibidem ait) eo quod iuxta eum Iuno cum uirgo etiam esset, nutrita fuerit. Hæc enim uerba sunt ἐλλ' ἰμβρασίης, ἕδος ἥρης, παρθενίης ἀγκαῖος.

XV. Lemniadæ.

IN insula Lemno mulieres Veneri sacra aliquot annos nō fecerant, cuius ira uiri earum Thressas uxores duxerunt, & priores spreuerunt. At Lemniades eiusdem Veneris impulsu coniuratæ, genus uirorū omne quod ibi erat interfecerunt, præter Hypsipylem, quæ patrem suum Thoantem clàm in nauem imposuit, quem tempestas in insulam† Tauricam detulit, interim Argonautæ prænauigantes, Lemno accesserūt, Quos ut uidit Iphinoë, custos portæ, nūtiauit Hypsipylæ reginæ,

Oenœam Apol. habet

reginæ cui Polixo ætate cōstituta dedit consilium, ut eas laribus hospitalibus obligaret, hospitio inuitaret. Hypsipyle ex Iasone procreauit filios Eunæum & † Deiphilum. Ibi cum plures dies retenti essent, ab Hercule obiurgati discesserunt. Lemniades autem postquam scierunt Hypsipylen patrem suum seruasse, conatæ sunt eam interficere, illa fugæ se mandauit. Hanc prædones exceptam Thebas deportarunt, & regi † Lyco in seruitium uendiderunt. Lemniades autem quæcunq; ex Argonautis conceperunt, eorum nomina filiis suis imposuerunt.

Thoātē, Statius

Lycurgo alij

XVI. Cyzicus.

CYzicus † Eusori filius rex in insula Propontidis Argonautas hospitio liberali excepit. Qui cum ab eo discessissent, totum'q; diem nauigassent, nocte tempestate orta ad eandem insulam ignari delati sunt. Quos Cyzicus hostes pelasgicos arbitrans esse, cum eis noctu in littore arma contulit, & ab Iasone est interfectus. Quod postero die cum prope littus appropinquasset, & uidisset se regem interfecisse, sepulturæ eum tradidit, atq; filiis regnum tradidit.

Apoll. Aenei filium facit. Eusori autem ex filia nepotem

XVII. Amycus.

AMycus Neptuni & Melies filius Bebryciæ rex. In huius regna qui uenerat, cæstis cogebat secum contendere, & deuictos perdebat. Hic cum Argonautas prouocasset ad cæstus, Pollux cum eo contendit, & eum interfecit.

XVIII. Lycus.

LYcus rex insulæ Propontidis, Argonautas recepit hospitio, in honorem, eo quod Amycum interfecerāt, quod eum sæpe *inficiaretur. Argonautæ dum apud Lycum morantur & extra * uenatum exissent, Idmon ab apro percussus interiit. In cuius dum diutius sepultura morantur, Iphis Phorbantis filius moritur, tunc Argonautæ Ancæo Neptuni filio nauē Argo gubernandā dederūt.

XVIIII. Phineus.

PHineus Agenoris filius Thrax, ex Cleopatra habuit filios duos. Hi à patre nouercæ crimine excæcati sunt. Huic etiam Phineo Apollo augurium dicitur dedisse. Hic deorum consilia cum enunciaret ab Ioue est excæcatus: & apposuit ei Harpyas, quæ Iouis canes esse dicuntur, quæ escam ab ore eius aufferent. Huc cum Argonautæ deuenissent, & eum iter ut demonstraret, rogarent, dixit se demonstraturū, si eum pœna liberarent. Tunc Zetes, & Calais Aquilonis uenti, & Orithyiæ filii, qui pennas in capite & in pedibus habuisse dicuntur, Harpyas fugauerunt in insulas Strophadas, & Phineum pœna liberarūt. Quibus monstrauit quomodo Symplegadas transirent, ut columbam mitterent, quæ petræ cum concurrisent, in recessu earum, illi retro refugerent. Argonautæ beneficio Phinei Symplegadas transierunt. a

Videtur & hic locus corruptus esse, tale enim consilium Phinei fuit, ut columbam emitterent, quæ si salua per petras transijsset, ipsi quoq; sequerentur, sin inter transuolandum perijsset, retro fugerent, cederentq; Deorum monitis. a

XX. Stymphalides.

ARgonautæ cum ad insulā Diam uenisent, & aues ex pennis suis eos conficerent pro sagittis, cum multitudini auium resistere non possent, ex Phinei monitu clypeos & hastas sumpserunt, ex more Curetum sonitu eas fugarunt.

XXI. Phrixi filii.

ARgonautæ cum per Cyaneas cautes, quæ dicuntur Petræ Symplegades intrasent mare quod dicitur Euxinum, et errarēt, uolūtate Iunonis delati sunt ad insulam Diam. Ibi inuenerunt naufragos nudos atque inopes Phrixi & Chalciopes filios, Argum, Phrontiden, Melam, Cylindrum. Qui cum casus suos exposuisent Iasoni, se cum ad auum festinarēt Athamanta ire, naufragio facto ibi esse eiectos, quos Iason receptos auxilio iuuit: qui Iasonem Colchos perduxerūt, per flumen Thermodoontem, & cum iam non longe esent à Colchis, iusserunt nauem in occulto collocari, & uenerunt ad matrem Chalcyopem Medeæ sororem, indicant'q;

Iasonis beneficia, & cur uenisset. Tūc Chalciope de Medea indicat, perducitq́ eam cum filiis suis ad Iasonem. Quę cum eum uidisset, agnouit quem in somnis adamauerat, Iunonis impulsu, omniáq; ei pollicetur, & perducunt eum ad templum.

XXII. Aeta.

AEtæ Solis filio erat responsum, tam diu eum regnum habiturum, quādiu ea pellis quam Phrixus consecrauerat in fano Martis esset. Itaq; Aeta Iasoni hanc *simultatem constituit, si uellet pellem auratam afferre, tauros ęripedes qui flammas naribus spirabant, iungeret adamanteo iugo, & araret, denteśq; draconis ex galea sereret: ex quibus gens armatorum statim enascerentur & se mutuo interficeret. Iuno aūt Iasonem ob id semper uoluit seruatū quod cum ad flumen uenisset, uolens hominū mentes tentare, anum se simulauit, & rogauit ut se transferret. Cum cæteri qui transierant despexissent, ille transtulit eam: itaq; cum sciret Iasonem sine Medeæ consilio imperata perficere non posse, petit à Venere ut Medeæ amorem iniiceret. Iason à Medea Veneris impulsu amatus est, eius opera ab omni periculo liberatus est. Nam cum tauris arasset, & armati essent enati, Medeæ monitu lapidē inter eos abiecit: illi inter se pugnantes, alius aliū interfecerunt, dracone autem uenenis sopito, pellem de fano sustulit in patriaḿq; cum Medea est profectus.

XXIII. Absyrtus.

AEta ut resciit Medeā cum Iasone profugisse, naue cōparata misit Absyrtū filiū cum satellitibus armatis ad eam persequendam. Qui cum in Adriatico mari in Histria eam persecutus esset, ad Alcinoū regem, & uellet armis contendere, Alcinous se inter eos interposuit, ne bellarēt: quē iudicē sumpserunt, qui eos in posterum distulit. Qui cum tristior esset et interrogatus esset à coniuge Arete, quę causa esset tristicię, dixit, se iudicem sumptum à duabus diuersis ciuitatibus, inter Colchos & Argiuos. Quē cum interrogaret Arete, quid nam esset iudicaturus, respondit Alcinous, Si uirgo fuerit Medea, parēti redditurum, sin aūt mulier, coniugi: hoc cum audiuit Arete à coniuge, mittit nuntium ad Iasonem, & is Medeam noctu in antro deuirginauit. Postero aūt die cum ad iudicium uenissent, & Medea mulier esset inuēta, cōiugi est tradita, nihilominus cum profecti essent, Absyrtus timens patris præcepta, persecutus est eos in insulam Mineruę, ibi cum sacrificaret Mineruæ Iason, & Absyrtus interuenisset, ab Iasone est interfectus. Cuius corpus Medea sepulturæ dedit, atq; inde profecti sunt. Colchi qui cum Absyrto uenerāt, timentes Aetam, illic remanserunt, opiduḿq; condiderunt, quod ab Absyrti nomine Absorin appellarunt. Hæc autem insula posita est in Histria contra Pola, iuncta insulæ Cantæ. *

XXIIII. Iason Peliades.

IAson cum Peliæ patrui sui iussu tot pericula adisset, cogitare cœpit, quomodo eum sine suspicione interficeret, hoc Medea se facturam pollicetur. Itaque cum iam longe à Colchis essent, nauē iussit in occulto collocari, & ipsa ad Peliæ filias pro sacerdote Dianæ uenit, eis pollicetur se patrem earum Pelian ex sene iuuenem facturam. Idq́ Alcestis maior filia negauit fieri posse, Medea quo facilius eam perduceret ad suam uoluntatem, caliginem eis obiecit, & ex uenenis multa miracula fecit, quæ uerisimilia esse uiderentur, arieteḿq; uetulū in † æneū coniecit, unde agnus pulcherrimus prosiluisse uisus est, eodeḿq; modo unde Peliades, id est Alcestis, Pelopia, Medusa, Isidoce, Hippothoë, Medeæ impulsu patrem suum occisum in aeneo coxerunt: cum se deceptas esse uiderent, à patria profugerunt: at Iason signo à Medea accepto regia est potitus. A Castóq; Pelię filio fratri Peliadum, quod secum Colchos ierat, regnum paternum tradidit, ipse cum Medea Corinthum profectus est.

ahenum (margin note)

XXV. Medea.

MEdea Aetæ & Idyæ filia cum ex Iasone iam filios † Marcerū & Feretum procreasset, summáq; concordia uiuerent, obiiciebatur ei hominem tam fortem, ac formosum,

Mermerum & Pheretē Pausan. in Corinth. uoc. (margin note)

mosum, nobilem, uxorē aduenam, atq; ueneficā habere. Huic Creon Menœci filius rex Corinthius filiam suā minorē † Glaucem dedit uxorem. Medea cum uidit se erga Iaso- *al. Creusam, sic*
nem benemerentem, tanta cōtumelia esse affectam, coronā exuens fecit auream, eamq́; *enim & postea*
muneri iussit filios suos nouercæ dare. Creusa munere accepto cum Iasone & Creonte *uocat*
cōflagrauit. Medea ubi regiam ardere uidit, natos suos ex Iasone Marcerum & Feretum interfecit, & profugit Corintho.

XXVI. Medea exul.

Medea Corintho exul, Athenas ad Aegeum Pandionis filium deuenit in hospitiū, eiq́; nupsit. Ex eo natus est Medus: postea sacerdos Dianę, Medeā exagitare cœpit, regiq́; negabat sacra caste facere posse, eo quod in ea ciuitate esset mulier uenefica & scelerata, tunc iterum exulatur. Medea autem iunctis draconibus, ab Athenis Colchos redit, quæ in itinere Absoridem uenit, ubi frater Absyrtus sepultus erat: Ibi Absoritani serpentium multitudini resistere non poterant. Medea autem ab eis rogata, lectas eas in tumulum fratris coniecit, quæ adhuc ibi permanentes, si qua autem extra tumulum, exit debitum natatræ persoluit.

XXVII. Medus.

Persi Solis filio, fratri Aeetæ responsum fuit, ab Aeetæ progenię mortē cauere. ad quem Medus dum matrem persequitur tempestate est delatus, quem satellites comprǽhensum ad regem Persen perduxerunt. Medus Aegei & Medeæ filius, ut uidit se in inimici potestatē uenisse, Hippoten Creontis filium se esse mentitus est. Rex diligentius quęrit, & in custodiam eum coniici iussit, ubi sterilitas & penuria frugum dicitur fuisse. Quò Medea in curru iunctis draconibus cum uenisset, ex regi se sacerdotem Dianæ emētita esset, dixit sterilitatem se expiare posse. Et cum à rege audisset Hippoten Creontis filium in custodia haberi, arbitrans eum patris iniuriam exequi uenisse, ibiq́; imprudens filium prodidit. Nam regi persuadet eum Hippoten non esse, sed Medum Aegei filium, à matre missum ut regem interficeret, petitq́; ut interficiendus sibi traderetur, ęstimās Hippoten esse. Itaq; Medus cum productus esset, ut mendacium morte puniretur, & illa aliter esse uidit, quàm putauit, dixit se cum eo collo qui uelle, atq; ensem ei tradidit, iussitq́; aui sui iniurias exequi. Medus re audita Persen interfecit, regnumq́; auitum possedit, ex suo nomine terram Medea cognominauit.

XXVIII. Othos & Ephialtes.

Othos & Ephialtes Aloi & † Hiphimedes Neptuni filiæ filii, mira magnitudi *Iphimediæ*
ne dicuntur fuisse, hi singuli singulis mensibus nouem digitis crescebant. Itaq; cum essent annorū nouem, in cœlum ascendere sunt conati, qui aditū sibi ita faciebant, montem enim Ossam super Pelion posuerūt, unde etiam *Pelius*
† Pellion Ossa mons appellatur, aliosq́; montes construebant, qui ab Apolline † nacti *quo fortasse*
sunt, interfecti. Alii autem autores dicunt Neptuni & Hiphimedes filios fuisse*Atropos. *legendum*
Hi cum Dianā comprimere uoluissent, quæ cum non posset uiribus eorū resistere, Apollo inter eos ceruā misit: quā illi furore incensi, dum uolūt iaculis interficere, alius alium interfecerunt. Qui ad inferos dicuntur hanc pœnam pati ad columnam, auersi alter ab altero, serpentibus sunt deligati. Est styx inter columnā sedens ad quam sunt deligati.

XXVIIII. Alcumena.

Amphitryon cum abesset ad expugnandū † Oechaliā, Alcumena æstimans Io *Aetoliam*
uem cōiugē suū esse, eum thalamis recepit. Qui cum in thalamos uenisset, & ei referret, quæ in † Oechalia gesisset, ea credens coniugē esse, cum eo cōcu- *Aetolia*
buit, qui tam libēs cum ea cōcubuit, ut unū diē usurparet, duas noctes congemminaret, ita ut Alcumena tam longā noctem ammiraretur. Postea cum nūtiaretur ei, coniugem uictorē adesse, minime curauit, quod putabat se coniugē suū uidisse. Qui cum Amphitryon in regiā intrasset, & eam uideret negligentius securā, mirari cœpit & queri, quod se aduenientem nō excepisset: cui Alcumena respondit, iam pridē uenisti, &

 mecum

mecum concubuisti, & mihi narrasti quæ in Oechalia gessisses. Quæ cum signa omnia diceret, sensit Amphitryon numen aliquod fuisse pro se, ex qua die cum ea non concubuit. Quæ ex Ioue compressa peperit Herculem.

XXX. Herculis Athla duodecim ab Euristheo imperata.

INfans cum esset, Dracones duos duabus manibus necauit, quos Iuno miserat, unde primigenius est dictus. Leonem Nemæū quem Luna nutrierat in antro Amphriso ac * tropum necauit. Cuius pellem pro tegumento habuit. *Apud Molorchū fortasse* Hydram Lerneam Typhonis filiā cum capitibus nouē ad fontē Lerneum interfecit. Hæc tantā uim ueneni habuit, ut afflatu homines necaret, et si quis eam dormientem trāsierat uestigia eius afflabat, & malorū cruciatu moriebatur. Hanc, Minerua monstrante, interfecit, & exenterauit, & ex eius felle sagittas suas tinxit. Itaq; quicquid postea sagittis fixerat, mortē non effugiebat, unde postea & ipse periit. Aprum in Phrygia *Alij aprum Erimanthiū à monte Arcadiæ uoc.* †Erimachum occidit. Ceruum uelocem in Arcadia cum cornibus aureis uiuū in conspectum Euristhei regis adduxit. Aues Stymphalides in insula Martis, quæ emissis pennis suis iaculabantur, sagittis interfecit. Augei regis stercus bobile uno die purgauit, maiorem partē Ioue adiutore, flumine † Ammisso *immisso* totum stercus abluit. Taurū cum quo Pasiphaë cōcubuit, ex Creta insula Mycenas uiuum adduxit. Diomedem regem Thraciæ & equos quatuor eius qui carne humana uescebātur cum Abdero famulo interfecit. Equorū aūt nomina, †Podarius, *Podargus uel Podarces* Lampon, Xanthus, Dinus. Hippolyten Amazonam, Martis & Otriræ reginæ filiam: cui reginæ Amazonis balteū detraxit, tum †Antiopam *Hyppolyten alij* captiuam Theseo donauit. Gerionem Chrysaoris filium, trimembrem, uno telo interfecit. Draconem immanem Typhonis filium, qui mala aurea Hesperidū seruare solitus erat ad montem Atlantem interfecit, et Euristheo regi mala attulit. Canem Cerberum Typhonis filium ab inferis regi in conspectum adduxit.

XXXI. Parerga eiusdem.

ANtæum terræ filium in Libya occidit. Hic cogebat hospites secum luctari, & delassatos interficiebat, hunc luctando necauit. Busiridem in Aegypto qui hospites immolare solitus erat, huius legem cum audiit, passus est se cum insula ad aram adduci, Busiris autem cum uellet Deos imprecari, Hercules eum claua ac ministros sacrorum interfecit. Cygnum Martis filium armis superatum occidit, quo cum Mars uenisset & armis propter filium contendere uellet cum eo, † Iouis *Iuppiter* inter eos fulmen misit, atq; ita eos distraxit. Cetū cui Hesione fuit apposita Troiæ occidit, Laomedontem patrem Hesionis, quod eam nō reddebat, sagittis interfecit. † Aëthonem *Aeton, fortasse legendum* aquilam quæ Prometheo cor exedebat, sagittis interfecit. Lycum Neptuni filium, quod Megaram Creontis filiam uxorem eius, & filios Theremachū, & Ophiten occidere uoluit, interfecit. Achelous fluuius in omnes figuras se immutabat. Hic cum Hercule propter Deianiræ coniugium cum pugnaret, in taurum se conuertit, cui Hercules cornu detraxit, quod cornu Hesperidibus siue nymphis donauit. Quod Deæ pomis teplerunt, & cornu copiæ appellarunt. Neleū Hippocoontis filiū cum decē filiis occidit, quoniā is eum purgare siue lustrare uoluit, tunc cum Megarā Creontis filiam uxorem suā, & filios Theremachum, & Ophiten interfecerat. Eurytum quod Iolem filiam eius in coniugiū petiit, & ille eum repudiauit, occidit. Centaurum Nessum quod Deianiram uiolare uoluit, occidit. Eurytionem centaurū quod Deianiram Dexamenis filiam speratam suam uxorem petiit, occidit.

XXXII. Megara.

HErcules cum ad canem tricipitem esset missus ab Euristheo rege, & Lycus Neptuni filius putasset eum periisse, Megaram Creontis filiam uxorē eius & filios Theremachum & Ophiten interficere uoluit, & regnum occupare, Hercules eò interuenit, & Lycum interfecit: postea ab Iunone insania obiecta, Megaram & filios Theremachū & Orphiten interfecit. Postquam

suæ

suæ mentis compos est factus, ab Apolline petiit dari sibi responsum quomodo scœlus purgaret. Cui Apollo sortem quod reddere noluit, Hercules iratus de fano eius tripodem sustulit, quem postea Iouis iussu reddidit, & nolentem sortem dare iussit. Hercules ob id à Mercurio Omphalæ reginæ in seruitutem datus est.

XXXIII. Centauri.

HErcules cum in hospitium ad Dexamenum regem uenisset, eiusq́ filiam Deianiram deuirginasset, fidemq́ dedisset se eam uxorem ducturū, post discessum eius Eurytion Ixionis & Nubis filius centaurus petit Deianiram uxorem: cuius pater uim timens, pollicitus est se daturum, die constituto uenit cum fratribus ad nuptias. Hercules interuenit, & Centaurū interfecit, suam speratam abduxit. Item aliis in nuptiis Perythous Hippodamiam Adrasti filiam cum uxoré duceret, uino pleni, centauri conati sunt rapere uxores Lapithis, eos centauri multos interfecerunt, ab * ipsis interierunt.

XXXIIII. Nessus.

NEssus Ixionis & Nubis filius Cētaurus rogatus ab Deianira ut se flumen Euhenum transferret, quam sublatā, in flumine ipso uiolare uoluit. Hoc Hercules cum interuenisset & Deianira cum fidem eius implorasset, Nessum sagittis cōfixit. Ille moriēs cum sciret sagittas Hydrę Lerneæ felle tinctas quantam uim haberent ueneni, sanguinem suum exceptum Deianiræ dedit, & id philtrum esse dixit, si uellet ne se coniunx sperneret, eo iuberet uestem eius perungi. Id Deianira credens, conditum diligenter seruauit.

XXXV. Iole.

HErcules cum Iolen Euryti filiam in coniugium petiisset, ille eum repudiasset, Oechaliam expugnauit. Qui ut à uirgine rogatur, parentes eius coram ea interficere uelle cœpit. Illa animo pertinacior, parentes suos ante se necari est perpessa, quos omnes cum interfecisset, Iolen captiuam ad Deianiram præmisit.

XXXVI. Deianira.

DEianira Oenei filia Herculis uxor, cum uidit Iolen uirginé captiuam eximiæ formæ esse adductam, uerita est ne se coniugio priuaret. Itaq; memor Nessi præceptis, uestem tinctam centauri sanguine, Herculi qui ferret, nomine Lichan famulum misit, inde paululum quod in terram deciderat, & id sol attigit, ardere cœpit, quod cum Deianira uidit, aliter esse ac Nessus dixerat intellexit, & qui reuocaret eum, cui uestem dederat, misit. Quā Hercules iam induerat, statimq́ flagrare cœpit. Qui cum se in flumen coniecisset, ut ardorem extinguerent, maior flamma exibat. Demere autem cum uellet uiscera sequebantur. Tunc Hercules Lichan qui uestem attulerat rotatum in mare iaculatus est, qui quo loco cecidit petra nata est, quæ Lichas appellatur. Tunc dicitur Philoctetes Pœantis filius pyram in monte Oeteo construxisse Herculi, eumq́ ascendisse † mortalitatem. Ob id beneficium Philocteti Hercules arcus et sagittas donauit. Deianira aūt ob factum Herculis ipsa se interfecit. *Et exiisse fortasse aut simile quid deest*

XXXVII. Aethra.

NEptunus & Egeus Pandionis filius in fano Mineruæ cum Aethra Pithei filia una nocte concubuerunt. Neptunus quod ex ea natū esset Egeo cōcessit. Is aūt postq̄ à Trœzene Athenas redibat, ensem suū sub lapide posuit, & pręcepit Aethræ, ut tunc eum ad se mitteret, cum posset eum lapidé alleuare, & gladiū patris tollere, ibi fore indiciū cognitionis filii. Itaq; postea Aethra peperit Theseum Qui cum ad puberé ætaté peruenisset, mater præcepta Aegei indicat ei, lapidemq́ ostendit ut ensem tolleret, & iubet eum Athenas ad Egeum proficisci, *eosq́ omnes qui itineri infestabantur, omnes occidit. *Videtur nonnihil deesse*

XXXVIII. Thesei labores.

COrinetem Neptuni filium armis occidit, Pithyocampten qui iter gradientes, cogebat ut ſecum arborem pinum ad terram flecterent, quam qui cum eo prenderat ille eam uiribus, miſsam faciebat, ita ad terram grauiter elidebatur, & peribat: hunc interfecit. Procruſten Neptuni filium, ad hunc hoſpes cum ueniſset, ſi longior erat, minori lecto propoſito, reliquam corporis partem præcidebat, ſin autem breuior ſtatura erat, lecto longiori dato, incudibus ſuppoſitis extendebāt eum, uſq; dum lecti longitudinem æquaret, hunc interfecit. Scironem, qui ad mare loco quodam prærupto ſedebat, & qui iter gradiebatur, cogebat eum ſibi pedes lauare, & ita in mare præcipitabat, hūc Theſeus pari læto in mare deiecit, ex quo Scironis petræ ſunt dictæ. Cercionē Vulcani filiū armis occidit. Aprum qui fuit Cremione, interfecit. Taurū qui fuit Marathone, quem Hercules à Creta ad Euriſtheū adduxerat, occidit. Minotaurū oppido Gnoſi occidit.

XXXIX. Dędalus.

Eupalami alij Daedalus † Euphemi filius, qui fabricā à Mineirua dicitur accepiſſe, Perdicē ſororis ſuæ filiū propter artificii inuidiam, quod is primū ſerram inuenerat, ſummo tecto deiecit, ob id ſcœlus in exilium ab Athenis, Cretam ad regem Minoēm abiit.

XL. Paſiphe.

Paſiphaë Paſiphe Solis filia, uxor Minois, ſacra Deæ Veneris per aliquot annos non fecerat, ob id Venus amorem infandū illi obiecit, ut taurū, quem ipſa amabat alia amaret. * In hoc Dædalus exul cum ueniſſet, petiit ab ea auxilium, is ei uaccam ligneam fecit, & ueræ uaccæ corium induxit, in qua illa cum tauro concubuit, ex quo cōpreſſo, Minotaurū peperit, capite bubulo, parte inferiore humana, tunc Dædalus Minotauro Labyrinthum inextricabili exitu fecit, in quo eſt concluſus. Minos re cognita, Dædalū in cuſtodiam cōiecit. At Paſiphe eum uinculis liberauit. Itaq; Dædalus pēnas ſibi & Icaro filio ſuo fecit, & accommodauit, & inde auolarūt. Icarus altius uolās, à ſole cera calefacta, decidit in mare, quod ex eo Icareum Pelagus eſt appellatum. Dędalus peruolauit ad regem Cocalum in inſulam Siciliam, alii dicunt, Theſeus cum Minotaurum occidit, Dædalum Athenas in patriam ſuam reduxit.

Fuerunt hoc loco in ueteri exemplari eroſa quædam, et alia ſuperinducta, ut dubium non ſit quin uerbis his mēdum aliquod inſit

XLI. Minos.

Minos Iouis & Europæ filius, cum Athenienſibus belligerauit, cuius filius Androgeus in pugna eſt occiſus, qui poſteaquā Athenienſes uicit, uectigal Minois eſſe cœperūt. Inſtituit aūt ut anno unoquoq; ſeptenos liberos ſuos Minotauro ad epulandū mitterent, Theſeus poſteaq̄ à Trœzene uenerat, & audiit quāta calamitate ciuitas afficeretur, uolūtarie ſe ad Minotaurū pollicitus eſt ire. Quem pater cum mitteret, prædixit ei ut ſi uictor reuerteretur, uela candida in † nauem haberet. Qui aūt ad Minotaurū mittebantur, uelis atris nauigabant. *naui*

XLII. Theſeus apud Minotaurum.

Theſeus poſteaquā Cretam uenit, ab Ariadne Minois filia eſt adamatus, adeo ut fratrem proderet, & hoſpitem ſeruaret: ea enim Theſeo monſtrauit Labyrinthi exitum. Quò Theſeus cum introiſſet, & Minotaurum interfeciſset, Ariadnes monitu licium reuoluendo, foras eſt egreſsus, eamq́; quod fidem illi dederat, in coniugio ſecum habiturus, auexit.

XLIII. Ariadnes.

Theſeus in inſula Dia tempeſtate retentus, cogitans ſi Ariadnem in patriam portaſset, ſibi opprobium futurum, itaq; in inſula Dia dormientem reliquit, quam Liber amans inde ſibi in cōiugium abduxit. Theſeus aūt cum nauigaret, oblitus eſt uela atra mutare, itaq; Aegeus pater eius credens Theſeum à Minotauro eſſe conſumptū, in mare ſe præcipitauit, ex quo Aegeū pelagus eſt dictum, Ariadnes aūt ſororē Phedrā, Theſeus duxit in coniugium.

XLIIII. Cocalus.

Minos quod Dædali opera multa ſibi incōmoda acciderant, in Siciliam eſt eum perſequutus, petiitq́; à rege Cocalo ut ſibi redderetur. Cui cum Cocalus promiſiſſet, fiſſet, & Dædalus reſciſſet, ab regis filiabus auxilium petiit, illę Minoẽm occiderunt.

XLV. Philomela.

TEreus Martis filius Thrax, cum Prognen Pandionis filiã in coniugiũ haberet, Athenas ad Pandionem ſocerũ uenit rogatũ ut Philomelam alteram filiam ſibi in coniugium daret, Prognen ſuum diem obiſſe dicit. Pandion ei ueniam dedit, Philomelam'q; & cuſtodes cum ea miſit, quos Tereus in mare iecit, Philomelã'mq; in uitam in monten compreſſit. Poſtq; autem in Thraciam redit, Philomelam mandat ad Lynceum regem, cuius uxor Læthuſa quod Progne fuit familiaris, ſtatim pellicem ad eam deduxit. Progne cognita ſorore, & Terei impium facinus, *pari conſilio machinari cœperunt regi talem gratiam referre. Interim Tereo oſtendebatur in prodigiis, Ity filio eius mortẽ à propinqua manu adeſſe: quo reſponſo audito, cum arbitraretur Driantẽ fratrem ſuũ filio ſuo mortẽ machinari, fratrem Driantem inſontem occidit. Progne autem filium Itym ex ſe & Tereo natũ, occidit, patriq;' in epulis appoſuit, & cum ſorore profugit. Tereus, facinore cognito, fugientes cum inſequeretur, Deorum miſericordia factum eſt, ut Progne in hirundinem cõmutaretur, Philomela in Luſciniam, Tereum autem accipitrem factum dicunt.

XLVI. Erichtheus.

ERichtheus Pandionis filius, habuit filias quatuor, quæ inter ſe coniurarunt ſi una earum mortem obiſſet, cæteræ ſe interficerent. In eo tempore Eumolpus Neptuni filius, Athenas uenit oppugnaturus, quòd patris ſui terrã Atticam fuiſſe diceret. Is uictus cum exercitu, cum eſſet ab Athenienſibus interfectus, Neptunus ne filii ſui morte Erichtheus lætaretur, expoſtulauit, ut eius filia Neptuno immolaretur. Itaq; Otionia filia cum eſſet immolata, cæteræ, fide data, ſe ipſæ interfecerunt. Ipſe Erichtheus ab Ioue, Neptuni rogatu, fulmine eſt ictus.

Hanc infra Cõlophoniã uocat

XLVII. Hippolytus.

PHedra Minois filia, Theſei uxor, Hippolytũ priuignũ ſuũ adamauit. Quem cum non potuiſſet ad ſuam perducere uoluntatẽ, tabellas ſcriptas ad ſuum uirum miſit, ſe ab Hippolyto compreſſam eſſe, ſéq; ipſa ſuſpendio necauit, et Theſeus re audita, filium ſuum manibus† excidere iuſſit, & optauit à Neptuno patre filio ſuo †exitum. Itaq; cum Hippolytus equis iunctis ueheretur, repente è mari taurus apparuit, cuius mugitu equi expauefacti, Hippolytũ diſtraxerũt, uitáq; priuarũt.

Manibus excedere
Exitum

XLVIII. Reges Athenienſium.

CEcrops Terræ filius, Cephalus † Deiones filius. Agoreus Pandionis filius. Pandion Erechthonii filius. Theſeus Aegei filius, Erychthonius Vulcani filius, Erichtheus Pandionis filius, †Dedophon Theſei filius.

Deionei
Demophon

XLVIIII. Aeſculapius.

AEſculapius Apollinis filius, Glauco Minois filio uitam reddidiſſe, ſiue Hippolyto dicitur, quẽ Iuppiter ob id fulmine percuſſit. Apollo quòd Ioui nocere non potuit, eos qui fulmina fecerunt, id eſt, Cyclopes interfecit. Quod ob factum Apollo datus eſt in ſeruitutem Admeto regi Theſſaliæ.

L. Admetus.

ALceſtim Pelei filiam cum complures in coniugium peterent, & Pelias cum multos eorum repudiaret, † ſimultatem his conſtituit, ei ſe daturum, qui feras beſtias ad currũ iunxiſſet. Is quã uellet †aueheret. Itaq; Admetus ab Apolline petiit, ut ſe adiuuaret, Apollo cum ab eo eſſet liberaliter tractatus, cum in ſeruitiũ fuit ei traditus, aprũ & leonẽ ei iunctos tradidit, quibus ille Alceſtim in coniugium auexit.

Simultatem pro certamine accipit, ut & infra
Fortaſſe legendum & iis, quod uellet, auelheretur

LI. Alceſtis.

ALceſtim Peliæ & Anaxobies Dimantis filiæ filiam complures proci petebant in coniugium, Pelias uitans eorum conditiones, repudiauit, & ſimultatem conſtituit ei ſe daturum qui feras beſtias ad currum iunxiſſet, & Alceſtim in coniugio auexiſſet.

xiffet. Itaque Admetus ab Apolline petiit ut se adiuaret, Apollo autem quod ab eo in seruitutem liberaliter esset acceptus, aprum & leonem ei iunctos tradidit, quibus ille Alcestim auexit. Et illud ab Apolline accepit, ut pro se alius uoluntarie moreretur, pro quo quũ neq; pater, neq; mater mori uoluissent, uxor se Alcestis obtulit, & pro eo uicaria morte interiit, quam postea Hercules ab inferis reuocauit.

LII. Aegina.

IVpiter cum Aeginam Asopi filiam uellet comprimere & Iunonem uereretur, *Oenonen* detulit eam in insulã † Delon, & grauidam fecit, unde natus est Aeacus. Hoc Iuno cum rescisset, serpentem in aquam misit, quæ eam uenenauit: *Vbi fortaßis uel* ex qua qui biberat debitum naturæ soluebat. *Quod cum amissis sociis *quo loco* Aeacus præ paucitate hominum morari non posset, formicas intuens, petiit ab Ioue ut homines in præsidio * sibi daret, tunc Iuppiter formicas in homines transfigurauit, qui Myrmidones sunt appellati, quòd græce formicæ myrmices dicũtur. Insula autem Aeginæ nomen possedit.

LIII. Asterie.

Pro Iuppiter ut et in sequẽtibus IOuis † cum Asterien Titanis filiam amaret, illa eum contempsit, à quo in *Ortygem* auem † Ortygiam cõmutata est, quam nos coturnicem dicimus, † eamq́; *Ea se* in mare abiecit, & ex ea insula est enata, quę Ortygia est appellata. Hęc mobilis fuit: quò postea Latona ab Aquilone uento delata est, iussu Iouis, tunc cum eam Python persequeretur, ibiq́; oleam tenens Latona peperit Apollinem & Dianam. Quæ insula postea Delos est appellata.

LIIII. Thetis.

THetidi Nereidi fatum fuit, qui ex ea natus esset fortiorem fore quam patrem. Hoc præter Prometheum cum sciret nemo, & Iouis uellet cum ea concumbere, Prometheus Ioui pollicetur se eum præmoniturum, si se uinculis liberasset. Itaq; fide data, monet Iouem ne cum Thetide cõcumberet, ne si fortior nasceretur, Iouem de regno deiiceret, quemadmodum & ipse Saturno fecerat. Itaq; datur Thetis in coniugium Peleo Aeaci filio, & mittitur Hercules ut aquilam interficiat, quæ eius cor exedebat: eáq; interfecta Prometheus post triginta annos de monte Caucaso est solutus.

LV. Tytius.

LAtona quòd cum Ioue concubuerat, Iuno Tytio Terræ filio immani magnitudine iusserat ut Latone uim afferret, qui cum conatus esset, à Ioue fulmine est interfectus, qui noué iugeribus ad inferos exporrectus iacere dicitur, & serpẽs ei appositus est, qui iecur eius exesset, *quod cũ Luna recrescit.

LVI. Busiris.

IN Aegypto apud Busiridem Neptuni filium cum esset sterilitas, & Aegyptus annis nouem, siccitate exaruisset, ex Græcia augures cõuocauit, † Tha- *Thrasius* sius Pigmalionis fratris filius Busiridi monstrauit, immolato hospite uenturos imbres, promissisq́; fidem ipse immolatus exhibuit.

LVII. Sthenoboēa.

BEllerophon, cum ad Prœtum regem exul in hospitium uenisset, adamatus est ab uxore eius Sthenoboēa: qui cum cõcumbere cum ea noluisset, illa uiro suo mentita est, se ab eo compellatam. At Prœtus re audita, conscripsit ta- *Ioabaten* bellas de ea re, & mittit eum ad † Diobaten regem, patrẽ Sthenoboēæ, quibus lectis talem uirum interficere noluit, sed ad Chimeram eum interficiendum misit, quæ tripartito ore, flammam spirare dicebatur. idem prima leo, postrema draco, media ipsa chimera: hanc super Pegasum sedens, interfecit: & decidisse dicitur in campos † alie- *lege Aleios* nos, unde etiam coxas eiecisse dicitur. At rex uirtutes eius laudans, alteram filiam dedit ei in matrimonium, Sthenoboēa ne audita ipsa se interfecit.

Smyrna

LVIII. Smyrna.

SMyrna Cinyrę Assyriorum regis, & Cenchreidis filia, cuius mater Cenchreis superbius locuta, quòd filiæ suæ formam Veneri anteposuerat: Venus matris pœnas exequens, Smyrnæ infandum amorem obiecit, adeò ut patrem suum amaret: quæ ne suspendio se necaret, nutrix interuenit, & patre nesciente per nutricem cum eo concubuit, ex quo concepit: idq́ ne palàm fieret, pudore stimulata, in syluis se abdidit, cui Venus postea miserta est, & in speciē arboris eam commutauit, unde myrrha fluit, ex qua natus est Adonis, qui matris pœnas à Venere est insecutus. *Hæc Latinis Myrrha dicitur*

LVIIII. Phyllis.

DEmophoon Thesæi filius in Thraciam ad Phyllidem in hospitium dicitur uenisse, & ab ea esse amatus. Qui cum in patriam uellet redire, fidem ei dedit se ad eam rediturum. Qui die constituta cum non uenisset, illa eo die dicitur nouies ad littus cucurrisse, quod ex ea Enneados grece appellatur. Phyllis autem ob desiderium Demophoontis spiritum emisit. Cui parētes cum sepulchrum constituissent arbores ibi sunt natæ, quæ certo tempore Phyllidis mortem lugēt, quo folia arescunt & diffluunt. Cuius ex nomine folia græce Phylla sunt appellata.

LX. Sisyphus & Salmoneus.

SIsyphus et Salmoneus Aeoli filii inter se inimici fuere, Sisyphus petiit ab Apolline quomodo posset interficere inimicū, id est fratrē. Cui respōsum fuit, si ex compressu Tyronis Salmonei fratris filiæ procreasset liberos, fore ultores: quod cum Sisyphus fecisset, duo sunt filii nati: quos Tyro mater eorum, sorte audita, necauit. At Sisyphus ut resciit, *qui nunc dicitur saxum propter impietatem, aduersus montem ad inferos ceruicibus uoluere, quod cum ad summū uerticem perduxerit, rursum deorsum post se reuoluatur. *Videtur deesse aliquid*

LXI. Salmoneus.

SAlmoneus Aeoli filius, Sisyphi frater, cum tonitrua & fulmina imitaretur Iouis, †sedens quadrigam faces ardentes in populum mitteret, & ciues, ob id à Ioue fulmine est ictus. *Et ascendens uidetur legēdū esse*

LXII. Ixion.

IXion †Leontei filius, conatus est Iunonem comprimere, Iuno Iouis iussu nubem supposuit, quam Ixion Iunonis simulachrum esse credidit, ex ea nati sunt Centauri. At Mercurius Iouis iussu, Ixionem ad inferos in rota constrinxit, quæ ibi adhuc dicitur uerti. *Phlegyæ alij*

LXIII. Danaë.

DAnaë Acrisii & Aganippes filia, huic fuit fatum ut quod peperisset, Acrisium interficeret. Quod timens Acrisius eam in muro lapideo præclusit. Iouis aūt in imbrem aureum conuersus, cum Danaë coucubuit, ex quo compressu natus est Perseus. Quam pater ob stuprum, inclusam in arca cum Perseo in mare deiecit. Ea uoluntate Iouis delata est in insulam Seriphum, quam piscator Dictys cum inuenisset, effracta, uidit mulierem cum infante, quos ad regem Polydectem perduxit, qui eam in coniugio habuit, & Perseū educauit in templo Mineruæ: quod cum Acrisius rescisset eos ad Polydectem morari, repetitum eos profectus est, †quod cum uenisset, Polydectes pro eis deprecatus est, Perseus Acrisio auo suo fidē dedit, se eum nunquam interfecturum. Qui cum tempestate retineretur Polydectes moritur. Cui cum funebres ludos facerent, Perseus disco misso, quem uentus distulit in caput Acrisii, & eum interfecit, ita quod uoluntate sua noluit, deorum, factū est. Sepulto aūt eo, Argos profectus est, regnáq; auita possedit. *Quo, sic enim, & supra positum erat*

Cassiope

LXIIII. Andromada.

CAsiope filiæ suæ Andromadæ, formam Nereidibus anteposuit, ob id Neptunus expostulauit ut Andromada Cephei filia ceto obiiceretur. Quæ cum esset obiecta, Perseus, Mercurii talaribus uolans eò dicitur uenisse, & eam liberasse à periculo. [al. abducere] Quam cum † adducere uellet Cepheus, pater cum Agenore, cuius sponsa fuit, Perseum clàm interficere uoluerunt. Ille cognita re, caput Gorgonis eis ostendit, omnesq́ ab humana spetie sunt informati in saxum. Perseus cum Andromada in patriam redit. [Videtur deesse, ubi uel postquã, uel simile] Polydectes siue Proëtus † uidit Perseum tantam uirtutem habere, pertimuit, eumq́ per dolum interficere uoluit. Qua re cognita Perseus, caput Gorgonis ei ostendit, & is ab humana spetie est immutatus in lapidem.

LXV. Alcyone.

CEyx Hesperi siue Luciferi & Philonidis filius, cum in naufragio periisset, Alcyone Aeoli & Egyales filia, uxor eius, propter amorem ipsa se in mare præcipitauit: qui deorum misericordia ambo in aues sunt mutati, quæ Alcyones dicuntur: hæ aues nidum, oua, pullos in mari septem diebus faciunt hyberno tempore: mare his diebus tranquillum est, quos dies nautæ Alcyonia appellant.

LXVI. Laius.

LAio Labdacis filio ab Apolline erat responsum de filii sui manu, mortem ut caueret. [al. Menœtij] Itaque Iocasta † Menyci filia uxor eius, cum peperisset † iussit exponi, [Natum aut simile quid uidetur deesse] hunc Peribœa Polybi regis uxor cum uestem ad mare lauaret, expositum sustulit, Polybo sciente, quòd orbi erant liberis, pro suo educauerunt, eumq́ quod pedes transiectos haberet Oedipum nominauerunt.

LXVII. Oedipus.

POstquam Oedipus Lai & Iocastes filius ad puberem ætatem peruenit, fortissimus præter cæteros erat: eiq́ per inuidiam æquales obiiciebant, eum subditum esse Polybo, eo quod Polybus tam clemens esset, & ille impudens: quod Oedipus sensit non falso sibi obiici. Itaq́ Delphos est profectus sciscitatũ de † in prodigiis ostendebatur mortẽ ei adesse de nati manu, [Deesse aliquid uidetur] idem cum Delphos iret, obuiam ei Oedipus uenit, quẽ satellites cum uiam regi dari iuberẽt, neglexit. Rex equos immisit, & rota pedem eius oppressit. Oedipus iratus, inscius patrem suum de curru detraxit, & occidit. [al. Menœtij] Laio occiso, Creon † Menyci filius regnum occupauit. Interim Sphinx Typhonis in Bœotiam est missa, quę agros Thebanorũ uexabat. Ea regi Creonti simultatem constituit, si carmen quod posuisset aliquis interpretatus esset, se inde abire: si aũt datum carmen nõ soluisset, eum se consumpturam dixit, neq́ aliter de finibus excessuram. [al. Sphingis] Rex re audita, per Græciam edixit, qui † Sphingæ carmen soluisset, regnũ se & Iocasten sororẽ ei in coniugium daturũ promisit: cum plures regni cupidine uenissent, & à Sphinge essent, cõsumpti, Oedipus Lai filius uenit & carmẽ est interpretatus. Illa se præcipitauit, Oedipus regnum paternum, & Iocastam matrem inscius accepit uxorem, ex qua procreauit Ethioclen & Polynicen, Antigonam, & Ismenam. Interim Thebis sterilitas frugum & penuria incidit, ob Oedipodis scelera, interrogatusq́ Tiresias quid ita Thebæ uexarẽtur, respondit. Si quis ex Draconteo genere superesset, et pro patria interiisset, pestilentia liberaturũ: [al. Menœtius] tum † Menycus Iocastę pater se de muris præcipitauit. Dum hæc Thebis geruntur, Corintho Polybus decedit, quo audito Oedipus moleste ferre cœpit, æstimãs patrẽ suũ obisse, cui Peribœa de eius suppositione palàm fecit: id Itemales senex qui eum exposuerat, ex pedum cicatricibus & talorũ agnouit Lai filium esse.

Oedipus re audita, postquam uidit se tot scelera nefaria fecisse, ex ueste matris fibulas detraxit, & se luminibus priuauit, regnumq́ filiis suis alternis annis tradidit, & à Thebis Antigona filia duce profugit.

Polynices

LXVIII. Polynices.

POlynices Oedipodis filius, anno peracto, regnum ab Etheocle fratre repetit. Ille cedere noluit, itaq; Polynices, Adrasto rege adiuuante, cum septem ductoribus Thebas oppugnatum uenit, ibi Capaneus, quod contra Iouis uoluntatem Thebas se capturum diceret, cum murum ascenderet, fulmine est percussus: Amphiaraus terra est deuoratus: Etheocles & Polynices inter se pugnantes alius alium interfecerūt. His cum Thebis parentaretur, etsi uentus uehemens esset, tamen fumus se nunquam in unam partem conuertit, sed alius aliò seducitur. Cæteri cum Thebas oppugnarēt, & Thebani regibus suis diffiderent, Tiresias † Euri filius augur præmonuit, si ex Dracontea progenie aliquis interiisset, oppidum ea clade liberari. Menycus † cum uidit se unum ciuium salutem posse redimere, muro se præcipitauit, Thebani uictoria sunt potiti.

Eurimi ita, infra quoq; Menœceus

LXIX. Adrastus.

ADrasto Talai & Eurynomes filio, respōsum ab Apolline fuit, eum filias suas Argiam & Deiphilam apro & leoni daturum in coniugium. Sub eodem tempore Polynices Oedipodis filius expulsus ab Etheocle fratre, ad Adrastū deuenit, & Tydeus simul Oenei & Peribœæ captiuæ filius, à patre* quod fratrem Menalippum in uenatione occiderat, ferè sub eodem tempore uenit. Quod cum satellites Adrasto nuntiassent, duos iuuenes incognita ueste uenisse, unus enim aprinea pelle *opertus, alter leonina. Tunc Adrastus memor sortium suarum, iubet eos ad se perduci, atq; ita interrogauit, quid ita hoc cultu in regna sua uenissent. Cui Polynices indicat se à Thebis uenisse, et iccirco se † pellē leoninā operuisse, quòd Hercules à Thebis genus duceret, & insignia gentis suæ secum portaret. Tydeus autem dicit se Oenei filium esse, & à Calidone genus ducere, ideo pelle aprinea se opertum, significās aprum Calidoniū. Tunc rex responsi memor, Argiam maiorem dat Polynici, ex qua nascitur Thersander, Deiphilam minorem dat Tydeo, ex qua nascitur Diomedes, qui apud Troiam pugnauit. At Polynices rogat Adrastum ut sibi exercitum cōmodaret, ad paternum regnum recuperandum à fratre, cui Adrastus non tantum exercitum dedit, sed etiam ipse cum aliis ducibus profectus est, quoniā Thebę septē portis claudebātur. Amphion enim qui Thebas muro cinxit, septem filiarum nomine portas constituit. Hæ autem fuerunt Thera, Cleodoxe, Astynome, Astycratia, Chias, Oggygia, Chloris.

pelle leonina

Pausanias uero aliter de portis Thebanis, quē uide in Bœotic.

LXX. Reges septem Thebas profecti.

ADrastus Talai filius ex Eurynome Iphiti filia, Argiuus. Polynices Oedipodis filius ex Iocasta Menœtii filia, Thebanus. Tydeus Oenei filius ex Peribœa captiua, Calidonius. Amphiaraus Oeclei uel, ut alii autores dicunt, Apollinis ex Hypermestra Thestii filia, Pylius. Capaneus Hiponoi filius ex Astynome Talai filia sorore Adrasti, Argiuus. Hippomedon Nesimachi filius ex Mythidice Talai filia sorore Adrasti, Argiuus. Parthenopæus, Meleagri filius, ex Atalāta Iasii filia, ex monte Partheno, Arcas. Hi omnes duces apud Thebas perierunt, præter Adrastum Talai filium, is enim equi beneficio ereptus est, qui postea filios eorum armatos ad Thebas expugnandas misit, ut iniurias paternas uindicarent, eò quod insepulti iacuerant Creontis iussu, qui Thebas occuparat, fratris Iocastes.

LXXI. Septem Epigoni, id est filii.

AEgialeus Adrasti filius ex Demoanassa, Argiuus, hic solus periit ex septem qui exierant, quia pater exuperauerat, pro patre uicariam uitam dedit, cęteri sex uictores redierunt. Thersander Polynicis filius ex Argia Adrasti filia, Argiuus. Polydorus Hippomedontis filius, ex Euanippe Elati filia, Argiuus. Alcmæon, Amphiarai filius, ex Euriphyle Talai filia, Argiuus. Thesimenes Parthenopei filius ex Climene nympha, Nysius.*

Videtur deesse nonnihil

POlynices Oedipodis filius, anno peracto regnum ab Etheocle fratre Adrasto Talai filio adiutore repetit, cum septem ductoribus, & Thebas oppugnarũt. Ibi Adrastus beneficio equi profugit. Capaneus contra Iouis uoluntatem, Thebas se capturum dixit, & cum murum ascenderet, fulmine ab Ioue est percussus: Amphiaraus cum quadriga terra est deuoratus: Etheocles & Polynices inter se pugnantes, alius alium interfecerunt. His inferiæ communes cum fiunt, Thebis fumus seperatur, quod alius alium interfecerunt, reliqui perierunt.

LXXII. Antigona.

CReon Menœtii filius edixit, ne quis Polynicen aut qui unà uenerũt, sepulturæ traderent, quòd patriam oppugnatum uenerint: Antigona soror & Argia coniunx, clàm noctu Polynicis corpus sublatum, in eadem pyra, qua Etheocles sepultus est, imposuerunt, quæ cũ à custodibus depræhensæ essent Argia profugit, Antigona ad regem est perducta, ille eam Hæmoni filio, cuius sponsa fuerat dedit interficiendam. Hæmon amore captus patris imperium neglexit, & Antigonam ad pastores demandauit, ementitusq́ est, se eam interfecisse. Quæ cum filium procreasset, & ad puberem ætatem uenisset, Thebas ad ludos uenit. Hunc Creon rex quòd ex Draconteа genere omnes in corpore insigne habebãt, cognouit. Cum Hercules pro Hæmone deprecaretur, ut ei ignosceret, non impetrauit. Hæmon se & Antigonam coniugem interfecit. At Creon Megaram filiam suam Herculi dedit in coniugium ex qua nati sunt Theremachus, & Ophites.

LXXIII. Amphiaraus, Eriphyla, & Alcmæon.

cum AMphiaraus Oeclei & Hypermestræ Thestii filiæ filius augur, †qui sciret si ad Thebas oppugnatum isset, se inde non rediturum, itaque celauit se, conscia Eriphyle coniuge sua Talai filia. Adrastus autem ut eum inuestigaret, monile aureum ex gemmis fecit, & muneri dedit sorori suæ Eriphylæ, quæ doni cupida, coniugem prodidit. Amphiaraus Alcmęoni filio suo præcepit, ut post suam mortem pœnas à matre exequeretur, qui postquam apud Thebas terra est deuoratus, Alcmæon memor patris præcepti Eriphylen matrem suam interfecit, quem postea furiæ exagitarunt.

LXXIIII. Hypsipyle.

SEptem ductores qui Thebas oppugnatum ibant, deuenerunt in Nemeam ubi Hypsipyle Thoantis filia in seruitute puerum Archemorum siue Ophiten Lyci regis filium, nutriebat. Cui responsum erat ne in terra puerum deponeret, antequam posset ambulare: ergo ductores septem qui Thebas ibãt aquam quærentes, deuenerunt ad Hypsipylen, eamq́ rogauerunt ut eis aquam demonstraret. Illa timens puerum in terram deponere, *apium altissimũ erat ad fontem in quo puerum deposuit, quæ dum aquam eis tradit, draco fontis custos, puerum exedit. At draconem Adrastus & cæteri occiderunt, & Lycum pro Hypsipyle deprecati sunt, ludosq́ pueto funebres instituerunt, qui quinto quoq; anno fiunt, in quibus uictores apiaciam coronam accipiunt.

LXXV. Tiresias.

Venerantes pro coeũtes uideur posuisse, à Venere deducto uerbo

IN monte Cyllenio Tiresias Eurimi filius, pastor dracones uenerãtes dicitur baculo percussisse, aliàs calcasse, ob id in mulieris figuram est cõuersus: postea monitus à sortibus, in eodem loco dracones cum calcasset, redit in pristinam spetiem. Eodem tempore inter Iouem & Iunonem fuit iocosa altercatio quis magis de re uenerea uoluptatem caperet, masculus an fœmina, de qua re Tiresiam iudicem sumpserunt, qui utrunq; erat expertus. Is cum secundum Iouem iudicasset, Iuno irata manu auersa eum excæcauit, at Iouis ob id fecit ut septem ętates uiueret, uatesq́ præter cæteros mortales esset.

LXXVI. Reges Thebanorum.

CAdmus Agenoris filius, Amphion Iouis, Polydorus Cadmi, Laius Labdaci, Pentheus Echionis, Creon Menœtii, Oedipus Lai, Polynices Oedipi, Lycus Neptuni, Etheocles Oedipi, Zetus Iouis, Labdacus Polydori.

LXXVII. Leda.

IVpiter Ledam Thestii filiam, in cygnũ conuersus, ad flumen Eurotam cõpressit, † & ex eo peperit Pollucem & Helenam, ex Tyndareo aũt Castorem & Clytemnestram. qua

LXXVIII. Tyndareus.

TYndareus Oebali filius, ex Leda Thestii filia procreauit Clytẽnestram & Helenam. Clytemnestram Agamemnoni Atrei filio dedit in coniugium. Helenam propter formæ dignitatem, complures ex ciuitatibus * in coniugium proci petebant. Tyndareus cum* repudiaret filiam suam Clytemnestram, ab Agamẽnone uereretur timeretq́, ne quid ex ea re discordiæ nasceretur, monitus ab Vlyxe, iureiurando se obligauit, & arbitrio Helenæ posuit, ut cui uellet nubere, coronã imponeret, † Menelao imposuit, ut cui Tyndareus eam dedit uxorẽ, regnũq́ moriẽs Menelao tradidit. Quæ Menelao

LXXIX. Helena.

THeseus Aegei & Aethræ Pitthei filiæ filius, cum Pirithoo Ixionis filio Helenam Tyndarei & Ledæ filiam uirginem, de fano Dianæ sacrificantem rapuerunt, & detulerunt Athenas in pagũ Atticæ regionis. †Quod Iouis eos cum uidisset tantam audaciam habere, ut se ipsi ad periculum offerrent, in quiete eis imperauit, ut peterent ambo à Plutone, Pirithoo Proserpinam in coniugium. Qui cum per insulam Tenaream ad inferos descendissent, & de qua re uenissent indicarent Plutoni, à furiis †strati diuq́ lacerati sunt, quo Hercules ad canem tricipitem ducendum cum uenisset, illi fidem eius implorarunt. Qui à Plutone impetrauit, eosq́ incolumes eduxit ad Helenã: Castor & Pollux fratres belligerarunt, & Aethrã Thesei matrẽ & * Phisadiẽ Pirithoi sororem ceperunt, & in seruitutem sorori dederunt.

Pro qua re Iuppiter

prostrati

Thisadien, ut infra uocat

LXXX. Castor.

IDas & Lynceus Apharei filii, ex Messenis habuerũt sponsas Phœben &†Lairam Leucippi filias. Hæ autem formosissimæ uirgines cum essent, & esset Phœbe sacerdos Mineruæ, † Laira Dianæ, Castor & Pollux amore incensi eas rapuerunt. Illi amissis sponsis, arma tulerũt, si possent eas recuperare, Castor Lynceum in prælio interfecit, Idas amisso fratre omisit bellum & sponsam, cœpit fratrẽ sepelire. Cum ossa eius collocaret in pila, interuenit Castor & prohibere cœpit monumentũ fieri, quod diceret se eum quasi fœminã superasse, Idas indignans gladio quo cinctus erat Castori inguina traiecit. Alii dicunt quemadmodũ ædificabat pilam, super Castorem impulisse & sic interfectum: quod cum annũciasset Polluci, accurrit & Idam uno prælio superauit, corpusq́ fratris recuperatũ sepulturæ dedit. Cum aũt ipse stellam ab Ioue accepisset, & fratri non esset data, ideo quod diceret Iouis, Castorem semine Tyndarei & Clytemnestram natos: ipsum autem & Helenam Iouis esse filios. Tunc deprecatus Pollux ut liceret ei munus suum cum fratre communicare, cui permisit, ideóq́ dicitur alterna morte redemptus. Vnde etiam Rhomani seruant institutum cum desultorem mittunt, unus duos equos habet, pileum in capite, *equo in equum transilit, quod ille sua & fratris uice fungatur.

Ilairam

Ilaira

LXXXI. Proci Helenæ.

ANtiochus†, Ascalaphus, Aiax Oilæus, Antimachus, Aecæus, Blanirus, * Agapenor, Aiax Telamonius, Clytius Cyanæus, Menelaus, Patroclus, Diomedes, Peneleus, Phemius, Nitæus, Polypoetes, Elephenor, Eumelus, Stenelus, Tlepolemus, Protesilaus, Podalirius, Euripylus, Idomeneus, †Teleontes, †Tallius, Polyxenus, † Protus, Mnestheus, Machaon, Thoas, Vlysses, Phidippus, Meriones, Meges, Philoctetes Aliauetetes. *

Antilochus

Leonteus

Thalpius

Prothous

LXXXII. Tantalus.

πλουτοῦς, habet comment. in Odyss. λ

Taygeta alij

aqua

TAntalus Iouis & †Plytones filius procreauit ex †Dione Penelopen. Iupiter Tantalo concredere sua consilia solitus erat, & ad epulum deorum admittere, quæ Tantalus ad homines renuntiauit, ob id dicitur ad inferos in †aquam media fine corporis stare, semperque sitire, & cum haustum aquæ uult sumere, aquam recedere. Item poma ei super caput pendent, quæ cum uult sumere, rami uento moti recedunt. Item saxum super caput eius ingẽs pendet quod semper timet ne super se ruat.

LXXXIII. Pelops.

PElops Tantali & Diones Atlantis filiæ filius, cum esset in epulis Deorum à Tantalo cæsus, brachium eius Ceres consumpsit, qui à deorum numine uitam recepit, cui cum cætera membra ut fuerant coissent, humero non perpetuo, eburneum eius loco Ceres aptauit.

LXXXIIII. Oenomaus.

OEnomaus Martis & Asteropes filiæ filius, habuit in coniugio Euareten Acrisii filiam, ex qua procreauit Hippodamiam uirginem eximiæ formæ, quam nulli ideo dabat in coniugium, quod sibi responsum fuit, à genero mortem cauere. Itaque cum complures eam peterent in coniugium, simultatem constituit, se ei daturum, qui secum quadrigis certasset, uictorque exisset, (quod is equos Aquilone ucelociores habuit) uictus autem interficeretur. Multis interfectis, nouissime Pelops Tantali filius cum uenisset, & capita humana super†halbas fixa uidisset, eorum qui Hippodamiam in uxorem petierant, pœnitere eum cœpit, regis crudelitatem timens. Itaque Myrtilo aurigæ eius persuasit, regnumque ei dimidium pollicetur, si se adiuuaret: fide data Myrtilus currum iunxit, & clauos in rotas non coniecit: itaque equis incitatis currum defectum Oenomai equi distraxerũt: Pelops cum Hippodamia & Myrtilo domum uictor cum rediret, cogitauit sibi opprobrium futurum, & Myrtilo fidem præstare noluit, eumque in mare præcipitauit, à quo Myrtoũ pelagus est appellatũ. Hippodamiam in patriam adduxit suam, quod Peloponnesum appellatur, ibi ex Hippodamia procreauit Hippalcum, *Atreum, Thiesten.

Valuas

LXXXV. Chrysippus.

LAius Labdaci filius Chrysippum Pelopis filium natum propter formæ dignitatem Nemeæ ludis rapuit, quem ab eo Pelops bello recuperauit, hunc Atreus & Thiestes matris Hippodamiæ impulsu interfecerunt. Pelops cum Hippodamiam argueret ipsa se interfecit.

LXXXVI. Pelopidæ.

THiestes Pelopis & Hippodamiæ filius, quòd cum Aeropa Atrei uxore concubuit, à fratre Atreo de regno est eiectus. At is Atrei filium Plisthenem, quem pro suo educauerat, ad Atreum interficiendum misit, quem Atreus credens fratris filium esse, imprudens filium suum occidit.

LXXXVII. Aegisthus.

THiesti Pelopis & Hyppodamiæ filio responsum fuit, quem ex filia sua Pelopia procreasset, eum fratris fore ultorẽ: quod cum audisset, * puer est natus, quem Pelopia exposuit, quem inuentum pastores capræ subdiderunt, ad nutriendum, Aegisthus est appellatus, ideo quod græce capra æga appellatur.

Videtur abesse aliquid

αἴξ αἰγός.

LXXXVIII. Atreus.

ATreus Pelopis & Hippodamiæ filius, cupiens à Thieste fratre suo iniurias exequi, in gratiam cum eo rediit, & in regnum suum eum reduxit, filiosque eius infantes Tantulum & Plisthenem occidit, & epulis Thiesti apposuit, qui cum uesceretur, Atreus imperauit brachia et ora puerorum afferri, ob id scelus etiam sol currum auertit. Thiestes scelere nefario cognito,

gnito, profugit ad regem Thesprotum, ubi lacus Auernus dicitur esse. Inde Sicyoně peruenit, ubi erat Pelopia filia Thiestis deposita, ibi casu nocte cum Mineruæ sacrificaret interuenit, qui timens ne sacra cōtaminaret in luco delituit. Pelopia autem cum choreas ducit, lapsa, uestem ex cruore pecudis inquinauit: quæ dum ad flumen exit sanguinem abluere, tunicam maculatam deponit, capite obducto Thiestes è luco prosiliuit,* & ea compressione gladium de uagina ei extraxit Pelopia, et rediens in templum sub acropodio Mineruæ abscondit. Postero die rogat regem Thiestes ut se in patriam Lidiam remitteret. Interim sterilitas Mycenis frugū ac penuria oritur ob Atrei scelus. Ibi responsum est ut Thiestem in regnum reduceret. Qui cum ad Thesprotum regem isset, æstimans Thiestem ibi morari, Pelopiam aspexit, & rogat Thesprotum, ut sibi Pelopiam in coniugiū daret, quod putaret eam Thesproti esse filiā, Thesprotus ne qua suspitio esset, dat ei Pelopiam, quæ iam conceptum ex patre Thieste habebat Aegisthū. Quę cum ad Atreum uenisset, parit Aegisthum: quem exposuit. At pastores capræ supposuerunt, quē Atreus iussit perquiri, & pro suo educari. Interim Atreus mittit Agamemnonem & Menelaum filios ad quærendum Thiesten: qui Delphos petierunt sciscitatum. Casu Thiestes eò uenerat ad sortes tollendas de ultione fratris, comprehensus ab eis ad Atreum perducitur: quem Atreus in custodiam coniici iussit, Aegisthumq; uocat, æstimans suū filium esse, & mittit eum ad Thiesten interficiendū. Thiestes cum uidisset Aegisthum & gladiū quem Aegisthus gerebat, & cognouisset quem in compressione perdiderat, interrogat Aegisthū unde illū haberet. Ille respondit matrem sibi Pelopiam dedisse: quam iubet accersiri, cui respondit se in compressione nocturna, nescio cui eduxisse, & ex ea cōpressione Aegisthū concepisse. Túc Pelopia gladiū arripuit simulans se agnoscere, & in pectus sibi detrusit, quē Aegisthus è pectore matris cruentum tenens, ad Atreum attulit. Ille æstimans Thiesten interfectum lætabatur, quē Aegisthus in littore sacrificanté occidit, & cum patre Thieste in regnum auitum redit.

Videtur & hic nonnihil sententiæ deesse

LXXXIX. Laomedon.

NEptunus & Apollo dicuntur Troiam muro cinxisse, his rex Laomedon uouit, quod regno suo pecoris eo anno natum esset, immolaturū. Id uotum auaritia fefellit: Alii dicunt parum eum promisisse, ob eam rem Neptunus cetum misit, qui Troiam uexaret. Ob quam causam rex ad Apollinem misit consultum, Apollo iratus ita respondit, si Troianorum uirgines ceto religatæ fuissent, finem pestilentiæ futuram. Cum complures consumptæ essent, & Hesione sors exisset, & petris religata esset, Hercules & Telamon cum Colchos Argonautæ irent, eodem uenerunt, & cetum interfecerunt. Hesionenq; patri, pactis legibus reddunt, ut cum inde rediissent, secum in patriam eam abducerent, & equos qui super aquas & aristas ambulabant. Quod & ipsum Laomedon fraudauit, neq; Hesionen reddere uoluit. Itaque Hercules ad eos nauibus comparatis, ut Troiam expugnaret, uenit, & Laomedontem necauit, & Padaci filio eius infanti regnum dedit, qui postea Priamus est appellatus, ἀπὸ τοῦ πρίασθαι. Hesionen reciperatam Telamoni concessit in coniugium, ex qua natus est Teucer.

XC. Priami filii & filiæ numero 54.

HEctor, Deiphobus, Geriones, Polydorus, Helenus, Alexander, Hippositdus, Antinous, Agathon, Diastor, Lyside, Polymena, Ascanius, Chirodamas, Euagoras, Drypon, Astinomus, Polymetus, Laodice, Ethionome, Phegea, Henicea, Demnosia, Cassandra, Philomela, Polipes, Troilus, Palemon, Brissonius, Gorgitiō, Protodamas, Atreus, Dolon, Chroetesus, Chrysolaus, Demosthea, Doricops, Hippassus, Hiperiscus, Lysianassa, Iliona, Nereis, Euander, Proneus, Aromachus, Hilagus, Axion, Biantes, Hippotrochus, Diophites, Medusa, Hero, Creusa.

De liberis Priami.

In hoc capite, quia omnia propè mirifice corrupta sunt, ipsum quidem intactum reliquimus. Nomina uerò libero-

rum Priami, quæ partim Ioan. Boccatius ex varijs autoribus collegit, partim apud Pausaniam in pictura Polygnoti reperiuntur, hæc adnotauimus, ut, qui volet, ad horum exempla, illa emendet. Sunt autem hæc, filiarum: Creusa, Caßandra, Ilione, Laodice, Lycaste, Medesicastis, Polyxena, Clymene, Aristomache, Xenodice, Deimone, Metioche, Pisis, Cleodice & Medusa. Filiorũ autem, Paris, Hector, Helenus, Chaon, Troilus, Deiphobus, Polydorus 1. Polydorus 2. Lycaon, Aesacus, Antiphus, Isus, Cebryones, Phorbas, Doryclus, Pãmon, Antiphonus, Agathon, Hippothous, Agauus, Mestor, Iphates, Testorius, Timœtes, Polites, Teucer, Democoontes, Echemon, Chromius, Gorgition, Axion, Astynous, Pelis, Eioncus, Admetus, Agenor. Quanquã de his ultimis quinq;, non ausim certo affirmare, Priami liberorum nomina eße, neq; enim id liquido Pausanias indicat, sed tantum inter reliquos, qui circa Priamum occisi sunt, recenset: additur & à Calabro Tesiphonus.

XCI. Alexander Paris.

PRiamus Laomedontis filius, cum complures liberos haberet ex concubitu Hecubæ Cissei, siue Dymantis filia, uxor eius prægnans in quiete uidit se facem ardentẽ parere, ex qua serpentes plurimos exisse, id uisum omnibus coniectoribus cum narratum esset, imperant quicquid pareret necaret, ne id patriæ exitio foret. Postquam Hecuba peperit Alexandrum, datur interficiendus, quem satellites misericordia exposuerunt, eum pastores pro suo filio repertum expositum educarunt, eum'q; Parim nominauerũt. Is cum ad puberem ætatẽ peruenisset, habuit taurum in delitiis, quò cum satellites missi à Priamo ut taurum aliquis adduceret uenissent, qui in athlo funebri quod ei, fiebat poneretur, cœperunt Paridis taurum abducere. Qui persequutus est eos, & inquisiuit, quo eum ducerent, illi indicant se eum ad Priamum adducere, qui uicisset ludis funebribus Alexandri, ille amore incensus tauri sui, descendit in certamen, & omnia uicit, fratres quoq; suos superauit. Indignans Deiphobus, gladium *al. aduersus* † ad eum strinxit, at ille in aram Iouis Hercæi insiluit, quod cum Cassandra uaticinaretur eum fratrem esse, Priamus eum agnouit, regiáq; recepit.

XCII. Paridis iudicium.

IOuis, cum Thetis Peleo nuberet, ad epulum dicitur omnes Deos cõuocasse, excepta Eride i. discordia, quæ cum postea superuenisset, nec admitteretur ad epulum, ab ianua misit in medium malum, * dicit quæ esset formosissima attolleret. Iuno, Venus, Minerua formam sibi uendicare cœperunt, inter quas magna discordia orta. Iouis * imperat Mercurio, ut deducat eas in Ida monte ad Alexandrum Paridem, eum'q; iubeat iudicare. Cui Iuno si secundum se iudicasset, *Diuitijs, fortasse* pollicita est in omnibus terris eum regnaturum † diuitem præter cæteros præstaturum. Minerua si inde uictrix discederet, formissimum inter mortales futurum, & omni artifi*Omnium artificiosißimum* cio † scium. Venus autem Helenam Tyndarei filiam formosissimã omnium mulierum se in cõiugium dare promisit. Paris donum posterius prioribus anteposuit, Veneremq; pulcherrimã esse iudicauit, ob id Iuno & Minerua Troianis fuerunt infestæ. Alexander Veneris impulsu Helenam à Lacedæmone ab hospite Menelao Troiam abduxit, eam'q; *Supra Phisadien uocauit* in coniugio habuit cum ancillis duabus Aethra & † Thisadie, quas Castor & Pollux captiuas ei assignarant, aliquando reginas.

XCIII. Cassandra.

CAssandra Priami & Hecubæ filia in Apollinis fano ludendo lassa obdormisse dicitur. Quam Apollo cum uellet comprimere, corporis copiam nõ fecit, ob quam rem Apollo fecit, ut cum uera uaticinaretur fidem non haberet.

XCIIII. Anchisa.

VEnus Anchisam Assarici filium amasse, & cum eo concubuisse dicitur, ex quo procreauit Aeneam, eiq; præcepit, ne id apud homines enuntiaret. Quod Anchises inter sodales per uinum est elocutus, ob id à Ioue fulmine est ictus, quidam dicunt eum sua morte obisse.

XCV. Vlixes.

AGamemnon & Menelaus Atrei filii, cum ad Troiam oppugnãdam coniuratos duces ducerent, in insulam Ithacam ad Vlyxem Laërtis filium uenerunt, cui erat

responsum

responsum si ad Troiam isset post uicesimum annum, solum, sociis perditis, egentem domum rediturum. Itaque cum sciret ad se oratores uenturos, insaniam simulans, pilleum sumpsit, & equum cum boue iunxit ad aratrum. Quem Palamedes ut uidit sensit simulare, atque Telemachum filium eius, cunis sublatum aratro ei subiecit, & ait simulatione deposita inter coniuratos ueni. Tunc Vlixes fidem dedit se uenturum, ex eo Palamedi infestus fuit.

XCVI. Achilles.

THetis Nereis, cum sciret Achillem filium suum quem ex Peleo habebat, si ad Troiam expugnandam isset periturum. Cõmendauit eum in insulam Scyro ad Lycomedem regem, quem ille inter uirgines filias habitu fœmineo seruabat nomine mutato, nam uirgines Pyrrham nominarunt quoniam capillis flauis fuit, & græce rufum pyrrhon dicitur. Achiui autẽ cum rescissent ibi eum occultari, ad regem Lycomedẽ oratores miserũt, qui rogarent ut eum adiutorium Danais mitteret. Rex cum negaret apud se esse, potestatem eis fecit, ut in regia quęrerent, qui cum intelligere nõ possent, quis esset eorum Vlysses, in regio uestibulo munera fœminea posuit, in quibus clypeum & hastam, & subito tubicinam iussit canere, armorum'que crepitum & clamorem fieri iussit. Achilles hostem arbitrans adesse, uestem muliebrem dilaniauit, atque clypeum & hastam arripuit, ex hoc est cognitus, suas'que operas Argiuis promisit, & milites Myrmidones.

XCVII. Qui ad Troiam expugnatũ ierunt, & quot naues.

AGamemnon Atrei & Aëropes filius Mycenis, nauibus centum. Menelaus frater eius, Mycenis nauibus. lx. Phœnix Amyntoris filius Argiuus, nauibus l. Achilles Pelei & Thetidis filius, insula Scyro nauib. lx. Antomedon auriga Achillis, Scyro na. x. Patroclus Menœtii & Pilomellæ filius, Phthia nauibus x. Aiax Telamonis ex Eribœa filius, Salamine nauibus xii. Teucer frater ex Hesiona Laomedontis filia, nauibus xii. Vlysses Laërtæ & Anticlię filius Ithaca nauib. xii. Diomedes Tydei & Deiphilæ Adrasti filiæ filius, Argis nauib. xxx. Sthenelus Capanei & Euadnes filius, Argis nauib. xxv. Aiax Oilei & Rhenes nymphę filius, Locrus nauibus xx. Nestor Nelei & Chloridis filiæ filius, Pylius nauibus xc. Thrasimedes frater ex Euridice, Pylius nauibus xv. Antilochus Nestoris filius, Pylius nauibus xx. Euripylus Euæmonius & Opis filius, Orchomeno nauibus xxxx. Machaon Asclepii & Coronidis filius, Attica nauibus xx. Podalyrius frater eius nauibus ix. Tlepolemus Herculis & Astyoches filius, Mycenis nauibus viiii. Idomeneus Deucalionis filius, à Creta nauibus xxxx. Meriones Moli & Melphidis filius à Creta nauibus xxxx. Eumelus Admeti & Alcestis Pelię filiæ filius, à Parthebia nauibus viii. Philocteta Pœantis & Demonassæ filius Melibœa nauibus vii. Peneleus Hippalci & Asteropes filius, Bœotia nauibus xii. †Pithus Lacreti & Cleobules filius, ex Bœotia nauibus xii. †Chronius frater eius, ex Bœotia nauibus ix. Arcesilaus Lyci & *Theobulæ filius ex Bœotia nauibus x. Prothœnor frater, ex †Hastipiæ nauibus viii. Ialmenus Lyci & †Pernidis filius, Argis nauibus xxx. Asclaphus frater eius, Argis nauibus xxx. Schedius Iphiti & Hippolytes filius, Argis nauibus xxx. Epistrophus frater eius itidem nauibus x. Elephenor, Calchodontis & Imenaretes * filius, Argis nauib. xxx. *Menœæ filius, Athenis nauib. l. Agepenor Ancæi & Iotis * filius Arcadia na. lx. Amphimachus Creati filius, Elea na. x. Eurychus*Pallantis & Diomede filius, Argis na. xv. Amarũceus Onesimachi filius, Mycenis na. xix. †Polysenes †Astionis & Pelorides filius, Aetolia na. xxxx. Meges Phylei & Eustyoches filius à Dulichio na. lx. Thoas Andremonis & Gorgidis filius *Tyto * na. xv. Podarces frater eius itidem na. x. Prothous Tenthredonis filius, Magnesia na. xxxx. Cycnus * Ociti & * Autophites filius Argis nauib. xii. Nireus Charopi & †Nymphæ filius, Argis na. xvi. Antiphus Mnesyli & Chalciopes filius Thessalus, na. xx. Polybœtes Pirithoi & Hyppodamiæ filius Argis na. xx. †Leophites Chroni filius à Sicione nauibus xix. Calchas Thestoris filius Mycenis augur, Phocus Danai filius architectus, Eurybates et Talthybius internũtii,

Hanc matrem Medontis Homerus facit

Leitus
Clonius
Thespia
Martis et Astyoches Homerus.
Videtur deesse aliquid, intelligit autem Mnesthea
Polyxenus
Agasthenis
a
Aglares ut Homer.
b
Leonteus
Coroni

Diaphorus iudex Neoptolemus Achillis & Deidamiæ filius ab insula Scyro, hic idem
c Pyrrhus est uocitatus à patre Pyrrha, summa naues. 245.

a Videntur hic & omissa quædam esse quæ ad naues Thoantis pertinent, et quod hic Tyto ponitur, Ithone legi debere, & ad Protesilaum, cuius nomen hic deest, referendum esse. Ita enim ex Podarce, qui sequitur colligi potest, quem Homerus Protesilai fratrem, non Thoantis facit.

b Vide 2. Iliad. Nam hic haud scio an nomina transposita sint, et legendum Antiphus Thessali et Chal. fil. Nisyro na. 30

c Neq; hic locus absq; uicio esse uidetur, cum cæteri omnes de mille nauibus mentionem faciant.

XCVIII. Iphigenia.

Fortasse legendum alysq;

AGamemnon cum Menelao fratre * Asiæ delectis ducibus, Helenã uxorem Menelai quam Alexander Paris auexerat, repetitum ad Troiam cum irent, in Aulide tempestas eos ita Dianæ retinebat, quod Agamemnon in uenando ceruam eius uiolauit, superbius´q; in Dianam est locutus. Is cum Aruspices conuocasset, & Calchas se * respondisset, aliter expiari non posse nisi Iphigeniam filiam Agamemnonis immolasset. Re audita Agamemnon recusare cœpit, tunc Vlysses eum consiliis ad rem pulchram transtulit, idem Vlysses cum Diomede ad Iphigeniam missus est adducendam. Qui cum ad Clytemnestram matrem eius uenissent, ementitur Vlysses eam Achilli in coniugium dari. Quam cum in Aulidem adduxisset & parens eam immolare uellet, Diana uirginem miserata est, & caligine eis obiecit, ceruam´q; pro ea supposuit: Iphigeniam´q; per nubes in terrã Tauricã detulit, ibi´q; templi sui sacerdotem fecit.

XCIX. Auge.

AVge Alei filia ab Hercule compressa, cum partus adesset, in mõte Parthenio peperit, & ibi eum exposuit. Eodem tempore Atalante Iasii filia, filium exposuit ex Meleagro natum, Herculis autem filium cerua nutriebat, hos pastores inuentos sustulerunt, atq; nutrierunt, quibus nomina imposuerunt, Herculis filio Telephum, quoniã cerua nutrierat, Atalantes autẽ Parthenopeum, quoniam uirgine simulante in monte Parthenio eum exposuerat. Ipsa autem Auge patrem suum timens profugit in Mœsiam ad regem Teuthrantem, qui cum esset orbus liberis hanc pro filia habuit.

C. Teuthras.

Tutatus esset

THeutrantem regem in Mœsia Idas Apharei filius regno priuare uoluit, quò cum Telephus Herculis filius ex responso quærens matrẽ cum comite Parthenopeo uenisset, & huic Theutras regnum & filiam Augen in coniugium daturum promisit, si se ab hoste † tutasset. Telephus conditionem regis non prætermisit, cum Parthenopeo Idam uno prælio superauit, cui rex pollicitam fidem præstitit, regnum´q; & Augen matrem inscientem in coniugium dedit: quæ cum mortalem neminem uellet suum corpus uiolare, Telephum interficere uoluit inscia filium suum. Itaque cum in thalamum uenissent, Auge ensem sumpsit, ut Telephũ interficeret. Tum deorum uoluntate dicitur draco immani magnitudine inter eos exisse, quo uiso Auge ensem proiecit & Telepho inceptum patefecit. Telephus re audita inscius matrem interficere uoluit, illa Herculem uiolatorem suum implorauit, & ex eo Telephus matrem agnouit, & in patriam suam reduxit.

CI. Telephus.

TElephus Herculis et Auges filius ab Achille in pugna Chironis hasta percussus dicitur. Ex quo uulnere cum indies tetro cruciatu angeretur, petit sortem ab Apolline, quod esset remedium, responsum est ei neminem mederi posse nisi eandem hastam qua uulneratus erat. Hoc Telephus ubi audiuit, ad regem Agamemnonem uenit, & monitu Clytemnestræ Orestem infantem de cunabulis rapuit, minitans se eum occisurum nisi sibi Achiui mederentur, Achiuis autem quod responsum erat sine Telephi ductu Troiam capi non posse, facile cum eo in gratiam redierunt dicerunt, & ab Achille petierũt ut eũ sanaret. Quibus Achilles respondit se artẽ medicam non nosse, tunc Vlysses ait: non te dicit Apollo, sed autorem uulneris, hastam nominat, quam cum rasissent remediatus est, à quo cum peterent ut secũ Troiam expugnandam iret, non impetrarunt, quod is Laodicen Priami filiam uxorem haberet, sed ob beneficium quod eum sanarunt, eos deduxit, locos autem & itinera demonstrauit, inde in Mœsiam est profectus.

CII. Philoctetes.

PHiloctetes Pœantis & Demonasse filius, cum in insula Leno esset, coluber eius pedem percussit, quem serpentem Iuno miserat, irata ei ob id, quia solus præter cæteros ausus fuit Herculis pyram construere, cum humanum corpus est exutum, & ad immortalitatem traditum, ob id beneficiũ Hercules suas sagittas diuinas ei donauit: sed cum Achiui ex uulnere tetrum odorem ferre non possent, iussu Agamemnonis regis, in Lemno expositus est cum sagittis diuinis, quem expositum pastor regis Actoris nomine Phimachus *Dolophionis filius nutriuit. Quibus postea responsum est, sine Herculis sagittis Troiam capi nõ posse. Tunc Agamẽnon Vlyssem, & Diomedẽ exploratores ad eum misit. Cui persuaserũt, ut in gratiam rediret, & ad expugnandã Troiam auxilio esset, eum'q; secum sustulerunt.

CIII. Protesilaus.

ACHiuis fuit responsum qui primus littora Troianorum attigisset periturum. Cum Achiui classes applicuissent, cæteris cũctantibus, Iolaus Iphicli & Diomedeæ filius primus è naui prosiliuit, qui ab Hectore cõfestim est interfectus, quem cuncti appellarunt Protesilaum, quoniam primus ex omnibus perierat. Quod uxor Laodamia Acasti filia cum audisset eum perisse, flens petit à Diis ut sibi cum eo tres horas colloqui liceret, quo impetrato, à Mercurio reductus, tres horas cum eo colloquuta est, †quod iterũ cum obisset Protesilaus, dolorẽ pati nõ potuit Laodamia. Quare fortassis, ut supra quoque

CIIII. Laodamia.

LAodamia Acasti filia, amisso coniuge, cum tres horas consumpsisset, quas à diis petierat, fletum & dolorem pati non potuit. Itaq; fecit simulachrũ æreũ similẽ Protesilai coniugis, & in thalamis posuit, sub simulatione sacrorum, & eum colere cœpit, quod cum famulus matutino tempore poma ei attulisset ad sacrificium, per rimam aspexit, uidit'q; eam ab amplexu Protesilai simulachrũ tenentem, atq; osculantem: æstimans eam adulterum habere, Acasto patri nunciauit. Qui cum uenisset & in thalamos irrupisset, uidit effigiem Protesilai, quæ ne diutius torqueretur, iussit signum & sacra, pyra facta, comburi, quo se Laodamia dolorem non sustinens immisit, atq; usta est.

CV. Palamedes.

VLysses quod Palamedis Nauplii filii dolo erat deceptus, indies machinabatur, quomodo eum interficeret. Tandem inito consilio ad Agamẽnonem, militem suum misit, qui diceret ei, in quiete uidisse ut castra uno die mouerentur. Id Agamemnon uerum existimans, castra uno die imperat moueri. Vlysses autem clam noctu solus magnum pondus auri, ubi tabernaculum Palamedis fuerat obruit: item epistolam conscriptam Phrygi captiuo, ad Priamum dat perferendã, militem'q; suum priorem mittit, qui eum nõ longe à castris interficeret. Postero die cum exercitus in castra rediret, quidam miles epistolam quam Vlysses scripserat super cadauer Phrygis positam, ad Agamemnonem attulit: in qua scriptum fuit Palamedi à Priamo missa, tantum'q; ei auri pollicetur, quantum Vlysses in tabernaculum obruerat, si castra Agamemnonis, ut ei conuenerat proderet. Itaq; Palamedes cum ad regem esset productus, & factum negaret, in tabernaculum eius ierunt, & aurum effoderunt, quod Agamemnon ut uidit, uere factũ esse credidit. Quo facto Palamedes dolo Vlyssis deceptus, ab exercitu uniuerso innocens occisus est.

Agamemnon

CVI. Hectoris Lytra.

AGamemnon Briseidam Brisæ sacerdotis filiam, ex Mœsia captiuam, propter formæ dignitatem, quam Achilles ceperat ab Achille abduxit. Eo tempore quo Chryseida Chrysi sacerdoti Apollinis † Zminti reddidit, quã ob iram Achilles in prælium non prodibat, sed cithara in tabernaculo se exercebat. Quod cum Argiui ab Hectore fugarentur, Achilles obiurgatus à Patroclo, arma sua ei tradidit, quibus ille Troianos fugauit, æstimantes Achillem esse. Sarpedonem´ꝗ Iouis & Europę filium occidit, postea ipse Patroclus ab Hectore interficitur, armáꝗ eius sunt detracta Patroclo occiso. Achilles cum Agamemnone redit in gratiam, Briseidam´ꝗ ei reddidit, tum contra Hectorem cum inermis prodisset, Thetis mater à Vulcano arma ei impetrauit, quæ Nereides per mare attulerũt. Quibus armis ille Hectorem occidit, astrictum´ꝗ ad currũ traxit circa muros Troianorũ, quem sepeliendum cum patri nollet dare, Priamus Iouis iussu, duce Mercurio, in castra Danaorũ uenit, & filii corpus auro repensum accepit, quẽ sepulturæ tradidit.

Smynthei

CVII. Armorũ iudicium.

HEctore sepulto, cum Achilles circa mœnia Troianorũ uagaretur, ac diceret se solum Troiam expugnasse: Apollo iratus Alexãdrum Parin se simulãs, talum, quem mortalem habuisse dicitur, sagitta percussit & occidit. Achille occiso ac sepulturæ tradito, Aiax Telamonius, quod frater patruelis eius fuit, postulauit à Danais ut arma sibi Achillis darent, quę ira Mineruę abiurgata sunt ab Agamemnone & Menelao, & Vlyssi data: Aiax furia accepta per insaniam pecora sua & seipsum uulneratum occidit, eo gladio quem ab Hectore muneri accepit, dum cum eo in acie contendit.

abiudicata

CVIII. Equus Troianus.

AChiui cum per decem annos Troiam capere non possent, Epeus monitu Mineruæ equum mire magnitudinis ligneum fecit, eóꝗ sunt collecti, Menelaus, Vlysses, Diomedes, Thessander, Sthenelus, Acamas, Thoas, Machaon, Neoptolemus. Et in equo scripserũt, Danai Mineruæ dono dant, castráꝗ transtulerunt † Tenedo. Id Troiani cum uiderunt, arbitrati sunt hostes abisse. Priamus equum in arcem Mineruæ duci imperauit, feriatiꝗ´ magno opere ut essent edixit. Id uates Cassandra cum uociferaretur inesse hostes, fides ei habita non est. Quẽ in arcem cum statuissent, & ipsi noctu lusu atꝗ uino lassi obdormissent, Achiui ex equo, aperto à Sinone, exierunt, & portarum custodes occiderunt, socios´ꝗ signo dato, receperunt, & Troia sunt potiti.

Tenedum

CVIIII. Iliona.

PRiamo Polydorus filius ex Hecuba cum esset natus, Ilionæ filię suæ dederũt eum educandũ, quæ Polymnestori regi Thracũ erat nupta, quẽ illa pro filio suo educauit. Deiphylũ aũt quem ex Polymnestore procreauerat, pro suo fratre educauit, ut si alteri eorũ quid foret parentibus præstaret. Sed cum Achiui Troia capta, prolem Priami extirpare uellẽt, Astyanacta Hectoris & Andromache filium de muro deiecerũt, & ad Polymnestorẽ legatos miserunt, qui ei Agamemnonis filiã nomine Electrã pollicerẽtur in coniugiũ, & auri magnã copiã, si Polydorũ Priami filiũ interfecisset. Polymnestor legatorũ dicta non repudiauit, Deiphylum´ꝗ filiũ suũ imprudẽs occidit, arbitrans se Polydorũ filiũ Priami interfecisse. Polydorus aũt ad oraculũ Apollinis de parentibus suis sciscitatũ est profectus, cui responsum est, patriã incensam, patrem occisum, matrẽ in seruitute teneri. Cum inde rediret & uidit aliter esse ac sibi responsum fuit, se Polymnestoris esse filium, ab sorore Iliona inquisiuit, quid ita aliter sortes dixissent, cui soror quid ueri esset patefecit, & eius consilio Polymnestorẽ luminibus priuauit, atꝗ interfecit.

CX. Polyxena.

DAnai uictores cum ab Ilio classem conscenderent, & uellent in patriam suã quisꝗ reuerti & prædã quisꝗ sibi duceret, ex sepulchro uox Achillis dicitur prædæ partem expostulasse. Itaꝗ Danai Polyxenam Priami filiam, quæ uirgo fuit formosissima propter quã Achilles cum eam peteret, & ad colloquiũ

uenisset,

uenisset, ab Alexandro & Deiphobo est occisus, ad sepulchrũ eius eam immolauerunt.

CXI. Hecuba.

VLysses Hecubam Cissei filiam uel, ut alii autores dicunt, Dimantis, Priami uxorem, Hectoris matrem, in seruitutem cum duceret, illa in Hellespontũ mare se præcipitauit, & canis dicitur facta esse, unde & † Cyneum est appellatum. Cynossema

CXII. Prouocantes inter se, qui, cum quo dimicarunt.

MEnelaus cum Alexandro, Alexandrũ Venus eripuit: Diomedes cum Aenea, Aeneam seruauit Venus. Idem cum Glauco, in hospitio cognito discesserũt: idem cum Pandaro & Glauco alio: Pandarus & Glaucus occiduntur. Aiax cum Hectore donificantes discessere: Aiax Hectori donauit balteum, unde est tractus, Hector Aiaci gladiũ, unde se interfecit. Patroclus cũ Sarpedone, Sarpedon occiditur. Menelaus cũ Euphorbo, Euphorbus occiditur, qui postea Pythagoras est factus, et meminit suã animã in corpora trãsisse. Achilles cum Asteropeo, Asteropeus occiditur. Idem cum Hectore, Hector occiditur: idẽ cum Aenea, Aeneas fugatur: idem cũ Agenore, Agenorem seruauit Apollo: idem cum Penthesilea Amazone Martis & Otreræ filia, Penthesilea occiditur. Antilochus cum Mẽnone, Antilochus occiditur. Achilles cum Memnone, Memnon occiditur. Philoctetes cum Alexandro, Alexander occiditur. Neoptolemus cum Eurypilo, Eurypilus occiditur.

CXIII. Nobilem quem quis occidit.

AChillem Apollo Alexãdri figura, Hector Protesilaum, idem Antilochũ. Agenor Helenorẽ, idem Chloniũ. Deiphobus Ascalaphũ, idem Antonoũ. Aiax Hippodamũ, idem Chlonium. Agamemnon Hippodamantẽ, idem Glaucum, Aiax. Locrus Carcanum, idem Gauium: Diomedes Dolonem, idem * Rhesum: Euripylus Nireum, idẽ Machaonẽ: Sarpedon Tlepolemũ, idẽ Antippũ. Achilles Troilũ. Menelaus Deiphobũ: Achilles Astynomum, idẽ Pylachantũ *, Neoptolemus Priamum.

CXIIII. Achiui qui quot occiderunt.

AChilles numero lxxii. Antilochus num. ii. Protesilaus num. iiii. Peneleus num. ii. Euripylus num. i. Aiax Oilei num. xxiiii. Thoas nu. ii. Linus nu. xx. Thrasimedes num. ii. Agamẽnon num. xvi. Diomedes num. xviii. Menelaus viii. Philoctetа num iii. Meriones num. vii. Vlysses num. xii. Idomeneus num. xiii. Leontheus nu. v. Aiax Telamonius num. xxviii. Patroclus num. liii. Polypœtes num. i. Teucer num. xxx. Neoptolemus vi. fit numerus ccclxii.

CXV. Troiani qui quot occiderunt.

HEctor numero xxxi. Alexander num. iii. Sarpedon num. ii. Panthous num. iiii. Gargasus num. ii. Glaucus numero iiii. Polydamas num. iii. Aeneas numero xxviii. Deiphobus num. iiii. Clytus num. iii. Athamas num. i. Agenor numero ii. fit numerus lxxxviii.

CXVI. Nauplius.

ILio capto & diuisa præda, Danai cum domum redirent, ira deorum quod fana spoliauerant & quod Cassandrã Aiax Locrus à signo Palladio abripuerat, tempestate et flatibus aduersis ad saxa Capharea naufragium fecerunt, in qua tempestate Aiax Locrus fulmine est à Minerua ictus, quẽ fluctus ad saxa illiserunt, unde Aiacis petræ sunt dictæ, cæteri noctu cum fidem deorum implorarent, Nauplius audiuit, sensitq; tempus uenisse ad persequendas filii sui Palamedis iniurias. Itaq; tanquam auxilium eis afferret facẽ ardentẽ eo loco extulit, quo saxa acuta & locus periculosissimus erat. Illi credentes humanitatis causa id factũ, naues eò duxerunt, quo facto plurimæ eorũ confractæ sunt, militesq; plurimi cum ducibus tẽpestate occisi sunt, membraq; eorũ cum uisceribus ad saxa illisa sunt, si qui aũt potuerũt ad terram natare, à Nauplio interficiebantur. At Vlyssem uentus detulit ad † Marathonem, Menelaum in Aegyptum, Agamemnon cum Cassandra in patriam peruenit. Ismarum alij

Clytemne-

CXVII. Clytemnestra.

CLytemnestra Tyndarei filia, Agaménonis uxor, cum audisset ab Oeace, Palamedis fratre Cassandram sibi pellicem adduci, quod ementitus est, ut fratris iniurias exequeretur. Tunc Clytemnestra cum Aegystho filio Thiestis, cepit consilium ut Agamemnonem, & Cassandram interficeret, quem sacrificantem securi cum Cassandra interfecerunt. At Electra Agaménonis filia, Oresté fratrem infantem sustulit, quem demãdauit in Phocide Strophio, cui fuit Astyochea Agamemnonis soror nupta.

CXVIII. Proteus.

IN Aegypto Proteus senex marinus diuinus dicitur fuisse, qui in omnes se figuras conuertere solitus erat. Quem Menelaus Idotheæ filiæ eius monitu, catena alligauit, ut sibi diceret quando domũ repetitionem haberet, quem Proteus edocuit iram deorum esse, quod Troia esset deuicta, ideóq; id fieri debere, quod Hecatomben græce dicitur, cum centum armenta occiduntur. Itaq; Menelaus Hecatomben fecit, tunc demum post octauum annum, quàm ab Ilio decesserat, cum Helena in patriam redit.

CXIX. Orestes.

ORestes Agamemnonis & Clytemnestrę filius, postquam in puberem ętatem uenit, studebat patris sui mortem exequi, itaq; consilium capit cum Pylade, & Mycenas uenit ad matrem Clytemnestram, dicitq; se Aeolium hospitem esse, nunciatq; Orestem esse mortuum, quem Aegisthus populo necãdum demandauerat. Nec multo post Pylades Strophii filius ad Clytemnestrã uenit, urnamq; secum affert, dicitq; ossa Orestis condita esse, quos Aegysthus lætabũdus hospitio recepit, qui occasione capta, Orestes cum Pylade, noctu Clytemnestrã matrẽ & Aegisthum interficiunt, quem Tyndareus cum accusaret, Oresti à Mycenensibus fuga data est propter patrem, quem postea furiæ matris exagitarunt.

CXX. Iphigenia Taurica.

ORestem furiæ cum exagitarent, Delphos sciscitatum est profectus, quis tandem modus esset ærumnarũ, respõsum est ut in terram Taurinã ad regem Thoantem, patrem Hypsipyles iret, indéq; de templo Dianę signum Argos afferret, tunc finem fore malorum. Sorte audita cum Pylades Strophii filio sodale suo nauem conscendit, celeriterq; ad Tauricos fines deuenerunt. Quorum fuit institutum, ut qui intra fines eorum hospes uenisset, templo Dianę immolaretur, ubi Orestes & Pylades cum in spelunca se tutarentur, & occasionem captarent, à pastoribus deprehensi ad regem Thoantem sunt deducti. Quos Thoas suo more iunctos in templum Dianæ ut immolarentur duci iussit, ubi Iphigenia Orestis soror fuit sacerdos, eosq; ex signis atq; argumẽtis qui essent, quid uenissent postquam resciit, abiectis ministeriis, ipsa cœpit signum Dianæ auellere. Quò rex cum interuenisset & rogitaret, cur id faceret, illa ementita est dicitq; eos sceleratos signum contaminasse, quod impii & scelerati homines in templum essent adducti, signum expiandum ad mare ferre oportere, & iubere eum interdicere ciuibus, ne quis eorum extra urbem exiret. Rex sacerdoti dicto audiens fuit. Occasione Iphigenia nacta, signo sublato, cum fratre Oreste & Pylade
Smynthen in nauem ascendit, uentóq; secundo ad insulam † Zminten ad Chrysen sacerdotem Apollinis delati sunt.

CXXI. Chryses.

AGamemnon cum ad Troiam iret, & Achilles in Mœsiam uenit, & Chryseidam Apollinis sacerdotis filiam adduxit, eamq; Agamemnoni dedit in cõiugium. Quod cum Chryses ad Agamemnonem deprecandũ uenisset, ut sibi filiam redderet, non impetrauit, ob id Apollo exercitum eius partim fa-
Videtur deesse, partim peste me * propè totum consumpsit. Itaq; Agamemnon Chryseida grauidã sacerdoti remisit.

Quæ cum diceret se ab eo intactam esse, suo tempore peperit Chrysen iuniorem, & dixit se ab Apolline cõcepisse. Postea Chryses Thoanti eos cum reddere uellet, Chryses audiit senior, Agamemnonis Iphigeniam & Orestem filios esse, qui Chrysi filio suo quid ueri esset patefecit, eos fratres esse, & Chrysen Agamemnonis filium esse. Tum Chryses re cognita cum Oreste fratre Thoantẽ interfecit, & inde Mycenas cum signo Dianæ incolumes peruenerunt.

CXXII. Aletes.

AD Alectram Agamemnonis & Clytemnestræ filiam sororẽ Orestis, nuntius falsus uenit, fratrem cum Pylade in Tauricis Dianæ esse immolatos. Id Aletes Aegisthi filius cum rescisset, ex Atridarum genere neminem superesse, regnum Mycenis optinere cœpit. At Electra de fratris nece Delphos sciscitatũ est profecta. Quò cum uenisset eodem die Iphigenia cum Oreste uenit eò, idem nũtius qui de Oreste dixerat, dixit Iphigeniam fratris interfectricem esse. Electra ubi audiuit id, truncũ ardentem ex ara sustulit, uoluit'q; inscia sorori Iphigeniæ oculos eruere, nisi Orestes interuenisset, cognitione itaq; facta, Mycenas uenerunt, & Aleten Aegisthi filium Orestes interfecit, & Erigonã ex Clytemnestra & Aegistho natam uoluit interficere, sed Diana eam rapuit, & in terram Atticam sacerdotẽ fecit. Orestes autem Neoptolemo interfecto, Hermionem Menelai & Helenæ filiam adductam coniugem duxit, Pylades aũt Electram Agamemnonis & Clytemnestræ filiam duxit.

CXXIII. Neoptolemus.

NEoptolemus Achillis & Deidamiæ filius, ex Andromacha Eetionis filia, captiua procreauit Amphialum. Sed postquam audiuit Hermionẽ sponsam suam Oresti esse datam in coniugium, Lacedæmonem uenit, & à Menelao sponsam suam petit. Cui ille fidem suam infirmare noluit, Hermionen'q; ab Oreste adduxit, & Neoptolemo dedit, Orestes iniuria accepta, Neoptolemum Delphis sacrificantẽ occidit, & Hermionẽ recuperauit, cuius ossa per fines Ambraciæ sparsa sunt, quæ est in Epiri regionibus.

CXXIIII. Reges Achiuorum.

PHoroneus Inachi filius, Argus Iouis filius, Peranthus Argi filius. Triops Peranthi filius, Pelasgus Agenoris filius, Danaus Beli filius. Tãtalus Iouis filius, Pelops Tãtali filius, Atreus Pelopis filius, Temenus Aristomachi filius, Thyestes Pelopis, Agamẽnon Atrei, Aegisthus Thyestis, Orestes Agamemnonis, Clytus Temeni filius, Aletes Aegisthi, Tisamenus Orestis, Alexander Eurysthei.

CXXV. Odyssea.

VLyxes cum ab Ilio in patriam Ithacam rediret, tempestate ad Ciconas est delatus, quorum oppidum Ismarum expugnauit, prædam'q; sociis distribuit. Inde ad Lotophagos homines minime malos, qui Lotõ ex foliis flore procreatum edebant, idq;' ciuibus tantam suauitatem præstabat, ut qui gustabant, obliuionem caperent domitreditionis. Ad eos socii duo missi ab Vlysse, cum gustarent herbas ab eis datas, ad naues obliti sunt reuerti, quos uinctos ipse reduxit. Inde ad Cyclopem Polyphemum, Neptuni filium, huic responsum erat ab augure Telemo Eurymi filio, ut cauaret, ne ab Vlysse excæcaretur. Hic media fronte unum oculum habebat, & carnem humanam epulabatur. Qui postquam pecus in speluncam redegerat, molem saxeam ingentem ad ianuam opponebat. Qui Vlyssem cum sociis inclusit, socios'q; eius consumere cepit. Vlysses cum uideret eius immanitati atque feritati resistere se non posse, uino quod à † Marathone acceperat, eum inebriauit, seq;' Vtin uocari dixit. Itaq; cum oculũ eius trunco ardenti exureret, illle clamore suo cæteros Cyclopas conuocauit, eis'q; spelunca præclusa dixit, Vtis me excæcat. Illi credentes eum deridendi gratia dicere, neglexerunt. At Vlysses socios suos ad pecora alligauit, & ipse se ad arietem, & ita exierunt, ad Aeolum Hellenis filium, cui ab Ioue uentorum potestas fuit tradita, is Vlyssem hospitio libere accepit, folles'q; uentorum ei plenos muneri dedit, secum uero

Maronẽ

aurum argentum'que credentes, cum accepissent & secum partiri uellent, folles clam' solue- runt, uentique euolauerunt. Rursum ad Aeolum est delatus, à quo eiectus est quod uidebatur Vlysses numen deorum infestum habere. Ad Lestrygonas, quorum rex fuit Antiphates * deuorauit, nauesque eius undecim confregit, excepta naue * qua sociis eius consumptis, euasit in insulam Aenariam ad Circen Solis filiam, quæ potione data homines in feras bestias commutabat, ad quam Eurylochum cum uiginti duobus sociis misit, quos illa ab humana spetie immutauit, Eurylochus timens, qui non intrauerat, inde fugit, & Vlyssi nuntiauit, qui solus ad eam se cótulit: sed in itinere Mercurius ei remedium dedit, monstrauitque quomodo Circen deciperet. Qui postquam ad Circen uenit, & poculum ab ea accepit, remediũ, Mercurii monitu coniecit, * ensemque strinxit, minatus nisi socios sibi restitueret, se eam interfecturum. Tunc Circe intellexit, non sine diuina uoluntate Deorum id esse factum: itaque fide data se nihil tale commissuram, socios eius ad pristinam formam restituit, ipsa cum eodem concubuit, ex quo filios duos procreauit, †Nausiphoum & Telegonum. Inde proficiscitur ad lacum Auernum, ad inferos descendit, ibique inuenit, Elpenorem socium suum, quem ad Circen reliquerat, interrogauitque eum quomodo eò peruenisset, cui Elpenor respondit, se ebrium per scalam cecidisse, & ceruices fregisse: & deprecatus est eum, cum ad superos redisset, sepulturæ traderet, & sibi in tumulo gubernaculum poneret. Ibi & cum matre Anticlia est locutus de fine errationis suæ. Deinde ad superos reuersus, Elpenorem sepeliuit, & gubernaculum, ita ut rogauerat, in tumulo ei fixit. Tum ad Sirenas Melpomenes musæ & Acheloi filias uenit, quę partẽ superiorem muliebrem habebant, inferiorem autem gallinaceam. Harum fatum fuit tam diu uiuere, quam diu earum cantũ mortalis audiens, nemo prætereuectus esset. Vlysses monitus à Circe Solis filia, sociis cera aures obdurauit, seque ad arborem malum constringi iussit, & sic prætereuectus est. Inde ad Scyllam Typhonis filiam uenit, quæ superiorem corporis muliebrem, inferiorem ab inguine piscis, & sex canes ex se natos habebat, eaque sex socios Vlyxis, naue abreptos, cõsumpsit. In insulam Siciliam ad Solis pecus sacrum uenerat, quod socii eius cum coquerent in aheno mugiebat, monitus id ne attingeret, ab Tiresia, et à Circe monitus Vlysses: itaque multos socios ob eam causam ibi amisit. Ad Charybdinque perlatus † ter die obsorbebat terque eructabat: eò monitu Tiresię prętereuectus est, sed ira Solis, quod pecus eius erat uiolatum, cum in insulam eius uenisset, & monitu Tiresiæ uetuerit uiolari, cum Vlysses condormiret, socii inuolarunt pecus: itaque cum coquerẽt, carne ex aheno dabat balatus, ob id Iouis nauem eius fulmine incendit. Ex his locis errãs naufragio facto sociis amissis enatauit in insulam † Aeæam, Calypso Atlantis filia nympha, quę spetie Vlyssis capta, anno toto eum retinuit, neque à se dimittere uoluit, donec Mercurius Iouis iussu denuntiauit Nymphæ ut eum dimitteret. Et ibi facta rate Calypso omnibus rebus ornatum eum dimisit, eamque ratim Neptunus fluctibus disiecit, quod Cyclopem filiũ eius lumine priuauerat, ibi cum fluctibus iactaretur Leucothoë, quam nos matrem Matutã dicimus, quæ in mari exigit æuum, balteũ ei dedit, quo sibi pectus suum uinciret, ne pessum abiret quod cum fecisset enatauit. Inde in insulam Pheacũ uenit nudusque ex arborũ foliis se obruit, quà Nausicaa Alcinoi regis filia, uestem ad flumen lauandã tulit, ille erepsit è foliis, & ab ea petit ut sibi opem ferret, illa misericordia mota, pallio eum operuit, & ad patrem suũ eum adduxit. Alcinous hospitio liberaliter acceptum, donisque decoratum in patriam Ithacam dimisit: ira Mercurii iterum naufragium fecit, post uicesimũ annum, sociis amissis, solus in patriam redit, & cum ab hominibus ignoraretur, domumque suam attigisset, procos qui Penelopen in coniugium petebant, obsidentes uidit regiam, seque hospitem simulauit, & Eurycliæ nutrix ipsius, dum pedes ei lauat, ex cicatrice Vlyssem esse cognouit, postea procos Minerua adiutrice cum Telemacho filio & duobus seruis interfecit sagittis.

Videtur aliquid deesse (margin note)

Nausithoum (margin note)

Videtur hic corrupta quædam, quædam etiam transposita esse, noluimus tamẽ quicquam à uetusto exemplari recedere (margin note)

Hæc in ueteri exemplari in margine annotata erant.

Deioneus genuit Cephalũ, Cephalus Archiũ, Archius Laertẽ, Laertes Vlyssem, Vlysses ex Circe Telegonũ, ex Penelope Telemachum

Telemachum, Telegonus ex Penelope Vlyßis coniuge, Italum qui Italiam ex ſuo nomine appellauit, è Telemacho Latinus qui latinam linguam ex ſuo nomine cognominauit. Homerus pro Archio Laërtis patre Arceſium habet. Ouid. tamen non Cephali, ſed Iouis filium Arceſium facit.

Homerus hanc inſulã Ogygiã uocat, & erant quoq; in uetuſto exẽplari quædã eraſa, & pro iis Aeæã ab indoƈto alio (quo ſuperinduƈtum. a

CXXVI. Vlyſſis cognitio.

VLyſſes ab Alcinoo rege Nauſicæ patre cum eſſet muneribus dimiſſus, naufragio facto nudus Ithacam peruenit, ad quandam caſam ſuam, ubi erat nomine Eumæus ſybotes, hoc eſt ſubulcus pecoris, quem canis cum agnoſceret, & ei blandiretur, Eumæus eum non recognoſcebat, quoniam Minerua eum, & habitum eius cõmutauerat, Eumæus eum rogauit unde eſſet, & ille ait ſe naufragio huc perueniſſe, quẽ cum paſtor interrogaret an Vlyſſem uidiſſet, dixit ſe comitem eius eſſe, & ſigna & argumenta cœpit dicere, quẽ mox Eumęus caſa recepit, cibo potu´q; animauit, quò cum ueniſſent famuli miſſi ſolito more pecora petitũ, & ille interrogaſſet Eumæũ qui eſſent, ait poſt Vlyſſis profectionẽ cum iam tempus interincederet, proci Penelopem in coniugium petentes uenerunt, quos illa conditione ita differt, cum tela detexuero, nubam, quam interdiu detexebat, & ſic eos differebat, nunc autem illi cum ancillis Vlyſſis diſcumbunt, & pecora eius conſumunt: tunc Minerua effigiem ſuam ei reſtituit, ſubito ſybotes ut uidit Vlyſſem eſſe, tenẽs amplectens´q; lachrymari cœpit præ gaudio, & admirari quid eſſet illud quod eum immutauerat. Cui Vlyſſes ait, craſtino die perduc me in regiam ad Penelopem. Quem cum duceret, Minerua ei iterum faciem mẽdici transformauit. Quem cum Eumæus ad †mneſteras perduxiſſet, & cum ancillis diſcumberent, ait ad illos, habetis ecce alterum mendicum qui cum Iro uos delectet. Tunc † Melanthius unus ex mneſteribus ait, imò inter ſe luctentur & uictor accipiet uentriculum farſum & harũdinem unde uictum ei ciat: qui cum luctati eſſent, & Vlyſſes † iterum applosiſſet atq; eum eieciſſet, Eumæus in mendici perſona Vlyſſem ad Euryclìam nutricem perduxit, dicit´q; eum ſocium Vlſſyis fuiſſe, * cui cum uellet, * Vlyſſes ei os compreſſit, atq; Penelopem & eam præmonuit, ut arcum & ſagittas eius daret procis, ut qui ex iis eum intendiſſet, eam uxorem duceret, quæ cum fecit * inter ſe certarent, & nemo † poſt intendere, Eumæus ait deridendi gratia demus * non pateretur Melanthius qui erat * Eumæus arcum ſeni tradidit. Ille omnes procos confixit, excepto Melanthio ſeruo, is clam procis deprehenſus eſt, cui nares & brachia & reliquas partes mẽbrorum minutatim ſecuit, atq; †domum ſuam cum coniuge potitus eſt, ancillas autẽ ſuas iuſſit corpora eorum ad mare deferre, in quas rogatu Penelopes poſt cedem procorum Vlyſſes animaduertit.

μνηστῆρας · *Antinous* · *in terram* · *poſſet* · *domo ſua*

CXXVII. Telegonus.

TElegonus Vlyſſis & Circes filius, miſſus à matre ut genitorẽ quæreret, tempeſtate in Ithacam eſt delatus, ibiq´ fame coactus agros depopulari cœpit. Cum quo Vlyſſes & Telemachus ignari arma cõtulerunt, Vlyſſes à Telegono filio eſt interfectus, quod ei reſponſum fuerat ut à filio caueret mortem. Quem poſtquã cognouit qui eſſet, iuſſu Mineruæ, cum Telemacho & Penelope in patriam redierunt, in inſulam † Aeacam ad circen Vlyſſem mortuum deportarũt, ibi´q; ſepulturæ tradiderunt, eiuſdẽ Mineruę monitu Telegonus Penelopẽ, Telemachus Circen duxerũt uxores. Circe & Telemacho natus eſt Latinus, qui ex ſuo nomine latinæ linguæ nomen impoſuit, ex Penelope & Telegono natus eſt Italus qui Italiã ex ſuo nomine denominauit.

Aeæam

CXXVIII. Augures.

AMycus Elati filius, Mopſus Ampyci filius, Amphiaraus Oeclei uel Apollinis filius, Tireſias Eurymi filius, Manto Tireſiæ filia. Polyidus Cœrani filius, Helenus Priami filius, Caſſandra Priami filia, Calchas Theſtoris filius, Theoclimenus † Theſtoris filius, †Telemus Protei filius, Telemus Eurymi filius, Sibylla Samia, alii Cymeam dixerunt.

Polyphidæ ut apud Homer. Odyſſ. o · *Theonoẽ Protei filia, legendum puto, ex Helena Euryſidis*

CXXIX. Oeneus.

LIber cum ad Oeneum Parthaonis filium in hoſpitium ueniſſet Althæam Theſtii

Fabulæ quæ hinc ad Marsyã usq;, hoc est, ad cap. lxv. sequãtur capit. suis et numero inscriptæ non erant in ueteri exemplo, quæ nos tamẽ ad indicẽ restituimus

filiam, uxorem Oenei adamauit, quod Oeneus ut sensit uoluntate sua ex urbe excessit, simulatq́; se sacra facere, at Liber cum Althæa concubuit, ex qua nata est Deianira. Oeneo aũt ob hospitium liberale muneri uitem dedit, monstrauitq́; quomodo sereret, fructũq́; eius ex nomine hospitis Oenon ut uocaretur instituit.

CXXX. Icarius & Erigone.

CVm Liber Pater ad homines esset profectus, ut suorum fructuum suauitatem atq; iucunditatem ostenderet, ad Icarium & Erigonam in hospitium liberale deuenit, iis utrem plenum uini muneri dedit, iussitq́;, ut in reliquas terras propagarẽt, Icarius plaustro onerato cum Erigone filia & cane Mera in terrã Atticã ad pastores deuenit, & genus suauitatis ostẽdit. Pastores cum immoderatius biberent, ebrii facti, cõciderunt, qui arbitrantes Icariũ sibi malum medicamentum dedisse, fustibus eum interfecerũt. Icarium autem occisum canis ululans Mera, Erigone monstrauit, ubi pater insepultus iaceret, quò cum uenisset super corpus parẽtis in arbore suspendio se necauit, ob quod factum Liber Pater iratus Atheniensium filias simili pœna afflixit. De ea re ab Apolline responsum petierunt, quibus responsum est, quod Icarii & Erigones mortem neglexissent. Quo responso de pastoribus suppliciũ sumpserunt, & Erigone diem festum oscillationis, pestilentiæ causa instituerunt, & ut per uindemiã de frugibus Icario & Erigonę primum †deliberarent, qui deorum uoluntate in astrorum numerum sunt relati, Erigone signum uirginis, quam nos iusticiam appellamus, Icarius arcturus in sideribus est dictus. Canis autem Mera canicula.

deliberarent

CXXXI. Nisus.

LIber cum in Indiã exercitũ duceret, Niso nutricio suo dum ipse inde rediret, regni Thebani potestatem tradidit, sed posteaquam inde reuersus est Liber, Nisus regno cedere noluit, Liber cum nutricio cõtendere noluit, passusq́; est eum regnum obtinere, dum occasio sibi regni recuperãdi daretur. Itaq; post annum tertiũ, cum eo redit in gratiam simulatq́; in regno se sacra facere uelle, quæ Trieterica dicuntur quoniam post tertium annum faciebat, milites q́; muliebri ornatu pro Bacchis introduxit, & Nisum cepit regnumq́; suum recuperauit.

CXXXII. Lycurgus.

LYcurgus Driantis filius, Liberum de regno fugauit, quem cum negaret deum esse, uinumq́; bibisset, & ebrius, matrem suam uiolare uoluisset, tunc uites excidere est conatus, quod diceret illud malum medicamentum esse, quod mentes immutaret, qui insania ab Libero obiecta, uxorem suam & filiũ interfecit, ipsumq́; Lycurgũ Liber pantheris obiecit in Rhodope, qui mons est Thraciæ, cuius imperium habuit. Hic traditur unum pedem sibi pro uitibus excidisse.

CXXXIII. Hammon.

LIber in India cum aquam quæreret, nec inuenisset, subito ex harena aries dicitur exiisse, quo duce Liber, cum aquam inuenisset, petit ab Ioue ut eum in astrorũ numerum referret, qui adhuc hodie æquinoctialis aries dicitur. In eo autẽ loco ubi aquam inuenerat, templum constituit quod Iouis Hammonis dicitur.

CXXXIIII. Tyrrheni.

TYrrheni qui postea Tusci sunt dicti, cum piraticam facerẽt, Liber Pater impubis in nauem eorum conscendit, & rogat eos ut se Naxum deferrent, qui cum eum sustulissent, atq; uellent ob formam constuprare, Acetes gubernator, eos inhibuit, qui iniuriam ab eis passus est, Liber ut uidit in proposito eos permanere, remos in thyrsos cõmutauit, uela in pampinos, rudentes in hederam, deinde leones atq; pantheræ prosiluerunt, qui, ut uiderunt, timentes in mare se præcipitauerunt, †quod & in mari in aliud monstrum transfigurauit, nam quisquis se præcipitauerat, in delphini effigiem trãsfiguratus est, unde delphini Tyrrheni sunt appellati, & mare Tyrrhenum est dictum, numero autem fuerunt duodecim,

quos

his nominibus. †Ethalides, Medon, Lycabas, Libys, Opheltes, †Melas, Alcimedon, Epopeus, Dictys, Simon, Acoetes. Hic gubernator fuit, quem ob clementiam Liber seruauit, †& Proreus.

Ethalion. Melanthus. sic Ouid. lib. 3

†Hic in ueteri exemplari omissus erat quemadmodum apud Ouid. contra, Simonis nulla mentio fit.

CXXXV. Laocoon.

LAocoon Acoetis filius †Anchisæ frater Apollinis sacerdos, contra uoluntatem Apollinis, cum uxorē duxisset, atq; liberos procreasset, sorte ductus ut sacrū faceret Neptuno ad littus, Apollo occasione data, à Tenedo p fluctus maris dracones misit duos, qui filios eius Antiphanté, et Thimbręum necarent, quibus Laocoon cum auxilium ferre uellet, ipsum quoq; nexum necauerunt. Quod Phryges idcirco factum putarunt quod Laocoon hastam in equū Troianum miserit.

Alij Capin Anchisæ patrem faciunt.

CXXXVI. Polyidus.

GLaucus Minois & Pasiphaæ filius, dū ludit pila, cecidit in doliū melle plenum, quem cum parentes quærerent Apollinem sciscitati sunt de puero. Quibus Apollo respondit, monstrum uobis natum est, quod si quis soluerit, puerum uobis restituet. Minos sorte audita cœpit monstrum à suis quærere, cui dixerunt natum esse uitulum, qui ter in die colorem mutaret per quaternas horas, primum album, secundò rubeum, deinde nigrum. Minos antem ad monstrum soluendum augures conuocauit, qui cum non inuenirentur, Poyidus Cœrani filius *Bizanti monstrum demonstrauit, eū arbori moro similem esse, nam primum albū est, deinde rubrū cum permaturauit nigrum: tunc Minos ait ei, ex Apollinis responso filium mihi oportet restituas, quod Polyidus dum auguratur, uidit noctuam super cellam uinariam sedentem, atq; apes fugantem, augurio accepto, puerum exanimem de dolio eduxit. Cui Minos ait, corpore inuento, nunc spiritum restitue, quod Polyidus cum negaret posse fieri, Minos iubet eum cum puero in monumento includi, & gladium poni, qui cum inclusi essent, draco repente ad corpus pueri processit, †quod Polydius ęstimans eum uelle consumere gladio repente percussit, & occidit, altera serpens parem quærens, uidit eam interfectam, & progressa herbam attulit, atq; eius tactu serpenti spiritum restituit. Idem´q; Polyidus fecit, qui cum intus, uociferarentur quidam præteriens Minoi nuntiauit, qui monumentum iussit aperiri, & filium incolumem recuperauit, Polyidum cum multis muneribus in patriam remisit.

Quod pro qui dixere ut supra quoque.

CXXXVII. Merope.

POlyphontes Messeniæ rex Cresphontem Aristomachi filiū cum interfecisset eius imperium & Meropem uxorem possedit.

Credo eundem esse qui à Paus. Deiphōtes dicitur. uide latius infra in Pētheo.

CXXXVIII. Philyra quæ in Tibiam uersa est.

SAturnus Iouem cum quæreret per terras, in Thracia cum Philyra Oceani filia, in equum conuersus concubuit, quæ ex eo peperit Chironem Centaurum, qui artem medicam primus inuenisse dicitur. Philyra postquam inusitatam speciem se peperisse uidit, petit ab Ioue ut se in aliquā spetiem commutaret, quæ in arborem Philyram, hoc est Tiliam, commutata est.

CXXXIX. Curetes.

POstq; Opis Iouē ex Saturno peperit, petit Iuno ut sibi eū cōcederet, quoniā Saturnus Orcum sub Tartara deiecerat, & Neptunum sub undas, quod sciret si quis ex eo natus esset se regno priuaret. Qui cū Opem rogaret, † ut esset quod illa peperisset, illa lapidem inuolutum ostendit, eum Saturnus deuorauit. Quod cum sensisset, cœpit Iouem quærere per terras. Iuno autem Iouem in Cretensi insula detulit. Adamantæa pueri nutrix eum in cunis in arbore suspendit, ut neq; cœlo neq; terra, neq; mari inueniretur, & ne pueri uagitus exaudiretur, impuberes conuocauit, eis´q; clypeola ænea & hastas dedit, & iussit eos circum arborem euntes crepare, qui græce Curetes sunt appellati, alii Corybantes dicuntur, hi autem Lares appellantur.

CXL. Python.

Python terræ filius, draco ingens, hic ante Apollinẽ ex oraculo in monte Parnasso respõsa dare solitus erat, huic ex Latonæ partu interitus erat fato futurus, eo tempore Iouis cum Latona Poli filia concubuit, hoc cum Iuno resciit, facit ut Latona ibi pareret, quò Sol non accederet. Python ubi sensit Latonam ex Ioue grauidam esse, persequi cœpit, ut eam interficeret. At Latonam Iouis iussu uentus Aquilo sublatam ad Neptunum pertulit, ille eam tutatus est, sed ne rescinderet Iunonis factum, in insulam eam Ortygiam detulit, quam insulam fluctibus cooperuit. Quod cum Python eam non inuenisset, Parnassum redit. At Neptunus insulam Ortygiam in superiorem partem retulit, quæ postea insula Delus est appellata, ibi Latona oleam tenens parit Apollinem & Dianam, quibus Vulcanus sagittas dedit donum, post diem quartum quàm essent nati, Apollo matris pœnas executus est, nam Parnassum uenit, & Pythonem sagittis interfecit, inde Pythius est dictus, ossaq; eius in cortinam coniecit, & in templo suo posuit, ludosq; funebres ei fecit, qui ludi Pythia dicuntur.

CXLI. Sirenes.

Sirenes Acheloi fluminis & Melpomenes Musæ filiæ, Proserpinæ raptu aberrantes ad Apollinis terram uenerunt, ibiq; Cereris uoluntate quod Proserpinæ auxilium non tulerant, uolaticæ sunt factæ. His responsum erat tam diu eas uicturas, quamdiu cantantes eas audiens nemo esset prætereuectus, quibus fatalis fuit Vlysses, astutia enim sua cum prænauigasset scopulos, in quibus morabantur, precipitarunt se in mare, à quibus locus Sirenides cognominatur, qui est inter Siciliam & Italiam.

CXLII. Pandora.

Prometheus Iapeti filius, primus homines ex luto finxit, postea Vulcanus Iouis iussu ex luto mulieris effigiem fecit, cui Mineruа animam dedit, cæteriq; Dii alius aliud donum dederunt, ob id Pandoram nominarunt, ea data in coniugium Epimetheo fratri, inde nata est Pyrrha, quæ mortalis dicitur prima esse creata.

CXLIII. Phoroneus.

Inachus Oceani filius, ex Archia sorore sua procreauit Phoroneum qui primus mortalium dicitur regnasse. Homines ante secula multa sine oppidis legibusq; uitam exegerunt, una lingua loquentes, sub Iouis imperio, sed postquam Mercurius sermones hominum interpretatus est, unde Hermeneutes dicitur esse interpres, Mercurius enim græce Hermes uocatur. Idem nationes distribuit, tum discordia inter mortales esse cœpit, quod Ioui placitum non est. Itaq; exordium regnandi tradidit Phoroneo, ob id beneficiũ quod Iunonis sacra primus fecit.

CXLIIII. Prometheus.

Homines antea ab immortalibus ignem petebant, neq; in perpetuum seruare sciebant, quod postea Prometheus in ferula detulit in terras, hominibusq; monstrauit quomodo cinere obrutum, seruarent. Ob hanc rẽ Mercurius Iouis iussu deligauit eum in monte Caucaso ad saxum clauis ferreis, & aquilam apposuit, quæ cor eius exesset, quantum die ederat, tantum nocte crescebat, hanc aquilam post triginta annos Hercules interfecit, eumque liberauit.

CXLV. Niobe siue Io.

Phoroneo, sic. n. ex Paus. colligitur legendũ esse qui Argũ φορωνέως θυγατριδοῦν uocat.

Ex †Thronio & Cinna nati Apis & Nioba, hanc Iupiter mortalem primam compressit, ex ea natus est Argus, qui suo nomine Argos oppidum cognominauit, ex Argo & Euadne Crinus, Piranthus, & Basus nati, ex †Pirantho Callithoe, Argus, Aristotides, Triopas hic* ex hoc Eurisabe* Anthus, Pelasgus, Agenor, ex Triope et Oreaside

Phorbante.

Xanthus

Xanthus & Inachus, ex Pelasgo Laris, ex Inacho & Argialo. Hanc Iupiter dilectam compressit, & in uaccæ figuram conuertit, ne Iuno eam cognosceret, id Iuno cũ resciuit, Argum cui undiq; oculi refulgebant, custodem ei misit, hunc Mercurius Iouis iussu interfecit, at Iuno formidinem ei misit, cuius timore exagitata, coëgit eam ut se in mare precipitaret, quod mare Ionium est appellatum, inde in Scythiam transnauit, unde Bosphorum fines sunt dictæ, inde in Aegyptum, ubi parit Epaphum. Iouis cum sciret suapte propter opera tot eam ærumnas tulisse, formam suam ei propriam restituit, deam'q; Aegyptiorum esse fecit, quæ Isis nuncupatur.

[Pausan. sic ἄργου δὲ Πείρασος γίνεται, καὶ φόρβας, φόρβαντι δὲ τριόπας, τριόπα δὲ Ἴασος καὶ ἀγήνωρ, ἰὼ μὲν οὖν Ἰάσου θυγάτηρ. Vide in Argolic.]

CXLVI. Proserpina.

PLuton petit ab Ioue Proserpinam filiam eius & Cereris in coniugium daret, Iouis negauit Cererem passuram, ut filia sua in Tartaro tenebricoso sit, sed iubet eum rapere eã, flores legentẽ in monte Aetna, qui est in Sicilia, in quo Proserpina dũ flores cũ Venere et Diana et Minerua legit, Pluton quadrigis uenit, et eam rapuit, quod postea Ceres ab Ioue impetrauit, ut dimidia parte anni apud se, dimidia apud Plutonem esset.

CXLVII. Triptolemus.

CVm Ceres Proserpinam filiam suam quæreret, deuenit ad †Eleusinũ regem cuius uxor †Cothonea puerum Triptolemum pepererat, se'q; nutricem lactantem simulauit. Hanc regina libens nutricem filio suo recepit. Ceres cũ uellet alumnũ suũ immortalẽ reddere interdiu lacte diuino alebat, clàm in igne obruebat. Itaq; præter quam solebant, mortales crescebat, & sic fieri cum mirarent̃, parentes eam obseruauerunt, cum Ceres eum uellet in ignem mittere, pater expauit. Illa irata Eleusinum exanimauit, at Triptolemo alumno suo æternum beneficium tribuit, nam fruges propagati* currum draconibus iunctum tradidit, quibus uehens orbem terrarum frugibus obseuit. Postq; domum rediit †Peleus eũ pro benefacto interfici iussit, sed re cognita, iussu Cereris Triptolemo regnum dedit, quod ex patris nomine †Eleusinum nominauit, fieri'q; sacrum instituit quæ Thesmophoria græce dicuntur.

Celeus uel Cepheus ut Boccatius, Nisi quis malit Lyncium intelligere, de quo Ouidius.

[Eleusium. — Metanira hæc à Paus. dicitur Triptolemi aut pater Celeus. — † — Eleusim. — †]

CXLVIII. Vulcanus.

VVlcanus cum resciit Venerem cum Marte clàm comcũbere, & se uirtuti eius obsistere non posse, catenam ex adamante fecit, & circum lectum posuit, ut Martem astucia deciperet. Ille cum ad constitutum uenisset, concidit cum Venere in plagas, adeo ut se exoluere non posset. id Sol cum Vulcano nunciasset, ille eos nudos cubantes uidit, deos omnes conuocauit, *uiderunt ex eo Martem id ni faceret pudor terruit. Ex eo cõceptu nata est Armonia, cui Minerua et Vulcanus uestẽ sceleribus tinctam muneri dederunt, ob quam rem progenies eorum scelerata extitit, Soli autem Venus ob indicium ad progeniem eius semper fuit inimica.

CXLIX. Epaphus.

IVpiter Epaphum quem ex Io procreauerat, Aegypto oppida communire ibi'q; regnare iussit. Is oppidum primũ Memphim & alia plura constituit, et ex Cassiopia uxore procreauit filiam Lybien à qua terra est appellata.

CL. Titanomachia.

POstq; Iuno uidit Epapho ex pellice nato tantam regni potestatem esse, curat in uenatu ut Epaphus necetur, Titanos'q; hortatur Iouem ut regno pellant & Saturno restituant. Hi cum conarentur in cœlum ascendere, eos Iouis cũ Minerua & Apolline et Diana precipites in Tartarum deiecit, Atlanti autem qui dux eorum fuit, cœli fornicem super humeros imposuit qui adhuc dicitur cœlum sustinere.

CLI. Ex Typhone & Echidna nati.

EX Typhone gigante & Echidna Gorgon, canis Cerberus triceps, draco qui mala Hesperidum trans oceanum seruabat. Hydra quam ad fontẽ Lerneum Hercules interfecit. Draco qui pellem arietis Colchos seruabat. Scylla quæ superiorem partem mulieris inferiorem canis, & Canes sex ex se natos habebat. Sphinx quæ in Bœotia fuit. Chimera in Lycia, quæ priorem partem leonis figuram, posteriorem draconis habebat, media ipsa Chimera, ex Medusa Gorgonis filia & Neptuno nati sunt, Crysaor & equus Pegasus, ex Crysaore & Callirhoë Gerion trimenbris.

CLII. Typhon.

al. Terra TArtarus ex †Tartara procreauit Typhonem immani magnitudine, spetiéq; portentosa, cui centum capita draconum ex humeris enata erant, hic Iouem prouocauit si uellet secum de regno certare, Iouis fulmine ardenti pectus eius percussit, cui cum flagraret, montẽ Etnã, qui est in Sicilia, super eũ imposuit, qui ex eo adhuc ardere dicitur.

Hoc caput in indice non numeratur. PHaëton Solis & Clymenes filius cum clam patris currum conscendisset, & altius à terra esset elatus, præ timore decidit in flumen Eridanum. Hunc Iuppiter cum fulmine percussisset, omnia ardere cœperunt. Iouis ut omne genus mortalium cũ causa interficeret, simulauit se id uelle extinguere, amnes undiq; irrigauit, omnéq; genus mortalium interiit, præter Pyrrham et Deucalionem: at sorores Phaëtontis, quod equos iniussu patris iunxerant in arbores populos commutatæ sunt.

CLIII. Deucalion & Pyrrha.

CAtaclysmus quod nos diluuium uel irrigationem dicimus, cum factũ est, omne genus hunanum interiit præter Deucalionem & Pyrrhã, qui in mõtem Aetnam, qui alissimus in Sicilia esse dicitur, fugerunt. Hi propter solitudinem cum uiuere nõ possent, petierunt ab Ioue ut aut homines daret, aut eos pari calamitate afficeret. Tum Iouis iussit eos lapides post se iactare, quos Deucalion iactauit uiros esse iussit, quos Pyrrha, mulieres, ob eam rem Laos dictus, Laos enim græce lapis dicitur.

CLIIII. Phaëton Hesiodi.

PHaëton Clymeni Solis filius, & Meropes Nymphæ filius, quã Oceanitidẽ accepimus, cum iudicio patris, auum Solem cognouisset, impetratis curribus male usus est, nam cum esset, propius terram uectus uicino igni omnia conflagrarunt, & fulmine ictus in flumen Padum cecidit, hic amnis à Græcis Erydanus dicitur, quem Pherecydes primus uocauit. Indi autem quod calore uicini ignis, sanguis in atrum colorem uersus est, nigri sunt facti. Sorores autem Phaëtontis dum interitum deflent fratris in arbores sunt populos uersæ. Horum lachrymæ ut Hesiodus indicat, in Electrum sunt duratæ, Heliades tamen nominantur, sunt autẽ Merope, Helie, Aeglæ, Lampedie, Phoebea Etherie, Dioxippe. Cygnus autẽ rex Liguriæ, qui fuit Phaëtonti propinquus, dum deflet propinquum, in Cygnum conuersus est, is quoq; moriens flebile canit.

CLV. Iouis filii.

LIber ex Proserpina quem Titanes carpserunt, Hercules ex Alcumena, Liber ex Semele Cadmi & Hermoniæ, Castor & Pollux ex Leda Thestii filia, Argus ex Nioba Phoronei filia, Epaphus ex Io Inachi filia, Perseus ex Danaë Acrisii filia. Zethus ex Amphio & Antiopa Nictei filia, Minos, Sarpedon et Rhadamãtus ex Europa Agenoris filia. Helena ex Pyrrhe Pimeti filia, Ethalion ex Protogenie Deucalionis filia, Dardanus ex Electra Atlantis filia, Lacedemon ex Thaygete Atlantis filia, Tantalus ex Plutone Himantis filia, Aeacus ex Egina Asopi filia, †Aegippã ex capra Boëtis *Arcada ex Calisto Licaonis filia. †Etolus ex Protogenia Deucalionis filia Pirithous ex Dia Oenei filia.

Aegipana. Aetlius sic Pausan. in Elia.

Circe

CLVI. Solis filii.

CIrce ex Perside Oceani filia, Pasiphaë ex Clymene Oceani filia, Phaëton, Lampetie, Aegle, Phœbe.

Videntur deesse quædam.

CLVII. Neptuni filii.

B† Oœtus & Hellen ex Antiopa Aeoli filia. Agenor & Bellerophon, ex Eurynome Nysi filia, Leuconoë, ex Themistho Hipsei filia, †Rias ex Alcyone Atlãtis filia, Abas ex Aretusa Herilei filia, Ephoceus * ex Alcyone Atlantis filia, Belus Actor Dyctis, ex Agamede Augei filia, Euadne, ex Lena†Leucippi filia, Megareus ex Oenope Epopei filia, Cygnus ex Calyce Hecatonis filia, Ericlimenus & Autheus, ex Astyphile Phœnicis filia, Neleus & Pelias ex Tyro Salmonei filia, Euphemus et Lycus et Nyctęus ex Cęleno Ergei filia, Peleus Arprites*, Ancęus, Mœpus ex Chiõa Aquilonis filia. Amœmone * item. Cyclops Euphemus, Metus ex Melite Busiris filia.

a Antas ut est apud Pauſ. in Bœot.
b

Alij Bœotum & Aeolum uocant, matrem autem Menalippam. a
Calchinia habet Pauſ. in Corinth. ſed ex ea non Euadnem, ſed Peratum natum dicit. b

CLVIII. Vulcani filii.

PHillamnon Cecrops, Erichthonius Corynetes, Cercion, Philoctus * Pinther.

CLIX. Martis filii.

OEnomaus ex † Asterope, Harmonia, ex Venere Leodo, ex Ce * Lycus, Diomedes, Thrax, Ascalaphus, Ialmenus, Cycnus, Dryas.

Alij ex Harpinna, Pauſan. Steropen Oenomai coniugẽ uocat

CLX. Mercurii filii.

PRiapus, Echo, Antian, *Eurytus, Cephalus ex Creusa, Erictei filia Eurestus, *Aptale, *Lybys, ex Lybie Palamedis filia.

CLXI. Apollinis filii.

DElphus, Asclepius ex Coronide Phlegiæ filia, Eurypides ex Cleobula. Ilius ex Vrea Neptuni filia, Argeus, ex Eubea Macarei filia, Philammon, ex†Leuconoë Luciferi filia, Lycoreus, ex Nympha Linus, ex Vrania Musa Aristeus, ex Cyrene Penei filia.

Ouid. Chionem uocat, & Dædalionis filiam Luciferi neptẽ

CLXII. Herculis filii.

HIllus ex Deianira, Tlepolemus, ex Astyoche, Leucites Telephus, ex Auge Alei filia, Leucippus Theromachus, † Leõtiades, Archelous, Ophites, Deucalion, Euhenus, Lidus, & duodecim Thespiades, quos ex Thespii regis filiabus procreauit.

Creontiades

CLXIII. Amazones.

OCyale, Dioxippe, Iphinome, Xanthe, Hyppothoë, † Othrepte, Antioche, Laomache, Glauce, Agaue, Theseis, Hippolyte, Clymene, Polydora, Penthesilea.

Otrere

Apud Calabrum quoq; in primo duodecim numerantur, sed diuersis nominibus.

CLXIIII. Athenæ.

INter Neptunum & Mineruam cum esset certatio qui primus oppidũ in terra Attica conderet, Iouem iudicem sumpserunt. Minerua quod primum in ea terra oleam seuit, quæ adhuc dicitur stare, secundum eam iudicatum est. At Neptunus iratus in eam terram mare cœpit irrigare uelle, quod Mercurius Iouis iussu id ne faceret prohibuit, itaq; Minerua ex suo nomine oppidum Athenas cõdidit, quod oppidum in terris dicitur primum esse constitutum.

Orpheus Eurydicem nympham amauit, quam sono cytharæ mulcens uxorem duxit. Hanc Aristeus pastor dum amans sequitur, illa fugiens in serpentem incidit & mortua est, postq́; maritus ad inferos descendit, & legem accepit, ne eam cõuersus aspiceret, quã conuersus aspiciens, iterum perdidit. Myrrha cum patrem suum amaret, inebriauit & sic cum eo concubuit. Quod pater resciens, utero plenam cœpit euaginato persequi gladio, illa in arborem myrrham est conuersa, quam pater gladio feriens, Adonis exinde natus est, quem Venus diligens. *

Neq; hæc duo in indice ſignantur

Desunt reliqua.

Mineruã

CLXV. Marsyas.

Minerua tibias dicitur prima ex osse ceruino fecisse, & ad epulum deorũ cantatum uenisse. Iuno & Venus cum eam irriderent, quod & Cæsia erat, et buccas inflaret, fœda uisa & in cantu irrisa, in Idam syluam ad fontem uenit, ibiq; cantãs in aqua se aspexit, & uidit se merito irrisam, unde tibias ibi abiecit, & imprecata est ut quisquis eas sustulisset, graui afficeretur supplicio, quas Marsyas Oeagri filius pastor unus ex † turis inuenit, quibus assidue commeletando, sonum suauiorem indies faciebat, adeò ut Apollinem ad cytharæ cantum in certamen prouocaret, quo ut Apollo uenit, musas iudices sumpserunt, & cum iam Marsyas inde uictor discederet, Apollo cytharam uersabat, idemq; sonus erat, quod Marsya tibiis facere nõ potuit, itaq; Apollo uictũ Marsyan ad arborem religatum scythæ tradidit, qui eum membratim separauit, reliquum corpus discipulo Olympo sepulturæ tradidit, è cuius sangine flumen Marsyan est appellatum.

satyris, fortasse legendum

CLXVI. Erichthonius.

Vlcanus Ioui cæterisq; Diis soleas aureas ex adamante cum fecisset, Iuno cum sedisset, subito in aëre pẽdere cœpit, quod cum ad Vulcanum missum esset, ut matrem quam ligauerat solueret, iratus quod de cœlo præcipitatus erat, negat se matrẽ ullam habere. Quem cum Liber Pater ebrium in concilio deorum adduxisset, pietati negare nõ potuit, tum optionem à Ioue accepit, si quid ab iis petiisset impetraret, tũc ergo Neptunus quod Mineruæ erat infestus, instigauit Vulcanum, Mineruam petere in coniugiũ. Qua re impetrata in thalamum cum uenisset Minerua monitu Iouis, uirginitatẽ suam armis defendit, interq; luctandum ex semine eius quod in terram decidit, natus est puer, qui inferiorem partem draconis habuit, quem Erichthonium ideo nominarũt, quod eris græce certatio dicitur, chthon autem terra dicitur, quem Minerua cum clàm nutriret, dedit in cistula seruandũ Aglauro Pandroso & Herse Cecropis filiabus. Hæ cum cistulam apetuissent cornix indicauit, illæ à Minerua insania obiecta ipsæ se in mare præcipitauerũt.

CLXVII. Liber.

Liber Iouis & Proserpinæ filius à Titanis est distractus, cuius cor contritum Iouis Semele dedit in potionem, ex eo prægnans cum esset facta, Iuno in Beroen nutricem Semeles se cõmutauit, & ait, alumna, pete à Ioue ut sic ad te ueniat, quemadmodum ad Iunonem, ut scias quæ uoluptas est, cum Deo concumbere. Illa autem instigata petit, ab Ioue, & fulmine est icta, ex cuius utero Liberum exuit, & Nyso dedit nutriendum, unde Dionysus est appellatus & Bimater est dictus.

CLXVIII. Danaus.

DAnaus Beli filius ex pluribus coniugibus, quinquaginta filias habuit, totidemq; filios, frater Aegyptus, qui Danaum fratrẽ & filias eius interficere uoluit, ut regnum paternum solus obtineret, filiis uxores à fratre poposcit. Danaus re cognita Minerua adiutrice ex Africa Argos profugit, tunc primum dicitur Minerua nauẽ fecisse biprorã, in qua Danaus profugeret. At Aegyptus ut resciit, Danaum profugisse, mittit filios ad persequendum fratrem, & eis præcepit, ut aut Danaum interficerent, aut ad se non reuerterentur. Qui postquam Argos uenerunt, oppugnare patruum cœperunt. Danaus ut uidit se eis obsistere non posse, pollicetur eis filias suas uxores, ut pugna absisterent, impetratas sorores patrueles acceperunt uxores, quæ patris iussu uiros suos interfecerunt. Sola Hypermestra Lynceum seruauit, ob id cæteræ dicuntur apud inferos in dolium pertusum aquam ingerere. Hypermestræ & Lynceo fanum factum est.

Amimone

CLXIX. Amimone.

AMimone Danai filia, dum studiose in sylua uenatur, Satyrum iaculo percussit, eam Satyrus uoluit uiolare. Illa Neptuni fidẽ implorauit, quò Neptunus cum uenisset, Satyrum abegit, & ipse cum ea concubuit, ex quo conceptu nascitur, Nauplius. Id in quo loco factũ est, Neptunus dicitur fuscina percussisse terram, & inde aquam profluxisse, qui Lerneus fons dictus est, & Amimonium flumen.

AMimone Danai filia missa est à patre aquam petitũ ad sacrum faciendum, quæ dum quærit, lassitudine obdormiit, quam Satyrus uiolare uoluit, illa Neptuni fidem implorauit, quod cum Neptunus fuscinam in Satyrum misisset, illa se in petram fixit, Satyrum Neptunus fugauit, qui cum quæreret in solitudine à puella, illa se aquatum missam esse dixit à patre, quã Neptunus cõpressit. Pro quo beneficiũ ei tribuit, iussitq́ eius fuscinam de petra educere, quæ cum eduxisset, & tres silani * sunt secuti, qui ex Amimonis nomine Amimonius fons appellatus est, ex qua cõpressione natus est Nauplius. Hic autem fons Lerneus est postea appellatus.

Repetita est hæc fabula, nam in indice semel tantum ponitur

CLXX. Filiæ Danai quæ quos occiderunt.

IDea Antimachum, Philomela Panthium, Scylla Proteam, Phicomone Plexippum, Euippe Agenorem, Demoditas Chrysippum, Hyale Perium, Trite Enceladum, Damone Amintorem, Hyppothoë Obtrimum, Myrmydone Mineum, Eurydice Canthum, Cleo Asterium, Arcania Xanthum, Cleopatra Metalcem, Philea Philinam, Hyparete Protheonem, Chrysothemis Asteriden, Pyrante Athamantem, Armoasbus* Glaucippe Niauium, Demophile Pamphilum, Autodice Clytum, Polyxena Aegyptum. Hecabe Dryantem', Achamantis Echominum, Arsalte Ephialtem, Monuste Eurysthenem, Amimone Midamum, Helice Euideam, Amoëme Polydectorem, Polybe Iltonomum, Helicta Cassum, Electra Hyperantum, Eubule Demarchum, Daplidice Pugnonem, Hero Andromachum, Europome Atlitem, Pyrantis Plexippum, Critomedia Antipaphum, Pyrene Dolychum, Eupheno Hyperbium, Themistagora Podasimum, Palæno Aristonon, Itea Antiochum, Erate Eudemonem, Hypermestra Lynceũ seruauit, qui cum Danaus perisset, primusq́ Abas ei nuntiasset, Lynceus circunspiciens in templo quid ei muneri daret, casu conspexit clypeum quem Danaus consecrauerat Iunoni, quẽ in iuuenta gesserat, refixit & donauit Abanti, ludosq́ consecrauit, qui quinto quoq; anno aguntur, qui appellantur Aspis en Argo, è quibus ludis cursoribus corona non datur, sed clypeus at Danaides post patris interitum, uiros duxerunt Argiuos, è quibus qui nati sunt appellati.

CLXXI. Althæa.

CVm Althæa Thestii filia una nocte cõcubuerunt Oeneus & Mars, ex quibus cum esset natus Meleager, subito in regia apparuerunt Parcæ Clotho Lachesis, Atropos. Cui fata ita cecinerunt. Clotho dixit eum generosum futurum, Lachesis fortem, Atropos titionem ardentem aspexit in foco, & ait: tam diu hic uiuit, quam diu hic ticio consumptus nõ fuerit. Hoc Althæa mater cum audisset, exiluit de lecto atq; ticionem extinxit, & eum in regia media obruit fatalem, ne ab igni obrueretur.

CLXXII. Oeneus.

OEneus Porthaonis filius, Aetoliæ rex, cum omnibus Diis annua sacra fecisset & Dianam prætermisset, ea irata, aprũ immani magnitudine qui agrum Calydonium uastaret, misit: tũc Meleager Oenei filius se pollicetur cum delectis græciæ ducibus ad eum expugnandum iturum.

Castor

CLXXIII. Qui ad aprum Calydonium ierunt.

Castor & Pollux Iouis filii, Verusius * Mercurii, Parthecion * Mercurii Thebis, †Aesculapius Apollinis, Iason Aesonis, Thebis. Alcon Martis, Thracia, Euphemus Neptuni, Iolaus Iphicli, Lynceus & Idas, Apharei, Peleus Aeaci, Telamon Aeaci., Admetus Pheretis, Laerta † Arcippa, Deucalion Minois, Theseus Aegei, Plexippus, Ideus, Lynceus, Thestii filii, fratres Althee, Hippotas Gerionis, *Caeneus Elati, Mopsus Amyci, Meleager Oenei, Hyppassus Euryti, Ancaeus Lycurgi, Phoenix Amyntoris, Dryas Iapeti † Euatimus, Alcon, Denuxippus, Hyppocoon Amyci, * Athlantes Pondaei. Quae ciuitates auxilium miserunt Oeneo, † Tenerdos, Iolcos, Sparta, †Teurone, Messe, Perrhaebia, Phthia, Magnesta, * Salamin, Calydon, Thessalia, Oechalia, Ithaca, Tegaea, Creta, Dolopea, Athenae, Magnesia & Arcadia.

Legendum fortassis, Enaesimus Hippocoontis, Leucippus Amyclae Atalantae Schoenei.

Amphiaraus Arcesij Alij duos tātum fratres Althaeae faciunt, Plexippum et Toxeū, quem hic a corrupte puto Lynceum dici Thebae, Argos Pleuron a

CLXXIIII. Meleager.

Althaea Thestii filia ex Oeneo peperit Meleagrum. Ibi in regia dicitur ticio ardens apparuisse, huc Parcae uenerūt, & Meleagro fata cecinerūt, eum tandiu uicturū quam diu is titio esset incolumis. Hunc Althea in arca clausum diligenter seruauit. Interim ira Dianae quia Oeneus sacra annua ei non fecerat, aprum mira magnitudine qui agrum Calydoniū uastaret misit, quem Meleager cum delectis iuuenibus Graeciae interfecit, pellem'q; eius ob uirtutem Atalante uirgini donauit, quam Ideus, Plexippus, Lynceus Altheae fratres eripere uoluerunt. Illa cum Meleagri fidem implorasset, ille interuenit, & amorem cognationi anteposuit, auunculos'q; suos occidit. Id Althaea mater audiuit, filium suum tantū facinus esse ausum, memor parcarum praecepti, ticionem ex arca prolatum in ignem coniecit. Ita dum fratrū poenas uult exequi, filium interfecit, at sorores eius praeter Gorgen & Deianiram flendo, Deorū uoluntate in aues sunt transfiguratae, quae Meleagrides uocantur. At coniunx eius Alcyone moerens in luctu decessit.

CLXXV. Agrius.

Agrius Parthaonis filius, ut uidit Oeneum fratrem orbū liberis factum, egentem regno expulit, atq; ipse regnum possedit. Interim Diomedes Tydei filius & Deiphyles, Ilio deuicto, ut audiuit auum suum regno pulsum, peruenit in Aetoliā cum Sthenelo Capanei filio, & armis cōtendit cum †Opopa Agrii filio, quo interfecto, Agriū egentē è regno expulit, atq; Oeneo auo suo regnum restituit, postq;' Agrius regno expulsus, ipse se interfecit.

Epopea

CLXXVI. Lycaon.

Ad Lycaonem Pelasgi filium † Iouis in hospitium uenisse dicitur, & filiam eius Calysto compressisse, ex quo natus est Arcas, qui ex suo nomine terrae nomen indidit. Sed Lycaonis filii Iouem tentare uoluerunt, Deus ne esset, carnem humanam cum caetera carne commiscuerunt, idq;' in epulo ei apposuerūt. Qui postquam sensit, iratus mensam euertit, Lycaonis filios fulmine necauit, eo loco postea Arcas oppidum cōmuniuit, quod Trapezos nominatur, patrem Iuppiter in lupi figuram mutauit.

Iuppiter

CLXXVII. Calysto.

Calysto Lycaonis filia ursa dicitur facta esse, ob iram Iunonis, quod cum Ioue concubuit. Postea † Iouis in stellarum numerum retulit, quae Septentrio appellatur, quod signum loco nō mouetur neq; occidit. Thetis enim Oceani uxor nutrix Iunonis prohibet eam in Oceanū occidere. Hic ergo septentrio maior, de qua in Creticis uersibus.

Iuppiter

Tuq;' Lycaoniae mutatae semine nymphae
Quam gelido raptam de uertice Nonacrinae
Oceano prohibet, semper se tingere Thetis,
Ausa suae quia sit quondam succumbere alumnae.

Haec

Hæc igitur ursa à Græcis Helice appellatur, hæc habet stellas in capite septem non claras, in utraq; aure duas, in armo unam, in pectore claram unam, in pede priore unam, in extrema coxa claram unam, in fœmine posteriori duas, in pede extremo duas, in cauda tres, omnes numero uiginti.

CLXXVIII. Europa.

EVropa † Agriopes & Agenoris filia, Sidonia: hanc Iuppiter in taurum conuersus à Sidone, Cretam transportauit, & ex ea procreauit Minonem, Sarpedonem, Rhadamantem. Huius pater Agenor suos filios misit, ut sororé reducerent, aut ipsi in suum conspectum nō redirent. Phœnix in Africam est profectus, ibiq; remansit, inde Afri Pœni sunt appellati: Cilix suo nomine Ciliciæ nomen indidit. Cadmus cum erraret, Delphos deuenit, ibi responsum accepit, ut à pastoribus bouem emeret, qui Lunæ signum in latere haberet, eum'q; ante se ageret, ubi decubuisset, ibi fatum esse eum oppidum condere, & ibi regnare. Cadmus sorte audita, cum imperata perfecisset & aquam quæreret, ad fontem Castalium uenit, quem Draco Martis filius custodiebat, qui cum socios Cadmi interfecisset, à Cadmo lapide est interfectus, dentes'q; eius, Minerua monstrante, sparsit & arauit, unde Spartæ sunt enati. Qui inter se pugnarūt, ex quibus quinq; superfuerūt, id est, Chthonius, Vdæus, Hyperenor, Pelorus, & Echion, ex boue auté quem secutus fuerat, Bœotia est appellata. Argyropes

CLXXIX. Semele.

CAdmus Agenoris & Agriopes filius ex Armonia Martis & Veneris filià procreauit filias quatuor, Semelen, Ino, Agauen, Autonoen, & Polydorum filium, † Iouis cum Semele uoluit concumbere. Quod Iuno cum resciit, specie immutata in Beroën nutricem, ad eam uenit, & persuasit ut peteret ab Ioue, ut eodé modo ad se, quomodo ad Iunoné ueniret, ut intelligas, inquit, quæ sit uoluptas cum Deo cōcumbere. Itaq; Semele petiit ab Ioue ut ita ueniret ad se. Qua re impetrata † Iouis cum fulmine & tonitribus uenit, & Semelem conflagrauit: ex utero eius Liber est natus, quem Mercurius ab igne ereptum, Niso dedit edūcandum, & græce Dionisus est appellatus. Iuppiter Iuppiter

CLXXX. Actæon.

ACtæon Aristei & Autonoes filius, pastor Dianam lauantem speculatus est, & eam uiolare uoluit. Ob id irata Diana fecit, ut ei cornua in capite nascerentur, & à suis canibus consumeretur.

CLXXXI. Dianà.

DIana cum in ualle opacissima, cui nomen est Gargaphia, æstiuo tempore fatigata ex assidua uenatione, se ad fontem, cui nomen est Parthenius perlueret, Actæon Cadmi nepos, Aristei & Autonoes filius, eundem locum petens ad refrigerandū, se & canes quos exercuerat, feras persequens in conspectum Deæ incidit, qui ne loqui posset, in ceruam ab ea est conuersus. Ita pro ceruo laceratus est à suis canibus, quorū nomina, masculi, Melampus, Ichnobates, Echnobas, *Pamphagos, Dorceus, Oribasus, Nebrophonos, Lelaps, Theron, Pterelas, Hylæus, Nape, Ladon, Pœmenis, Therodanapis, * Aura, Lacon, Harpya, †Elion, Dromas, Thous, Canache, Cyprius, Sticte, Labros, Arcas, Agriodus, Tigris, Hilactor, Alce, Harpalus, Lycisca, Melaneus, Lachne, Leucon. Item tres qui eum Gnosius * consumpserunt, fœminæ Melanchœtes, Agre, Therodamas, Oresitrophos. Item alii autores tradunt hæc nomina. Acamas, Syrus, Aeon, Stilbon, Agrius, Charops, Aethon, Coran, * Boreas, Draco, Eudromus, Dromius, Zephyrus, Lampus, Hemon, Cyllopotes, Harpalicus, Machimus, Ichneus, Omelimpus, * Ocydromus, Borax, Ocythous, Pachitos, Obrimus: fœminæ Argo, Aretusa, Vrania, Theriope, Dinomache, Dioxippe, Echione, Gorgo, Cyllo, Arpyia, Lynceste, Leæne, Lacena, Ocypote, Ocydrome, Oxyroe, Orias, Sagnos * Theriphone, Volatos, * Chediætros.* Aellò

CLXXXII. Oceani filiæ.

Oceani filię Idothea, Althæa, Adrasta, alii dicũt Melissi filias esse, Iouis nutrices, quæ nymphæ Dodonides dicuntur, alii Naiades uocant, quarum nomina Cisseis, Nysa, Erato, Eriphia, Bromiæ, Polyhymno: hæ in monte Nysa† a munere alumni potitæ sunt, qui Medeam rogauerat, & deposita senectute in iuuenes mutatæ sunt, cõsecratæ'q; postea inter sydera, Hyades appellantur, alii tradũt uocitatas Arsine, Ambrosie, Bromie, Cisseis, Coronis.

a *Videntur huic loco quædam deesse, scilicet ex quibus intelligatur, Bacchũ ab his nutritum esse, & eundem postea Medeam rogasse, ut nutrices suas ex uetulis in iuuenes mutaret, cuius rei etiam Ouid. mem. lib. 7. Meta.*

CLXXXIII. Equorum solis & horarum nomina.

Eous Aethon

Eos † per hunc cœlum uerti solet, † Aethyops, quasi flammeus est, cõcoquit fruges. Hi funales sunt mares: fœminæ, Locarie, Bronte, quę nos tonitrua appellamus, Sterope quę fulgitrua. Huic rei autor est Eumelus Corinthius Item quos Homerus tradit, Abrax, Aslo *Therbeeo.* Item quos Ouidius Pyrois, Eous, Aethon & Phlegon. Horarum uero nomina, hæc sunt, Iouis Saturni filii & Themidis filiæ, Titanaide, Auxo, Eunomia, Pherusa, Caria, Odice, Euporie, Irene, Ortesie, Thallo. Alii autores tradunt decem his nominibus, Auge, Anatole, Musia, Gimnasia, Nimphes, Mesembria, Sponde, Elete, Acte, & Hecypris, Dysis.

CLXXXIIII. Pentheus & Agaue.

Pentheus Echionis & Agaues filius, Liberũ negauit Deum esse, nec mysteria eius accipere uoluit. Ob hoc eum Agaue mater cum sororibus Ino & Autonoë, per insaniá à Libero obiectam membratim laniauit. Agaue, ut suæ mentis compos facta est, ut uidit se Liberi impulsu tantum scelus admisisse, profugit ab Thebis, atq; errabunda in Illyriæ fines deuenit, ad Licotersen regem, quam Licoterses excepit. Cum quo Polyphontes, occiso Cresphonte, regnum occupauit, filium aũt eius infantem Merope mater, quem ex Cresphonte habebat, absconse ad hospité in Aetoliam mandauit. Hunc Polyphontes maxima cum industria quærebat, aurum'q; pollicebatur si quis eum necasset. Qui postquam ad puberem ætatem uenit, capit cõsilium ut exequatur patris & fratrum mortem. Itaq; uenit ad regem Polyphonté, aurũ petitum, dicés se Cresphontis interfecisse filium & Meropis Telephontem. Interim rex eum iussit in hospitio manere, ut amplius de eo perquireret, qui cum per lassitudinem obdormisset, senex qui inter matrem & filium internuntius erat, flens ad Meropem uenit, negans eum apud hospitem esse, nec comparere. Merope credens eum esse filii sui interfectorem, qui dormiebat, in Chalcidicũ cum securi uenit, inscia ut filiũ suũ interficeret, qué senex cognouit, & matré ab scelere retraxit. Merope postq; † uenit occasioné sibi datá esse, ab inimico se ulciscendi, redit cum Polyphonte in gratiam. Rex lætus cum rem diuiná faceret hospes falso simulauit, se hostiá percussisse eum'q; interfecit, patriũq;' regnũ adeptus est.

Hunc postea ex insidiis occidit, ut infra ca. ccxl (beside "fugit ab Thebis … Licoterses excepit")

a (beside "eius infantem Merope mater")

uidet (beside "cognouit, & matré ab scelere")

a *De Cresphonte ac Merope, & aliis, consimilia narrat Pausanias in Messenicis, qui illum Messeniæ, nõ Illyrici regem facit. Et supra quoq; Messeniæ regem Polyphontem Hyginus uocat.*

CLXXXV. Atalanta.

Schœneus Atalantam filiam uirginem formosissimá dicitur habuisse, quæ uirtute sua cursu uiros superabat, ea petiit à patre ut se uirginem seruaret. Itaq; cum à pluribus in coniugium peteretur, pater eius simultatem cõstituit, qui eam ducere uellet, prius in certamine, cursu cum ea cõtenderet, termino constituto ut ille inermis fugeret, hæc cum telo insequeretur, quem intra finem termini constituta * fuisset, interficeret, cuius caput in stadio figeret. Pleros'q; cum superasset, & occidisset, nouissime ab Hippomene Megarei & Meropes filio uicta est. Hic enim à Venere mala tria insignis formæ acceperat, edoctus quis usus in eis esset. Qui in ipso certamine iactando puellæ impetum alligauit, illa enim dum colligit, & ammiratur aurum, declinauit & iuueni uictoriam tradidit. Cui Schœneus ob industriam libés filiam suá dedit uxorem.

uxorem. Hanc cum in patriam duceret, oblitus beneficio Veneris se uicisse, grates ei non egit. Irata Venere in monte Parnaso cũ sacrificaret Ioui uictori, cupiditate incensus, cum ea in fano concubuit, quos Iuppiter ob id factum in leonem & læam conuertit, quibus Dii concubitum Veneris, denegant.

CLXXXVI. Melanippe.

Melanippen Desmontis filiã, siue Aeoli, ut alii poetæ dicunt, formosissimam Neptunus compressit, ex qua procreauit filios duos. Quod cum Desmontes rescisset, & Melanippen excæcauit, & in munimento conclusit, cui cibum atq; potum exiguum præstari iussit, infantes autem feris proiici. Qui cum proiecti essent, uacca lactens ueniebat ad infantes, & ubera præstabat. Quod cum armentarii uidissent, tollunt eos ut educarent. Interim Metapontus rex Icariæ à coniuge Theano petebat, ut sibi liberos procrearet, † ut regno cederet, illa timens mittit ad pastores ut infanté aliqué explicarét, qué regi subderet, qui miserũt duos inuentos, ea regi Metaponto pro suis supposuit. Postea aũt Theano, ex Metaponto peperit duos. Cũ aũt Metapontus priores ualide amaret quod formosissimi essent, Theano quærebat ut eos tolleret, & filiis suis regnũ seruaret. Dies aduenerat ut Metapontus exiret ad Dianã Metapontinã ad sacrũ faciendũ. Theano occasione nacta, indicat filiis suis eos suppositicios priores esse. Itaq; cum in uenatione exirét, eos cultris † interficite. Illi aũt matris monitu cum in montem exissent, prælium inter se commiserunt. Neptuno autem adiuuante, Neptuni filii uicerunt, & eos interfecerunt, quorum corpora cum in regia allata essent, Theano cultro uenatorio se interfecit. Vltores autem Boëtus & Aeolus ad pastores ubi educati erant confugerũt. Ibi Neptunus eis indicat, ex se esse natos & matrem in custodia teneri. Qui ad Desmontem peruenerunt, eumq; interfecerunt, & matrem custodia liberarunt, cui Neptunus lumen restituit, eam filii perduxerunt in Icariam ad Metapontum regem, & indicant ei perfidiam Theanus. Post quæ Metapontus duxit coniugio Melanippen, eosq; sibi filios adoptauit, qui in Propontide ex suo nomine condiderunt Boëtus Boeotiam, Aeolus Aeoliam.

Menalippe ab alijs dicitur

aut

Interficere iubet

CLXXXVII. Alope.

Alope Cercyonis filia, formosissima cum esset, Neptunus eam cõpressit, quà ex compressione peperit infantem, quem inscio patre nutrici dedit exponendum. Qui cum expositus esset, equa uenit, & ei lac pręstabat, quidam pastor equam persequutus, uidit infantem, atq; eum sustulit, qui ueste regia indutũ cum in casam tulisset, alter compastor rogauit, ut sibi eum infantem donaret. Ille ei donauit sine ueste, cum autem inter eos iurgium esset quod qui puerum acceperat insignia ingenuitatis reposceret. Ille autem non daret, contendentes ad regem Cercyoné uenerunt, & contendere cœperunt. Ille autem qui infantem donatum acceperat, repetere insignia cœpit, quæ cum allata essent & agnosceret, Cercyon ea esse ex ueste scissæ filiæ suæ. Alopes nutrix timens regi iudicium, fecit infantem eum Alopes esse, qui filiam iussit ad necem includi, infantem autem proiici. Quem iterum equa nutriebat, pastores iterum inuentum infantem sustulerunt, sentientes eum deorum numine educari atq; nutrierunt, nomenq; ei imposuerunt † Hippothoum, Theseus cum eà iter faceret à Trœzene Cercyonem interfecit. Hippothous autem ad Theseum uenit regnáq; auita rogauit, cui Theseus libens dedit, cum sciret eum Neptuni filium esse, unde ipse genus ducebat, Alopes autem corpus Neptunus in fontem commutauit, qui ex nomine Alopes est cognominatus.

Hippothoon ut Pauf. in Atti.

CLXXXVIII. Theophane.

Theophane Bysaltidis filia formosissima uirgo. Hanc cum plures proci peterent à patre, Neptunus sublatam transtulit in insulam † Crumissam, quod cum proci eam scissent ibi morari, naue comparata † Crumissam cõtendere cœperunt, Neptunus ut eos deciperet, Theophanem in ouem commutauit

Cromiusa
Cromiusam

formosissimam, ipse autem in arietem. Ciues autem Crumissenses in pecora, quo cum proci uenissent, neque ullum hominem inuenirent, pecora mactare cœperunt, atque ea uictu consumere. Hoc Neptunus ut uidit, in pecora commutatos consumi, procos in lupos conuertit, ipse autem ut erat aries cum Theophane cōcubuit, ex quo natus est aries Chrysomallus, qui Colchos Phryxum uexit, cuius pellem Aeta in luco Martis habuit positam, quam Iason sustulit.

CLXXXIX. Procris.

PRocris Pandionis filia. Hanc Cephalus Deionis filius habuit in coniugio, qui cum mutuo amore tenerentur, alter alteri fidem dederunt, ne quis cum alio concumberet. Cephalus autem cum studio uenandi teneretur, & matutino tempore in montem exisset, aurora Titoni coniunx, eum adamauit, petitque ab eo cōcubitum, cui Cephalus negauit, quod Procri fidem dedederat. Tunc Aurora ait nolo ut fallas fidē, nisi illa prior fefellerit. Itaque cōmutat eum in hospitis figurā, atque dat munera speciosa quæ Procri deferret, quod cum Cephalus uenisset, immutata specie munera Procri dedit, & cum ea concubuit, tunc ei Aurora speciem hospitis abstulit. Quæ cum Cephalum uidisset, sensit se ab Aurora deceptam, & inde profugit in Cretam insulam, ubi Diana uenabatur. Quam cum Diana conspexisset, ait ei, Mecum uirgines uenantur, tu uirgo non es, recede de hoc † tu, cui Procris indicat casus suos & se ab Aurora deceptā. Diana misericordia tacta, dat ei iaculū, quod nemo euitare posset, & canem Lælapē, quē nulla fera effugere posset, & iubet eam ire & cum Cephalo † concedere. Ea capillis demptis, iuuenili habitu Dianę uolūtate ad Cephalum uenit, eumque prouocauit, quem in uenatione superauit. Cephalus ut uidit tantam potentiam canis atque iaculi esse, petit ab hospite, non æstimans cōiugem suam esse, ut sibi iaculum & canem uenderet, illa negare cœpit, regni quoque partem pollicetur, illa negat, sed si utique, ait, perstas id possidere, da mihi id quod pueri solent dare. Ille amore iaculi & canis incensus, promisit se daturum, qui cum in thalamos uenissent Procris tunicam leuauit & ostendit se fœminam esse & coniugem illius, cum qua Cephalus muneribus acceptis, redit in gratiam, nihilominus illa timens Auroram, matituno tempore secuta eum, ut obseruaret atque inter uirgulta delituit, quæ uirgulta cum Cephalus moueri uidit, iaculum ineuitabile misit, & Procrin cōiugem suā interfecit, ex qua Cephalus habuit filium † Archium ex quo nascitur Laertes Vlyssis pater.

Cœtu, fortasse legendum Contendere

Arcesium, ut Homer. & Ouid.

CXC. Theonoe.

THestor mantis habuit Calchantē filium & Leucippē filiam, & Theonoen quem ludentem à mari piratæ rapuerunt & detulerunt in Cariam, quam rex Icarus sibi in concubinatum emit. Thestor autem filia amissa inquisitum profectus est, qui naufragio in terram Cariam uenit, & in uincula est coniectus, ibi ubi & Theonoë morabatur, Leucippe autem patre & sorore amissis, Delphos petit* an eorum foret inuestigatio. Tum Apollo respondit, pro meo sacerdote per terras uade, & eos reperies. Leucippe sorte audita capillos totōdit, atque pro iuuene sacerdote circum terras exit inuestigatū. Quæ cum in Cariam deuenisset, & Theonoë eam uidisset, æstimans sacerdorem esse, in amorem eius incidit, iubetque ad se perduci, ut cum eo cōcumberet. Illa autem quia fœmina erat, negat id posse fieri, Theonoë irata iubet sacerdotem includi in cubiculum, atque aliquem ex ergastulo uenire, qui sacerdotem interfeceret, quem ad interficiendum mittitur senex Thestor, imprudēs ad filiam suam, † quam Theonoe non agnouit, datque ei gladium, & iubet eum sacerdotem interficere. Qui cum intrasset & gladium teneret, Thestorem se uocitari dixit, duabus filiis Leucippe et Theonoë amissis, ad hunc exitiū uenisse, ut sibi scelus imperaretur, quod ille in se cum conuertisset, & uellet ipsum se interficere, Leucippe audito patris nomine, gladium ei extorsit. Quæ ad reginam interfaciendam ut ueniret, patrem Thestorem in adiutorio uocauit, Theonoë patris nomine audito, indicat se filiā esse eius. Icarus autem rex agnitione facta cum muneribus eum in patriam remisit.

quem

Midas

CXCI. Rex Midas.

MIdas Rex Migdonius filius matris Deæ, à Timolo * sumptus eo tempore quo Apollo cum Marsia uel Pane fistula certauit, quod cum † Timolus uictoriam Apollini daret, Midas dixit Marsiæ potius dandam, tunc Apollo indignatus, Midæ dixit, quale cor in iudicando habuisti, tales & auriculas habebis, quibus auditis, effecit, ut asininas haberet aures. Eo tempore Liber Pater cum † exceptũ in Indiam duceret, Silenus aberrauit, quem Midas exercitũ hospitio liberaliter accepit, atque ducem dedit, qui eum in comitatum Liberi deduceret. At Midæ Liber Pater ob beneficium deoptandi dedit potestatem, ut quicquid uellet peteret à se. Quo Midas petiit, ut quicquid tetigisset aurum fieret: quod cum impetrasset, & in regiam uenisset, quicquid tetigerat aurum fiebat: cum iam fame cruciaretur petit à Libero ut sibi spetiosum donum eriperet. Quem Liber iussit in flumine Pactolo se abluere, cuius corpus aquam cum tetigisset facta est colore aureo. Quod flumen nunc Chrysorrhoas appellatur in Lydia.

Videtur non nihil deesse — *Timolus* — *exercitum*

CXCII. Hyas.

ATlas ex Pleione siue * Oceanitide duodecim filias habuit & filium Hyantem, quẽ ab apro uel leone occisum dum lugent sorores, ab eo luctu consumptæ sunt, ex his quinq; primæ inter sidera relatæ, locum habent inter cornua tauri, Phæsyla, Ambrosia, Coronis, Eudora, Polyxo, quæ à fratris nomine appellantur Hyades, easdem Latine Suculas uocant: quidã aiunt in modum Y literæ positas, inde Hyadas dici. Nonnulli quod cum oriantur pluuias efficiant, est autẽ græce † hyin pluere. Sunt qui existiment ideo has in sideribus esse, quod fuerint nutrices Liberi Patris, quas Lycurgus ex insula Naxo ediderat. Cæteræ sorores postea luctu cõsumptæ, sidera facta sunt, & quia plures erant Pleiades dictæ, nõnulli existimant ita nominatas, quia inter se cõiunctæ, quod est † plesion, † ideo autẽ confertæ sunt, ut uix numerentur, nec unquam ullius oculis certum est, sex an septem existimẽtur. Earum nomina hæc sunt, Electra, Alcione, Celeno, Merope, Sterope, Taygeta & Maia, ex quibus Electram negant apparere, propter Dardanũ amissum, Troiam'q; sibi ereptam: alii existimant Meropem † conspicere erubescere, quia mortalem uirum acceperit, cum cæteræ deos haberent, ob eam'q; rem de choro sororum expulsa, mœrens crinem solutum gerit, quæ cometes appellatur, siue † longodes, quia in longitudinem producitur, siue xifax quia gladii mucronis effigiem producit, ea autem stella luctum portendit.

Legendum fortassis ex Aethra Oceanitide, ita enim Græcus autor Timæus habet — *ὕειν* — *πλήσιον ita* — *Conspici*

λογχώδης fortasse, à specie hastæ seu lanceæ, quales à Plinio Acontiæ dicuntur.

CXCIII. Harpalicus.

HArpalicus rex Amymneorũ Thrax cum haberet filiam Harpalicen, amissa matre eius uaccarum equarum'q; eam uberibus nutriuit, & crescentem armis exercuit, habiturus successorem regni sui, postmodum nec spes paternas puella decepit, nam tantum bellatrix euasit ut etiam saluti fuerit parenti. Nam reuertẽs à Troia Neoptolemus, cum expugnaret Harpalicum, grauiq; eum uulnere affecisset, illa petiturum patrem impetu facto conseruauit, fugauit'q; hostem. Sed postea Harpalicus per seditionem ciuium interfectus est. Harpalice grauiter tum ferens patris mortem, contulit se in syluas, ibiq; uastando iumentorum stabula, tandem concursu pastorum interiit.

CXCIIII. Arion.

ARion Methimnęus, cum esset arte cytharę potẽs, rex † Pyranthus Corinthius eum dilexit, qui cum à rege petiisset per ciuitatem artem suam illustrare, & magnum patrimonium acquisisset, consenserunt famuli cum nautis, ut eum interficerent, cui Apollo in quietem uenit, eiq; dixit, ut ornatu suo & corona decantaret, & eis se traderet, qui ei præsidio uenissent, quem cum

Gellius & Herodotus Periandrum hũc uocãt

famuli & nautæ uellent interficere petit ab eis ut ante decantaret, cum autem citharæ sonus & uox eius audiretur, delphini circa nauem uenerunt, quibus ille uisis se præcipitauit, qui eum sublatum attulerũt Corinthum ad regem Pyranthum, qui cum ad terram exisset, cupidus uiæ, delphinum in mare non propulit, qui ibi exanimatus est. Qui cum casus suos Pyrantho narrasset, iussit Pyranthus delphinum sepeliri & ei monimentum fieri. Post paucum tempus nuntiatur Pyrantho nauem Corinthũ delatam tempestate, in qua Arion uectatus fuerat. Quos cum perduci ad se imperasset, & de Arione inquireret dixerunt eum obisse, & eum sepulturæ tradidisse. Quibus rex respondit, crastino die ad delphini monimẽtum iurabitis, ob id factum eos custodiri imperauit, atq; Arionem iussit ita ornatũ quomodo se præcipitauerat in monimento delphini mane delitescere. Cum autem rex eos adduxisset, iussissetq; eos per delphini manes iurare Arionem obisse, Arion de monimento prodit. Quod illi stupentes, qua diuinitate seruatus esset obmutuerunt, quos rex iussit ad delphini munimentum crucifigi. Apollo autem propter artem cytheræ Arionem & Delphinum in astris posuit.

CXCV. Orion.

Iuppiter Hyreum Apparet nonnibil deesse id

IOuis, †Neptunus, Mercurius in Thraciam ad †Byrseum regem in hospitium uenerunt, qui ab eo cum liberaliter essent excepti, optionem ei dederunt si quid peteret. Ille liberos optauit, Mercurius de tauro quem Hercules †Ypseo ei immolarat corium protulit. Illi in † eum urinam fecerunt, & in terram obruerunt, unde natus est Orion. Qui cum Dianam uellet uiolare, ab ea est interfectus, postea ab Ioue in stellarum numerũ est relatus, quam stellam Orionem uocant.

CXCVI. Pan.

Iuppiter

DIi in Aegypto cum Typhonis immanitatem metuerent, Pan iussit eos ut in feras bestias se conuerterent quo facilius eum deciperent, quem †Iouis postea fulmine interfecit, Pan Deorum uoluntate quod eius monitu uim Typhonis euitarant, in astrorum numerum relatus, & quod se in capram eo tempore conuerterat, inde Aegoceros est dictus, quem nos Capricornum dicimus.

CXCVII. Venus.

quod

IN Euphratem flumen de cœlo ouum mira magnitudine cecidisse dicitur, † quem pisces ad ripam euoluerunt, super quod columbæ consederunt & excalfactum exclusisse, Venerem quæ postea Dea Syria est appellata, & iustitia & probitate cum cæteros exuperasset & ab Ioue optione data * pisces in astrorum numerum relati sunt, & ob id Syri pisces & columbas ex deorum numero habent, non edunt.

CXCVIII. Nisus.

NIsus Martis filius siue ut alii dicunt Deionis filius, rex Megarensium, in capite crinem purpureũ habuisse dicitur. Cui responsum fuit tam diu eum regnaturum, quã diu eum crinem custodisset. Quem Minos Iouis filius oppugnatũ cum uenisset, à Scylla Nisi filia, Veneris impulsu est amatus, quem ut uictorem faceret patri dormienti fatalem crinem præcidit. Itaq; Nisus uictus à Minoẽ est. Cum autem Minos Cretam rediret, eum ex fide data rogauit ut secum aueheret. Ille negauit Creten sanctissimam tantum scelus recepturam, illa se in mare præcipitauit ne persequeretur. Nisus autem dum filiam persequitur in auem halieton, idest, aquilã marinam conuersus est, Scylla filia in piscem Cirim quẽ uocant, hodieq; si quando ea auis eum piscem natantem conspexerit, mittit se in aquam raptumq; unguibus dilaniat.

CXCIX. Scylla altera.

Alij, inter quos etiam Homerus est, Scyllã à matre Cratæida uocant

SCylla Crateis fluminis filia uirgo formosissima dicitur fuisse. Hanc Glaucus amauit, Glaucum autem Circe Solis filia. Scylla autem cum assueta esset in mari lauari, Circe Solis filia propter Zelum, medicamentis aquam inquinauit, quò Scylla cum descendisset

scendisset, ab inguinibus eius canes sunt nati, atque ferox facta, quæ iniurias suas executa est, nam Vlyssem prænauigantem sociis spoliauit.

CC. Chione.

CVm Chione, siue, ut alii poëtæ dicũt, Philonide Dædalionis filia Apollo & Mercurius una nocte concubuisse dicitur, ea peperit ex Apolline Philammonem, ex Mercurio Autolycum, quæ postea in uenatione in Dianam est locuta superbius. Itaque ab ea sagittis est interfecta, at pater Dędalion unicam filiam flendo, ab Apolline est conuersus in auem Dædalionem, id est, accipitrem.

CCI. Autolycus.

MErcurius Autolyco, ex Chione quẽ procreauerat, muneri dedit, ut furacissimus esset, nec deprehenderetur in furto, ut quicquid surripuisset, in quamcunque effigiem uellet, transmutaretur, ex albo in nigrum, uel ex nigro in album, in cornutum ex mutilo, in mutilum ex cornuto, is cum Sisyphi pecus assidue inuolaret, nec ab eo posset deprehendi, sensit eum furtum sibi facere, quod illius numerus augebatur & suus minuebatur, qui ut eum deprehenderet in pecorum ungulis notam imposuit, qui cum solito more inuolasset, & Sisyphus ad eum uenisset, & pecora sua ex ungulis deprehendit, quæ ille inuolauerat, & abduxit, qui cum ibi moraretur, Sisyphus Anticliam Autolyci filiam compressit, quæ postea Laërtæ data est in coniugium, ex qua natus est Vlysses, ideo nonnulli autores dicunt † Ypsipylon, ob hoc Vlys- *Sisyphium*
ses uersutus fuit.

CCII. Coronis

APollo cum Coronida Phlegiæ filiam grauidam fecisset, coruum custodem ei dedit, ne quis eam uiolaret, cum ea & † Chylus Elati filius concubuit, ob *Ischys ab aliis*
id ab Ioue fulmine est interfectus. Apollo Coronidem grauidam percussit, *hic dicitur*
& interfecit, cuius ex utero exectum Asclepium educauit, at coruum qui custodiam præbuerat ex albo in nigrum commutauit.

CCIII. Daphne.

APollo Daphnen Penæi fluminis filiam, cum uirginem persequeretur, illa à terra præsidium petit, quæ eam recepit in se, & in arborem laurum cõmutauit, Apollo inde ramum fregit & in caput imposuit.

CCIIII. Nyctimene.

NYctimene † Epopei regis Lesbiorum filia, uirgo formosissima dicitur fuisse *Hyclei alij*
hanc Epopęus pater amore incensus compressit, quę pudore tacta, syluis occultabatur, quam Minerua miserata, in noctuam transformauit, quæ pudoris causa in lucem non prodit sed noctu patet.

CCV. Arge.

ARge uenatrix cum ceruum sequeretur, ceruo dixisse fertur, tu licet Solis cursum sequaris, tamen te consequar, Sol iratus in ceruam eam conuertit.

CCVI. Harpalice.

CLymenus Schœnei filius, rex Arcadiæ amore captus, cum Harpalice filia sua concubuit, ea cum peperisset, in epulis filiam apposuit patri, Clymenus pater re cognita, Harpalicen interfecit.

CCXIX. Archelaus.

Desiderãtur hoc loco, capita duodecim, ut ex indice apparet

ARchelaus Timeni filius exul, à fratribus eiectus in Macedoniam ad regem Cisseum uenit, qui cum à finitimis oppugnaretur, Archelao regnum & filiam in coniugiũ dare pollicetur, si se ab hoste tutatus esset, Archelaus quia ab Hercule esset oriundus, nam Timenus Herculis filius, fuit qui * hostes uno prælio fugauit, & ab rege pollicita petit, ille ab amicis disuasus fidem fraudauit, eum'que per dolum interficere uoluit, itaque foueam iussit fieri, & multòs carbones eò ingeri & incendi, & super uirgulta tenuia poni, quò cum Archelaus uenisset, ut decideret, hoc regis seruus Archelao patefecit, qui re cognita dicit, se cũ rege colloqui uelle secreto, arbitris semotis, Archelaus regem arreptũ in foueã coniecit, atq; ita eum perdidit, inde profugit ex responso Apollinis in Macedoniam capra duce, oppidumq́; ex nomine capræ, Aegeas constituit, ab hoc Alexander Magnus oriundus esse dicitur.

CCXX. Cura.

Cura cum quendam fluuium transiret uidit cretosum lutum, sustulit cogitabunda, & cœpit fingere hominem. Dum deliberat secum quidnam fecisset, interuenit †Iouis, rogat eum Cura ut ei daret spiritum, quod facile ab Ioue impetrauit, †qui cum uellet Cura nomen suũ imponere †Iouis prohibuit, suumq́; nomen ei dandum esse dixit. Dum de nomine Cura & †Iouis disceptarẽt, surrexit & Tellus, suumq́; nomen ei imponi debere dicebat, quãdoquidẽ corpus suum præbuisset: sumpserunt Saturnum iudicem, quibus Saturnus secus uidetur iudicasse, tu †Iouis quoniã spiritũ dedisti corpus recipito, Cura quoniã prima eum finxit, quã diu uixerit Cura eũ possideat, sed quoniã de nomine eius cõtrouersia est, homo uocetur, quoniam ex humo uidetur esse factus.

Iuppiter
cui
Iuppiter
Iuppiter

CCXXI. Septem sapientes.

Pittacus Mitylenеus, Periander Corinthius, Thales Milesius, Solon Atheniensis, Chilon Lacedæmonius, Cleobulus Lindius, Bias Prieneus: sententiæ eorum sunt.

Optimus est Cleobulus, ait, modus, incola Lindi,
Ex Ephyra Periandre doces, cuncta & meditanda.
Tempus nosce, inquit, Mitylenis Pittacus ortus,
Plures esse malos Bias autumat ille Prieneus,
Milesiusq́; Thales sponsori damna minatur,
Nosce inquit, tete Chilon Lacedæmone cretus,
Cecropiusq́; Solon nequid nimis induperabit.

CCXXII. Septem Lyrici.

* * *

CCXXIII. Septem opera mirabilia.

Ephesi Dianæ templũ, quod fecit Amazon Otrira Martis cõiunx. Munimentum regis Mausoli lapidibus lychnicis altum pedes lxxx. circuitus pedes M.cccxl. Rhodi signum solis aeneũ, id est, colossus altus pedibus xc. Signũ Iouis Olympii quod fecit Phidias ex ebore & auro sedens pedes lx. Domus Cyri regis in Ecbatanis, quam fecit Memnon lapidibus uariis & candidis uinctis auro. Murus in Babylonia quẽ fecit Semiramis Dercetis filia, latere cocto & sulphure, ferro uinctum, latum pedes xxv. altum pedes lx, in circuitu stadiorum ccc.* Pyramides in Aegypto quarum umbra non uidetur altæ pedes lx.

Plinius in circuitu passuum fuisse 60000. scribit, qui stadia constituũt 480

CCXXIIII. Qui facti sunt ex mortalibus immortales.

Hercules Iouis & Alcumene filius, Liber Iouis & Semelę filius, Castor & Pollux Helenæ fratres, Iouis & Ledæ filii. Perseus Iouis & Danaës filius, in stellas receptus. Arcas Iouis & Calysto filius in stellas relatus. Ariadnem Liber Pater liberam appellauit, Minois & Pasiphes filiam. Calysto Licaonis filia in septentrionẽ relata. Cynosura Ionis nutrix, in alterũ Septentrionẽ, Asclepius Apollinis & Cronidis filius. Pan Mercurii et Penelopes filius. †Croton Panis & Euphemes filius, conlactius musarũ in stellam sagittariũ: Icarus & Erigone Icari filia in stellas, Icarus in arcturi, Erigõe in uirginis signũ: Ganymedes Assarici filius in aquario duodecim signorũ. Ino Cadmi filia, In Leucothoã quã nos Matrẽ Matutã dicimus. Melicertes Athamãtis filius in deũ Palęmonẽ, Myrtilus Mercurii et Theobules filius in Eniocho.

Crotus

CCXXV. Qui primi templa Deorum constituerunt.

Aedem Ioui Olympio primũ fecit Pelasgus Triopæ filius, in Arcadia, Thessalus tẽplum quod est in Macedonia Iouis Dodonei in terra Molossorum. Eleuther primus

mus simulacrum Liberi patris constituit, & quemadmodum coli deberet ostendit. Phoroneus Inachi filius, templũ Argis Iunoni primus fecit, Otrira Amazon Martis coniunx templum Dianæ Ephesi prima fecit, quod postea à rege * restituerunt. Lycaon Pelasgi filius templum Mercurio Cyllenio in Arcadia fecit. Pierius. * *

Desunt & hic duodecim capita, ut ex indice uidere licet.

CCXXXVIII. Qui filias suas occiderunt.

AGamemnon Atrei filius, Iphigeniã, quam Diana seruauit, id est †Callisthenem Eubœæ filiam ex sortibus pro patriæ salute. Climenus † Oenei filius, Harpalicem quod ei filium suum in epulis apposuit. Hyacinthus Sparianti dem *filiam ex responso pro Atheniẽsibus, Erichtheus Pandionis filius, Colophoniam ex sortibus pro Atheniensibus. Reliquæ ipsius sorores ipsę se præcipitauerũt, Cercion Vulcani filius, Alopem propter incestum cum Neptuno Aeolus Canacem propter incestum cum fratre Macareo admissum.

Fortasse legendum, Callisthenes Eubœam filiam &c. Schœnei ut supra quoq;

CCXXXIX. Matres quæ filios interfecerunt.

MEdea Aeetæ filia, Macareum & Pheretum filios ex Iasone. Progne Pandionis filia, Ytin ex Tereo Martis filio, Ino Cadmi filia, Melicertẽ ex Athamãte Aeoli filio dum eum fugit, Althęa Thestii filia, Meleagrum ex Oeneo Parthaonis filio, quod is auunculos suos occiderat. Themisto Hypsei filia † Plinthium & Orchomenum ex Athamante Aeoli filio impulsu Inùs Cadmi filię. Tyros Salmonei filia duos ex Sisypho Aeoli filio ex responso Apollinis. Agaue Cadmi filia, Pentheum Echionis filium, impulsu Liberi Patris. Harpalice Clymeni filia propter impietatem patris quod cum eo inuita concubuerat, ex eo quem conceperat interfecit.

Hunc supra Sphincium uocauit

CCXL. Quæ coniuges suos occiderunt.

CLytemnestra Thestii filia Agamemnonem Atrei filium. Helena Iouis & Ledæ filia Deiphobũ Priami filium. Agaue Lycorthersen in Illyria ut regnũ Cadmo patri daret. Deianira Oenei filia Herculẽ Iouis & Alcumenę filium impulsu Nessi. Iliona Priami filia Polymnestorem regem Thracum. Semiramis Ninum regem in Babylonia.

CCXLI. Qui coniuges suas occiderunt.

HErcules Iouis filius, Megerã Creontis filiã, per insaniã: Theseus Aegei filius, Antiopam Amazonam Martis filiã, ex responso Apollinis: Cephalus Deionis siue Mercurii filius, Procridem Pandionis filiam imprudens.

CCXLII. Qui se ipsi interfecerunt.

AEgeus Neptuni filius in mare se præcipitauit, unde Aegeus Pelagus est dictũ: Euhenus Herculis filius in flumen Lycormam se præcipitauit, quod nunc Chrysorrhoas appellatᷣ. Aiax Telamonis filius ipse se interfecit propter armorum iudicium. Lycurgus Dryantis filius obiecta insania à Libero, ipse se interficit. Macareus Aeoli filius propter Canacen sororem, id est, sponsam ipse se interfecit. Agrius Parthaonis filius expulsus à regno à Diomede, ipse se interfecit. Cæneus Elati filius ipse se interfecit. † Mœnicus Iocastes pater se de muro præcipitauit † Athenis propter pestilentiam. Nisus Martis filius, crine fatali amisso ipse se interfecit. Clymenus Cænei filius rex Arcadiæ ipse se interfecit, quod cum filia concubuerat. Cynitas Paphi filius rex Assyriorũ quod cum Smyrna filia concubuerat. Hercules Iouis filius ipse sese in ignem misit. Adrastus & Hipponous eius filius ipsi se in ignem iecerunt, ex responso Apollinis. Pyramus in Babylonia ob amorẽ Thyspes ipse se occidit. Oedipus Lai filius propter Iocastem matrem ipse se occidit ablatis oculis.

Menœtius Thebis

CCXLIII. Quæ se ipsę interfecerunt.

HEcuba Cissei filia siue Dimantis, uxor Priami in mare se præcipitauit, unde Cynæum mare est dictum, quoniã in canẽ fuerat conuersa. Ino Cadmi filia in mare se præcipitauit cum Melicerto filio. Anticlia Autolyci filia, mater Vlyssis nuntio falso audito de Vlysse ipsa se interfecit. Stenobœa Iobatis filia, uxor Prœti propter amorem Bellerophontis. Euadne Philaci filia, propter Capanæum coniugem qui apud Thebas petierat, in eandem pyram se coniecit. Aethra Pithei filia propter filiorum mortem ipsa se interfecit. Deianira Oenei filia propter Herculem decepta à Nesso quod ei tunicam miserat, in qua conflagrauit. Laodamia Acasti filia propter desyderium Protesilai mariti. Oenomai Hippodamia †Oenei filia, uxor Pelopis, quod eius suasu Chrysippus occisus est. Megera Autolyci filia propter Hippothoi filii mortem, Alcestis Pelei filia propter Admetum coniugem uicaria morte obiit. Iliona Priami filia propter casus parentum suorum. Themisto Hypsei filia impulsu Inùs, quod filios suos occidit. Erigone Icari filia propter interitum patris suspendio se necauit. Phædra Minois filia propter Hippolytum priuignum suum suspendio se necauit ob amorem. Phillis propter Demophoonta Thesei filium ipsa se suspendio necauit. Canace Aeoli filia propter amorem Macarei fratris ipsa se interfecit. Byblis Mileti filia propter amorem Cauni fratris ipsa se interfecit. Calypso Atlantis filia propter amorem Vlyssis ipsa se interfecit. Dido Beli filia, propter Aeneæ amorem se occidit. Iocasta Menœci filia propter interitum filiorum & nefas, Antigona Oedipodis filia propter sepulturam Polynices. Pelopea Thiestis filia, propter scelus patris, Thisbe Babylonia propter Pyramum quòd ipse se interfecerat. Semiramis in Babylonia equo amisso in pyram se coniecit.

CCXLIIII. Qui cognatos suos occiderunt.

THeseus Aegei filius, Pallantē filium Nilei fratris. Amphitryon Electryonem Persei †Persi filium, Meleager Oenei filius auunculos suos Plexippum & Agenorem propter Athalantam Schœnei filiam. Telephus Herculis filius Hippothoum & Nerea auiæ suæ filios. Aegisthus Atreum & Agamemnonem Atrei filios, Orestes Aegisthum Thiestis filium. Megapenthes Prœti filius, Perseum Iouis & Danaës filium propter patris mortem. Abas propter patrem Lynceum Megapentheum occidit. Phegæus Alphei filius, Alphesibœæ filiæ suæ filiam. Amphion Terei filius, aui sui filios. Atreus Pelopis filius, Tantalum & Plisthenem Thiestis filios in- Hillus fantes in epulis Thiesti apposuit. †Phillus Herculis filius, Sthenelum Electrionis proaui sui fratrem. Medus Aegei filius, Persen Aeetę fratrem Solis filium. Dædalus Eupalami filius, Perdicen sororis suæ filium propter artificii inuidiam.

CCXLV. Qui soceros & generos occiderunt.

IAson Aesonis filius Phlegyonam, *Pelops Tantali filius, Oenomaum Martis filium.

Qui generos suos occiderunt.

PHlegeus Alphei filius, Alcmæonem Amphiarai filium. Idem & Eurypilum, Aeeta Solis filius Phryxum Athamantis filium.

CCXLVI. Qui filios suos in epulis consumpserunt.

TEreus Martis filius, ex Progne Ytin. Thiestes Pelopis ex Aërope, Tantalum & Plisthenem. Climenus Schœnei filius ex Harpalice filia filium suum.

CCXLVII. Qui à canibus consumpti sunt.

Thasius ut apud Ouid. in Ibin. ACtæon Aristhei filius, †Thasius, Deloami sacerdotis Apollinis filius, ex eo Delo nullus canis est. Euripides tragœdiarum scriptor, *in templo consumptus est.

CCXLVIII. Qui ab apro percussi interierunt.

ADonis Cynyrę filius, Ancæus Lycurgi filius à Calydonio. Idmon Apollinis filius, Hyas qui extra metam exierat, cum Argonautis apud Lycum regem, †Hyon ab apro uel leone Atlantis & Pleionis filius.

CCXLVIIII. Faces sceleratæ.

FAcem quam sibi uisa est parere Hecuba Cissei filia siue Dymantis, Nauplii, ad saxa Capheræa cum naufragium Achiui fecerunt. Helenæ, quam de muris ostendit & Troiam prodidit, Althææ quæ Meleagrum occidit.

Phaëtonta

CCL. Quæ quadrigæ rectores ſuos prodiderunt.

PHaëtonta Solis filium ex Climene, Laomedōta Ili filiū ex Leucippe, Oenomaum Martis filium ex Aſteriæ Atlantis filia. Diomedem Atlantis filiū ex eadem. Hippolytum Theſei filium ex Antiope Amazone. Amphiaraū Oiclei filium ex Clytemneſtra Theſtii filia. Glaucum Siſyphi filium ludis funebribus, Pelian *equæ ſuæ conſumpſerunt. Iaſonem Iouis filium ex Electra Atlantis filia. Salmoneus qui fulmina in quadrigas ſedens imitabatur, cum quadriga fulmine ictus.

CCLI. Qui licentia parcarum ab inferis redierunt.

CEres Proſerpinam filiam ſuam quærens. Liber Pater ad Semelē matrem ſuā Cadmi filiam deſcendit. Hercules Iouis filius ad canem Cerberum educendum. Aſclepius Apollinis & Coronidis filius. Caſtor & Pollux Iouis & Lædæ filii alterna morte redeunt, Proteſilaus Iphicli filius propter Laodamiam Acaſti filiam. Alceſtis Pelei filia, propter Admetum coniugem, Theſeus Aegei filius, propter Pirithoum. Hippolytus Theſei filius, uoluntate Dianæ, qui poſtea Virbius eſt appellatus. Orpheus Oeagri filius, propter Eurydicem coniugem ſuam. Adonis Cynyræ & Zmirnæ filius, uoluntate Veneris. Glaucus Minois filius, reſtitutus à Polyido Carani filio. Vlyſſes Laërtæ filius, propter patrem, Aeneas Anchiſæ filius, propter patrem. Mercurius Maiæ filius aſſiduo itinere.

CCLII. Qui lacte ferino nutriti ſunt.

TElephus Herculis et Auges filius ab cerua. Aegiſthus Thieſtis & Pelopię filius ab capra. Aeolus & Boëtus Neptuni et Menalippes filii à uacca, Hippothous Neptuni & Alopes filius, ab equa. Romulus & Remus Martis & Iliæ filii ab lupa. Antilochus Neſtoris filius expoſitus in Ida monte ab cane. Harpalice Harpalici regis Amymneorum filia, à uacca & equa. Camilla Metabi regis Volſcorum filia ab equa.

CCLIII. Quæ contra fas concubuerunt.

IOcaſte cum Oedipo filio. Pelopea cum Thieſte patre, Harpalice cum Clymeno patre. Hippodamia cū Oenomao patre, Pocris cū Erichtheo patre, ex quo natus eſt Aglaurus. Nictymene cum Epopeo patre rege Lesbiorum. † Menophrus cū Cyllene filia in Arcadia & cum Bliade matre ſua.

Menephron ut Ouid. 7. Met.

CCLIIII. Quæ piiſſimæ fuerunt, uel piiſſimi.

ANtigona Oedipi filia, Polynicen fratrem ſepulturæ dedit, Electra Agamemnonis filia, in fratrem Oreſten. Iliona Priami filia, in fratrem Polydorum & parentes. Pelopea Thieſtis filia in patrē ut eum uindicaret, Hypſipyle Thoantis filia patri, cui uitam conceſſit. Calciope filia patrem non deſeruit, regno amiſſo. Harpalice Harpalici filia, in bello patrē ſeruauit, & hoſtē fugauit. Erigone Icari filia, patre amiſſo ſuſpendio ſe necauit. Agaue Cadmi filia, in Illyrica Lycotherſen regem interfecit, & patri ſuo regnum dedit. Xantippe † Myconi patri incluſo carcere lacte ſuo alimentum uitæ præſtitit. Tyro Salmonei filia, propter patrem filios ſuos necauit. In Sicilia cum Aetna mons primū ardere cœpit, Damon matrem ſuā ex igne rapuit. I m † Pythia patrem, Aeneas item in Ilio Anchiſem patrem humeris, & Aſcanium filium ex incēdio eripuit. † Cleops & Bitias Cidippe filii, Cidippe ſacerdos Iunonis Argiuæ, cum boues in paſtionē miſiſſet, neq; ad horā qua ſacra in monte ad templū Iunonis duci & fieri deberent, appareret, & eſſent mortui, quæ niſi ad horā ſacra facta eſſent, ſacerdos interficiebatur, inter quam trepidationē Cleops & Bitias pro bubus ſub iugo ſe iunxerunt, & ad fanum ſacra, & matrem Cidippem in plauſtro duxerunt: ſacrificióq; peracto, Cidippe precata eſt Iunonem, ſi ſacra eius caſte coluiſſet, ſi filii aduerſus eam pii fuiſſent, ut quicquid bonum mortalibus poſſet contingere, id filiis eius contingeret. Præcatione peracta plauſtrum & matrem filii domum reduxerunt, & feſſi ſomno acquieuerunt. At Cidippe diligenter agnouit nihil eſſe melius mortalibus quàm mori, & ob hoc obiit uolūtaria morte.

Cimoni ut in uulgatis codicibus Valerij, legitur lib. 5. ca. 4. Anapias fortaſſis, et Amphinomus intelligendi, de quibus idē Valerius lib. 5. Cleobis & Biton ab Herodoto uocantur, uide libro primo

Scylla

CCLV. Quæ impiæ fuerunt.

SCylla Nisi filia patrem occidit. Ariadne Minois filia fratrem & filios occidit. Progne Pandionis filia filium occidit. Danaides coniuges suos patrueles occiderunt. Lemniades in Lemno insula patres & filios occiderunt. Harpalice Clymeni filia, filium quem ex patris concubitu pepererat, occidit, Tullia Rhomanorum super parentis corpus currum duxit, unde uicus sceleratus est dictus.

CCLVI. Quæ castissimæ fuerunt.

PEnelope Icarii filia uxor Vlyssis, Euadne Philacis filia coniunx Capanei, Laodamia Acasti filia coniunx Protesilai, Hecuba Cissei filia uxor Priami. Theonoe Thestoris filia uxor Admeti. Romanorum Lucretia Lucretii filia, coniunx Collatini.

CCLVII. Qui inter se amicitia iunctissimi fuerunt.

Pylades Strophii filius cum Oreste Agamemnonis filio. Pirithous Ixionis filius cum Theseo Aegei filio, Achilles Pelei filius cum Patroclo Menœtii filio. Diomedes Tidei filius cũ Sthenelo Capanei filio. Peleus Aeaci filius cũ Phenice Amintoris filio. Hercules Iouis filius cum Philocteta Pœantis filio, Armodius et Aristogiton more fraterno. In Sicilia Dionysius tyrannus crudelissimus cum esset, suos´q; ciues cruciatibus interficeret, Mœros tyrannum uoluit interficere, quem satellites cum deprehendissent armatum ad regem perduxerunt, qui interrogatus, respondit se regem uoluisse interficere, quem rex iussit crucifigi, à quo Mœrus petit tridui commeatum ut sororem suam nuptui collocaret, & daret tyranno Selinuntium amicum suum & sodalem, qui sponderet eum tertio die uenturum, cui rex indulsit commeatum ad sororem collocandam, dicit´q; rex Selinuntio, ut nisi ad diem Mœrus ueniret, eum eandem pœnam passurum, & dimitti Mœrum. Qui collocata sorore, cum reuerteretur, repente tempestate, & pluuia orta, flumen ita increuit, ut nec transiri nec transnatari posset, ad cuius ripam Mœrus consedit, & flere cœpit, ne amicus pro se periret. Phalaris autem Selinuntium crucifigi cum iuberet, ideo quod horę sex tertii iam diei essent, nec ueniret Mœrus, cui Selinuntius respondit, diem adhuc non præteriisse. Cumq; iam & horæ nouem essent, rex iubet duci Selinuntium in crucem . Qui cum duceretur uix tandem Mœrus liberato flumine, consequitur carnificem, exclamat´q; à longe, sustine carnifex, adsum quem spopondit. Quod factum regi nuntiatur, quos rex ad se iussit perduci, rogauit´q; eos, ut se in amicitiam reciperet, uitam´q; Mœro concessit. Armodius & Aristogiton idem in Sicilia eundem Phalarim Armodius cum uellet interficere, simulationis causa scropham porcellos habentem occidit, & uenit ad Aristogitonẽ amicum suum ense sanguinolento, dicit´q; se matrẽ interfecisse rogat´q; eum ut se celaret: qui cum ab eo celaretur rogauit Aristogitonẽ ut progrederetur, rumores´q; qui essent de matre sibi renuntiaret * nullos esse rumores, qui uespere ita litem contraxerunt, ut alius alio potiora ingererent, nec ideo Aristogiton uoluit obiicere, eum matrem interfecisse. Cui Armodius patefecit se scropham porcellos habentem interfecisse, & ideo matrem dixisse, cui indicat se regem uelle interficere rogat´q; eum ut sibi adiutorio esset, qui cum ad regẽ interficiendũ uenissent, depræhensi sunt à satellitibus armati, & cum perducerentur ad Tyrannum, Aristogiton à satellitibus effugit. Armodius autem solus cum perductus esset ad regem, quærerent´q; ab eo quis ei fuisset comes, ille ne amicum proderet linguam dentibus sibi præcidit, eam´q; regis in faciem inspuit. Nisus cum Euryalo suo, pro quo & mortuus est.

* *Eadem de Damone & Pythia Valer. lib. 4. cap. 7. refert. Quanquam haud scio an hic quoq; in proprijs nominibus erratum sit, quemadmodum supra quoq;.*

Atreus

CCLVIII. Atreus & Thiestes.

ATreus & Thiestes germani cum in dissensione sibi nocere non possent, in simulatam gratiam redierunt, qua occasione Thyestes cum fratris uxore concubuit. Atreus uero ei filium epulando apposuit, quæ sol ne polluere tur auffugit. Sed ueritatis hoc est, Atreum apud Mycenas primum solis eclipsim inuenisse, cui inuidens frater ex urbe discessit.

CCLIX. †Lyncus.

LYncus rex †Siciliæ fuit, qui missum à Cerere Triptolemum ut hominibus frumentum monstraret, susceptum hospitio, ut in se gloriam tantam migraret, interimere cogitauit. Ob quam rem irata Ceres eum conuertit in lyncem uarii coloris, ut ipse uariæ mentis extiterat.

Lynceus alij Scythiæ fortasse sic enim et Boccatius legit

CCLX. Eryx.

ERyx Veneris & Butæ filius fuit, qui occisus ab Hercule est, monti ex sepultura sua nomen imposuit, in quo Aeneas Veneris templum constituit, in hoc autem monte dicitur etiam Anchises sepultus, licet secundum Catonem ad Italiam uenerit.

CCLXI. Agamemnon qui ignarus Dianæ ceruam occidit.

CVm de Græcia ad Aulidem Danai uenissent, Agamemnon Dianæ ceruam occidit ignarus, unde dea irata flatus uentorum remouit. Quare cum nec nauigare possent, & pestilentiam sustinerent, consulta oracula dixerunt, Agamemnonio sanguine esse placandam Dianam. Ergo cum ab Vlyxe per nuptiarum simulationem, adducta Iphigenia in eo esset, ut immolaretur, numinis miseratione sublata est, & cerua supposita, & translata ad Tauricam ciuitatem, regi Thoanti tradita est, sacerdosq́ue facta, † ductum ne Dianæ secundũ consuetudinem statutam, humano sanguine numen placaret, cognouit fratrem Orestem, qui accepto oraculo carendi * sororis causa, cum amico Pylade Colchos petierat & cum occiso Thoante, simulachrum sustulit, absconditum fasce lignorum, (unde & fascelis dicitur, notandum à face cum qua pingitur, propter quod & lucifera dicitur) & Aritiam detulit. Sed cum postea Rhomanis sacrorum crudelitas displiceret, quanquam serui immolarétur, ad Laconas Diana translata ubi sacrificii consuetudo adolescentum uerberibus seruabatur, qui uocabantur Bomonicæ, quia † auri supperpositi contendebant, qui plura posset uerbera sustinere. Orestis uero ossa de Aricia Rhomãm translata sunt, & condita ante templum Saturni, quod est ante cliuum Capitolinum iuxta Concordiæ templum.

Videtur deesse aliquid

aris

Hic iterum desunt octo capita, ut uidere est in indice.

Iouis & Europæ filius, Cygnus alter Martis filius, quẽ idem Hercules occidit.

CCLXX. Qui formosissimi fuerunt.

IAsion † Ilithii filius quẽ Ceres dicitur amasse, quod ipsum historiis creditur. Cinyras Paphi filius rex Assyriorũ, Anchises Assarici filius, quẽ Venus amauit. Alexander Paris Priami filius & Hecubæ, quem Helena secuta est. Nireus Charopis filius, Cephalus Pandionis filius, quem Aurora amauit, Titonus Laomedontis filius Auroræ coniunx, Parthenopæus Meleagri & Atalantes filius, Achilles Pelei & Thetidis filius, Patroclus Menœtii filius, Idomeneus qui Helenam amauit. Theseus Aegæi & Aethræ filius, quem Ariadne amauit.

Coriti alij. alij Minois

Supra Deionis filium dixit

CCLXXI. Qui Ephebi formosiss. fuerunt.

ADonis Cyniræ & Smyrnæ filius quem Venus amauit. Endymion Aetoli filius quẽ Luna amauit. Ganymedes Eriothonii filius, quem † Iouis amauit. Hyacinthus Oebali filius, quẽ Apollo amauit, Narcissus Cephisi fluminis filius qui se ipsum amauit, Atlantius Mercurii & Veneris filius, qui hermophroditus dictus est, Hilas Theodamantis filius, quẽ Hercules amauit. Chrysippus Pelopis filius quem Theseus ludis rapuit.

Iuppiter

Deest caput CCLXXII. De iis qui in Areopago causam dixerunt.

Quinto

CCLXXIII. Qui primi ludos fecerunt usq; ad Aeneam quintū decimum.

* * *

QVinto loco Argis, quos fecit Danaus Beli filius, filiarum nuptiis cātu, unde hymenæus dictus. Sexto autem iterum Argis, quos fecit Lynceus Aegypti filius, Iunoni Argiuæ, qui appellantur, ἀσπὶς ἐν ἄργωις quibus ludis qui uicit, accipit pro corona clypeum, ideo quod Abas Lyncei & Hypermestræ filius nuntiauit, Danaum parentibus perisse, cui Lynceus de templo Iunonis Argiuæ de-
quem traxit clypeum † quod Danaus in iuuenta gesserat, & Iunoni sacrauerat, & Abanti filio muneri dedit. In his ludis qui semel uicit, & iterum descēdit ad certamen, ut nisi iterum uincat, sæpe descendat. Septimo aūt loco Perseus Iouis & Danaës filius, funebres Polydectę nutritori suo in insula Seripho, ubi cum luctatur, percussit Acrisium auum suum, & occidit. Itaq; quod sua uoluntate noluit, in deorum factus est numero. Octauo loco fecit Hercules Olympiæ gymnicos, Pelopi Tantali filio, in quibus se contendit, pammachum quod nos pancratiū uocamus cum Achareo. Nono loco, facti sunt in Nemea Archæmoro Lyci & Eurydices filio, quos fecerunt septem duces qui Thebas ibant oppugnatum, in quibus ludis postea uicerunt cursu Eunęus & Deiphylus Iasonis & Hypsipyles filii, his quoq; ludis Pythaules, qui Pythia cantauerūt, septem habuit palliatos, qui uoce cantauerunt, unde postea appellatus est Chorau1es. Decimo Isthmia Melicertæ Athamantis filio & Inus, fecisse dicitur Eratocles, alii poëtæ dicunt Theseum. Vndecimo fecerunt Argonautæ in Propontide Cyzico regi unà cum filio, quem Iason imprudens noctu in littore occiderat, saltu luctatione, & iaculo. Duodecimo aūt Argiuis, *quos fecit Acastus Pelei filius, his ludis uicerunt, Zethus Aquilonis filius, dolichodromo, Calais eiusdem filius diaulo, Castor Iouis filius stadio, Pollux eiusdem filius cestu, Telamon Aeaci filius disco, Peleus eiusdem luctatione, Hercules Iouis filius pammacho, Meleager Oenei filius iaculo, Cygnus Martis filius armis occidit Pilum Diodoti filium, Bellerophōtes uicit equo. Quadrigis aūt uicit, Iolaus Iphicli filius, Glaucum Sisyphi filium, quē equi mordici distraxerūt. Eurytus Mercurii filius sagitta, Cephalus Deionis filius funda, Olympus Marsiæ discipulus tibiis, Orpheus Oeagri filius cythara, Linus Apollinis filius cantu, Eumolpus Neptuni filius, ad Olympi tibias uoce. Tertiodecimo fecit in Ilio Priamus cenotaphium Paridi, quem natū iusserat interfici, gymnicos
certarunt in quibus † certati sunt cursu, Nestor * Nerei filius, Helenus Priami filius, Deiphobus eiusdem, Polites eiusdē, Telephus Herculis filius, Cygnus Neptuni filius, Sarpedon Iouis filius, Paris Alexander pastor Priami ignarus filius, uicit aūt Paris, & inuentus est esse Priami filius. Quartodecimo Achilles Patroclo funebręs, in quibus Aiax uicit lucta, & accepit lebetem aureū munus, deinde Menelaus uicit iaculo & accepit muneri iaculū aureū, demisso spectaculo eodē Phrygas captiuos duodecim in rogū Patrocli et equum & canem coniecit. Quintodecimo fecit Aeneas Veneris & Anchisæ filius, in Sicilia ad Acestē Crinisi fluminis filiū, hospitē. Ibi Aeneas patris ornauit exequias, ludicróq; certamine honores debitos manibus soluit, in quibus primū nauale certamen fuit de*Mnestheo nauis, Pistris, Gyas, nauis Chimæræ Sergestus, nauis Centaurus. Vicit autē Cloanthus cum naui Scylla, & accepit præmium talentū argenti, auratam clamydem ex purpura intextū Ganymeden. Mnestheus loricam adeptus est, Gygas abstulit lebetas, cymbiaq; argento cælata. Sergestus captiuā cum duobus filiis nomine Pholoën. Secūdo de-
scilicet certarūt inde certamine† cursu, Nisus, Euryalus, Diores, Salius, Helimus, Panopes, uicit Euryalus, accepit præmium equū phalaris insignem, secundo Helimus Amazoniam pharetram. tertio Diores galeam Argolicam, Salio exuuias leonis donauit, Niso clypeum opus Didimaonis. Tertio deinde certamen cestibus Dares & Entellus, uicit Entellus, accepit pręmium taurum, Dareti galeam & ensem tribuit. Quarto deinde certarunt sagitta, Hyppocoon, Mnestheus, Acestes, Eurytion, qui accepit muneri galeam quia iudicis* propter omne Acestæ honorem cessit. Quinto Ascanio puero duce luserūt pueri Troiani.

Nomine

CCLXXIIII. Quis quid inuenerit.

NOmine Cerassus uinum cum Acheloo flumine in Aetolia miscuit, unde
miscere cerassæ est dictum. Antiqui auté nostri in lectis triclinaribus in† pul- *Fulcris*
chris capita asellorum uite alligata habuerunt, significantes * suauitatem
inuenisse. Caper autem uitem quam prærosferat, plenius fructum protulit,
unde etiam potationem inuenerunt. Pelethronius frenos & stratum equis primus inue-
nit, Bellone prima acum repperit quę græce belone appellatur. Cadmus Agenoris filius
æs Thebis primus inuentum condidit, †Sacus Iouis filius in Panchaia in monte Thaso *Cæacus ut Poly-*
aurum primus inuenit.† Indus rex in Scythia argétum primus inuenit, quod Erichtho *dorus de inuen-*
nius Athenas primũ attulit. Elide, quæ urbs est in Pelopõneso certamina quadrigarum *toribus rerum.*
primum instituta sunt. Midas rex, Cybeles filius Phryx, plumbum album & nigrũ pri- *quãuis ille Cæa-*
mus inuenit. Arcades res diuinas primi diis fecerunt. Phoroneus Inachi filius arma Iu- *co non aurum,*
noni primus fecit, qui ob eam caussam primus regnandi potestaté habuit. Chiron Cen *sed argentũ in-* *uentum tribuit,*
taurus Saturni filius, artem medicinam Chirurgicam ex herbis primus instituit. Apollo *ut etiã Cadmo*
artem ocularium medicinam primus fecit. Tertio autem loco Asclepius Apollinis filius, *nõ æs sed aurũ*
clinicen repperit. Antiqui obstetrices non habuerunt, unde mulieres uerecundia ductæ *†Lyncus*
interierant. Nam Athenienses cauerant, nequis seruus, aut fœmina artem medicinam *fortasse*
disceret. Agnodice quædam puella uirgo concupiuit medicinam discere, quæ cum con
cupisset demptis capillis, habitu uirili, se Herophilo cuidam tradidit in disciplinã, quæ
cum artem didicisset, & fœminam laborantem audisset, ab inferiore parte ueniebat ad
eam, quæ cum credere se noluisset, ęstimans uirum esse, illa tunica sublata, ostendebat se
fœminam esse, & ita eas curabat. Quod cum uidissent medici, se ad fœminas nõ admit-
ti, Agnodicen accusare cœperunt, quod dicerent eum glabrum esse, & corruptorem ea-
rum, et illas simulare imbecilitatem. †Quò cum Areopagitæ consedissent, Agnodicé da- *pro quare*
mnare cœperunt, quibus Agnodice tunicam alleuauit, & se ostendit fœminam esse. Et
ualidius medici accusare cœperunt, quare * tum fœminæ principes ad iudiciũ cõ-
uenerunt & dixerunt, uos coniuges non estis sed hostes, quia quæ salutem nobis inue-
nit, eam dãnatis. Tunc Athenienses legem emendarunt *ut ingenuæ artem medicinam
discerent. Perdix Dędali sororis filius * & circinum & serram ex piscis spina repperit. Dæ-
dalus Eupalami filius, deorum simulachra primus fecit. Euhadnes qui in Chaldæa de
mari exisse dicitur, astrologiam interpretatus est. Lydi surculis * lanam fecerunt, postea
idem samen *Pan fistulæ cantum primus inuenit. In Sycilia frumentũ Ceres prima inue
nit. Tyrrhenus Herculis filius tubam primus inuenit, hac ratione, quod cum carne hu-
mana comites eius uescerentur, ob crudelitatem incolæ circa regioné diffugerunt, tunc
ille quia ex eorũ * decesserat, concha pertusa buccinauit, & pagum conuocauit, testatiq;
sunt se mortuũ sepulturę dare, nec cõsumere. Vnde tuba Tyrrhenũ melos dicitur. Quod
exemplũ hodie Rhomani seruant, & cum aliquis decessit, tubicines cantant, & amici
conuocantur, testandi gratia, eum neq; ueneno, neq; ferro interiisse. Cornicines autem
classici inuenerunt. Afri & Aegyptii primũ fustibus dimicauerunt, postea Belus Neptu-
ni filius gladio belligeratus est, unde bellum est dictum.

CCLXXV. Oppida qui quæ condiderunt.

IOuis in India Thebas Thebaidas, nomine nutricis suæ, quę Hecatonpylæ appellãtur,
ideo quod centũ portas habét. Minerua in Chalcide Athenas, quas ex suo nomine ap
pellauit. Epaphus Iouis filius in Aegypto Méphim. Arcas Iouis filius, in Arcadia Tra-
pezuntam, Apollo Iouis filius Arnas * Eleusinus Mercurii filius, Eleusiné. Dardanus Iouis
filius, Dardaniã. Argus Agenoris filius Argos quæ * Cadmus Agenoris filius Thebas,
Heptapylas, quæ septé portas habuisse dicitur. Perseus Iouis filius Perseida. Castor & Pol
lux Iouis filii Dioscorida. Medus Aegei & Medeæ filius, in Ecbatanis Medã. Nilus Solis
filius, Carmentũ *Liber in India Hãmoné. Ephyre nympha Oceani filia Ephyren, quã
postea Corinthũ apppellarũt. Sardo Stheneli filia Sardis. Cynaras Paphi filius, filiæ suæ
nomine Smyrnã. Perseus Iouis fil. Mycenas. Semiramis Dercetis filia in Syria Babyloné.

CCLXXVI. Insulæ maximæ.

Mauritania posita ad solis occasum in circuitu stadia lxxvi. Aegyptus in sole & austro posita, quem Nilus circumlauat, circuitu stadia * Sicilia in triscelo *posita, circuitu stadia xxxdlxx*. Sardinia in circuitu stadia xccl. Creta in longitudine* & oppida utraque parte centum possidet circuitu stadia xxc. Cyprus posita est inter Aegyptum & Africam, similis scuto gallico * circuitu stadia xlic. Rhodos in rotundo posita, circuitu stadia xxc. Euboea consimilis arcui, circuitu stadia xxcc. Corcyra, ager bonus, circuitu stadia xxç. Sycion ager bonus, circuitu stadia mille centum. Tenedos insula contra Ilium circuitu stadia mcc. Corsyca ager pessimus, circuitu stadia
Myconos Tenos Paros Rheniam uocat Strabo libro 10 mcxx. Cyclades insulæ sunt nouem, id est, Andros † Micos, Delos, †Tenedos, Naxos, Seriphus, Gyarus, † Tardos, † Rhene.

CCLXXVII. Rerum inuentores primi.

Parcæ Clotho, Lachesis, Atropos inuenerunt literas græcas septem Α.Β.Η.Τ.Ι.Υ.* Alii dicunt Mercurium, ex gruum uolatu, quæ cum uolant, literas exprimunt. Palamedes autem Nauplii filius inuenit æque literas undecim*
alij ω.κ.ξ.ψ Simonides* literas æque quatuor †ω.ε.ζ.φ Epicharmus Siculus literas duas
alij θ & χ ϖ & ψ. Has autem græcas Mercurius in Aegyptum primus detulisse dicitur, ex Aegypto Cadmus in Græciam, quas Euandrus profugus ex Arcadia in Italiā trāstulit, quas mater eius Carmenta in latinas cōmutauit numero xv. * Apollo in cythara, cæteras adiecit: idem Mercurius & palæstram mortales primus docuit. Ceres fruges serere, boues domare, & alumno suo Triptolemo, fruges serere demonstrauit, qui cum seruisset, & sus, id est, porcus, quod seuerat effodisset sué, cōprehendit, & duxit ad aram Cereris, & frugibus super caput eius positis, eidem Cereri immolauit. Inde primū inuentum est, super hostias molam salsam imponere. Velificia primum inuenit Isis, nam dum quęrit Harpocratem filium suum, rate uelificauit. Minerua prima nauē biprorā Danao ædificauit, in qua Aegyptū fratrem profugit.

Desunt nōnulla.

FINIS.

CLARISSIMI VIRI C. IVLII HYGINI AVGVSTI LIBERTI POETICON ASTRONOMICON, Libri quatuor.

DE MVNDI ET SPHAERAE AC VTRIVSQVE partium declaratione. Liber primus.

Procemium.

HYGINVS M. Fabio P. S. D.

ETSI studio grammaticæ artis inductum, non solum uersuum moderatione, quam pauci peruiderunt, sed historiarum quoq; uarietate, qua scientia rerũ perspicitur, pręstare uideo, facilius etiam scriptis tuis perspici potest, desiderans potius scientem quàm liberalem iudicem, tamen quo magis exercitatus & nonnullis etiam sępius in his rebus occupatus esse uideat, & ne nihil in adolescentia laborasse diceret, & imperitorum iudicio desidiæ subirem crimen, hoc uelut rudimento scientiæ nisus, scripsi ad te. Non ut imperito monstrãs, sed ut scientissimum cõmonens. Spheræ figurationé, circulorum'q; qui in ea sunt notationem, & quę ratio fuerit, ut non æquis partibus diuiderentur. Præterea terræ maris'q; diffinitionem, & quæ partes eius non habitantur, ut multis iustis'q; de causis hominibus carere uideantur, ordine exposuimus. Rursus'q; redeuntes ad sphærã, duo et xl. signa nominatim pernumerauimus. Exinde uniuscuiusq; signi historias, causam'q; ad sydera perlationis ostẽdimus. Eodẽ loco nobis utile uisum est persequi eorum corporum deformationes, & in his numerum stellarũ. Nec prætermisimus ostendere ad septem circulorum notationem, quæ corpora aut partes corporum peruenirent, & quemadmodũ ab his diuiderentur. Diximus etiam in ęstiui circuli diffinitione, quærentes quare nõ idem hyemalis uocaretur, & quid eos fefellerit, qui ita senserint. Et quid in ea parte spheræ solis efficiat cursus. Pręterea quare circulos in octo partes diuideremus ordine exposuimus. Scripsimus etiam quo loco circulus ęquinoctialis foret cõstitutus, & quid efficeret ad eum perueniens sol. In eiusdem circuli demõstratione ostendimus, quare Aries inter sydera celerrimus diceretur. Pauca pręterea de hyemali circulo diximus, Exinde zodiacum circulũ diffiniuimus & eius effectus, & quare potius xii. signa quàm xi. numerentur: quid etiam nobis de reliquis circulis uideretur. His præpositis rebus ad id loci uenimus, ut exponeremus utrum mundus ipse cum stellis uerteretur, an mundo stante uagæ stelle ferrentur, & quid de eo nobis & compluribus uideretur, quaq; ratione ipse mundus uerteretur. Præterea quare nõnulla signa celerius exorta, serius occiderent, nonnulla etiam tardius cæteris exorta, citius ad occasum peruenirent. Quare etiam quæ signa pariter oriantur, nõ simul occidãt. Eodem loco diximus, quare nõ essent in sphæra, superiora interioribus hemicycli ęqualia, & quot modis stellas uidere non possimus: præterea scripsimus in xii. signorũ ortu, quæ de reliquis corpora exoriri: & quæ eodem tempore occidere uiderentur. Deinde perscripsimus utrum Sol cum mundo fixus uerteretur, an ipse per se moueretur, & cum ipse per se moueatur, & contra xii. signorum ortus eat, quare cum mũdo exoriri & occidere. Deinde protinus de Lunę cursu pauca proposuimus & utrum suo an alieno lumine uteretur. Eclipsis solis & lunæ quomodo fieret, quare luna per eundem circulum iter faciens, celerius sole currere uideatur, & quid fefellerit eos qui ita senserint. Quinq; stellæ quantũ habeant interuallum, & utrũ quinq; an septem sint, & utrum quinq; certæ errent an omnes, & quinq; quomodo currant. Diximus etiam qua ratione priores Astrologi non eodem tempore signa & reliquas stellas reuerti dixerint, & quare metam diligentissime obseruasse uideantur, & quid reliquos fefellerit in eadem causa. In his igitur tam multis & uariis rebus nõ erit mirũ aut pertimescendum,

scendum, quod tantum numerum uersuum scripserimus, neq; enim magnitudinem uoluminis, sed rerum multitudinẽ per nos conuenit spectare. Quod si longior in sermone uisus fuero, non mea facunditate sed rei necessitate factum existimato, nec si breuius aliquid dixero minus idem ualere confidito quàm si pluribus esset audiendũ uerbis. Etenim præter nostrã scriptionẽ sphæræ quæ fuerunt ab Arato dicta obscurius, persecuti planius ostẽdimus, ut penitus id quod cœpimus exquisisse uideremur. Quod si uel optimus usus autoribus effeci ut neq; uerius neq; breuius diceret quispiã, non immerito fuerim laudari dignus à uobis, quę uel amplissima laus hominibus est doctis. Si minus nõ deprecamur in hac confectione nostrã scientiã ponderari. Ideó q; maioribus etiam niti laboribus cogitamus, in quibus & ipsi exerceamur, & quibus uolumus nos probare quid possimus. Etenim necessariis nostris hominibus scientissimis maximas res scripsimus, nõ leuibus occupati rebus, populi captamus existimationem, sed ne diutius de eo quod negligimus loquamur ad propositũ ueniemus, & initiũ rerũ demõstrabimus.

De mundo & sphæra.

MVndus appellatur is qui constat ex Sole & luna & terra & omnibus stellis. Sphæra est species quædam in rotundo conformata, omnibus ex partibus æqualis apparens, unde reliqui circuli finiuntur. Huius autem neq; exitus neq; initium potest definiri. Ideo quod in rotundo omnes tractus & initia & exitus significari possunt.

De Centro.

CEntrum est cuius ab initio circunductio sphæræ terminatur, ac terræ positio constituta declaratur.

De Axi.

DImensio quæ totius ostenditur sphæræ est, cum ex utrisq; partibus eius ad extremam circunductionem recte ut uirgulæ perducuntur, quæ dimensio à compluribus axis est appellata, huius aũt cacumina, quibus maxime sphæra nititur, Poli appellãtur, quorum alter ad aquilonem spectans Boreus, alter adpositus Austro Notius est dictus.

De Significationibus.

SIgnificationes quædam in circumductionem sphæræ circuli appellantur, è quibus paralleli dicuntur, qui ad eundẽ polũ constituti finiuntur. Maximi autem sunt qui eodẽ centro quo sphæra continentur. Horizon appellatur is, qui terminat ea, quę perspici aut non uideri possunt. Hic autem incerta ratione diffinitur, quod modo polo subiectus, & circulis his qui paralleli dicũtur, modo duobus extremis & æqualibus nixus, modo aliis partibus adiectus terræ peruidetur ita, utcunq; fuerit sphæra collocata.

De Polo.

POlus is, qui Boreus appellatur, peruideri potest semper, Notius autẽ ratione dissimili semper est à conspectu semotus. Naturalis autem mundi statio physice dicitur. Ea est enim Boreo polo finita, ut omnia è dextris partibus exoriri in sinistris occidere uideãtur. Exortus enim est subita quædam species obiecta nostro conspectui. Occasus autem pari de causa ut erepta ab oculis uisa.

De Figuratione circulorum sphæræ.

IN finitione mundi circuli sunt paralleli quinq; in quibus tota ratio sphæræ consistit, præter eum qui zodiacus appellatur, qui quod non ut cæteri circuli certa dimensione finitur, & inclinatior aliis uidetur, loxos à Græcis est dictus. Quinq; autem, quos supra diximus, sic in sphæra metiuntur, initio sumpto à polo qui Boreus appellatur, ad eũ qui Notius & Antarcticos uocatur. In xxx. partes unumquodq; hemispęrium diuiditur. Ita uti dimensio significari uideatur in tota sphæra per lx. partes factas. Deinde ab eodem principio Boreo sex partibus ex utraq; finitione sumptis, circulus ducitur cuius, centrũ ipse est polus finitus, qui circulus arcticos appellatur,

appellatur, quod intra eum arcturi ſimulachra ut incluſa perſpiciuntur,quæ ſigna à noſtris urſarum ſpecie ficta ſeptentriones appellantur. Ab hoc circulo de reliquis partibus quinq; ſumptis eodem centro quo ſupradiximus circulus ducitur qui thetinos tropicos appellatur.Ideo quod ſol cum ed eum circulum peruenit, ęſtatem efficit eis qui in aquilonis finibus ſunt, hyemem aũt eis quos auſtris flatibus appoſitos ante diximus. Præterea quod ultra eum circulum ſol non tranſit,ſed ſtatim reuertitur tropicos eſt appellatus. Ab hac circuli ſignificatione quatuor de reliquis partibus ſumptis ducitur circulus ęquinoctialis,à Græcis Iſemerinos appellatus,ideo quod ſol cum ad eum orbem peruenit æquinoctium conficit:hoc circulo facto,dimidia ſphæræ pars cõſtituta perſpicitur.E contrario item ſimili ratione à Notio polo ſex partibus ſumptis,ut ſupra de boreo diximus, circulus ductus antracticos uocatur,quod contrarius eſt circulo,quem arcticon ſupra ei diffiniuimus.Hac diffinitione ſphæræ centróq; poli,qui Notius dicitur,quinq; partibus ſumptis circulus chimerinus tropicus inſtituitur,à nobis hyemalis,à nonnullis etiã brumalis appellatus.Ideo quod ſol cum ad eum circulũ peruenit, hyemem efficit his,qui ad aquilonem ſpectant,æſtatem aũt his,qui in Auſtri partibus domicilia conſtituerunt. Quanto enim abeſt longius ab illis qui in aquilonis habitant finibus, hoc hyeme maiore conflictantur, æſtate aũt hi quibus ſol appoſitus peruidetur. Itaq; Aethiopes ſub utroq; orbe neceſſario fiunt. Ab hoc circulo ad æquinoctialem circulũ,reliquæ fiunt partes quatuor.Ita ut ſol per octo partes ſphæræ currere uideatur.Zodiacus autẽ circulus ſic uel optime diffiniri poterit,ut ſignis factis,ſicut poſtea dicemus,ex ordine circulus perducatur.Qui aũt Lacteus uocatur,contrarius æquinoctiali,ibi oportet ut eum medium diuidere,& bis ad eum peruenire uideatur,ſemel in eo loco ubi aquila cõſtituitur. Iterum aũt ad eius ſigni regionem quod procyon uocatur.Duodecim ſignorum partes ſic diuiduntur,quinq; circuli,de quibus ſupra diximus, ita finiuntur ut unuſquiſq; eorum diuidatur in partes duodecim,& ita ex eorum punctis lineæ perducantur,quæ circulos ſignificent factos in quibus xii. ſigna deſcribantur. Sed à nonnullis imperitioribus quæritur quare non æquis partibus circuli finiantur, hoc eſt ut de xxx. partibus quinæ partes diuidantur,& ita circuli pari ratione ducãtur.Id facillime defendi poſſe confidimus. Cum enim media ſphæra diuiſa eſt,eius circuli nullus poteſt æqualis eſſe, † qui quamuis proxime eum accedat, tamen minor eſſe uideatur. Itaq; qui primũ ſphæram fecerũt, cum uellent omnium circulorũ æquas rationes eſſe,pro rata parte uoluerunt ſignificare, ut quanto magis à polo diſcederetur, hoc minorem numerum partium ſumerent in circulis metiendis,quo neceſſe his erat maiorem circulũ definire. Quod etiam ex ipſa ſphæra licet intelligere.Quanto magis à polo diſcedes, hoc maiores circulos fieri, & hac re minorem numerum duci, ut pares eorum uideantur effectus. Et ſi non in xxx. partes unumquodq; hemiſpærium diuidatur, ſed in alias quodlibet finitiones, tamen eò ratio peruenit eius ac ſi xxx. partes feciſſet.

quis

De Zodaico circulo.

ZOdaicus circulus tribus his ſubiectus,de quibus ſupradiximus,ex quadam parte contingit æſtiuum & hyemalem circulũ,æquinoctialem autem medium diuidit. Itaq; ſol per zodiacum circulum currẽs, neq; extra eum tranſiens,neceſſario cum ſignis his, quibus innixus iter conficere uidetur,peruenit ad eos quos ſupra diximus orbes, & ita quatuor tempora definit. Nam ab Ariete incipiens,uer oſtendit,& taurum & geminos tranſiens, idem ſignificat. Sed iam capitibus geminorum circulum æſtiuum tangere uidetur: & per cancrum & leonem tranſiens & uirginem,ęſtatem efficit.Et rurſum à uirginis extrema parte tranſire,ad æquinoctialem circulum perſpicitur. In libra autem æquinoctium conficit,& autumnũ ſignificare incipit, ab hoc ſigno tranſiens ad ſcorpium & ſagittarium. Deinde protinus incurrit in hyemalem circulũ, & capricorno, aquario, piſcibus hyemem tranſigit. Itaque oſtenditur non per tres ipſos circulos currere, ſed zodaicum tranſiens ad eos peruenire:

Sed quoniam de his rebus diximus. Nunc terrę positionem difiniemus & mare quibus locis interfusum uideatur, ordine exponemus.

De terra & mari.

TErra mundi media regione collocata, omnibus partibus æquali diffidens interuallo, centrum obtinet sphæræ. Hanc mediam diuidit axis in dimensione totius terræ. Oceanus aũt regione circumductionis sphæræ profusus, prope totius orbis alluit fines. Itaq; & signa occidentia, in eundem decidere existimantur. Sic igitur & terras contineri poterimus explanare. Nam quæcunq; regio est quæ inter arcticon & æstiuum finem collocata est, ea diuiditur trifariam, è quibus una pars Europa, altera Aphrica, tertia Asia uocatur. Europam igitur ab Aphrica diuidit mare ab extremis Oceani finibus & Herculis columnis. Asiam uero & Lybiam cum Aegypto disterminat os Nili fluminis, quod Canopicon appellatur. Asiã ab Europa Tanais diuidit bifariã se cõiiciés in paludem, quæ Mæotis appellatur. Hac igitur definitione facile peruidetur, mare omnibus obiectum finibus terræ. Sed ne uideatur nonnullis mirum, cum sphæra in sexaginta partes diuidatur, ut ante diximus, quare definiuimus ab æstiuo circulo ad arcticum finem dũtaxat habitari, sic uel optime defendimus. Sol enim per mediam regionem sphæræ currens, nimium his locis efficit feruorem. Itaq; quæ finis est ab æstiuo circulo ad hyemalem, ea terra à Græcis διακεκαυμένη uocatur, quod neq; fruges propter exustam terram nasci, neq; homines propter nimium ardorem durare possunt: extremæ aũt regiones sphæræ duorum circulorum, quorũ alter Boreus, alter Notius uocatur fine arctici circuli, & eius qui antarcticus uocatur, non habitantur, ideo quod sol est semper ab his circulis longe, uentiq́; assiduos habent flatus. Quãuis enim sol perueniat ad æstiuũ circulum, tamen longe ab arctico uidebitur fine, id ita esse hinc quoq; licet intelligere. Cũ enim sol peruenit ad eum circulũ qui hyemalis uocatur & efficiet nobis qui prope eum sumus cõstituti nimiũ frigus, quid arbitramur eis locis frigoris esse, qui lõgius etiã absunt à nobis: Quod cum in hac parte sphæræ fiat, idẽ in altera parte definitũ putabimus. Ideo quod similes eius sunt effectus. Pręterea hinc quoq; intelligimus illic maximũ frigus, & in æstiuo circulo calorẽ esse, quod qua terra habitatũ, eos uidemus qui proxime sunt arcticon finẽ, uti braccis & eiusmodi uestitu uestiũtur. Qui aũt proximi sunt æstiuo circulo, eos æthiopas & perusto corpore esse. Habitatur autẽ sic temperatissimo cœlo, cum inter æstiuum circulum & arcticum finem hęc perueniat tẽperatio, quod ab arctico circulo frigus, ab æstiuo feruor exortus in unũ concurrens, mediam efficit finem temperatam quæ habitari possit. Itaq; cum sol ab eo loco discessit, hyeme necessario conflictamur, quod uentum exorientem nõ reuerberat sol. Quod cum ueniat in hac diffinitione, illud quoq; fieri posse uidemus, ut hyemali circulo quoq; aut ad arcticum finem habitari possit, quod pares eodem proueniant casus certũ quidem esse nemo cõtendit, neq; peruenire eò potest quisquam propter interiectum terræ quæ propter ardorem nõ habitatur. Sed cum uidemus hanc regionem sphæræ habitari, illam quoque in simili causa posse constitui suspicamur.

Sed

CLARISSIMI VIRI C. IVLII HYGINI AVGVSTI LIBERTI, DE SIGNORVM cœlestium historiis, Liber II.

SEd quoniam quæ nobis de terrę positione dicenda fuerunt, & sphæram totam definiuimus. Nūc quę in ea signa sunt nominabimus sigillatim. E quibus igitur primum, duas arctos & draconē, deinde arctophylacā cum corona dicemus. Cæterum qui engonasin uocatur, exinde lyram cum Olore & Cepheo et eius uxore Cassiopeia, filiáq; Andromeda & genero Perseo. Dicemus etiam protinus aurigā à Græcis ἡνίοχον appellatū. Ophiuchū præterea, cum sagitta, & aquila, paruóq; delphine. Inde equū dicemus, cum eo sideræ quod deltoton uocatur, his corporibus enumeratis ad duodecim signa perueniemus. Ea sunt hæc, aries, taurus, gemini. Deinde cancer cum leone & uirgine. Præterea libra dimidia pars scorpionis, & scorpius cum sagittario, & capricorno. Aquarius uero cum piscibus, reliquas habet partes. His cōnumeratis suo ordine est cetus cum Eridano flumine & lepore. Deinde Orion cum cane, & eo signo quod procyon dicitur, præterea est Argo cum Cētauro & ara. Deinde hydra cum pisce qui notius uocatur. Horum omnium nō inutile uidetur historias proponere, quæ certe aut utilitatem ad scientiam, aut iocunditatem ad delectationem afferent lectori.

Arctos maior.

IGitur ut supra diximus initiū est nobis arctos maxima. Hanc aūt Hesiodus ait esse Calisto nomine, Lycaonis filiā, eius qui in Arcadia regnauit, eam'q; studio uenationis inductā, ad Dianā se applicuisse, à qua non mediocriter esse dilectam propter utriusq; consimilē naturā. Postea aūt ab Ioue compressam, ueritam Dianæ suū dicere euentū, quod diutius celare non potuit. Nam iam utero ingrauescente propediē partus, in flumine corpus exercitatione defessum, cum recrearet, à Diana cognita est nō seruasse uirginitatē: cui dea pro magnitudine suspitionis nō minorem retribuit pœnā. Erepta enim facie uirginali in ursæ speciē est conuersa, quæ græce arctos est appellata. In ea figura corporis Arcada procreauit. Sed ut ait, Amphis comœdiarū scriptor, Iupiter simulatus effigiē Dianæ, cum uirginem uenantē ut adiuuans persequeretur, amotā à conspectu cæterarum cōpressit, quæ rogata à Diana quid ei accidisset quod tā grandi utero uideretur, illius peccato id euenisse dixit. Itaq; propter eius responsum in quā figuram supra diximus, eam Diana conuertit. Quæ cum in sylua ut fera uagaretur, à quibusdā Aetolorū capta, ad Lycaonē pro munere in Arcadiā cum filio est deducta. Ibi dicitur inscia legis in Iouis Lycei templū se cōiecisse, quā cōfestim filius secutus est. Itaq; cum eos Arcades insecuti interficere conarentur, Iupiter memor peccati, ereptam Calisto cum filio inter sidera collocauit. Eam'q; arctum, filium aūt Arctophylaca nōminauit, de quo postea dicemus. Nonnulli etiā dixerunt cum Calisto ab Ioue esset cōpressa, Iunonē indignatā in ursam eam conuertisse, quā Dianæ uenanti obuiā factam ab ea interfectā, & postea cognitā inter sidera collocatā, sed alii dicunt: Cum Calistonē Iupiter esset in sylua persecutus, Iunonē suspicatā, illud quod euenit, contendisse, ut eum manifesto diceret deprendisse. Iouē aūt quo facilius suum peccatū tegeretur, in ursæ speciē conuersam reliquisse. Iunonē aūt in eo loco pro uirgine ursam inuenisse, quā Dianæ uenanti ut eam interficeret demōstrasse: quod factū ut perspiceretur Iouem ęgre tulisse, effigiem ursæ stellis figuratā constituisse. Hoc signū, ut plures dixerunt, nō occidit, & qui uolunt aliqua de causa esse institutū, negāt Thetin Oceani uxorē id recipere, cū reliqua sidera eò perueniāt in occasum, quod Thetis Iunonis sit nutrix, cui Calisto succubuerit ut pellex. †Arietus aūt Tegeates historiarū scriptor, nō Calisto sed Megisto dicit appellatam, & nō Aratus Lycaonis, sed Cætei filiā, Lycaonis neptē. Præterea Cætea ipsum engonasin nominari. Reliqua uero superioribus cōueniūt. Quæ res in Nonacri monte Arcadię gesta narratur.

Arctos minor.

HAnc Agloasthenes qui Naxica cõscripsit, ait Cynosuram esse, unam de Iouis nutricibus, ex Ideis nymphis, ab eius quoque nomine & urbem quę Hestiæa uocatur, à Nicostrato & sodalibus eius constitutam & portũ qui ibi est, et agri maiorem partem, Cynosuram appellatã. Hanc autem inter Curetas fuisse, qui Iouis fuerunt administri. Nonnulli & Helicem & Cynosuram nymphas esse Iouis nutrices dicunt, & hac re etiam pro beneficio in mundo collocatas, & utrasque Arctos nuncupatas, quas nostri Septentriones dixerũt. Sed maiorem arctum complures plaustro similem dixerunt, & amaxam græce appellarunt. Cuius hæc memoriæ prodita est causa. Initio qui sidera peruiderũt & numerum stellarum in unaquaque specie corporis cõstituerũt, quod non arctũ sed plaustrũ nominauerũt, ex septem stellis duæ quæ pariles & maxime in uno loco uiderentur, pro bobus haberentur, reliquę uero quinque figuram plaustri simularent. Itaque & quod proximum huic est signum Bootem nominari uoluerũt, de quo posterius plura dicemus. Aratus quidem non hac re Bootem nec illud plaustrum dicit appellari, sed quod arctũ uideatur ut plaustrum circum polum, qui boreas appellatur uersari, & Bootes agitare eam dicatur. In quo nõ mediocriter uidetur errare. Postea autem de vii. stellis ut Parmeniscus ait, †quinque sunt à quibusdam astrologis constitutæ, ut ursæ species non septem stellis perficeretur. Itaque & ille qui antea plaustrum sequẽs Bootes appellabatur, Arctophylax est dictus. Et iisdem temporibus quibus Homerus fuit, hæc arctos est dicta. De septẽtrionibus enim ille dicit, hãc utroque nomine et arctum & plaustrũ nominari. Bootis aũt nusquã meminit Arctophylaca dici. Incidit etiam cõpluribus erratio, quibus de causis minor arctos Phœnice appellaretur, & illi qui hanc obseruant uerius & diligentius nauigare dicãtur, & quare si hæc sit certior quàm maior, non omnes hanc obseruent, qui nõ intelligere uidentur de qua historia sit profecta ratio ut Phœnice diceretur. Thales enim qui diligenter de his rebus exquisiuit & hãc primus arcton appellauit, natione fuit Phœnix, ut Herodotus Milesius dicit. Igitur omnes qui Peloponessum incolũt priore utũtur arcto, Phœnices aũt quam à suo inuentore acceperũt obseruant, & hanc studiosius perspiciendo diligentius nauigare existimantur, & uere eam ab inuentoris † nomine Phœnicen appellant.

Quinque & uiginti — *genere*

Serpens.

HIc uasto corpore ostẽditur inter duas arctos collocatus, qui dicitur aurea mala Hesperidũ custodisse, et ab Hercule interfectus, à Iunone inter sidera collocatus, quod illius opera Hercules ad eum est profectus qui hortum Iunonis tueri solitus existimatur. Ait enim Pherecydes, Iunonem cum duceret Iupiter uxorem, Terrã inuenisse ferentem aurea mala cum ramis. Inde Iunonem admiratam petisse à terra ut in suis hortis sereret, qui erant usque ad Atlantem montem. Cuius filiæ cum sæpius de arboribus mala decerperent, Iuno dicitur hunc ibi custodem posuisse, hoc etiam signi erit quod in sideribus supra eum draconem Herculis simulachrum ostenditur, ut Eratosthenes demonstrat, quare quoduis licet intelligere hunc maxime draconem dici. *Nõnulli etiam dixerunt hunc draconem à Gygãtibus Mineruæ obiectum esse, cum eos oppugnaret, Mineruam uero arreptum draconem contortum ad sidera iecisse & ad ipsum axem cœli fixisse. Itaque adhuc eum implicato corpore uideri, ut nuper ad sidera perlatum.

Arctophylax.

DE hoc fertur quod sit Arcas Calistonis & Iouis filius, quem dicitur Lycaon cum Iupiter ad eum in hospitium uenisset, cum alia carne concisum pro epulis apposuisse. Studebat enim scire si deus esset, qui suum hospitium desideraret. Quo facto non minori pœna est affectus, nam statim Iupiter mensa proiecta, domum eius fulmine incendit. Ipsum autem in figuram lupi conuertit. At pueri membra collecta & composita in unum, dedit cuidam Aetolorum alendum, qui adolescens factus, in syluis cum uenaretur inscius uidit matrem in ursę speciem conuersam,

Oui. uidetur Lycona ipsum pro Boote accipere li. 6. Fastorũ, sic enim inquit, Tertia post nonas remouere Lycaona Phœbe Fertur, et à tergo non habet ursa metum.

sam, quam interficere cogitans persecutus est in Iouis Lycei templum, quo & qui accessisset, mors pœna erat Arcadũ lege. Itaq; cum utrunq; necesse esset interfici, Iupiter eorum misertus, ereptos inter sidera collocauit, ut ante diximus. Hic autem è facto sequẽs ursam perspicitur, & arctum seruans Arctophylax est appellatus, Nonnulli hunc dixerunt Icarium Erigones patrem, cui propter iusticiam & pietatem, existimatur Liber Pater uinum & uitem & uuam tradidisse, ut ostenderet hominibus quomodo sereretur, & quid ex eo nasceretur, & cum esset natum id, quomodo uti oporteret, qui cum seuisset uitem & diligentissime administrando floridam falce fecisset, dicitur hircus in uineam se coniecisse & quæ ibi tenerrima folia uideret, decerpsisse, quo facto Icarium animo irato tulisse eum'q; interfecisse, & ex pelle eius utrem fecisse, ac uento plenũ præligasse & in medium proiecisse, suos'q; sodales circa eũ saltare coëgisse. Itaq; Eratosthenes ait Ἰκαρίου ποσὶ πρῶτα περὶ τράγον ὀρχήσαντο. Alii dicunt Icarium cum à Libero Patre uinum accepisset, statim utres plenos in plaustrum imposuisse. Hac re etiã Bootem appellatum, qui cum per- Bootes
ambulans Atticorum fines, pastoribus ostenderet, nonnulli eorum auiditate pleni nouo genere potus inducti somno consopiuntur. Atq; ut alii aliam se in partem reiiciunt ut semimortua membra iactantes, alia ac decebat loquebantur, reliqui eorum arbitrati uenenum ab Icario datum pastoribus ut eorum pecora abigeret in suos fines, Icarium interfectum in puteum deiecerunt, sed ut alii demonstrant, secundum arborem quandam defoderunt. Qui autem obdormierant experrecti cum se nunquam melius quiesse faterentur, ac requirerent Icarium ut pro beneficio numeraretur, interfectores eius animi conscientia permoti statim se fuge mandauerunt, & in insulam Aetolorum peruenerũt, à quibus ut hospites recepti domicilia sibi constituerunt. At Erigone Icarii filia permota desiderio parentis cum eum non redire uideret, ac persequi eum conaretur, canis Icarii cui Mera fuerat nomen, ululãs ut obitum domini lachrymari uideretur, redit ad Erigonem cui non minimam cogitatæ mortis suspitionem ostendit. Neq; enim puella timida suspicari debebat nisi patrem interfectum, qui tot dies ac menses abesset. At canis uestem eius tenens dentibus perducit ad cadauer, quod filia simul ac uidit desperata spe solitudine ac pauperiæ oppressa, multis miserata lachrymis, in eadem arbore, sub qua parens sepultus uidebatur suspendio mortem sibi consciuit: cui mortuæ canis spiritu suo parentauit. Nonnulli hunc in puteum se deiecisse dixerũt, Anigrum nomine, quare postea neminem ex eo puteo bibisse memoriæ tradiderunt. Quorum casum Iupiter miseratus in astris corpora eorum deformauit. Itaq; complures Icarium Bootem, Erigonem uirginem nominauerunt, de qua posterius dicemus. Canem autem sua appellatione et specie Caniculã dixerũt, quæ à græcis quod ante maiorẽ canẽ exoritur Porcyon appellatur, Alii hos à Libero Patre figuratos inter sidera dicũt. Interim cũ in finibus Atheniensiũ multæ uirgines sine causa suspendio sibi mortem consciscerent, quod Erigone moriens erat præcata ut eodem leto filiæ Atheniensium afficerentur, quo ipsa foret obitura nisi Icarii mortem persecuti & eum forent ulti. Itaq; cum id euenisset, ut ante diximus, petentibus eis, Apollo dedit responsum, Si uellent euentu liberari, Erigone satisfacerent. Qui quod ea se suspenderat, instituerũt, uti tabula interposita pendente funibus se iactarent, ut qui pendentes uento mouerentur. Quod sacrificium solenne instituerunt, itaq; & priuatim & publice faciunt, & id aletidas appellant, quod eam patrem persequentem cum Aletidae
cane, ut ignotam & solitariam oportebat, mendicam appellabant, quas Græci aletidas nominant. Præterea canicula exoriens æstu eorum loca & agros fructibus orbabat, & ipsas morbo affectos pœnas Icario cum dolore sufferre cogebat, quod lattrões recepissent quorum rex Aristeus Apollinis & Cyrenes filius Actæonis tempore petiit à parente, quo pacto calamitate ciuitatem posset liberare, quem deus iubet multis hostiis expiare. Icarii mortem & ab Ioue petere ut quo tempore canicula exoriretur dies quadraginta uentum daret, qui æstum caniculæ mederetur. Quod iussum Aristeus confecit, & à Ioue impetrauit ut Etesiæ flarent quas nõnulli Etesias dixerunt quod quotannis certo tempore

exoriuntur, græce enim etos annus latine est. Nõnulli etiam Aetesias appellauerũt, quod expostulate sunt ab Ioue & ita concessæ. Sed hoc in medio relinquatur, ne nos omnia præripuisse existimemur. Sed ut ad propositũ reuertamur, Hermippus qui de sideribus scripsit, ait Cererem cum Iasione Electræ & Coryti filio cõcubuisse, quamobrem fulmine percussum, cõplures cum Homero dixerũt. Ex his ut Petellides Gnosius historiarum scriptor demõstrat, nascuntur filii duo Phylomelus & Plutus, quos negant inter se conuenisse. Nam Plutum qui ditior fuit nihil fratri suo de bonis cõcessisse, Phylomelũ aũt necessario adductũ, quodcũq; habuit, eo boues duos emisse, & ipsum primũ plaustrum fabricatũ esse. Itaq; arando & colendo agros ex eo se aluisse, cuius matrem miratã inuentum, ut arantẽ eum inter sidera cõstituisse & Boẽtẽ nominasse. Ex hoc aũt Pareanta demonstrat natũ, qui de suo nomine pari & oppidũ Parona appellauit.

Corona.

HAec existimatur Ariadne fuisse à Libero Patre inter sidera collocata. Dicitur enim in insula Dia cum Ariadne Libero nuberet, hanc primũ muneri accepisse à Venere & Horis, cum omnes dii in eius nuptiis dona conferrent, sed (ut ait qui Cretica cõscripsit) quo tẽpore Liber ad Minoa uenit, cogitans Ariadnem cõprimere, hanc coronã ei muneri dedit, qua delectata, non recusauit cõditionem stupri. Dicitur etiã à Vulcano facta ex auro & Indicis gemmis, per quas Theseus existimatur de tenebris labyrithi ad lucem uenisse, quod aurũ & gemmæ in obscuro fulgorẽ luminis efficiebant. Qui Argolica scripserunt hanc afferunt causam, quod Liber cum impetrasset à parente, ut Semelẽ matrẽ ab inferis reduceret, & quærẽs ad eos descensionẽ, ad Argiuorũ fines peruenisset, obuiũ ei quendã factũ, nomine Hypolipnum, hominẽ dignũ eius seculi, qui petenti Libero, descensionẽ monstrauit. Hunc aũt cum uidisset Hypolipnus puerũ ætate miranda corporis pulchritudine reliquis præstantem, mercedẽ petiisse ab eo, quæ sine detrimento eius daretur. Liberum autem matris cupidum, si eam reduxisset iurasse, quod uellet, se facturum, ita tamen quod Deus homini impudẽti iuraret, pro quo Hypolipnus descensum mõstrauit. Igitur cum Liber ad eum locum uenisset, & uellet descendere, coronã quam à Venere acceperat deposuit in eo loco, qui Stephanus facto appellatus. Noluit enim secum ferre ne immortale donũ mortuorum tactu coinquinaretur: qui cum matrem incolumẽ reduxisset, coronam dicitur in astra collocasse, ut æterna memoria nominis efficeretur. Alii dicũt hanc Coronã Thesei esse, & hac re propter eum collocatã. Nam qui dicitur in astris Engonasin, is Theseus esse existimatur, de quo posterius plura dicemus. Dicitur enim cum Theseus Cretam ad Minoa cum septem uirginibus & sex pueris uenisset, Minoa de uirginibus Peribœam quandam nomine, candore corporis inductum, comprimere uoluisse, quod cum Theseus passurũ se negaret, ut qui Neptuni filius esset, & ualeret contra Tyrannum pro uirginis incolumitate decertare. *Itaq; cum non iam de puella, sed de Thesei genere controuersia facta fuisset, utrum is Neptuni filius esset, nec ne, dicitur Minos annulũ aureum de digito sibi detraxisse, & in mare proiecisse, quem referre iubet Thesea, si uellet se credi Neptuni filium esse. Se enim ex Ioue procreatum facile posse declarare. Itaq; comprecatus patrem petiit, aliquid, ut satisfaceret se ex eo natum: statim'q; tonitrum & fulgorem cœli, indicium significationis fecisse. Simili de causa Theseus sine ulla præfatione, aut religione parentis, in mare se proiecit, quem confestim delphinum magna multitudo mari prouoluta, lenissimis fluctibus ad Nereidas perduxit, à quibus annulum Minois & à Theide coronam quam nuptiis à Venere muneri acceperat, retulit, compluribus lucentem gemmis. Alii autem à Neptuni uxore accepisse dicunt. Coronam Ariadne Theseus dono dicitur dedisse, cum ei propter uirtutem & animi magnitudinem uxor esset concessa, hanc autem post Ariadnes mortem, Liberum inter sidera collocasse.

Hunc Era/

Engonasin.

HVnc Eratosthenes Herculem dicit, supra Draconē collocatū, de quo ante diximus, eumq́; paratum ut ad decertandum, sinistra manu pellem leonis, dextera clauam tenētem. Conatur interficere draconem Hesperidum, qui nunquam oculos operuisse somno coactus existimatur, quo magis custos esse demonstratur. De hoc etiam Panyasis in Heraclea dicit: horum igitur pugnam Iupiter admiratus inter astra constituit. Habet enim Draco caput erectū, Hercules autem dextro genu nixus, sinistro pede capitis eius dextram partem opprimere conatur, dextra manu sublata ut feriens, sinistra proiecta cum pelle leonis, ut is quam maxime dimicans appareat, & si sit, qui negat hic, (ut Aratus) quicquam posse demonstrari, tamen conabimur ut aliquid uerisimile dicamus. Aratus autē, ut supra diximus, hunc Cetea Lycaonis filium, Megistus patrem dicit esse (qui uidetur ut lamentās filiam, in ursæ figuram conuersam) genu nixum palmas aduersas tendere ad cœlum ut eam sibi Dii restituant. Hegesianax autem Thesea dixit esse, qui Trœzene saxum extollere uidetur, quod existimatur Aegeus sub eo saxo Pelopiū ensem posuisse, & Aethræ Thesei matri prædixisse, ne antè eum Athenas mitteret quàm lapide sublato sua uirtute potuisset gladium referre. Itaq; niti uidetur, quàm altissime potest, ut extollat. Hac etiam de causa nonnulli lyram, quæ proxima est ei signo collocata Thesei esse dixerunt, quod ut eruditus omnium artium lyram quoque didicisse uidebatur. Id quoq; Anacreon dicit ἀγχοῦ θησέος ἐσὸ λύρη, Alii dicunt Thamirin à musis excæcatum, ut supplicem ad genua iacentem dicunt: alii Orphea à Thraciis mulieribus interfici, quod uiderit Liberi Patris initia. Aeschylus aūt in fabula quæ inscribitur Prometheus Lyomenos, Herculem ait esse non cum dracone, sed cum Liguribus depugnantem. Dicit enim quo tempore Hercules à Geryone boues abduxerit, iter fecisse per Ligurum fines, quos conatos ab eo abducere pecus, manus contulisse, & quàm plures eorum sagittis, cōfixisse. Sed postquā Herculi tela deficerent multitudine barbarorū & inopia armorū defessum, se ingeniculasse, multis iam uulneribus acceptis. Iouem aūt misertum filii, curasse ut circa eum magna copia lapidum esset, quibus se Herculem defendisse & hostes fugasse. Itaq; Iouem in similitudinem pugnantis inter sidera constituisse. Hunc etiā nōnulli Ixiona brachiis uinctis esse dixerūt, quod uim Iunoni uoluerit afferre. Alii Promethea in monte Caucasi uinctum.

De his campis lapide complutis etiam Cato in Originibus, & Mela lib. 2. Geog. meminit

Lyra.

LYra autem inter astra constituta est, hac, uti Eratosthenes ait, de causa quod initio à Mercurio facta de testudine, Orpheo est tradita, qui Calliopes et Oeagri filius fuit, eius rei maxime studiosus. Itaque existimatur suo artificio feras etiam ad se audiendi causa allicuisse, qui quærens uxoris Euridices mortem ad inferos descendisse existimatur, & ibi deorū progeniem suo carmine laudasse, præter Liberum Patrem, hunc enim obliuione ductus prætermisit, ut Oeneus in sacrificio Dianam, postea igitur Orpheus, ut etiam plures dixerunt, in Olympo monte, qui Macedoniam diuidit à Thracia, sed ut Eratosthenes ait, in Pangæo sedens, cum cātu delectaretur, dicitur ei Liber bacchas obiecisse, quæ corpus eius decerperent interfecti. Sed alii dicunt, quod initia Liberi sit speculatus, id ei accidisse. Musas autē collecta membra sepulturæ mandasse, & lyram quo maxime potuerunt beneficio, illius memoriæ causa figuratā stellis inter sidera cōstituisse, Apollinis & Iouis uolūtate, quod Orpheus Apollinem maxime laudaret. Iupiter uero filio beneficium concessit. Alii autem dicunt Mercurium cum primū lyram fecisset, in Cyllene monte Arcadię, septem chordas instituisse ad Atlantidum numerū, quod Maia una ex illarū numero esset, quæ Mercurii est mater. Deinde cū postea Apollinis boues abegisset deprehēsus ab eo, quo sibi facilius ignosceret, petenti Apollini ut liceret sibi se dicere inuenisse lyrā cōcessit, et ab eo uirgulā quandā muneri accepit, quā manu tenēs Mercurius, cū proficisceretr in Arcadiā & uidisset duos dracones, inter se cōiūcto corpore, aliū aliū appetere, ut qui dimicare inter se uiderētur, uirgulā inter utrūq; proiecit. Itaq; discesserunt, quo facto eam uirgulā pacis causa dixit esse cōstitutam.

Nonnulli

Nonnulli etiam cum faciunt caduceos, duos dracones implicatos uirgula faciūt, quod initium Mercurio fuerat pacis. Eius exemplo, & athletæ & in reliquis eiusmodi certationibus uirgula utūtur. Sed ut ad propositum reuertamur. Apollo lyra accepta dicitur Orphea docuisse, & postquam ipse cytharam inuenerit, illi lyram concessisse. Nonnulli dixerunt Venerem cum Proserpina ad iudicium Iouis uenisse, cui earum Adonin concederet, quibus Calliopen à Ioue datam iudicē, quæ musa Orphei est mater. Itaq; iudicasse, uti dimidiam partem anni earum unaquæq; possideret. Venerē autem indignatam, ut non sibi proprium concessisset, obiecisse omnibus, qui in Thracia sunt mulieribus, ut Orphea amore inductæ, ita sibi quæq; appeteret, ut membra eius discerperēt: cuius caput in mare de monte perlatum, fluctibus in insulam Lesbon est reiectum, quod ab his sublatum & sepulturæ est mandatū, pro quo beneficio ad musicam artem ingeniosissimi existimantur esse. Lyra aūt à musis (ut ante diximus) in astra constituta est. Nonnulli aiunt quod cum Orpheus primus puerilem amorem induxerit mulieribus, uisum contumeliam fecisse, & hac re ab eis interfectum.

Olor.

HVnc Græci Cygnum appellant: quem cōplures propter ignotam historiam illis, cōmuni genere auium Ornin nominauerūt, de quo hæc memoriæ prodita est causa. Iupiter cum amore inductus, Nemesin diligere cœpisset, neq; ab ea ut secum †cubaret impetrare potuisset, hac cogitatione amore est liberatus. Iubet enim Venerē aquilæ simulatam se sequi, ipse in olorē cōuersus ut aquilā fugiēs ad Nemesin fugit, et in eius gremio se collocauit, quem Nemesis non aspernata amplexum tenens, somno est consopita, quam dormientem Iupiter compressit. Ipse autem auolauit, & quia ab hominibus alte uolans cœlo uidebatur, inter sidera dictus est esse constitutus, quod ne falsum uideretur, Iupiter è facto eum uolantē & aquilam consequentem collocauit mundo. Nemesis aūt ut quæ auium generi esset iuncta, mensibus actis, ouū procreauit, quod Mercurius auferens, detulit Spartam, & Ledæ sedenti proiecit in gremiū, ex quo nascitur Helena cæteris corporis speciæ præstans, quam Leda suam filiam nominauit. Alii autem cum Leda Iouem concubuisse in olorem conuersum dixerunt, de quo in medio relinquimus.

concumberet

Cepheus.

HVnc Euripides, cum cæteris, Phœnicis filium Aethiopum regem esse demonstrauit, Andromedæ patrem, quam ceto propositā notissimæ historiæ dixerūt. Hanc autem Perseum à periculo liberatam, uxorem duxisse, itaq; ut totum genus eorum perpetuo maneret, ipsum quoq; Cephea inter sidera superiores numerasse.

Cassiopeia.

DE hac Euripides & Sophocles & alii plures dixerūt, ut gloriata sit, se forma Nereidas præstare, pro quo facto inter sidera sedens in siliquastro cōstituta est, quæ propter impietatem uertente se mundo resupinato capite ferri uidetur.

Andromeda.

HAec dicitur Mineruæ beneficio inter astra collocata propter Persei uirtutem, quod eam ceto propositam à periculo liberarat, nec enim ab ea minorem animi beneuolentiam pro beneficio accepit. Nam neq; pater Cepheus neq; Cassiopeia mater ab ea potuerunt impetrare, quin parentes ac patriam relinquens Persea sequeretur, sed de hac Euripides hoc eodem nomine fabulam commodissime scribit.

Perseus.

HIc nobilitatis causa, & quod inusitato genere cōcubitionis esset natus, ad sidera dicitur peruenisse, qui missus à Polydecte Magnetis filio ad Gorgonas, à Mercurio, qui eū dilexisse existimatur, talaria & petasum accepit. Præterea galeā qua indutus ex aduerso non poterat uideri. Itaq; Græci ἄϊδος galeam dixerūt esse, non ut quidam inscientissime interpretantur eum Orci galea usum, quæ res nemini docto potest probari. Fertur etiam tur etiam à Vulcano falcem accepisse ex adamante factam, qua Medusam Gorgonam interfecit, quod factum nemo conscripsit. Sed ut ait Eschylus Tragœdiarum scriptor in Phorcis. Grææ fuerunt Gorgonum custodes, de quo in primo libro Genealogiarum scripsimus, quæ utræq; uno oculo usæ existimantur. Et ita suo quæq; tempore accepto oculo uigilias egisse. Hunc Perseus una earũ tradente exceptum in paludem Tritonida proiecit. Itaq; custodibus excęcatis, facile Gorgonam somno cõsõpitam interfecit. Cuius caput Minerua in pectore dicitur habere collocatum. Euemerus quidem Gorgonam à Minerua dicit interfectam. De qua alio tempore plura dicemus.

Heniochus.

HVnc nos aurigam latine dicimus nomine Erichthoniũ ut Eratosthenes monstrat, quem Iupiter cum uidisset primum inter homines equos quadrigis iunxisse, admiratus est ingenium hominis, ad Solis inuenta accessisse, quod princeps quadrigis inter deos est usus, sed Erichthonius et quadrigas, ut ante diximus, & sacrificium Mineruæ & templum in arce Atheniensium primus instituit, de cuius progenie Eurypides ita dicit, Vulcanum Mineruæ pulchritudine corporis inductum, petiisse ab ea, ut sibi nuberet, neq; impetrasse & cepisse Mineruam sese occultare in eodem loco, qui propter Vulcani amorem Hephestius est appellatus, quo persecutum Vulcanũ ferũt, cępisse ei uim afferre, & cum plenus cupiditatis ad eam ut complexui se applicaret ferretur, repulsus, effudit in terrã uoluptatem. Quo Minerua pudore permota, pede puluerem iniecit. Ex hoc autem nascitur Erichthonius anguis, qui ex terra & eorum dissensione nomen possedit. Eum dicitur Minerua in cistella quadam, ut mysteria cõtectũ ad Erechthei filias detulisse, & his dedisse seruandum, quibus interdixit ne cistulam aperirẽt. Sed ut hominũ est natura cupida ut eo magis appetant quo interdicatur sæpius, uirgines cistellam apperuerũt & anguem uiderũt. Quo facto insania à Minerua iniecta de arce Atheniensium se præcipitauerunt: Anguis aũt ad Mineruæ clypeum confugit, & ab ea est educatus: alii autem anguina tantũ crura habuisse Erichthoniũ dixerunt, eum´q; primo tempore adolescentiæ ludos Mineruæ Panathenea fecisse, & ipsum quadrigis cucurrisse, pro quibus factis inter sidera dicitur collocatus. Nonnulli qui de sideribus scripserunt, hunc natione Argeum Orsilochũ nomine, primum quadrigarũ inuentoré esse dixerunt, & pro inuentione siderũ locum possedisse. Alii autem hunc Mercurii filium ex Clytia natũ nomine Myrtilũ Oenomai aurigam diffinierũt, cuius post notam omnibus mortem parens corpus in mundo constituisse existimatur. Huius in humero sinistro capra instare & in manu sinistra hœdi uidentur formati, de quibus nõnulli ita dicunt. Olenum quendã fuisse nomine Vulcani filiũ. Ex hoc duas nymphas Aega & Aelicé natas, quæ Iouis fuerũt nutrices. Alii autem ab his etiã urbes quasdã appellari dixerũt & Olenon in Aulide, Aelicem aũt in Peloponesso & Aegam in Aemonia nominari, de quibus Homerus in Iliade secundo dicit. Parmeniscus aũt ait Melissea quendã fuisse Cretę regem ad cuius filias Ioué nutriendum esse delatũ, quæ quod lac non habuerint, capram ei admisisse, Amaltheam nomine, quę dicitur eum educasse. Hanc aũt geminos hœdos solitam esse procreare, & ferè eo tempore peperisse, quo Iupiter nutriendus est allatus. Itaq; propter beneficium matris & hœdos quoq; dicitur inter sidera collocasse, hos autem hœdos Cleostratus Tenedius dicitur primus inter sidera ostendisse. † Museus autem dicit Iouis nutrices Athemidem & Amaltheam nymphas, quibus eum mater Ops tradidisse existimatur. Amaltheam autem habuisse capram quandam, ut in delitiis, quę Ioué dicitur aluisse. Nõnulli etiã Aegam Solis filia dixerunt, multo candore corporis præstanté, cui cõtrarius pulchritudini horribilis aspectus existebat, quo Titanes perterriti petierunt à terra ut eius corpus obscuraret, quam terra specu quodam celasse dicitur in insula Creta, quæ postea † Iupitris fuisse nutrix, ut ante ostendimus, demonstratur. Sed cum Iupiter fidens adolescentia, bellũ contra Tytanas appararet, responsum est ei si uincere uellet ut Aegos pelle tectus & capite Gorgonis

Mnaseas. alij sic legunt. Mnaseas dicit Iouem nutritum à Themite & Amalthea nympha.

Iouis

Gorgonis bellum administraret, quam Aegida græci appellarũt. Itaq; facto eo quod supra declarauimus, Iupiter Tytanas superans regnum est adeptus, & reliqua ossa ægos caprina pelle contecta anima donauit, & stellis figuratam memoriæ commendauit, & postea quibus ipse uicerat tectus, Mineruæ concessit. Euemerus ait Aegam quandam fuisse Panos uxorem, eam compressam à Ioue peperisse, quem uiri sui Panos diceret filium. Itaq; puerũ Aegyptana, Iouem uero Aegiochum dictum: qui, quod eum diligebat plurimum, inter astra capræ figura memoriæ causa collocauit.

Ophiuchus.

Ophiuchus qui apud nostros scriptores Anguitenẽs dictus est, supra Scorpionem cõstitutus, tenens manibus anguẽ, mediũ corpus eius implicantem. Hunc complures Carnubutam dixerũt nomine, Getarum regem, qui sunt in Mysia regione, fuisse, qui eodem tempore regno est potitus, quo primum semina frugum mortalibus tradita esse existimantur. Ceres enim cum sua beneficia largiretur hominibus Triptolemum, cuius ipsa fuerat nutrix in curru draconum collocatum: qui primus hominum una rota dicitur usus, ne cursu moraretur, iussit omnium nationum agros circũeuntem semina partiri, quo facilius ipsi posteriq; eorum à fero uictu segregarentur, qui cum peruenisset ad eum, quem supradiximus Getarum regem, ab eo primum hospitaliter acceptus, deinde non ut beneficiis aduena & innocens, sed ut crudelissimus hostis insidiis captus, aliorum dum paratus est producere, suam pene perdidit uitam. Carnabutæ enim iussu cum draco unus eorũ esset interfectus, ne cum Triptolemus sensisset insidias sibi parari, currus præsidium sibi constituere speraret, Ceres eò uenisse, & erepto adolescenti currum, dracone altero subiecto reddidisse, regem autẽ pro cœpto maleficio pœna nõ mediocri affecisse narratur: Hegesianax dicit Cererem memoriæ hominum causa, ita Carnubutam syderibus figurasse, manibus tenentem, ut interficere draconem existimetur, qui ita uixerat acerbe, ut iocundissimam sibi consciseeret mortem. Alii autem Herculẽ esse demonstrãt in Lydia apud flumen Sagarim, anguem interficientem, qui & homines complures interficiebat & ripam frugibus orbabat. Pro quo facto à regina Omphale quæ ibi regnabat, multis ornatũ muneribus Argos remissum. Ab Ioue uero propter fortitudinem inter sydera collocatum. Nonnulli etiam Triopam Thessalorum regem dixerunt esse, qui cum suum domiciliũ tegere conaretur, Cereris ab antiquis collocatum, diruit templum. Pro quo facto à Cerere fame obiecta, nunquam postea frugibus ullis saturari potuisse existimatur, Nouissime prope ad terminũ uitæ, dracone obiecto mala plurima perpessus, aliquãdo mortem adeptus, in astra Cereris uoluntate, est constitutus. Itaq; adhuc uidetur eum draco circumplexus æterna merentem afficere pœna. Polizeius autem Rhodius hunc Phorbanta nomine demonstrat, qui Rhodiis auxilio maximo fuisse demonstratur. Nam cum eorum insulam serpentium multitudine occupatam, ciues Ophiusam appellassent, & in ea multitudine ferarum, draco fuisset ingenti magnitudine qui plurimos eorũ interfecisset, & patria deniq; deserta carere coëgisset: dicitur Phorbas Triope filius ex† hyocla Myrmydonis filia natus eò tempestate delatus, omnes feras & eũ dracoñẽ interfecisse, qui cum maxime Apollini dilectus esset, locatus in cœlo interficiens draconem, laudis & memoriæ causa uidetur. Itaq; Rhodii quotienscunq; à littore longius prodeunt classes, prius sacrificant Phorbantis aduentui, ut illis talis euentus inopinatæ uirtutis accidat ciuibus, qualis inscium Phorbanta futuræ laudis ad sydera gloriæ pertulit casus. Complures etiam astrologi hũc Aesculapium finxerunt, quem Iupiter Apollinis causa inter astra collocauit. Aesculapius enim cum esset inter homines & tantum medicina cæteris præstaret, ut non satis ei uideretur hominum dolores leuare, nisi etiam mortuos reuocaret ad uitam, nouissime fertur Hippolytum qui iniquitate nouercæ & inscitia parẽtis erat interfectus sanasse, ita Eratosthenes dicit. Nonnulli Glaucum Minoos filium, eius opera reuixisse dixerunt, pro quo, ut peccato, Iouem domũ eius fulmine incendisse. Ipsum uero propter artificium

Hiscilla

& Apol-

& Apollinem eius patrem inter sidera anguem tenentem constituisse, ut quidam dixerunt, hac de causa anguem tenere dicitur: quod cum Glaucum cogeretur sanare conclusus quodam loco secreto, bacillum tenens manu, cum quid ageret, cogitaret, dicitur anguis ad bacillum eius attepsisse, quem Aesculapius mente commotus interfecit bacillo fugientem feriens sæpius. Postea fertur alter anguis eòdem uenisse, ore ferens herbam, & in caput eius imposuisse, quo facto, loco fugisse, quare Aesculapium usum eadem herba & Glaucũ reuixisse. Itaq; anguis & in Aesculapii tutela & in astris dicitur collocatus, qua consuetudine ducti posteri eius tradiderunt ut reliqui medici anguibus uterentur.

Sagitta.

HAnc unam de Herculis telis esse demonstrãt qua aquilam dicitur interfecisse, quæ iecinora Promethei fertur exedisse: de quo pluribus uerbis dicere non uidetur inutile. Antiqui cum maxima cerimonia deorum immortalium sacrificia administrarẽt, soliti sunt totas hostias in sacrorum consumere flamma. Itaq; cum propter sumptus magnitudinem sacrificia pauperibus non contingerent, Prometheus qui propter excellentiam ingenii miram, homines finxisse existimatur, recusatione dicitur ab Ioue impetrasse, ut partem hostiæ in ignem proiicerent, partem in suo consumerẽt usu. Idq́; postea consuetudo firmauit: quod cum facile à deo non ut ab homine auaro, impetrasset, ipse Prometheus immolat tauros duos, quorum primum iocinora cum in ara posuisset, reliquam carnem ex utroq; tauro in unum composita, corio bubulo texit. Ossa autẽ quæ circum fuerunt, reliqua pelle cõtecta, in medio collocauit, & Ioui fecit potestatem, ut quam uellet eorum consumeret partem. Iupiter autem & si non pro diuina fecit cogitatione, nec ut deum licebat omnia qui debuit ante prouidere, sed (quoniam credere instituimus historiis) deceptus à Prometheo, utrũq; putans esse taurũ, delegit ossa pro sua dimidia parte. Itaq; postea in solennibus & religiosis sacrificiis carne hostiarum cõsumpta, reliquias, quæ pars fuit deorũ eodem igni cõburunt. Sed ut ad propositũ reuertamur, Iupiter cum factũ rescisset, animo permoto mortalibus eripuit ignem, ne Promethei gratia plus deorum potestate ualeret, né ue carnis usus utilis hominibus uideretur, cum coqui nõ posset. Prometheus aũt consuetus insidiari, sua opera ereptũ mortalibus ignem restituere cogitabat. Itaq; cæteris remotis uenit ad Iouis ignem, quo diminuto & in ferulam cõiecto, lætus ut uolare non currere uideretur, ferulam iactans, ne spiritus interclusus uaporibus extingueret in angustia lumen. Itaq; homines adhuc plerunq;, qui læticiæ fiunt nuncii, uotum celerrime ueniunt. Præterea totum à certatione ludorum cursoribus instituerũt ex Promethei consuetudine, ut currerent lampadem iactantes. Pro quo Iupiter facto mortalibus parem gratiam referens, mulierem tradidit his, quam à Vulcano factã deorũ uoluntate omni munere donauit. Itaq; Pandora est appellata. Prometheum aũt in monte Scythiæ, nomine Caucaso, ferrea catena uinxit: quẽ alligatũ ad triginta milia annorũ Aeschylus tragœdiarum scriptor dixit. Præterea admisit ei aquilã, quæ assidue noctu renascentia iocinora exesset. Hanc aũt aquilã nonnulli ex Typhone & Echidna natam, Alii ex Terra & Tartaro, cõplures à Vulcano factam. Polyzeus aũt Vulcani factam manibus demonstrat, animaḿq; ei ab Ioue traditam dicũt. Sed eius de solutione hanc memoriæ proditam esse causam. Cum Iupiter Thetidis connubiũ pulchritudine corporis inductus peteret, neq; à timida uirgine impetraret, neq; ea re minus efficere cogitaret, illo tempore Parcæ cecinisse feruntur fata, quę perfici natura uoluit rerũ, dixerunt enim quicunque Thetidis fuisset maritus, eius filiũ patria fore laude clariorem, quod Prometheus nõ uoluntate sed necessitudine uigilans auditum, Ioui nunciauit. qui ueritus ne id quod ipse Saturno patri fecisset, in simili causa patris regno priuatus cogeretur, destitit Thetim uelle ducere uxorem, & Prometheo pro beneficio meritam retulit gratiam, euḿq; uinculis liberauit, neq; quod illi fuerat iuratus remisit, uacuum omni alligationi futurum: Sed memoriæ causa ex utraq; re hoc est lapide & ferro sibi digitum uincire iussit, qua consuetudine homines usi quo satisfacere Prometheo uiderentur, annulos lapide & ferro conclusos habere cœperunt. Nōnulli etiam coronam habuisse dixerunt, ut se uictorem impune peccasse diceret. Itaq; homines in maxima lætitia uictores'q; coronas habere constituerunt. Id in exercitationibus & conuiuiis perspicere licebit, sed opinio est: ad initium et interitum aquilę reuertamur. Hercules missus ab Eurystheo ad Hesperidū mala, nescius uiæ deuenit ad Promethea, quem in Caucaso mōte uinctum supra diximus. A quo uia demonstrata, partáq; uictoria ad eum iter facere contendit, ut & draconem, de quo aute diximus, interfectum diceret & gratiam pro beneficio redderet. Nam cōfestim honorem quem potuit reddidit merenti.* Qua dimissa homines instituerunt ut hostiis immolatis iocinora consumerent in deorum altaribus, ut saturare eos per uiscera uisceribus Promethei uiderētur. Vt Eratosthenes autem de sagitta demōstrat, hac Apollo Cyclopas interfecit, qui fulmen Iouis fecerunt, quo Aesculapium interfectum complures dixerunt. Hanc autem sagittam in Hyperboreo monte Apollinem defodisse, cum aūt Iupiter ignouerit filio, ipsam sagittam uento ad Apollinem perlatam, cum frugibus quæ eo tempore nascebantur. Hanc ergo ob causam inter sidera demonstratur.

Deest, & aquilam quæ iecur eius excedebat, sagittis interfecit, aut simile quidpiam

De Aquila.

AQuila hæc est quę dicitur Ganymedē rapuisse & amāti Ioui tradidisse. Hanc etiam Iuppiter primus ex auium genere delegisse sibi existimatur, quæ sola tradita est memoriæ, contra solis orientis radios cōtendere ualere. Itaq; super aquariū uolare uidetur. Hunc enim cōplures Ganymedē esse finxerūt. Nōnulli etiam dixerunt Meropem quendam fuisse, qui Coam insulam tenuerit regno & à filiæ nomine Coon & homines ipsos à se Meropas appellaret. Hunc autem habuisse uxorem nomine Ethemeam, genere Nympharū procreatam, quę cum desierit colere Dianam ab ea sagittis figi cœpit. Tandem à Proserpina uiuam ad inferos arreptam esse. Meropem autem desiderio uxoris permotum mortem sibi consciscere uoluisse. Iunonem autem misertam eius, in Aquilam corpus eius conuertisse, & inter sidera constituisse, ne si hominis effigie eum collocaret, nihilo minus memoriam tenens, coniugis desiderio mœreret. Aglaosthenes autem qui Naxica scripsit, ait, Iouem Cretæ surreptum, Naxū delatum, & ibi esse nutritum, qui postquam peruenerit ad uirilem ætatem & uoluerit bello lacescere Titanas, sacrificanti ei aquilam auspicatam, quo auspicio usum esse & eam inter astra collocasse. Nonnulli etiam dixerunt Mercurium, alii autem Anapladem pulchritudine Veneris ductum, in amorem incidisse, & cum ei copia non fieret, animum, ut contumelia accepta, defecisse. Iouem autem misertum eius cum Venus Acheloo flumine corpus ablueret, misisse aquilam quę soccum eius in †Amitenea Aegyptiorum delatum Mercurio traderet, quem persequens Venus ad cupientem sui peruenit, qui copia facta pro beneficio aquilam in mundo collocauit.

Amythaoniam

Delphin.

HIc qua de causa sit inter astra collocatus Ēratosthenes ita cum cæteris dicit. Neptunum quo tempore uoluerit Amphitritem ducere uxorem, & illa cupiens seruare uirginitatem, fugerit ad Atlanta, complures eò quæsitum dimisisse. In his & Delphina quendam nomine qui peruagatus insulas, aliquando ad uirginē peruenit, eiq; persuasit ut nuberet Neptuno, & ipse nuptias eorū administrauit. Pro quo facto inter sidera delphini effigiem collocauit. Et hoc amplius, qui Neptuno simulachrum faciunt, delphinum aut in manu, aut sub pede eius cōstituere uidemus, quod Neptuno gratissimum esse arbitrātur. Aglaosthenes aūt qui Naxica cōscripsit, Tyrrhenos ait fuisse quosdam nauicularios, qui Liberum Patrem puerum receptum, ut Naxum cum sociis suis comitibus transuectum, redderent nutricibus nymphis, à quibus eum nutritum, & nostri in progenie deorum & complures Græci dixerunt. Sed ut ad propositum reuertamur, nauicularii spe prædæ inducti nauem auertere uoluerunt, quod Liber suspicatus, comites suos iubet symphonia canere,

quo

quo sonitu inaudito Tyrrheni cum usq; eo delectarentur, ut etiam in saltationibus essent occupati, cupiditate se in mare inscii proiecerunt, & ibi delphini sunt facti: quorũ cogitationem cum Liber memoriæ hominum tradere noluisset, unius effigiem inter sidera collocauit. Alii autem dicunt, hunc esse delphina, qui Ariona cytharœdũ ex Siculo mari Tenarum transuexit, qui cum cæteros artificio præstaret, & circum insulas quæstus causa uagaretur, seruuli eius arbitrati, plus in perfidiosa libertate cõmodi, quàm in placida seruitute esse, cogitare cœperunt, ut in pelagus domino proiecto, bona eius inter se partirentur, qui cum cogitationem eorum sensisset, petiit non ut dominus à seruis, sed ut innocens ab improbis, ut parens à filiis, ut se liceret ornatum, qua sæpe fuerat ueste, *quoniam nemo esset alius, ut ipse, qui suum quæstum prosequeretur euentũ. Quod cũ impetrasset, cythara sumpta, suã cœpit deflere mortẽ, quo sonitu ducti delphines, è toto mari pronatant ad Arionis cantum. Itaq; deorum immortalium potestate inuocata, super eos se deiecit, quorum unus Ariona exceptum pertulit ad Tenarium littus, in cuius memoriæ causam, quæ ibi statua est Arionis, in ea delphin simulachrum affixũ uidetur, pro qua re inter sidera ab antiquis astrologis est figuratum. Serui autem qui se putarant seruitute elapsos tempestate Tenarum perducti, à domino comprehensi non mediocri supplicio sunt affecti.

Cauere, uel simile uerbũ deest.

Equus.

HVnc Aratus & alii complures Pegasum Neptuni & Medusæ Gorgonis filium dixerunt, qui in Helicone Bœotiæ monte ungula saxũ feriens, fontem aperuit, qui ex eius nomine Hippocrene est dictus. Alii dicũt: Quo tẽpore Bellerophontes ad Prœtum Abantis filium Argiuorum regem deuenerit, Antiam coniugem regis, hospitis amore inductam, petiisse ab eo uti sibi copiam faceret, promittens ei coniugis regnum, quæ cum impetrare non potuisset, uerita ne se ad regem criminaretur, occupat eum sibi uim afferre uoluisse. Prœto dicit, qui quod eum dilexerat, noluit ipse supplicium sumere, sed quod æquum esse sciebat, mittit eum ad Iobatem Antiæ reginæ patrem, quã alii Sthenobœam dixerunt, ut ille filiæ pudicitiam defendens Bellerophontem obiiceret Chimeræ, quæ eo tempore Lyciorum agros uastabat flamma, unde uictor profugiens post fontis inuentionem, cum ad cœlum contenderet euolare, neq; longe iam abesset, despiciens ad terram, timore permotus decidit, ibiq; periisse dicitur. Equus autem subuolasse inter sidera ab Ioue constitutus existimatur. Alii non criminatũ ab Antia, sed ne sæpius audiret quod nollet, aut precibus eius moueretur profugisse Argis dixerunt. Euripedes autem in Menalippa, ipsam Menalippen Chironis Centauri filiam Thetin antea appellatã dicit, quæ cum aleretur in monte Pelio, & studiũ in uenando maximum haberet, quodam tempore ab Aeolo Hellenis filio Iouis nepote persuasam concepisse, cumq; iam partus appropinquaret, profugisse in syluam, ne patri cum uirginem speraret nepotem procreasse uideretur. Itaq; cum parens eam persequeretur, dicitur petiisse à deorũ potestate, ne pariens à parente conspiceretur, quæ deorum uoluntate, postquàm peperit in equam conuersa, inter astra est constituta. Nonnulli eã uatẽ dixerunt esse, sed quod deorum consilia hominibus sit enunciare solita, in equam esse conuersã. Callimachus autẽ ait quod desierit uenari, & colere Dianam, in quam speciem supra diximus, eam Dianam cõuertisse. Hæc dicitur etiam hac re non esse in conspectu Centauri quem Chirona esse nonnulli dixerunt & etiam dimidiam apparere, quod noluerit scire se fœminam esse.

Deltoton.

HOc sidus uelut litera est græca in triangulo posita, itaq; appellatur, quod Mercurius supra caput Arietis statuisse existimatᷣ, ideo ut obscuritas Arietis huius splendore, quo loco esset, significaretur, & Iouis nomine græce Dios primam literam deformaret. Nonnulli Aegypti positionem. Alii quã Nilus terminaret Aethiopiã esse et Aegyptum dixerunt. Alii Siciliam figuratam putauerunt. Alii quod orbem terrarum superiores trifariam diuiserunt, tres angulos esse constitutos dixerunt.

Aries.

Hic existimatur esse qui Phrixum transtulisse & Hellen dictus est, per Hellespontum, quem Hisiodus & Pherecides ait habuisse auream pellé, de qua alibi plura dicemus. Sed Hellen decidisse in Hellespontú, et à Neptuno compressam, Peona procreasse complures, nónulli Edonum dixerunt. Præterea Phrixum incolumem ad Aeetam peruenisse, & arietem Ioui immolasse, pellem in templo fixisse, arietis ipsius effigiem ab Ioue inter sidera cóstitutam, habere tempus anni quo frumentum seritur, ideo quod ortú seuerit antè quæ maxime fugæ fuit causa. Et Eratosthenes ait, arieté ipsum sibi pellem aureá detraxisse, & Phrixo memoriæ causa dedisse, ipsum ad sidera peruenisse, quare ut supra diximus obscurius uideatur. Hunc autem nonnulli dixerunt in oppido Orchomenio quod est in Bœotia natú. Alii in Salonú Thessaliæ finibus procreatum. Alii dicunt Crethea et Athamantem cum aliis pluribus Aeoli filios fuisse. Nonnulli etiam Athamantis filium, Salomon esse Aeoli nepotem dixerunt, Crethea autem habuisse Demodicem uxorem, quam alii Biadicen dixerunt. Hanc autem Phrixi Athamantis filii corpore inductam in amorem incidisse, neq; ab eo ut sibi copiam faceret impetrare potuisse. Itaq; necessario coactam criminari eum ad Crethea cœpisse, quæ diceret ab eo uim sibi pené allatam, & horum similia mulierum consuetudine dixisse. Quo facto Crethea ut uxoris amantem permotú Athamanti, ut de eo supplicium sumeret, persuasisse. Nubem autem interuenisse, & ereptú Phrixú et Hellen eius sororé in ariete posuisse & per Hellespontú quàm longissime posset perfugere iussisse: Hellen decidisse & ibi debitum naturæ reddidisse. Ex huius nomine Hellespontum appellatum: Phrixum Colchos peruenisse, & ut ante diximus arietis interfecti pellem in templo fixisse. Ipsum autem à Mercurio ad Athamãtem reductum, qui patri eius satisfecerit, eum innocentia confusum profugisse. Hermippus autem dicit, quo tempore Liber Africam oppugnauerit, deuenisse cú exercitu in eum locum, qui propter multitudinem pulueris Ammodes est appellatus. Itaq; cum in maximum periculum deuenisset, quod iter necessario facere uidebatur. accessit eò ut aquæ maxima penuria esset, quo facto exercitus ad defectionem maximam uenire cogebatur, qui quid agerent dum cogitant, aries quidam fortuitu ad milites eorum errans peruenit, quos cum uidisset, fuga sibi præsidium parauit. Milites autem qui eum fuerút conspicati, etsi puluere & æstu pressi uix progrediebantur, tamen ut prædam ex flãma petentes, arietem sequi cœperunt, usq; ad eú locum, qui Iouis Ammonis postea templo constituto est appellatus. Quo cum peruenissent, arietem qui consecuti fuerant, nusquã inuenire potuerunt. Sed quod magis hic fuerat optandum, aquæ magnam copiam in eo loco nacti sunt, corporibusq; recuperatis, Libero statim nunciauerút, qui gauisus ad eos fines exercitum deduxit, & Iouis Ammonis templum cú arietinis cornibus simulachro facto constituit, arietem inter sidera figurauit, ita ut cum Sol in eius foret signo, omnia nascentia recrearentur, quæ ueris tempore fiunt, hac re maxime quod illius fuga Liber recreauit exercitum. Præterea .xii. signorum principem uoluit esse, quod ille optimus exercitui fuerit ductor. Sed de Ammonis simulachro Leon, q res Aegyptias cóscripsit ait, Cum Liber Aegyptum, & reliquos fines regno teneret, & omnia primus hominibus ostendisse diceretur, Ammonem quendam ex Africa uenisse, & pecoris multitudiné ad Liberum adduxisse, quo facilius & eius gratia uteretur, & aliquid primus inuenisse diceretur. Itaq; pro beneficio ei Liber existimatur agrum dedisse, qui est contra Thebas Aegyptias, & qui simulachra faciunt Ammonis, cú capite cornuto instituunt, ut homines memoria teneant eum primum pecus ostendisse. Qui autem Libero factum uoluerunt assignare, quod non petierit ab Ammone, sed ultro ad eum sit adductus, simulachra illi cornuta faciunt, & arietem memoriæ causa inter sidera fixum dicunt.

Taurus.

Hic dicitur inter astra esse constitutus, quod Europam incolumem transuexit Cretam, ut Euripides dicit. Nonnulli autem cum Io in bouem sit conuersa, ut Iupiter ei satisfacere uideretur inter sidera constituisse, quod eius prior pars appareat ut tauri, sed reliquum corpus obscurius uideatur. Spectat autem ad exortum solem, cuius oris effigiem quæ continent stellæ Hyades appellantur. Has autem Pherecides Atheniensis Liberi nutrices esse demonstrat numero septem, quas etiam ante nymphas Dodonidas appellatas. Harum nomina sunt hæc. Ambrosia. Eudora, Pedilæ, Coronis, Polisso, Phyleto, Thyenæ. Hæ dicunt à Lycurgo fugatæ, et præter Ambrosiam omnes ad Tetym profugisse, ut ait Asclepiades. Sed ut Pherecydes dicit, ad Thebas Liberum perlatũ, Iunoni tradiderunt. Quam ob causam ab Ioue gratia eis est relata, quod inter sidera sunt constitutæ. Hyades autem appellatæ sunt, ut ait Museus, quod ex Atlante & Platone Oceani filia, sint quindecim filiæ procreatæ, quarum quinq; Hyadas appellatas demonstrat, quod earum Hyas fuerit frater à sororibus plurimum dilectus, qui cum uenans a leone esset interfectus, quinq; de quibus supra diximus lamentationibus assiduis permotæ dicuntur interiisse, quare eas quod plurimum de eius morte laborarent Hyadas appellatas. Reliquas uero decem sorores deliberasse de sororum morte, et earum septem sibi mortem conscisse, quare quod plures idem senserunt Pleiadas dictas. Alexander autem Hyadas ait dictas, quod Hyantis & Bœotiæ sunt filiæ. Pleiadas autem quod ex Pleione Oceani & Atlante sint natæ. Hæ numero septem dicuntur Sed nemo amplius quam sex uidere potest. Cuius causa proditur hæc, quod de septem sex cum immortalibus concubuerunt, tres cum Ioue, duæ cum Neptuno, una cum Marte, reliqua autem Sisyphi uxor demonstratur. Quarũ ex Electra & Ioue Dardanum, ex Maia Mercurium, ex Taygete Lacedemona procreatũ, ex Alcione autem & Neptuno Hyrea, ex Celeno Lycum & Nyctea natum, Martem autem ex Sterope Oenomaum procreasse, quam alii Oenomai dixerunt uxorẽ. Meropen autem Sisypho nuptam, Glaucum genuisse, quem complures Bellerophontis patrem esse dixerunt. Quare propter reliquas sorores eius inter sidera constitutam. Sed quia homini nupsit, stellam eius obscuratam. Alii dicunt Electrã non apparere, ideo quod Pleiades existimentur choream ducere stellis. Sed postq; Troia fuit capta, et progenies eius quæ à Dardano fuerit sit euersa, dolore permotam ab his se remouisse, & in circulo qui arcticus dicitur constitisse, ex quo tam longo tempore lamentantem capillo sparso uideri. Itaq; è facto cometem esse appellatam. Sed has Pleidas antiqui Astrologi seorsum à Tauro deformauerũt, ut ante diximus, Pleiones et Atlantis filias, quæ cũ in Bœotiam cũ puellis iter facerent, Oriona conatum uoluisse eis uim afferre, illas fugere cœpisse. Orionа autem secutum esse annis. xii. neq; eas inuenire potuisse. Iouem autem puellarum misertum inter astra constituisse, & postea à nonnullis astrologis caudam tauri appellatam. Itaq; adhuc Orion fugientes eas ad occasum sequi uidetur. Eas stellas Vergilias nostri dixerunt, quòd post uer exoriuntur, & hæ quidem amploré cæteris habent honorem. Quod earũ signo exoriente æstas significat. Occidente autẽ hyems ostendit, quod aliis non est traditũ signis.

Sic Oui. 5. Fast. Hoc alij signum Phariã dixere iuuẽcã, Quæ bos ex homine est, ex boue facta dea.

Hesiodus quinq; tantũ Hyades numerat. Νύμφαι Χαρίτεσσιν, ὁμοῖαι, Φαισύλη ἠδὲ Κορωνὶς, εὐστέφανός τε Κλέεια, Φαιώ θ' ἱμερόεσσα, καὶ Εὐδώρη τανύπεπλος, νύμφαι ἃς ὑάδας καλέουσι φῦλ' ἀνθρώπων.

Pleiades.

Vergiliæ.

Gemini.

Hos cõplures astrologi Castorẽ & Pollucẽ esse dixerũt, quos demonstrant omnium fratrũ inter se amãtissimos fuisse, quia neq; de principatu cõtenderũt, neq; ullã rem sine cõmuni cõsilio gesserũt. Pro qbus officiis eorũ Iupiter inter notissima sidera eos cõstituisse existimat, Neptunũ aũt pari cõsilio eos munerasse. Nã equos his quibus utuntur donauit, et dedit potestatẽ naufragis saluti esse. Alii dixerũt Herculẽ esse et Apollinẽ, nõnulli etiã Triptolemũ quẽ supra diximus, et Iasiona à Cerere dilectos, et ad sidera perlatos. Sed q de Castore et Polluce dicũt, hoc amplius addũt, ut Castor in oppido Atiadnis sit occisus, quo tẽpore Lacedemones cũ Atheniẽsibus bellũ gesserũt. Alii autẽ cũ oppugnarẽt Spartã Lynceus et Idas ibi periisse dixerũt. Pollucẽ ait Homer. cõcessisse fratri di midiam uitam. Itaq; alternis diebus eorum quenq; lucere.

Cancer.

HIc dicitur Iunonis beneficio inter astra collocatus, quod cum Hercules contra hydram lerneam constitisset, ex palude pedem eius mordicus arripuisset, qua de re Herculem permotum eum interfecisse. Iunonem autem inter sidera constituisse, ut esset cũ duodecim signis, quæ maxime solis cursu continentur. In eius deformationis parte sunt quædam qui asini appellãtur, à Libero in testa cancri duabus stellis figurati. Liber em̃ à Iunone furore obiecto, dicit̃ mente captus fugisse per Thesprotiam, cogitans ad Iouis Dodonei templum peruenire, unde peteret responsum, quo facilius ad pristinum statum mentis perueniret, sed cum uenisset ad quandam paludem magnam, quam transire non posset de quibusdam duobus asellis obuiis factis, dicitur unum deprendisse eorũ, & ita esse transuectum, ut omnino aquam non tetigerit. Itaq; cum uenisset ad templum Iouis Dodonei, statim dicitur à furore liberatus, & asellis gratiam retulisse, & inter astra eos collocasse. Nonnulli etiam dixerunt asino illi, quo fuerat uectus uocem humanam dedisse. Itaq; postea cum Priapo deo naturæ contendisse, & uictum ab eo interfectum, pro quo Liberum eius misertum in sideribus annumerasse. Et ut sciret̃ idpro deo non pro homine timido (quia Iunonem fugerit) fecisse, supra cancrũ constituit̃, qui deæ beneficio fuerat affixus astris. Dicitur etiam alia historia de asellis, ut ait Eratosthenes quo tempore Iupiter bello gygantibus indicto, ad eos oppugnandos omnes deos conuocauit, uenisse Liberum Patrem, Vulcanũ, Satyros, Sylenos, asellis uectos, qui cum non longe ab ostibus abessent dicuntur aselli pertimuisse, & ita pro se quisq; magnum clamorem & inauditum gygantibus fecisse, ut omnes hostes eorum clamore in fugam se conuerterent, & ita sint superati. Huius similis est historia de buccina Tritonis. Nam hic quoq; fertur, cũ concham inuentam excauasset secum ad gygantes tulisse, et ibi sonitum quendam inauditum per concham misisse. Hostes autem ueritos ne quæ esset immanis fera ab aduersariis adducta, cuius esset ille mugitus, fugæ se mandasse, & ita uictos in hostium potestatẽ peruenisse.

Leo.

HIc dicitur à Ioue constitutus, quod omnium ferarum princeps esse existimatur. Nonnulli etiã hoc ãplius dicũt, quod Herculis prima fuerit hæc certatio, et quod eum inermis interfecit. De eo & Pisandrus & complures alii scripserunt, cuius simulachrũ proximũ est uirgini. Sed aliæ .vii. stellæ ad caudã leonis in triangulo collocatæ, *Sunt.* quas crines Beronices esse Conon Samius mathematicus et Callimachus dicit. Cũ Ptolemæus Beronicen Ptolemæi et Arsinoes filiam sororem suã duxisset uxorem, et paucis post diebus Asiam oppugnatũ profectus esset, uouisse Beronicen; si uictor Ptolemæus redisset se detonsuram crinem, quo uoto damnatum crinem in Veneris Arsinoes † Confitidis posuisse templo, eum'q; postero die non conparuisse, quod factum cum rex ægre ferret, Conon mathematicus (ut diximus) cupiens inire gratiam regis dixit crinem inter sidera uideri collocatum, & quasdam uacuas à figura septem stellas ostẽdit, quas esse crinem fingeret. Hanc Beronicen nonnulli cum Callimacho dixerunt equos alere et ad Olympia mittere consuetam. Alii dicunt hoc amplius Ptolemæum Beronicis patrem, multitudine hostiũ perterritũ fuga salutẽ petisse, filiã aũt sæpe cousuetã insiliisse in equũ et reliquã exercitus copiam constituisse, & complures hostium interfecisse reliquos in fugam coniecisse, pro quo etiam Callimachus eam magnanimam dixit. Eratosthenes autem dicit et uirginibus Lesbiis dotẽ q̃ cuiq; relictã à parẽte nemo solueret, iussisse reddi et inter eos constituisse petitionẽ.

Quidã Zephyritidis legũt. ego malĩ Chrysitidis. Nam & Plin. templum Arsinoẽs aureũ uolatũ dicit lib. 37. ca. 8. De crine autem Beronices apud eundem est. libro. 2. cap. 70.

Virgo.

HAnc Hesiodus Iouis & Tetidis filiam dicit. Aratus autem Ascre & Autoræ filiam existimat, quod eodẽ tempore fuerit, cũ aurea secula hominũ et eorũ principem fuisse demonstrat, propter diligentiã et æquitatẽ, iusticiã appellatã, neq; illo tempore ab hominibus exteras nationes bello lacessitas esse, neq; nauigio quenq̃ usum esse sed

agris

agris colendis uitam agere cõsueuisse. Sed post eorũ obitum qui sint nati minus officiosos, magis auaros cœpisse fieri, quare minus iustitiã iter homines fuisse cõuerlatã. Denique eam peruenisse usque eo dum diceretur, Heu heu genus hominum tnatũ. Itaque iam non potuisse pati amplius, & ad sidera euolasse. Sed hanc alii Fortunã, alii Cererẽ dixerunt, et hoc magis non conuenit inter eos, quod caput eius nimiũ obscurũ uidetur. Nonnulli etiã Erigonem Icarii filiã dixerũt, de qua supra diximus. Alii autẽ Apollinis filiam ex Chrisothemi natã et infantẽ Parthenon nomine dictã, eamque quod parua interierit ab Apolline inter sidera collocatã. malum.

Scorpius.

HIc propter magnitudinem membrorũ in duo signa diuiditur, quorũ unius effigiem nostri libram dixerunt. Sed omnino totũ signũ hac de causa statutam assignatur. quod Orion cũ uenaretur, et in eo exercitatissimũ se esse cõfideret, dixisse etiã Dianæ et Latonæ se omnia quæ ex terra oriuntur interficere ualere, quare Terrã permotã scorpionẽ eduxisse, qui eum interficere demonstratur. Iouem autẽ utriusque animũ admiratũ, scorpionem inter astra collocasse, ut speties eius hominibus documento esset, ne quis eorum de aliqua re sibi confideret. Dianã autẽ propter studiũ Orionis petisse à Ioue, ut idem illi beneficiũ daret petenti, quod terræ ultro tribuisset. Itaque eũ cõstitutũ, ut cũ scorpio oriatur, Orion occidat.

Sagittarius.

HVnc complures Centaurũ esse dixerũt. Alii autẽ hac causa negauerũt, quod nemo centaurus sagittis sit usus. Hic autẽ quæritur, cur equinis cruribus sit deformatus, & caudã habeat ut Satyri. Dicunt enim nõnulli hũc esse Crotum nomine, Euphemes musarũ nutricis filiũ, ut ait Sositheus tragœdiarũ scriptor eũ domiciliũ in mõte Helicone habuisse, et cũ musis solitũ delectari, nõnunquam etiã studio uenationis exerceri. Itaque pro merita diligentia magnã laudẽ assecutũ. Nã et celerrimũ in syluis & acutissimũ in musis factũ esse, pro quo studio petisse musas ab Ioue, ut in aliquo astrorũ numero deformaretur. Itaque Iouẽ fecisse, ut cũ omnia illius artificia uno corpore uellet significare crura eius equina fecisse, quod equo multũ sit usus, et sagittas pro ingenio adiunxisse, ut ex his et acumen et celeritas esse uideretur. Caudã satyricã in corpore finxisse, quod nõ minus hic musis, quam Liber satyris sit delectatus. Ante huius pedes stellæ sunt paucæ, in rotundo deformatæ, quas coronã eius ut ludentis abiectam nonnulli dixerunt.

Capricornus.

HVius effigies similis est Aegipani, quem Iupiter, quod cum eo erat nutritus in sideribus esse uoluit, ut capram nutricem, de qua ante diximus. Hic etiã dicitur cum Iupiter Titanas oppugnaret, primus obiecisse hominibus timorem, qui Panicos appellatur, ut ait Eratosthenes, hac etiam de causa huius inferiorem partẽ piscis esse formationẽ, quod muricibus id est maritimis conchiliis hostes sit iaculatus, pro lapidum iactatione, Aegyptii autem sacerdotes, & nonnulli poetæ dicunt, cũ plures dii in Aegyptum conuenissent, repente uenisse eodẽ Typhona acerrimum gyganta, & maxime deorum inimicum, quo timore permotos, in aliam figuram se conuertisse. Mercurium factũ esse Ibin. Apollinem autẽ quæ Threicia auis est et grus dicitur, Dianã cato simulatam, quibus de causis Aegyptios ea genera uiolari non sinere demonstrant, quod deorum imagines dicantur. Eodem tempore Pana dicunt in flumen se deiecisse, & posteriorem partem corporis effigiem piscis, alteram uero hirci fecisse, & ita à Typhone profugisse, cuius cogitatum Iouem admiratũ effigiem eius inter sidera fixisse.

Aquarius.

HVnc complures Ganymedem esse dixerunt. Quem Iupiter propter pulchritudinẽ corporis ereptum parentibus deorũ ministrũ fecisse existimatur. Itaque ostenditur ut aqua aliquò infundẽs. Hegesianax autẽ Deucaliona dicit esse, quod eo regnãte tanta uis aquæ se de cœlo profuderit, ut cataclysmus factus esse diceretur. Eubulus aũt Cecropẽ demõstrat esse antiquitatẽ generis cõmemorãs et ostendẽs antequam uinũ traditũ sit hominibus, aqua in sacrificiis deorũ usos esse, et ante Cecropẽ regnasse quam uinũ sit inuentum.

Pisces.

DIogenites Erithracus ait quodam tempore Venerem cum Cupidine filio in Syriam ad flumen Euphratem uenisse, et eodem repente Typhona gyganta, de quo supra, diximus apparuisse. Venerem autē cum filio in flumen se proiecisse, & ibi figuram piscium forma mutasse quo facto periculo esse liberatos. Itaq; postea Syros quæ in his locis sunt proximi, destituisse pisces esitare, quod uereant̄ eos capere ne simili causa deorū præsidia impugnare uideant̄, aut eos ipsos captare. Eratosthenes autē ex eo pisce natos homines dicit, de quo post dicemus.

Cetus.

DE hoc dicitur quod à Neptuno missus sit, ut Andromedam interficeret, de qua ante diximus. Sed à Perseo sit interfectus, propter immanitatem corporis, & illius uirtutem inter sidera collocatus.

Eridanus.

HVnc alii Nilū, complures etiā Oceanū esse dixerunt. Qui autem Nilum uolunt uocari, propter magnitudinem eius & utilitatem æquissimum esse demonstrant, præterea quod infra eum quædam stella sit clarius cæteris lucens, nomine Canopos appellata. Canopos autem insula flumine alluitur Nilo.

Lepus.

HIc dicitur Orionis canē fugere uenantis. Nam cum ut oportebat eum uenatorem finxissent, uoluere etiam hoc significare aliqua de causa. Itaq; leporem ad pedes eius fugientem finxerunt, quem nonnulli à Mercurio cōstitutum dixerunt, eiq; datū esse præter cætera genera quadrupedū ut alios pareret, alios haberet in uentre. Qui autem ab hac causa dissentiunt, negāt tam nobilem & tam magnum uenatorem, de quo et ante in Scorpionis signo diximus oportere fingi leporem uenari. Callimachum quoq; accusari, quod cum Dianæ scriberet laudes eam leporum sanguine gaudere, & eos uenari dixisset. Itaq; Oriona cum Tauro decertantem fecerunt. Leporis autem hanc historiam memoriæ prodiderunt. Apud antiquos in insula †Leto nullum leporem fuisse, sed ex eorum ciuitate adolescentium quendam studio generis inductum, ab exteris finibus leporem fœminam prægnantem attulisse, & ad eius partum diligentissime ministrasse. Itaq; cum peperisset compluribus eius ciuitatis studiū incidisse, & partim precio, partim beneficio mercatos omnes lepores alere cœpisse. Itaq; non longo interuallo tantā multitudinē leporū procreatā, ut tota insula ab his occupata diceretur, quibus cum ab hominibus nil daretur, in semina eorū impetu facto omnia comederunt. Quo facto incolæ calamitate affecti, cū famæ forēt oppressi, cōmuni cōsilio totius ciuitatis, uix deniq; eos abegisse ex insula dicuntur. Itaq; leporis postea figuram in astris cōstituisse, ut homines meminissent, nil esse tā exoptandum in uita, quin ex eo plus doloris quam lætitiæ capere posterius cogeretur.

Plinius in Ithaca lepores nullos uiuere scribit.

Orion.

HVnc Hesiodus Neptuni filiū dicit, ex Euriale Minois filia natū, cōcessū autē ei ut super fluctus curreret, & in terra quéadmodū Iphiclo datū dicitur, ut supra aristas curreret, nec eas infringeret. †Aristonicus autē dicit quendā Hyrea fuisse Thebis. Pindarus autē in insula Chio. Hūc autē cū Iouē & Mercuriū hospitio recepisset, petisse ab eis, ut sibi aliqd liberorū nasceret̄. Itaq; quo facilius petitū impetraret, bouē immolasse, et his pro epulis apposuisse, quod cū fecisset, poposcisse Iouē et Mercuriū, quod coriū de boue fuisset detractū, et quod fecerāt urinæ, in coriū infudisse, et id sub terra poni iussisse, ex quo postea natum puerum quem Hyreus è facto Vriona nomine appellauit, sed uetustate et consuetudine factum est ut Orion uocaret̄. Hic dicit̄ Thebis Chium uenisse et Oenopionis filiam Meropen per uinum cupiditate incensus conpressisse, pro quo facto ab Oenopione excæcatus, & de insula eiectus existimatur Lemnum ad Vulcanum peruenisse, & ab eo quendam ducem Cedaliona nomine accepisse quē collo ferens dicitur ad solem uenisse, & ab eo sanatus ut se ulcisceret̄ Chium reuuertisse.

Aristomachus.

Oenopio-

Oenopiona autẽ à ciuibus sub terra custoditũ esse, quẽ postq̃ se inuenire posse despera
ret Orion, in insulam Cretam peruenisse, & ibi uenari cœpisse cum Diana, & ei pollice-
ri quæ supra diximus, & ita ad sidera peruenisse. Nonnulli autem aiunt, Oriona cũ Oe-
nopione propè nimia coniunctum amicitia uixisse, et quod ei uoluerit suum studium
in uenando probare, Dianæ quoq; pollicitum, quæ supra diximus, & ita interfectum.
Alii dicunt cum Callimacho, cum Dianæ uim uoluerit afferre, ab ea sagitis esse confix-
um, & ad sidera propter uenandi consimile studium deformatũ. Ister aũt dicit Oriona
à Diana esse dilectũ, & penè factum, ut ei nupsisse existimaretᷣ. Quod Apollo cum ægre
ferret, & sæpe eam obiurgans, *hoc fecisse, natantis Orionis longe caput solum uideri Deesse, nihil
conspicatus, contendit cum Diana, eam non posse sagittam mittere ad id quod nigrũ proficeret, uel
in mari uideretur, quæ cum uellet in eo studio se maxime artificé dici, sagitta missa simile uidetur.
caput Orionis traiecit. Itaq; cum fluctus interfectum ad littus adiecisset, et se eum Diana
percussisse plurimum doleret, multis eius obitum prosecuta lachrymis, inter sidera sta-
tuisse existimatur. Sed quæ post mortem eius Diana fecerit, in eius historiis dicemus.

Canis.

HIc dicitur ab Ioue custos Europæ appositus esse, & ad Minoa peruenisse.
Quem Procris Cephali uxor laborantem dicitur sanasse, & pro eo benefi- Ouid. à Diana
cio canem munere accepisse, quod illa studiosa fuerit uenationis, et quod accepisse ait.
cani fuerat datum ne ulla fera præterire eum posset, post eius obitum canis
ad Cephalum peruenit, quod Procris eius fuerat uxor, quem ille ducens
secum, Thebas peruenit, ubi erat uulpes, cui datũ dicebatur omnes canes effugere posse.
Itaq; cum in unũ peruenissent, Iupiter nescius quod faceret (ut† Histrius ait) utrunq; in Ister.
lapidem conuertit. Nonnulli hunc canem Orionis esse dixerunt, et quod studiosus fu-
erit uenandi cum eo cane quoq; inter sidera collocatum. Alii †autem Icarii canem esse di Vt Lucianus in
xerunt, de quo ante diximus, quæ multa proposita suos habent auctores, sed canis ha- Dialogo, Deorũ
bet in lingua stellam unam, quæ ipsa canis appellatur. In capite autem alteram, quam ecclesia.
Isis suo nomine statuisse existimatur, & Sition appellasse propter flammæ candorem,
quod eiusmodi sit, ut præter cæteras lucere uideatur. Itaq; quo magis ea cognoscerent
Sirion appellasse.

Procyon.

HIc ante maiorem canem exoriri uidetur, sed à nonnullis Orionis esse existimatᷣ.
Hac etiam de causa Procyonem appellatum, sed iisdem omnibus historiis qui-
bus superior canis annumeratur.

Argo.

HAnc nonnulli propter celeritatem Argo dixerunt græce appellatã. Alii quod Ar-
gus eius fuerit inuentor. Hanc autem primam in mari fuisse complures dixerunt,
& hac re maxime stellis esse figuratam. Hanc nauim factam Pindarus ait, in Mag-
nesia oppido cui Demetrias nomen est. Callimachus autem in iisdem finibus ad Ap-
pollinis Actii templum, quod Argonautæ proficiscentes statuisse existimantur, in eo lo-
co qui Pagasæ uocatur, ideo quod nauis Argo ibi primum compacta dicitur, quod est
græce Pagasæ. Homerus hunc eundem locum in Thessaliæ finibus esse demonstrat. Ae-
schylus autem & nonnulli aiunt à Minerua quandam materiam loquentem eodem
esse coniunctam, sed huius non tota effigies inter astra uidetur, diuisa enim est à puppi
usq; ad malum, significans ne homines nauibus fractis pertimescerent.

Centaurus.

HIc dicitᷣ nomine Chiron Saturni & Phyllire filius esse, q̃ nõ modo cæteros centau-
ros, sed hoiẽs quoq; iusticia dicitᷣ superasse. Aesculapiũ et Achillẽ nutrisse existimatᷣ,
pietate igitᷣ et diligẽtia effecit ut iter astra numeraretᷣ. Apud hũc Hercules cũ diuerte-
retᷣ, et simul cũ Chirone sedẽs sagittas cõsideraret, fertᷣ una eorũ decidisse supra pedẽ Chi-
ronis et ita eũ interfecisse. Alii autẽ dicũt cẽtaurũ miratũ q̃d tam breuibus sagittis, tã mag
na corpora cẽtaurorũ interfecerit, ipsũ cõtendere arcũ conatũ. Itaq; ex eius manu sagittã
prolapsam

prolapsam in pedem eius incidisse, pro qua re Iupiter eius misertus inter sidera eum constituit cum hostia quam supra aram tenens immolare uidetur. Hunc alii Pholon al. ualuisse. esse Centaurum dixerunt, eum'que aruspitio præter cæteros plurimum † ualere. Itaque ad aram cum hostia uenire Iouis uoluntate figuratur.

Ara.

IN hac primum dii existimantur sacra & coniurationem fecisse, cum Titanas oppugnare conarentur, eam autem cyclopas fecisse, ab ea consuetudine homines dicuntur instituisse sibi, ut cum aliquam rem efficere cogitarent, prius sacrificarent quàm agere cœpissent.

Hydra.

IN hac coruus insidere & crater positus existimatur, de qua hanc habemus memoriæ proditam causam. Coruus Apollinis tutela usus, eo sacrificante missus à fonte aquam puram petitum, uidit arbores complures ficorum immaturas, eas expectans dum maturescerent, in arbore quadam earum consedit. Itaque post aliquot dies coctis ficubus, & à coruo pluribus earum comesis, expectãs a Apollo coruum, uidit eum cũ cratere pleno uolare festinantem, quo pro admisso eius dicitur, quod diu moratus sit Apollinem, qui coactus mora corui, alia aqua est usus, hac ignominia eum affecisse, ut quamdiu ficus coquerentur, coruus bibere non posset, ideo quod guttur habeat pertusum illis diebus. Itaque cum uellet significare sitim corui, inter sidera constituit crateram, & supposuit hydram, quæ coruum sitientem moraretur. Videtur enim rostro caudam eius extremam uerberare, ut tanquam non sinat se ad crateram transire. † Histrus autem & cõplures dixerunt Coronida Phlegyæ filiã fuisse, hanc al. Ister. autem ex Apolline Aesculapiũ procreasse. Sed postea Ischyn Elati filium cum ea concubuisse, quod cum uideret coruus, Apollini nunciasse, qui cum fuerit antea candidus, pro incommodo nuncio, eum nigrum fecisse, & Ischyn sagittis confixisse. De Cratera autem hanc historiã Philarchus scribit. In Chersoneso quæ confinis est Troiæ, ubi Protesilai sepulchrum statutum complures dixerunt, urbs Phlagusa nomine dicitur, in qua Demiphon quidam, cum regnaret incidit eorum finibus repentina uastitas, & ciuium internitio miranda, quare Demiphonta permotum ferunt misisse ad Apollinis oraculum remedium quærens uastitatis, responso autẽ dato, ut quotannis una de nobilium genere uirgo diis penatibus eorum immolaretur. Demiphon omniũ filias præter suas sorte ductas interficiebat, usque dum cuidam ciuium loco nobilissimo eorũ nato, perdoluit inceptum Demiphontis, qui negare cœpit de sua filia se passurum sortiri, nisi eodem regis filiæ coniectæ essent, quo facto rex permotus, illius filiam sine sorte ductã interfecit, quod Mastusius nomine uirginis pater instanti tẽpore simulauit se patriæ causa non ferre ægre factũ, potuisset enim postea sorte ducta nihilominus interficere, quod paulatim dies regi in obliuionem perduxit. Itaque cum se prope amicissimum regi pater uirginis ostendisset, solenne sacrificium se habere dixit, eum'que & filias eius ad id cõficiendum inuitauit, qui nihil aliter futurum suspicatus, filias antè misit, ut ipse occupatus in re ciuili postea ueniret. Quod cum exoptanti Mastusio accidisset, filias eius interfecit, & sanguinem earum cum uino in cratere mixtum aduenienti regi pro potione dari iussit, qui cum filias desideraret & quid his factum esse rescisset, Mastusium cum cratere b in mari proiici iussit, quo facto mare quo ille proiectus est, memoriæ causa, Mastusium uocatum, portus autem adhuc crater dicitur, quam antiqui Astrologi stellis deformauerunt, ut homines meminissent, maleficium neminem temere lucrari posse, neque obliuionem inimicitiarum fieri solere. Nonnulli cum Eratosthene dicunt, eũ cratera esse quo Icarus sit usus, cum hominibus ostenderet uinum. Alii autem dolium esse, quo Mars ab Otho & Ephialte sit coniectus.

a Ouid. 2. Fastor. addit coruũ unà attulisse hydrũ quoque, et culpã moræ in illũ reiecisse, tanquam qui se remoratus fuisset.

b In aliis legitur Matusiũ, nos ex Plinio Mastusium legendum duximus. uide lib. 4. cap. xi.

Piscis

Piscis qui Notius appellatur.

Hic uidetur ore aquam excipere à signo aquario, qui laborãtem quondam Isim seruasse existimatur, pro quo beneficio simulacrum piscis & eius filiorũ, de quibus ante diximus inter instra constituit. Itaq; Syri complures pisces non esitant & eorũ simulachra aurata pro diis penatibus colunt. De hoc Hegesias scribit.

De quinq; stellis.

Reliquum est nobis de stellis quinq; quas complures ut erraticas, ita planetas græci uagos dixerunt. Quarum una est Iouis nomine Phæton, qué Heraclides Ponticus ait, quo tempore Prometheus homines finxerit, hunc pulchritudine corporis reliquis præstantem fecisse, cunq; supprimere cogitaret, ut certum redderet cupidinem Ioui nunciasse, quo facto missum Mercurium ad Phætonta, persuasisse ut ad Iouem ueniret, & immortalis fieret. Itaq; eum inter astra collocatum. Secunda stella dicitur Solis quam alii Saturni dixerunt. Hanc Eratosthenes à Solis filio Phaëtontem appellatam dicit, de quo plures scripserunt ut patris inscienter curru uectus incéderit terras, quo facto ab Ioue fulmine percussus, in Eridanum deiectus, à Sole inter sidera sit perlatus. Tertia est stella Martis quam alii Herculis dixerunt, Veneris sequens stellam, hac ut Eratosthenes ait, de causa, quod Vulcanus cum uxoré Veneré duxisset & propter eius obseruantiã Marti eius copia non fieret, ut nihil aliud assequi uideretur, nisi suã stellam, Veneris sidus persequi, à Venere impetrauit. Itaq; cum uehementer eum amore incenderet, id significans, è facto stellam Pyroënta appellauit. Quarta stella est Veneris Lucifer nomine, quam nonnulli Iunonis esse dixerunt. Hunc eundem Hesperum appellari multis traditum est historiis. Hic autem omnium siderum maximus esse uidetur. Nõnulli autem hunc Auroræ & Cephali filium esse dixerunt pulchritudine multis præstanté, ex qua re etiam cum Venere dicitur certasse, ut etiam Eratosthenes dicit, eum hac de causa Veneris appellari, exoriente sole & occidente uideri, quare ut ante diximus iure hunc & Luciferum, & Hesperum nominatũ. Quinta stella est Mercurii nomine Stilbon, sed hæc est breuis & clara. Hæc autem Mercurio data existimatur, quod primus menses instituerit & præuiderit siderum cursus. Euheremus auté primam ait Venerem astra constituisse & Mercurio demonstrasse.

Saturni stella ab aliis Phænõ uocatur, uide Ci ce. 2. de na. Deo.

Circulus Lacteus.

Præterea ostenditur circulus quidã in sideribus candido colore, qué Lacteũ esse nõnulli dixerunt. Eratosthenes aũt Mercurio dicit infanti puero insciam Iunoné dedisse lac, sed postquã rescierit eũ Maiæ filium esse reiecisse eum à se. Ita lactis profusi splendorem inter sidera apparere. Alii dixerũt dormiẽti Iunoni Herculé supposirũ & experrectã ei quod supra diximus fecisse. Alii aũt Herculem propter nimiam auiditaté, multitudinem lactis appetisse, neq; in ore continere potuisse, quod ex ore eius profusum circulum signasse. Alii dicunt quo tempore Ops Saturno lapidem pro partu attuli iusisse ei lac præbere, quę cum pressisset mãmam profuso lacte circulum deformatum, quem supra demonstrauimus. Nos autem omnium corporum deformationem dicere instituemus.

Clarissi-

CLARISSIMI VIRI C. IVLII HYGINI AVGVSTI LIBERTI, DE DESCRIPTIONIBUS formarum cœlestium, Liber III.

Arcti.

HGitur incipiens à polo Boreo protinus dicere,quo utræq; Arcti nixe uehuntur Arctico circulo clausæ, & ita collocatæ ut alterius unaquæq; earum re supinata caput alterius tegere uideatur, ita tamen ut caput eius quæ superior fuerit ad caudam inferiorem contendat. Harum maior in extremo circulo pedes habet fixos. Preterea habet in capite stellas septem, omnes obscuras, in utriusq; auribus binas. In humero claram unã, in pede de posterioribus nouissimo duas. In summo interscapilio unã. In crure de posterioribus primo unam, in pede priore duas. In cauda ipsa tres, ita totius sideris stellæ sunt omnino, xxi. Minor aũt habet in stationis unoquoq; loco stellas singulas clare lucẽtes & super caudam tres, omnino septẽ, sed in prioribus caudæ stellis una, à qua polus appellatur, ut Eratosthenes dicit, per quem locum ipse mũdus existimatur uersari. Reliquæ autẽ duæ choreutai dicuntur, quod circum polum uersantur.

Vrsa maior habet quinq; secundæ magnitudinis, et sex tertiæ magnitudinis. Reliquæ *sunt aut quartæ ut quintæ magnitudinis.*

Vrsa minor, habet duas secundæ magnitudinis, & stellam polarem tertiæ magnitudinis.

Draco.

DRaco inter duas arctos collocatus uidetur, corporis sinu facto, arcton minorẽ ita cõcludere, ut pene pedes eius tangere uideatur, cauda autẽ flexa caput maioris attingere suo capite tanquã reducto, circulũ arcticũ attingens, corpus ut in sphæram conplicati, & si quis diligentius attenderit, uidere poterit caput Draconis ad maioris ursæ regionem caudę collocari. Hic habet in utroq; tempore stellas singulas: In oculis singulas, in mento unã, & toto corpore reliquo passim claras decem, ita ut omnino sit stellarum quindecim.

Bootes siue Arctophylax.

Boëtes *super humerum sinistrum, & super coxam dextram, & in crure sinistro habet stellas tertiæ magnitudinis:* Reliquæ *sunt aut quartæ aut quintæ magnitudinis.*

HVius manũ sinistram circulus arcticus includit, ita ut neq; occidere neq; exoriri uideatur. Ipse enim positus ab arctico circulo ad ęstiuũ definitur inclinatus in longitudinẽ dextro pede æstiuo ciculo nixus, huius humeros & pectus à reliquo corpore diuidit circulus qui per utrosq; polos trãsiens tangit arietem & chelas, hic quidem cum tauro & geminis & cancro et leone occidit, ideo sero occidere dicitur, magis & quod actus à pedibus peruenit ad terrã. At exoriens citius quàm chelæ uidetur. Habet autẽ in sinistra manu stellas quatuor, quę occidere nunq̃ uidentur, in capite stellam unã. In utroq; humero singulas, in utraq; manu singulas, sed clariorem dextram, & sub ea alteram obscuram, & in cubito dextro claram unam. In zona unam clarius cæteris lucentem, hæc stella arcturus appellatur, in utrisq; pedibus singulas quæ omninó sunt xiiii. ♏

Draco sub ♊ est. Boötes sub ♍ & ♎

Corona.

Corona septentrionalis octo habet stellas, quæ ferè omnes quartæ sunt magnitudinis præter Alphetam, quæ secundæ est magnitudinis.

Coronam humero sinistro prope contingere Arctophylax uidetur, quam engonasin dextri pedis calce coniungit, hæc cancro & leone exoriente occidere, cum scorpione exoriri perspicitur. Habet autem stellas nouem in rotundo dispositas, sed ex his tres clarius cæteris lucentes.

Engonasin siue Hercules.

Hercules insigniores stellas habet in capite, in humero dextro et super adiutorium dextrum, & super humerum sinistrum, quæ singulæ tertiæ sunt magnitudinis, reliquæ ferè omnes sunt quartæ & sextæ magnitudinis.

♏

Engonasin. Hic positus inter duos circulos arcticum & æstiuum, utrisq; pedibus & dextro genu quẽ ante diximus arcticum circulum finit. Ita tamen ut dextro pede prioribus digitis circulum terminet, sinistro autem toto caput draconis opprimere conetur. Humeris autẽ uelut sustinens circulum æstiuũ & manu dextra proiecta tangens. Leua aũt è regione ad sinistrũ genu portigens, equali interuallo circuli æstiui & genu sinistri. Hic occidẽs capite prius quam reliquo corpore deuenit ad terram, qui cum totus occidit * ut pendere pedibus ex arctico circulo uideatur, exoriẽs antè pedibus quàm reliquis membris. Habet autẽ in capite stellam unam. In sinistro brachio unam. In utroq; humeró singulas clare lucentes. In manu sinistra unam, in dextro cubito unam. In utroq; latere singulas sed clariorem in sinistro. In dextro fœmore duas. In genu unã, In poplite unã, in crure duas, in pede unam quæ dicit' clara*. In sinistra manu quatuor, quas pellẽ leonis nõnulli esse dixerũt. Ita sunt omnino decẽ et nouem.

ita figuratur; &c. uel similẽ quid deesse uidetur

♐

Lyra.

Lyra, quæ & uultur cadens, habet stellas decem, quarum insignior est Vega primæ magnitudinis.

Lyra. Hæc posita est contra regionẽ eius loci qui est inter genu & manũ sinistrã eius qui Engonasin uocatur, cuius ipsa testudo spectat ad arcticum circulũ. Summũ autem cacumen ad polum Notium contendere uidetur, hæc lyra uirgine exoriente occidere uidetur, & cum sagittario exoriri perspicitur, habet aũt in ipsis testudinis lateribus singulas stellas. In summis cacuminibus eorum quæ in testudine ut brachia sunt coniecta singulas in mediis, iisdẽ quas humeros Eratosthenes fingit

h

nes fingit singulas, in scapulis ipsius testudinis duas, in ima lyræ quę & basis totius uidetur unam, & omnino sunt ix.

Olor.

Cygnus habet unam insignem stellam secundæ magnitudinis in cauda, uocaturq́; Deneb adigege, & unam tertiæ magnitudinis in ala dextra & unam eiusdẽ magnitudinis in extremitate alæ sinistræ, reliquæ sunt quartæ magnitudinis.

OLor. Huius una ala est ad circũductionem huius circuli qui arctos uocatur, cõtingẽs extremum pedem sinistrum eius qui Engonasin uocatur. Sinistram autem habet alam paululum extra circulum æstiuũ pene coniũgẽs pedibus Pegasi, æstiuus aũt circulus rostrum eius à reliquo corpore diuidit, Cauda iungitur extrema cum capite Cephei, hic cum uirgine & chelis occidens prius capite quàm reliquis membris deuenit ad terrã, exoritur aũt cum Capricorno. Hic habet in capite stellã clare lucentẽ unã. In collo alteram pari fulgore, in utrisq; pẽnis quinas. Supra caudã unã, omnino habet stel. xii

Cepheus.

Cepheus omnes stellas quas habet, sunt quartæ & quintæ magnitudinis præter unã Alderaimin in dextro brachio, quæ est tertiæ magnit.

CEpheus à tergo minoris arcti constitutus includitur arctico circulo à pedibus ad pectus ut prçter humeros et caput eius nihil occidere uideatur, nec longe abest à flexu draconis quẽ capite primũ efficere uidetur, Cepheus aũt manibus utrisq; proiectis figuratus, tãto dissidet interuallo à pedibus arcti minoris quantũ spaciũ inter pedes Cephei uideť, huius caput scorpione exorto occidere, cum sagittario exoriri uideť. Hic aũt habet in capite stellas duas, in manu dextra unam, in cubito obscurã unam, in sinistra manu & in humero singulas. In dextero humero unã. In zona quę mediũ eius diuidit corpus tres stellæ clarę uidẽtur. In latere dextro obscurã unã, in sinistro genu duas. In utrisq; pedibus singulæ, supra pedes stellę quatuor, hic totus omnino stellarum numerus xix.

Cassiopeia.

Cassiopeia unam habet cæteris insigniorem stellam tertiæ magnitudinis & in pectore positam, Scheder nomine. Habet & unã in coxis, atq; unam in medio sedis, & unam in genibus tertiæ magnitudinis, reliquæ sunt quartæ magnitudinis.

CAssiopeia sedens in siliquastro collocata est, cuius sedilis & ipsius Cassiopeię pedes positi in ipsa circunductione circuli qui arcticos uocatur, effigies autem corporis ad æstiuum circulum peruenit, quem capite & dextera manu tangit, Hanc prope mediam diuidit circulus is qui lacteus appellatur, proxime Cephei signum collocatum. Hæc occidens cum scorpione

scorpione capite, cum sedili resupino ferri perspicitur. Exoriri autem cum sagittario, huius in capite stella ostenditur una, in utroq; humero una, in mamilla dextra clara una. In lumbis magna una, in sinistro fœmore duæ, in genu una, in pede ipsius dextro una, in quadrato quo sella deformatur una, in utrisq; angulis singulæ clarius cæteris lucentes. Hæc igitur est omnino stellarum xiii.

Andromeda.

Andromeda habet septem stellas tertiæ magnitudinis, unã scilicet in capite & quatuor in brachio sinistro & unam in palma dextra.

♈

ANdromeda prope Cassiopeiam, supra caput Persei, breui interuallo dissidente perspicit̃ collocata, manibus diuersis uincta, ut antiquis historiis est traditum: cuius caput equi Pegasi uentri cõiungitur. Eadẽ enim stella et umbilicus Pegasi et Andromedę caput appellatur, huius medium pectus & manũ sinistram circulus æstiuus diuidit. Occidit autem cum pisce de duobus secundo, quem Andromedæ subiectum brachio supra diximus. Exoriẽte Libra & scorpione capite priusquã reliquo corpore peruenit ad terram. Exoritur autem cum piscibus et Ariete hęc, ut supra diximus, habet in capite stellam clare lucentem unam, in utroq; humero unam, in cubito dextro unam, in ipsa manu unã, in sinistro cubito uel in brachio unam. In manu altera unã, in zona tres, super zonã quatuor, in utroq; genu unam, in pedibus aũt binas. Itaq; omnino est stellarum numerus xx.

Perseus.

Perseus inter insigniores stellas habet unam in dextro latere secundæ magnitudinis, nomine Algenib, & quatuor in sinistro genu & crure tertiæ magnitudinis, habet & unam secundæ magnitudinis, in Ras dal gol, hoc est, in capite Medusæ, quod capite sinistro tenet, reliquæ sunt quartæ & quintæ magnitudinis.

♉

HVius sinistrum crus & humerum leuum, circulus æstiuus à reliquo corpore diuidit. Ipse manu dextra arcticum circulum tangit, dextro pede caput aurigæ premere uelut currens uidetur. Idem occidens sagittario & capricorno exorto inclinatur ad caput uersus, cum ariete & tauro rectus exoritur. Habet aũt in utroq; humero stellam unam, in manu dextra clare lucentem unam qua falcem tenere dicitur, quo telo Gorgonam interfecit. In sinistra, alteram, qua caput Gorgonis tenere existimatur. habet præterea in uentre stellam unam, in lumbis alteram, dextro fœmore unam, ad genu unam, in tibia unam, in pede unam obscuram, in sinistro fœmore unam, in genu alteram, in tibia duas, in sinistra manu, quod Gorgõis caput uocatur, stellas quatuor, omnino est stellarum numerus decem & septem. Caput eius & falx sine sideribus apparent, hunc Aratus cum diceret inter sidera Ceconismenon figuratum, acceperunt complures eum puluerulentum dicere, quod minime conuenit posse inter sidera etiam puluerulentum accipere. Quod si esset, dignior erat Orion cui idem ascriberetur. Primum quod assidue est uenatus, & semper in terra fuit. Deniq; adhuc inter sidera uenari uidetur. Perseus autem qui assidue uolabat, non potest puluerem habere. Quid igitur est, cum uellet Aratus eum currentem obscure significare, usus Aetolorum consuetudine ceconismenon dixit, Aetoli enim cum uolunt aliquem decurrere significare ceconisse dicunt, id quod Aratus uoluit demonstrare non ut illum uolantem assidue puluerulentum dicat. Quod à multis perperam est intellectum.

Versus Arati hi sunt.

καὶ οἱ δεξιτέρη μὲν ἐπὶ ὠλισμὸν τετάνυσται
πενθερίου δίφροιο. τὰ δ' ἐν ποσὶν οἷα διώκων
ἴχνια μηκύνει κεκονισμένος ἐν Διὶ πατρί.

Auriga.

II

Auriga unam insignem habet stellam primæ magnitudinis, nomine Alhaiotb iuxta capram, & unam in spatula dextra secundæ magnitudinis, unam in cauilla sinistra, & unam in cauilla dextra tertiæ magnitudinis, reliquæ sunt quartæ et quintæ magnitudinis.

HEniochus autem circulo æstiuo genuum fine, præterea humero sinistro usq; ad zonam diuiditur ab eo, quem supra Lacteum orbem diximus. Huius dexter pes tauri cornu sinistro stella coniungitur, idem una manu ut lora tenēs figuratur. Cuius in humero sinistro capra. In manu autē duo hœdi stellis formati dicūtur. Totus autem pedibus Persei subiectus, caput habens contra ursæ maioris aspectum, hic occidere sagittarii & capricorni exortu uidetur. Exoriri autem Ophiucho & engonasin occidente. Habet præterea stellam unam in capite. In utroq; humero unam, sed in sinistro clariorem, quę uocatur capra, in utroq; cubito unam, in manu duas, quę hœdi appellantur, stellis prope occidentibus formati. Ita omnino sunt numero septem.

m ♐

Serpentarius.

Serpentarius habet quoq; stellas tertiæ magnitudinis, unam scilicet in capite, quæ uocatur Ras alauguc, alteram in palma sinistra & tertiam post illam, quartam in genu dextro, & quintam in genu sinistro, reliquæ sunt quartæ & quintæ magnitudinis.

OPhiuchus inclinatus à capite ut qui resupinari uidetur manibus anguem tenere figuratus est, huius autem humeri ab æstiuo circulo diuiduntur à reliquo corpore. Ipse genuum fine ab æquinoctiali terminatur circulo. Pede sinistro præmens oculos, dextro autem testudini scorpionis inixus. Anguis autem qui ab eo tenetur prope extremo ore coronam contingens medium præcingit Ophiuchum, cauda breuior quàm superiore corpore, qua manu sinistra ipsius signi figuratur, ita tamen ut extrema cauda circulum æquino-

æquinoctialem cum aquilæ cauda iungat. Occidens autem exortu geminorum Cancri & leonis peruenit ad terram, exoriens autem cum scorpione & sagittario apparet. Hic habet in capite stellam unam, in utroq; humero singulas, in sinistra manu tres, in dextra manu quatuor, in lumbis duas, in utroq; genu singulas, in dextro crure unã, in utroq; pede singulas, sed clariorem in dextro, itaq; est omnino stellarũ numerus sexdecim. Anguis autem habet in summo capite stellas duas, sub capite tres uno loco omnes, ad manum ipsius Ophiuchi sinistrã duas, sed quæ maxime ad corpus eius accedit clariorem. Et in dorso anguis ad ipsam corporis coniunctionẽ quinq;, & in prima curuatura caudæ quatuor. In secũda, caput uersus, habet stellas sex. Ita est omnino stellarũ num. xxiii.

Sagitta.

♄

In sagitta, una est quartæ magnitudinis, tres quintæ & una sextæ.

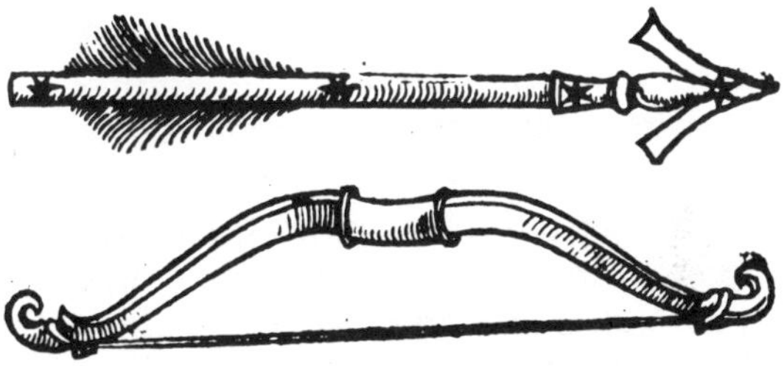

SAgitta inter duos circulos æstiuum & æquinoctialem, signo aquilæ superposita, diuiditur ab eo circulo qui utroque polo subiectus ad cancrum & capricornũ peruenit, huius cacumẽ ad equipedum regionem spectat, altera pars ad humeros Ophiuchi tendit, hæc occidit Virginis ortu. Oritur autẽ cum scorpione. Habet omnino stellas quatuor, quarum una in principio materiæ, altera in medio, duæ reliquæ in eo loco quo ferrum solet affigi diuersæ uidentur.

♄

Aquila.

Aquila unam habet in capite secundæ magnitudinis, atq; unam inter duas spatulas eiusdem magnitudinis, duas in spatula sinistra tertiæ magnitudinis, atq; unam super collum secũdæ magnitudinis, reliquæ sunt quintæ magnitudinis.

AQuila ala dextra non multum extra circulum æquinoctialem prodire, sinistra aũt non longe à capite Ophiuchi figurata uidetur. Præterea rostrum eius à reliquo corpore diuidit circulus quem supra diximus à cãcro ad capricornum peruenire. Media autem finitur ab eo quem supra Lacteum orbem demonstrauimus esse, hæc exorto leone occidit. Exoritur autem cum capricorno: habens in capite stellam unam, in utraq; penna unã, in cauda unã. Itaq; omnino sunt quatuor.

♓

Delphin.

Delphin habet quinq; stellas tertiæ magnitudinis, unã scilicet in cauda, & reliquas in lumbo. Habet etiam duas quartæ magnitudinis in cauda, reliquæ sunt sextæ magnitudinis.

DElphin nõ longe ab aquilæ signo figuratur, in curuatione caudæ nouissimæ æquinoctialis circuli circũductione tangit, capite prope contingens equi Pegasi rostrum, hic exoritur cum sagittarii posteriore parte. Occidit autem cum uirgo exorta est à capite, habet aũt in capite stellas duas, supra caput ad uerticem duas alias, ad ea quæ in uentre uelut pennæ uidentur habet stellas tres, in scapulis unã, in cauda duas. Itaq; omnino sunt stellæ numero decé.

Pegasus.

♓

Aequus alatus habet quatuor stellas secundæ magnitudinis, scilicet super renes, super humerum dextrũ, & inter duas spatulas. Habet & tres tertiæ magnitudinis, nempe in genu dextro, unam in pectore, & quæ reliquas præcedit in collo. Reliquæ sunt quartæ magnitudinis.

EQuus arcticũ circulũ spectãs pedibus æstiuo orbe niti, extremoore caput delphini tãgere uidetur. Aquarii manũ dextrã ceruice sua coniungens, & utrisq; piscib. clausus, quos in xii. signis postea demõstrabimus. Huius in stellis corpus apparet usq; ad umbilicum deformatum. Qui occidit cum pisce de duobus primo, qui supra tergum eius est fixus, exoritur cum Aquario toto, cum pisce, cum quo occidit, & manu Aquarii dextra: hic habet in rostro stellas duas obscuras, in capite unam, in maxilla unam, in utrisq; auribus singulas, in ceruicibus quatuor obscuras, sed maxime lucet quæ capiti proxima apparet, in humero claram unam, in pectore unam, in scapilio unam, in umbilico nouissimam unam, quæ Andromedæ uocatur, in genibus utrisq; singulas, in utrisque poplitibus singulas, ita sunt omnino numero xviii.

♈

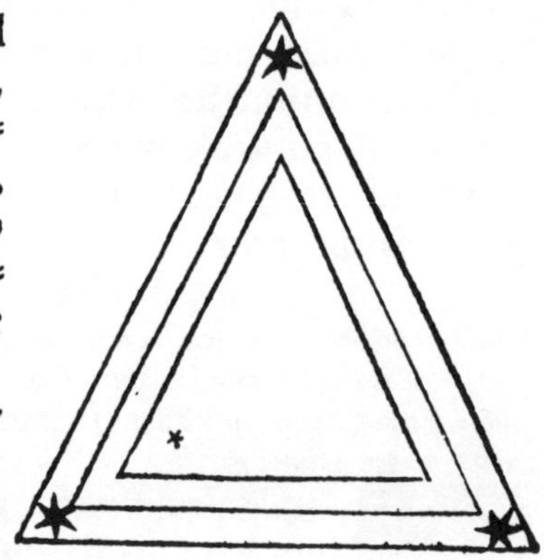

Trianguli tres stellæ sunt tertiæ magnitudinis, quarta quartæ, quæ extra angulum inuenitur.

DEltoton aũt ut in triangulum deformatur, æquis quodammodo lateribus duobus, uno breuiore sed prope æquali reliquis, inter æstiuum & æquinoctialem circulum supra caput Arietis, nõ longe ab Andromedæ dextro crure, & Persei manu sinistra collocatum. Cum Ariete toto occidens. Exoriens aũt cum eiusdem dimidia priore parte, habet aũt stellã in uno quoq; angulo unã.

Omnes arietis stellæ sunt quartæ & quintæ magnitudinis, præter duas in cornu quæ sunt tertiæ.

NVnc protinus duodecim signorum figurationem dicemus. Quorum est princeps Aries, in æquinoctiali circulo consistens, caput ad exortum habens cõuersum. Occidens à primis pedibus & exoriens caput infra triangulum quod supra diximus tenens collocatum, pedibus prope contingens caput Pistricis, habet autem in capite stellam unã, in cor-

nibus

nibus tres, in ceruice tres, in pede priore de primis unã, in interscapilio quatuor, in cauda unam, sub uentre unam, in lumbis tres, in pede posteriore unam, quæ sunt omnino numero octodecim.

Taurus.

Taurus unam habet stellam primæ magnitudinis, uocaturq; Aldebaran, seu oculus tauri, in pectore, supra nares & in uno extremo cornu habet stellas tertiæ magnitudinis, habet & congeriem stellarum quintæ magnitudinis, quas pleiades uocant, haud procul ab ore, aut secundum alios in dorso.

TAurus ad exortũ signorũ dimidia parte collocatus, ut incipere genu ac defigere ad terram uideatur, caput eodẽ habens attentum. Genua eius reliquo corpore diuidit circulus æquinoctialis, cornu sinistro, ut supra diximus, coniungitur cum sinistro pede eius qui Auriga appellatur, inter huius finitionẽ corporis & arietis caudam stellę sunt, quas Vergilias nostri græci aũt pleidas appellauerũt. Hic auersus occidit & exoritur, habet in cornibus singulas stellas, sed in sinistro clariorem, utrisq; oculis singulas, in fronte media unã, ex quibus locis cornua nascũtur singulas, quæ septẽ stellę Hyades nuncupantur. Etsi nonnulli quas duas diximus nouissimas stellas negauerint esse, ut omnino Hyades essent quinq;. Præterea in sinistro genu priore habet stellam unam. Et super ungulam unam, in dextro genu unã, & in interscapilio tres, nouissimam earum ceteris clariorem, in pectore unam, quæ sunt omnino præter uergilias quatuordecim.

Gemini.

Gemini duas habent stellas secundæ magnitudinis in capitibus, quarum una uocatur Ras algense, habent aliquot tertiæ magnitudinis, in genubus & coxis, & multas quartæ & quintæ magnitudinis.

GEmini ab Aurigę parte dextra supra Orionem collocari uidẽtur, ita tamẽ ut Orion inter taurũ & geminos sit constitutus, capita eorum diuiduntur à reliquo corpore, circulo eo qui æstiuum diffinire supra est dictus. Ita ut complexa corpora inter se tenentes, occidant directi à pedibus. Exoriuntur autẽ inclinati ut iacentes, sed is qui Cancro est proximus, habet in capite stellã unam claram, in utrisq; humeris singulas claras, in dextro cubito unam, in genibus utriusque singulas, in pedibus utrisq; singulas, alter autem in capite unam, in sinistro humero unam, in dextro alteram, in utrisq; manibus singulas, in dextro genu unam, in sinistro genu alteram, in pedibus utrisq; singulas & infra sinistrum pedem unam quæ propus appellatur, & sunt octodecim. πρόπους

Cancer.

Cancer nullam habet insignem stellam, sed omnes sunt uel quartæ uel quintæ magnitudinis.

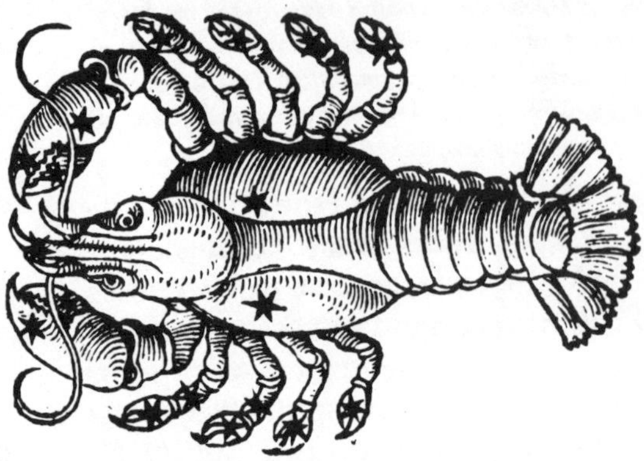

HVnc medium diuidit circulus ęstiuus ad leonis exortus spectantem paululum supra caput hydrę collocatum. Occcidentem & exorientem posteriore corporis parte. Hic autem habet in ipsa testa stellas duas, quæ asini uocantur, de quibus ante diximus, in pedibus dextris singulas obscuras, in sinistro pede primo duas, in secundo duas obscuras, in tertio unam, in quarto primo unā obscuram. in ore unam, in ea quæ chela dexterior dicitur tres similes, non grandes, in sinistra similes duas. Et ita est omnino stellarum numerus decem & octo.

Leo.

Leo habet duas stellas primæ magnitudinis, quarū unā uocatur Calbalezet, id est, cor leonis, alia Deneb alezet, hoc est, cauda leonis. Habet tres secundæ magnitudinis, duas in ceruice & unam in dorso, reliquæ sunt tertiæ, quartæ, quintæ, & sextæ magnitudinis.

LEo spectās ad occasum supra corpus hydrę à capite quā cācet instat usq; ad mediā partē eius cōstitutus, medius ęstiuo circulo diuiditur, ut sub ipso orbe priores pedes habeat collocatos, occidens à capite & exoriens, hic habet in capite stellas tres, in ceruicibus duas, in pectore unā, in interscapilio tres, in media cauda unā, in extrema alterā magnā, sub pectore duas, in pede priore unam claram, in uentre claram unam, & infra alteram magnam unam, in lumbis unam, in posteriore genu unam, in pede posteriore claram unā. Et ita est omnino numerus stellarum decem & nouem.

Virgo.

Virgo unā habet stellam primæ magnitudinis, uocaturq; ea Azimech, id est, spica uirginis, habet deinde sex tertiæ magnitudinis, tres in ala sinistra, unam in latere dextro, unam in manu dextra, et unam sub ala dextra, reliquæ sunt quartæ, quintæ & sextæ magnitudinis.

VIrgo infra pedes Bootæ collocata, capite posteriorē partē leonis dextra manu circulum æstiualem tangit, ac inferiorem partem corporis supra coruū & hydræ caudam habere perspicitur. Occidens capite priusquam reliquis membris, huius in capite est stella una obscura, in utrisq; humeris singulæ, in utrisq; pennis binæ, quarū una stella quæ est in dextra
προτρυγητὴρ. pēna ad humerū defixa protrygeter uocatur. Præterea habet in utrisq; manibus singulas stellas, quarū una quæ ex in dextra manu, maior & clarior conspicitur, in ueste autem habet passim stellas septē, in utrisq; pedibus singulas. Omnino stellarum numerus xvi.

Scorpius

Scorpius.

Scorpius unam habet insignem stellam secundæ magnitudinis, quæ cor scorpii uocatur. Habet & multas tertiæ magnitudinis, quatuor scilicet in fronte, duas in corpore, quinq; in spondilibus, & unam in spina, reliquæ sunt quartæ & quintæ magnitudinis.

SCorpii prior pars, quę Chelæ dicitur, ita præmitur ab æquinoctiali circulo, ut eũ sustinere uideatur. Ipse autem pedibus Ophiuchi, de quo supra diximus, subditus extrema cauda circulum hyemalem contingere uidetur, neq; longe est ab eo quod pro hostia centaurus ferre prospicitur. Occidit autem inclinato capite, exoritur erectus à chelis: hic habet stella in his quæ chele dicuntur in unaquaque earum binas, ex quibus primæ sunt clariores. Præterea habet in fronte stellas tres, quarũ media est clarissima, in interscapilio tres, in uentre duas, in cauda quinque, in acumine ipso quo percutere existimatur duas. Omnino stellarum nouendecim.

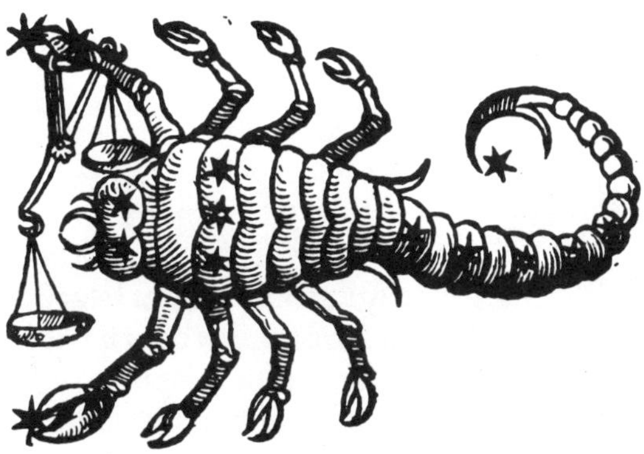

Sagittarius.

Sagittarius duas habet stellas secundæ magnitudinis, in pede scilicet sinistro, & sub cauilla eius, habet præterea multas tertiæ magnitudinis, unam scilicet in hasta sagittæ, unã in manubrio, duas in arcu, unã sub axilla, unam sub cauilla dextra &c. reliquæ sunt quartæ & quintæ magnitudinis.

SAgittarius autẽ spectans ad occasum Cẽtauri corpore figurat̃ uelut mittere sagittas incipiens, à pedibus usque ad humeros in hyemali circulo collocatus, ita ut caput eius solum extra eum circulum quem supra diximus apparere uideatur, cuius arcus lacteo circulo medius diuiditur, ante pedes eius est quædam corona stellis effecta, de qua prius diximus. Hic præceps occidit, exoritur directus. Habet aũt in capite stellas duas, in arcu duas, in sagitta unã, in dextro cubito unam, in manu priori unã, in uentre unam, in interscapilio duas, in cauda unã, in priori genu unam, in pede unam, in inferiori genu unam. in pollice unam. Omnino est stellarum quindecim. Corona autem Centauri est stellarum septem.

Capricornus.

Capricorni omnes stellæ sunt quartæ & quintæ magnitudinis, præter duas in cornu posteriori, & alias duas in spina dorsi, quæ sunt tertiæ magnitudinis, quæ propior est caudæ uocatur Deneb algedi, hoc est, cauda capricorni.

CApricornus ad occasum spectans, et totus in zodiaco circulo deformatus cauda & toto corpore, medius diuiditur ab hyemali circulo, suppositus aquarii manui sinistræ,

nistræ, occidit aũt præceps, exoritur autẽ directus, sed habet stellã in naso unam, infra ceruicem unam, in pectore duas, in priore pede unam, in priore eodem alteram. Interscapilio habet stellas septem, in uentre septẽ, in cauda duas, & est numerus stellarum.xxi

Aquarius.

Aquarius habet stellam unam secundæ magnitudinis sub axilla, & aliquot tertiæ magnitudinis in utroq; brachio, habet & unam primæ magnitudinis, nomine Fomahant in fine fusionis aquæ, reliquæ sunt aut quartæ aut quintæ magnitudinis.

AQuarius habet pedes in hyemali circulo fixos, manum autem sinistrã usq; ad Capricornũ porrigens tergũ, dextra iubam Pegasi prope cõtingens, spectans ad exortũ, qui cum ita sit figuratus, necesse est eum corpore prope resupinato uideri. Effusio aquę peruenit ad eum piscem qui solitarius figuratur, de quo posterius dicemus. Sed Aquarius & occidit & exoritur capite priusquã reliquis membris. Hic habet in capite stellas duas obscuras, in utrisq; humeris singulas magnas, in sinistro cubito unã grandẽ, in manu priori unam, in utrisq; mãmis singulas obscuras, in lumbo interiore unã, in utrisq; genibus singulas, in dextro crure unã, in utrisq; pedibus singulas, omnino est stellarũ quatuordecim. Effusio aquæ cum Aquario ipso est stellarum triginta. Sed in his omnibus prima & nouissima clara.

Pisces.

Omnes stellæ pisciũ sunt quartæ aut quintæ aut sextæ magnitudinis, præter duas tertiæ magnitudinis, quæ in reflexione piscium inueniuntur.

HOrũ alter Notius, Boræus alter appellatur, ideo quod unus eorum qui Borẹus dicitur inter æquinoctialẽ & æstiuũ circulũ sub Andromedæ brachio collocatus, & arcticũ polum spectans costituitur, alter autẽ in zodiaco circulo extremo sub scapulis equi, non longe ab æquinoctiali circulo collocatus, spectans ad occasum. Hi pisces quibusdã stellis ut lineola ab arietis pede primo cõiunguntur, quorũ inferior ante occidere & exoriri uidetur. Habet decẽ & septem, & Boræus omnino duodecim. Cõiunctio eorũ habet ad Aquilonem spectans stellas tres, ad alterã partem tres, ad exortum tres. In commissura tres, omnino duodecim: horum coniunctionem quæ à pede arietis primo notatur, Aratus græce σωνδ'εσμον ὑπόρανον. Cicero nodum cœlestẽ dicit, qui utrunq; uolunt significare, eum nodum non solum pisciũ, sed etiam totius sphæræ esse, quo enim loco circulus ab arietis pede Mesembrinos dicitur, qui meridiem significet, & quo loco is circulus Mesembrinos coniungitur, & transit ęquinoctialem circulũ, in ipsa coniunctione circulorum nodus piscium significatur, quare eum nõ modo nodum piscium sed etiam cœlestium nodum appellauerunt.

Sic enim nostri codices habent, tametsi alij ὑπουράνιον malint legere, uersus Arati sunt, οἱ τὰ μὲν εἰς ἀσὴρ ἐπὶ χθ (?) καλός τι μέγας τε, ὃν ὕδατι σύνδεσμον ὑπουράνιον καλέουσι.

Pistrix

Pistrix.

Cetus habet tres stellas secundæ magnitudinis, uidelicet unam in uentre, quæ uenter ceti nominatur, & duas in cauda, habet et multas tertiæ magnitudinis, quarum insigniores sunt MenKar & una in medio oris, reliquæ sunt quartæ & quintæ magnitudinis.

PIstrix à media cauda diuiditur ab hyemali circulo, spectãs ad exortum, rostro prope posterioré arietis pedem iungẽs: huius priorem partem corporis qui spectat ad exortus prope alluere flumen Eridani uidetur, hæc cadit exorto cancro & leone, exoritur autem cum Cẽtauro & geminis, sed habet in extrema cauda stellas duas obscuras, ab eo loco usq; ad reliquã corporis curuaturã, quinq;, sub uẽtre sex, omnino sunt xiii.

ϒ

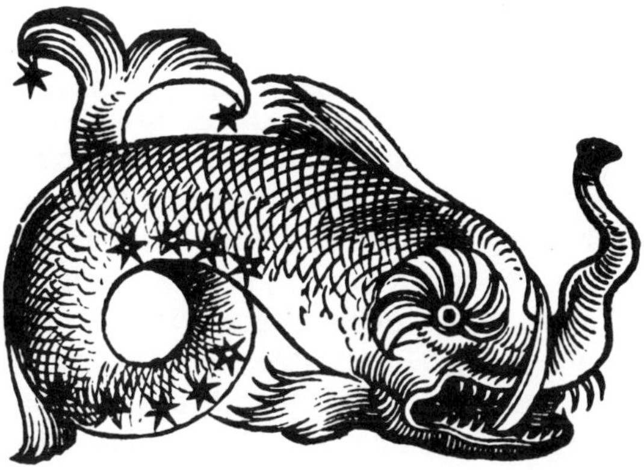

♉

Eridanus.

Fluuius Eridanus habet unam stellam nomine Acarnar primæ magnitudinis, sed quæ in nostra regione uix uideri potest, tantum declinat ad austrum, habet quatuor tertiæ magnitudinis, et multas quartæ magnitudinis.

ERidanus à sinistro pede profectus Orionis, & perueniẽs usq; ad pistricem, rursus diffunditur usque ad leporis pedes & protinus ad antarcticũ tendit circulũ. Huius figurationem circulus hyemalis diuidit ab eo loco quo prope coniungitur ceto, hic scorpione & sagittario exorto occidere, exoriri autem cum geminis & cancro uidetur, habet autem stellas in prima curuatura tres, in secunda tres, itẽ in tertia usq; ad nouissimã septem, omnino est stellarum numerus tredecim.

♊

Lepus.

Habet lepus unam in medio corporis, & unam sub uẽtre tertiæ magnitudinis, reliquæ sunt quartæ & quintæ magnitudinis.

LEpus autem infra sinistrum pedem Orionis per hyemalem circulum fugiens, ab eo inferiore parte corporis diuisus, occidit sagittario exorto, oritur cum leone. Habet autem stellas in utrisq; auribus singulas. In corpore passim dispositas duas, in pedibus prioribus singulas. Et ita est omnino stellarum sex.

Orion:

Orion.

Orion pulcherrima cõstellatio, habet duas primæ magnitudinis, unam scilicet in humero dextro, quæ Bedalgenze uocatur, & alteram in pede sinistro, quæ Regel algenze appellatur, in cingulo habet tres secundæ magnit. & unã in humero sinistro, in brachio sinistro et in ense habet aliquot tertiæ magnitudinis, super genu dextrũ habet quoq; unã eiusdẽ magnitudinis, quæ in fuste inueniuntur, sunt quintæ magnitudinis.

II ♋

ORion. Hunc à zona & reliquo corpore æquinoctialis circulus diuidit cum Tauro decertantem collocatum, dextra manu clauam tenentem, incinctum ense, spectãtem ad occasum, et occidentem exorta scorpionis posteriore parte & Sagittario exoriente, cum cancro autem toto corpore pariter exurgentem, hic habet in capite stellas tres claras in utrisq; humeris singulas, in cubito dextro obscurã unã. In manu similem unã, in zona tres, in eo quo gladius eius deformatur tres obscuras In utrisq; genibus singulas claras. In pedibus singulas obscuras. Omnino sunt decem & septem.

Lælaps.

Canis maior habet unam in capite primæ magnitudinis, nomine Albabor, splendidissimam stellam, Veneri ferè similem. Habet deinde quoq; tertiæ magnitudinis unam in pede dextro, alterã in coxa sinistra, tertiam inter duas coxas, quartam in extremitate caudæ & quintam in extremitate pedis dextri, reliquæ in auribus, collo, pectore & genibus sunt quartæ & quintæ magnitudinis.

♋

CAnis leporẽ fugientem consequens posterioribus pedibus diuiditur ab hyemali circulo, pedẽ dextrũ Orionis pene suo capite coniugens, capite ad occasum spectans, sed caput ad æquinoctialẽ circulũ tendit. Occidẽs oriẽte sagittario, exoriẽs aũt cum cancro, habet in linguã stellã unã quæ canis appellatur. In capite aũt alterã, quam nõnulli Sirion appellant, de quo prius diximus. Præterea habet in utrisq; auribus obscuras singulas. In pectore duas. In pede priore tres, inter scapulas tres, in sinistro lũbo unã, in pede posteriore unam. In pede dextro unã, in cauda quatuor. omnino sunt decem & nouem.

♋

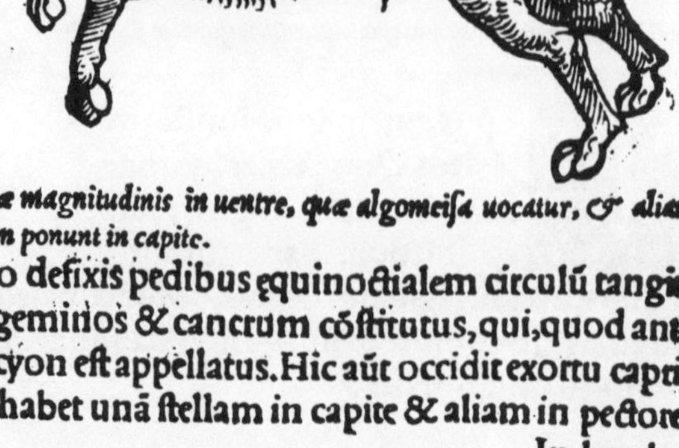

Procyon.

Canis minor duas duntaxat habet stellas, unam primæ magnitudinis in uentre, quæ algomeisa uocatur, & aliam quartæ magnitudinis in collario. Sunt qui quoq; unam ponunt in capite.

PRocyon. Hic in lacteo circulo defixis pedibus æquinoctialem circulũ tangit. Spectat ad occasum ut inter geminos & cancrum cõstitutus, qui, quod ante maiorem canẽ exoritur, Procyon est appellatus. Hic aũt occidit exortu capricorni, exoritur cum leone & habet unã stellam in capite & aliam in pectore. In lumbo

In lumbo unã, sed omnino stellarũ numerus iii.

Nauis.

Nauis unam habet primæ magnitudinis, qui Canopus uocatur, ponitur'q; in præcipuo remo, sed quæ longe deflectit ad austrum. Habet sex secundæ magnitudinis, unam in transtro, aliam in sectione transtri &c. habet quoq; multas tertiæ & item multas quartæ magnitudinis, quæ in malo ponuntur, sunt quartæ magnitudinis.

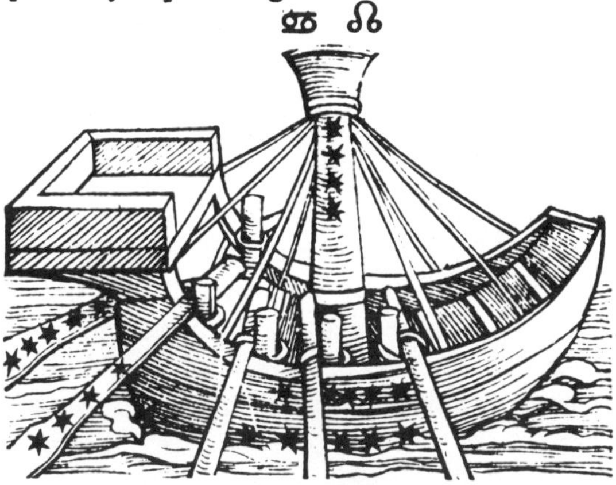

ARgo. Huius puppis hyemalem circulum & maioris canis caudam contingens inferiore parte, nouissime nauis inclinata Antarcticum circulum tangit. Occidens sagittario & capricorno exorto, ut in mari collocata, exoriens cũ uirgine & chelis. Hęc habet in puppi ad singula gubernacula, ad primum stellas quinq;, ad alterum quatuor, circum carinam quinq;, & sub reiectum quinque, Ad malũ quatuor, in tota est stellarum uiginti trium. Quę, quare non sit tota in mundo collocata prius diximus.

Phylliris.

Centaurus in pede dextro duas habet stellas primæ magnitudinis, in pede uero sinistro habet unam secundæ magnitudinis, similiter super coxam dextram, et sub uentre, atq; super calcaneum pedis dextri, & super genu sinistrum, habet & multas tertiæ, quartæ, & quintæ magnitudinis.

CEntaurus. Hic ita figurat̃ ut in antarctico circulo niti pedibus, humeris hyemalẽ sustinere uideat̃, capite prope caudam hydræ coniungens, hostiã dextra manu tenẽs supinam, quę pedibus & extremo ore circulum hyemalem tangit, inter eum & antarcticum orbem collocata. Centauri aũt crura à reliquo corpore diuidit circulus qui lacteus appellatur. Hic spectans ad ortus signorũ, totus occidit aquario & piscibus exortis, exoritur aũt cum scorpione & sagittario, habet aũt stellas supra caput tres obscuras, in utrisq; humeris singulas claras, in cubito sinistro unam, in manu unam, in medio pectore equino unam, in prioribus poplitibus utrisq; singulas, in interscapilio quatuor, in uentre duas claras, in cauda tres, in lumbo equino unã, in genubus posteriobus singulas, in poplitibus singulas, omnino sunt xxiiii. Hostia aũt habet in cauda duas, in pede de posterioribus primo unam, in utrisq; pedibus unam, in interscapilio unam clarã, & in priore parte pedum unam, infra alterã, in capite tres dispositas. Omnino sunt numero decem.

Ara.

Ara habet septem stellas, ex quibus quinq; sunt quartæ magnitudinis & duæ quintæ.

ARa antarcticũ circulũ propè tangens inter hostiæ caput & scorpionis caudã extremam collocat̃, occidẽs arietis exortu exoriens cum capricorno, Hæc habet in summo cacumine circuli ubi formatur stellas duas, & in imo alteras. Et ita est omnino stellarum quatuor.

Hydra.

Hydra habet unam lucidam stellã, nomine Alphard, & est secundæ magnitudinis. Habet & tres tertiæ magnitudinis, reliquæ sunt quartæ & quintæ magnitudinis.

HYdra trium signorum longitudinem occupans cancri leonis & uirginis, inter æquinoctialem circulum & hyemalem collocatur. Ita tamen ut caput eius contendens ad signum id quod procyon uocatur, & totius hydræ proprie quarta pars inter æstiuum & æquinoctialem circulum uideatur. Cauda autem extrema pene Centauri caput tegens, sustinet in dorso coruũ, rostro corpus eius tangentem, & toto corpore ad craterem tendẽtem, qui satis longo dissidente interuallo propè inter leonẽ & uirginem cõstitutus uidetur, inclinatior ad caput hydrę, quæ occidit aquario & piscibus exortis. Oritur autem cum his signis de quibus supra diximus. Habet autem in capite stellas tres, in prima capitis curuatura sex, sed earum nouissimam claram, in secunda curuatura tres, in tertia quatuor, in quarta duas, in quinta usq; ad caudam octo, omnes obscuras, ita fiunt numero uiginti sex. Coruus aũt habet in guture stellã unam, in pennis duas, infra pẽnam, caudam uersus, duas, in utrisq; pedibus singulas, omnino sunt septem: supra primã hydræ curuaturam crater positus habet in labris stellas duas, infra aũt ansas duas obscuras, in medio cratere duas, ad fundũ duas, Omnĩno sunt octo.

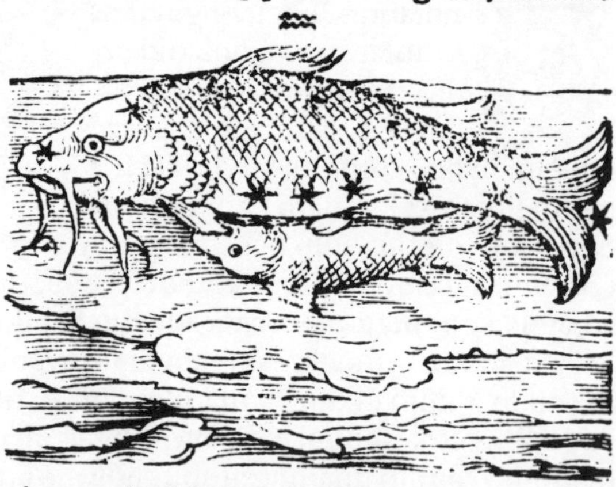

Piscis.

Omnes stellæ piscis meridionalis, sunt quartæ & quintæ magnitudinis.

PIscis autẽ qui Notius dicitur inter hyemalem & antarcticum circulũ media regione collocatus spectare ad exortum uidetur, inter capricornũ & aquarium, ore excipiens aquam quæ funditur ab aquario, hic occidit oriẽte cancro, exoritur autem cum piscibus, sed est stellarum omnino duodecim.

Aratus cum capricorno exoriri ait

Quæ ad figurationem siderum pertinent, ad hunc finem nobis erunt dicta, reliqua protinus dicemus.

CLARISSI-

CLARISSIMI VIRI C. IVLII HYGINI AVGVSTI LIBERTI, DE QVINQVE circulorum inter corpora cœlestia notatione & Planetis, Lib. IIII.

QVoniam in initio sphæræ circuli quinq;, quomodo efficerentur, ostendimus, neq; eos corpore siderum innotauimus, & si duo nouissimi nihil ad solis cursum pertinent, hoc est, arcticos & antarcticos, de mediis dicemus tribus. Sed quoniam Aratus quatuor circulis spheram plurimũ ualere dicit, neq; eorum aperte quenquam demonstrat, uoluntatem nostram apertius ostendimus. Et queadmodũ in initio fecimus, à boreo polo sumemus exordiũ.

IGitur æstiuum circulum unũ de quatuor esse dicemus, qui therinos tropicos uocatur, quo circulo æstatem confici demonstrauimus, & si nõ nemo dubitat, quare non utriq; circuli, hoc est, æstiuus & hyemalis uno nomine appellentur, ideo quod quem nos æstiuum diximus, nonnullis hyemalis fiat, & quo circulo hyemem confici diximus, eo circulo aliis æstas sit. Quod si uoluerint intelligere id ad nostras collationes mundi esse demonstratum, qui inter æstiuum circulum & arcticon sumus constituti, non ad illorum sphæram qui ab hyemali circulo antarcticum habitantes nobis antipodes dicuntur, facilius ad nostram accesserint uoluntatem. Si quis enim uoluerit eorum, quos antipodas diximus, qui inferiore à nobis circulo constituti uidentur, sphæram facere, nõ immerito nostrum hyemalem sibi æstiuum circulum finxerit. Aut si quis scriptorum eorum mentionem faciens obscure uoluerit antipodas demonstrare, & dixerit quibus in capricorno æstas summa, aut in cancro hyems maxima fiat, non imperita ratione acutissime dixisse uidebitur. Quodcunq; enim nostris circulis cõtrarium dixerit, id illis erit rectum, sed ne longiore sermone præter consuetudinem utamur, ad inceptum reuertamur. θερινὸς τροπικός.

De tropico cancri.

IN æstiuo circulo, de quo primũ dicere instituimus hæc signa, siue partes eorum perspiciuntur. Capita geminorũ, aurigæ genu utrunq;, † uel sinistrum Persei crus & humerus sinister. Andromeda aũt à pectore sed manu sinistra diuiditur. Atq; ita euenit ut caput eius cũ toto pectore & manu dextra uideatur esse inter æstiuũ & æquinoctialẽ circulũ, reliquũ aũt inter æstiuũ & arcticũ finẽ. Preterea in eodẽ æstiuo circulo, pedes equi pegasi uidẽtur positi, et caput à reliquo corpore diuiditur oloris, & alæ sinistri oris ut uolantis pars nõ magna. Ophiuchus humeris ut circulũ sustinere uidetur: uirgo prope hunc cõtingens à capite. Inter hunc & æquinoctialẽ circulos collocata est, ut fulgens ad austrũ, leo à pectore ad lumbos diuiditur, ut caput eius & corporis superior à cruribus pars, inter hunc & arcticum circulũ uideatur. Inferior aũt pars inter æstiuũ & æquinoctialẽ circulũ. Cancer aũt sic diuiditur medius ut inter duos oculos eius, circulus traiectus existimetur. In his signis & hoc, ut ante diximus, circulo cum uehitur sol, euenit nobis, qui hac inclinatione mundi utimur, ut sint diei de partibus octo partes v, noctis aũt tres. Neq; ita tamen ut ex horologiis sed ex sphæræ ratione, cum enim sphæram ita cõstitueris ut circulus is qui arcticus uocatur semper appareat. Nunquam autem antarcticus exoriatur, atq; ita sphæra est constituta, si uoles circulum æstiuum diuidere in partes octo, ex his inuenies partes v. in sphæra apparere, tres autem infra tanquã sub terra esse. At aliquis dixerit cur sphæræ circulos diuidamus in partes octo potius quàm duodecim, aut quot libuerit alias partes, hic non sphærã sed se fallere, hac ratione inuenietur, porro arbitror. Si enim ita fecerit ex æstiuo circulo partes duodecim, ex his partes vii. & dimidium partis apparere, quatuor autem & dimidium sub terra inueniet esse. Itaq; euenit ut cum ad octo partes addita dimidia sit, simili ratione ad partes quatuor, accedat pars dimidia, & fiant supra terram partes septem & dimidium partis:

Signa quæ in circulo æstiuo perspiciuntur

Cur sphæra in octo partes diuidatur

 reliquum

quod est reliquum autem sub terra † quidem partes quatuor & dimidium. Igitur oportet intelligere ut non in minutis partibus & dimidiis fiat, sed certis numeris conficiatur, ut euenit in partibus octo. Praeterea quoniam sphaera diuisa in partes xxx. euenit ut ab aestiuo ad hyemalem sint partes octo, nimirum certe eos circulos diuidemus in partes octo. Praeterea quoniam ab aestiuo circulo ad aequinoctialem sunt quatuor de xxx. Et rursus ab aequinoctiali circulo ad hyemalem de partibus xxx. partes quatuor, & ita nihilominus aequinoctialis ipse per se circulus medius diuiditur, ut dimidia pars eius sit sub terra, de partibus octo partes quatuor, & totidem supra, & tota ratio ad octauam partem perueniat, non dubium est quin recte diuidatur in partes octo. Praeterea cum sol per hos circulos currens iter annuum conficere uideatur & ab omnium signorum octaua parte, ut posterius dicemus, incipiat exoriri, et ad aliud signum transire, neq; ulla alia parte signi utatur recte ipsi quinq; circuli diuiduntur in partes octo. Praeterea cum septem sidera ad eundem statum reuertantur, quibusdam placuit, ut cuiusmodi dies hodiernus fuerit in solis aut lunae tempestate, eiusdemmodi octauo anno sit futurus, uere sphaera quoq; diuidetur in partes octo. Praeterea cum uideamus octauo quoq; die eiusdem sideris horam primam aut quamlibet deniq; esse, ut cuius hodie fuerit hora prima eiusdé octauá quoq; futurá uerissimú est, ipsam quoq; sphaeram unde horae sumuntur diuidi in partes octo. Sed ne reliqua praetermittamus in hoc occupati, ad propositum reuertamur.

Aequinoctialis.

SEcundus ab aestiuo aequinoctialis est circulus, in quo hęc signa & partes eorú perspici posśút. Aries totus omnibus pedibus innixus uidetur. Hunc aút Aratus omnium siderum celerrimum esse demonstrat, etiam minori arcto, quae breui spacio uertitur praestare, id quod uelit esse, sic poterimus uel facillime intelligere. Cum sit enim maximus circulus aequinoctialis in sphaera, in eóq; aries ut affixus uideatur quę modocunq; fuerint figurae corporum collocatę, ut ad eundem circulum perueniant, necesse est semel uerti sphaeram. Quod cum fiat, & aries in maximo circulo & eodem tempore ad locum quo sidera reliqua perueniant, necesse est eum celerrimum dici, sed nos ad circuli † effectioné ueniemus, & reliqua dicemus: in eodem tauri genua ut fixa perspiciuntur, & si nonnulli ita finxere, ut uno genu hoc est, dextro nixus, sinistro prope pedes contingere uideatur. De hoc in medio relinquemus. Sed in eodem circulo zona Orionis, ut ipso circulo praecinctus existimetur. Hydra flexu à capite primo ut ceruicibus erectis cancrum contingere uideatur, ex inferiore corpore hydrae crater cum coruo uelut fixus esse circulo conspicitur. Item paucę stellae chelarum, eodem adiunguntur. Ophiuchi genua eodem circulo à reliquo corpore diuiduntur. Aquila sinisteriore penna pene eum contingens figurata est: eodem´q; circulo caput pegasi cum ceruicibus nititur. His corporibus signorú aequinoctialis circulus finitur. Quò sol cum peruenerit, bis uno anno cóficitur ęquinoctium, hoc est, in ariete & chelis. In hac enim parte sphaerae & uer & autumnus confici existimatur, ita ut uer sit in ariete, autumnus in priore parte scorpionis. Quod signum nonnulli libram dixerunt: per hunc circulum transiens sol ab ariete ad chelas efficit sex mensium diem, his locis qui intra arcticum uidentur orbem, noctem autem his qui antarctico circulo sunt clausi. Quare magis his locis nemo potest durare. Et rursus ab autúno usq; ad uer, hoc est, à chelis usq; ad arietem perueniens efficit his locis sex mensibus perpetuis diem, in quibus ante noctem demonstrauimus, Econtrario auté noctem his qui boreo polo sunt proximi. Sed de hoc ante diximus. Neq; enim mirú est hac collatione sphaerae id euenire. Erecto enim boreo polo neq; unq; occidente euenit ut corpora quaeq; quae ei proxima sunt circulo sero occidere uideantur. Id ex hoc intelligere licebit. Cum in his partibus sphaerae habitetur quae pars est ab aestiuo circulo ad orbem qui arcticos uocatur, & de arctico circulo hoc est de duabus ursis & dracone, caput draconis maxime niti ipso circulo uideatur, ita ut is qui engonasin uocatur, inter aestiuú & arcticum locatus, caput draconis premere intelligatur,

qui-

Margin note: effictionem

quicunque ut ante diximus ad ipsum caput draconis habitant ita longo die utuntur, ut eis ne tertia quidem horæ pars in unaquaque nocte obtingat. Itaque Aratus ait.

Κείνη που κεφαλὴ τῇ νίσσεται ἧχί περ ἄκραι
μίσγονται δύσιές τε καὶ ἀντολαὶ ἀλλήλοισι.

Item Cicer. dicit, Quod caput hic paulum sese subito'que recondit.
Ortus ubi atque obitus parte admiscentur in una.

De hoc Home. quoque in Odyssea, qui ita breuem noctem esse dicit, ut pastores cum alii exigant, alii reducant pecus, possint alius alium audire, cum unus propter noctem pecus reducat, alter propter lucem exigat: sed nos ad propositum reuertamur.

Tertius ab æstiuo circulo qui hyemalis uocatur, his corporibus & corũ partibus finitur. Nam medium capricornum diuidens, & pedes Aquarii, per caudam pistricis ut traiectus uidetur. Diuidit etiam leporem fugientem à cruribus, & quadam parte corporis, & canis sequentis pedes, & nauis ipsius puppim. Centauri'que ceruices à reliquo corpore diuidit. Scorpionis extrema cauda, quod acumen uocatur, eodem circulo coniungitur. Sagittarii arcus codẽ orbe deformatur. Huius orbis infra terram sunt, de partibus octo, partes quinque, supra terram autẽ tres, itaque, it breuior dies nocte, ut ante demonstrauimus.

Quartum circulum zodiacum esse Aratus demonstrat, de quo ante diximus, & posterius dicemus. Sed Aratus non ut reliqui Astrologi ab ariete duodecim signa demonstrat, hoc est uere incipiẽte, sed à cancro, hoc est, ipsa æstate. Nos autem quoniam ab ariete incipimus, ita protinus dicemus. In hoc enim circulo sic duodecim signa figurantur. Aries, Taurus, Gemini, in his tribus signis uer demonstratur, & æquinoctium uernum. Cancer, Leo, Virgo, in his signis maxime æstas conficitur. Sed Sol incipit à Virgine iam transire ad æquinoctiũ autumnale. Chelæ Scorpius, Sagittarius, in his tribus signis autumnus efficitur, et æquinoctium autumnale. aCpricornus, Aquarius, pisces, in his tribus signis sol hyemem conficere demonstratur. Et sit nulla sunt signa. xii. sed xi. ideo quod Scorpio magnitudine sui corporis duorum locum occupat signorum. E quibus prior pars Chelæ, reliqua autem Scorpio uocatur. Priores enim astrologi cum omnes res ad duodecim partes reuocarent, ut mẽses, & horas, & latitudinem signorum. Itaque & signa per quæ res omnes significãtur. xii. esse uoluerunt. nox.

Sed quoniã septẽ circulis in procemio propositis, de quatuor circulis mensionem fecimus, ne septem ex ordine demonstratis, aliquid à nobis obscurius dictum uideatur, de septem superant iii. arcticos, antarcticos, & ille qui Lacteus uocatur. Itaque de his dicere incipiemus. Arcticon igitur orbem sustinet caput draconis cum reliqua corporis parte. Cepheus autem pectore suo circulum iungit, eodem orbe nituntur & pedes maioris ursæ. Præterea sedile Cassiopeiæ cum pedibus eius nititur ipsi circulo, & de dextro pede genu'que sinistro, et pedis prioribus digitis eius, qui engonasin uocatur, & manus sinistra Bootis exteriori parte circuli peruenit coniuncta. Ad antarcticon autem circulum peruenit extrema nauis Argo, pedes'que Centauri posteriores adiunguntur. Priores autẽ propẽ contingere. Et ara uidetur propè affixa Eridani'que fluminis extrema significatio.

Reliquum est nobis diffinire quem supra Lacteũ orbem demonstrauimus. Ipse enim deuidit oloris extremam sinistram pennam, quæ extra æstiuum peruenit finem. Præterea transit manum dextram Persei, & ab humero sinistro aurigæ perueniens sub manum eius dextrã. Et geminorum genua et pedes eius signi quod Procyon uocatur. Hic diuidens æquinoctialem et æstiuum circulum, tangit extremum finem mali, qui in argo naue defixus uidetur. Deinde rursus reuertens, genua centauri diuidit à reliquo corpore, & extremam caudam terminat scorpionis & arcum mediũ Sagittarii, et aquilæ dimidiã partem per eius transiens pennas.

QVoniam de hisce rebus exposuimus ordine, mundi rationem, et quemadmodum moueatur protinus dicemus, & in duodecim signorũ exortu quę deinde corpora consequantur, & quæ perueniant ad occasum. Conuenit nobis mundum ab exortu ad occasum conuerti: ideo quod uidemus stellas exorientes, ad occidentem conuerti. Sic enim primũ poterimus scire quid sit exortus, & quid occasus. Si quis enim nostrum aliquis astiterit cõtra exorientem solem, necesse est arctos nobis à sinistris partibus esse. Cum id ita fiat, illud quoq; necesse est, ut omnia è dextris partibus exorta, in sinistris occidere uideantur, de quo & ante diximus. Igitur cum uideamus stellas exoriri, et occidere, necesse est mundum quoq; cum stellis uerti. Sed nonnulli aiunt, nihilominus id euenire posse, ut sic stante mundo, stellę & exoriantur et occidant, quod fieri nõ potest. Si enim stellæ uagæ feruntur, neq; mundus ipse uoluitur, non possunt corpora stellis figurata incolumia et certa permanere. Illud enim uidemus in toto mundo stellas erraticas esse. v. neq; horum cursum quenq; posse diffinire. Aratum ipsum quoq; negare se difficiles eorum cursus interpretari posse. Quomodo igitur cum quinq; stellas nemo possit obseruare, tot millia quisq; possit peruidere, nisi qui permittat hoc, cursus stellarum posse esse, & nihilominus figuras corporum permanere, quod si non est, tota sphæra ad irritum reuocabitur. Quicunq; enim sphæram fecerit, non poterit efficere, ut sphæra stante, nihilominus stellæ uersentur. Illud etiam uidemus in extrema cauda draconis stellam esse, quæ in se uersatur, & in eodem loco constet. Quod si omnes stellæ uagæ feruntur, hanc quoq; loco moueri necesse est, quod non euenit. Igitur necesse est mundum quoq; non stellas uerti. Quoniam ostendimus mundum cum stellis potius quàm stellas per se uerti, nũc reliqua dicemus.

CVm enim traditum sit nobis prius noctem quàm diem ferri, noctem dicemus umbram terræ esse, eam'q; obstare lumini solis. Et si nonnulli dixerunt in solis cursu euenire, ut cum peruenerit ad eum locum ubi occidere dicatur, ibi montium magnitudine à nobis lumen auerti solis, & ita noctem uideri. Quod si ita sit, nimirum eclipsim solis uerius quam noctem diximus. Sed aliter esse ex ipsa sphæra licebit intelligere.

HOrizon enim diuidens ea quæ uidentur, & quæ non apparent, ita diffinit sphærã, ut semper sex signa de duodecim in hemisphærio uideanť super terrã, sex aũt signa sint infra sub terra. Igitur cũ in uno eorũ sol nixus ferri uideatur, ab eo circulo qui horizon uocať exoritur. Itaq; incipit lucere. Cumq;' nihilominus ipse mundus uertatur cum reliquis signis. Sed quò facilius intelligatur, ponamus solem esse in Ariete à quo duodecim signa instituimus numerare. Igitur cum sol sit in Ariete eo exoriẽte dies est, qui cum uertẽte se mundo peruenit ad eum circulum qui Mesembrinos uocatur, efficit diei partem dimidiam. Sed sic etiam facilins intelligitur & rursus ab eodem ariete incipiemus. Cum aries est exortus, præter eum signa sunt in superiore hemisphærio: Pisces, Aquarius, Capricornus, Sagittarius, Scorpio. Horum cum tria signa occiderint, hoc est, Scorpius, Sagittarius, Capricornus, exorta sunt tria quæ arietem sequuntur, hoc est, Taurus, Gemini, Cancer, tum fieri dimidium diem necesse est, & arietem peruenire ad eum quem Mesembrinum esse circulũ supra diximus. Cum autem cum reliquis signis ipse aries occidit & exortus est leo, uirgo, tum chelæ exoriuntur, & in superiore hemisphętio ariete occidente uehuntur. Quæ cum occiderint, rursus aries exortus efficiet lucem. Sed ne in dubium ueniat, cum ariete occidente dixerimus chelas exoriri, quid de reliquis signis sic e sphæra posset intelligi, sic inuenietur. In quocunque signo sol fuerit exoriens, quodcunque ab eo signo septimo loco fuerit, id noctu primum exorietur, et ita cõficiet cursum. Mundus enim ipse semel in die ac nocte uerti uideť. Itaq; euenit, ut ipsa signa. xii. semel in die ac nocte uideri possint. Sed ne solis cursus, de quibus postea sumus dicturi, potius q; quod ante cœpimus, enumerauerimus, ad inceptũ reuertemur. Diximus enim principium

pium mundi esse noctem, deinde diem. Inter noctem & diem præter umbram terræ nihil interesse arbitramur. Sed quoniam signorum supra & corporum exortus instituimus ad hoc perueniemus.

IGitur uertente se mũdo per utrosque polos & axem quem supra dimensionem sphæræ diximus esse, & ita sphæra collocata, ut unus polus semper sit supra terram, alter nunquam exoriatur necesse est. Arctus quoque, & reliqua corpora quæ sunt in arctico circulo nunquam occidere, reliqua autem omnia exoriri & occidere, quod inferiora sint ab eo circulo quem nunc occidere diximus. Id enim posse fieri hæc edocet causa. Videmus apud extremum draconis, quod maxime arcticon extra circulum prouidet, quod quodam tempore ita occidere existimatur, ut exortus cum occasu permisceatur, ut & ante diximus. Si autem pars aliqua occidere de summo circulo uidetur, necesse est omnia, quæ sunt inferiora exoriri & occidere. Igitur conuenit nobis sidera uertente mundo occidere & exoriri. Prętera hac inclinatione cæli, cum unus circulus ita sit erectus ut nunquam occidat, alter ita sit terræ subiectus, ut nunquam exoriatur, quicunq; circuli fuerint in sphæra, hoc est, ab æquinoctiali ad polum, qui Boreus appellatur, nullus erit eorum qui non maiorem partem circumductionis habeat supra terram. Qui autem ab æquinoctiali fuerint circulo ad eum polum qui Notius appellatur, omnes inferiorem partem maiorem habebũt quàm superiorem, & quanto magis ad polum notium accesserint, hoc maiorem partem sub terra habere perspicientur. Et quãto magis ad boreum finem uenerint, hoc maiorem partem circuli supra terram tenere uidebuntur. Quo enim erectior ipse polus fuerit, hoc magis & circuli eius erectiores uidebuntur. Quod cum ita sit, si duo sidera simul fuerint orta unum ab arctico alterum ab antarctico circulo, serius occidet id sidus quod ab arctico circulo fuerit exortum: Ideo quod maiorem habet circunductionem sphæræ, quàm quod à notio polo est ortum. Si autem simul occiderint, serius exorietur id signũ quod ab antarctico fuerit exortum, ideo quod tota illa collatio mundi maiorem partem habeat sub terra, quàm illa pars quæ in boreo polo est finita. Et non modo signa quæ sunt ad arcticum finem collocata, præstantibus corporibus aut serius occidunt, aut ante exoriuntur quàm ea quæ notio polo depinximus, sed ipsa quoq; corpora inter se dissentiunt, ut si quod inferius sit signum & id cum superiore exoriatur, tamen serius occidat. E contrario itaque si qua sunt signa ab ęquinoctiali circulo ad notium polum figurata, horum si qua signa pariter exorta fuerint, citius occident quæ proxime polum accedãt. Euenit etiam ut non modo quæ simul sint exorta sidera ex his serius occidant, quæ proxime arcticum circulum sunt collocata, sed etiam si qua eorum ante exorta fuerint, quæ sunt ad notium polum finita, tamen ante occidant, quàm ea corpora quæ in boreo polo figurata esse supra demonstrauimus, ideo quod maiore circunductione sphæræ utuntur ea corpora, quæ æquinoctiali circulo ad arcticum finem sunt constituta. Igitur ostendimus qua inclinatione mundi sphæra sit constituta. Nunc ad duodecim signa reuertemur, & quorum exortu quæ de reliquis corporibus occidant aut oriantur commemorabimus, & initium ab ariete faciemus.

ARietis exortu, sinistra pars Andromedę prouenire, Ara autem occidere uidetur. Cum sidere eodẽ exorit̃ & Persei caput usq; ad umbilicũ, ut dubiũ fore uideatur, zona eius utrum usque extremo Ariete, an tauro primum exoriente prodeat ad lucem. *Aries.* Tauro autem exorto quæ prius dubia fuerint omnia sunt certa. Nam & Ara omnino occidit & Perseus totus est ortus, & aurigæ caput cum reliquo corpore dumtaxat ad sinistrum pedem uidetur, & pistrix à cauda exoriens prospicitur. *Taurus.* Hoc signo primum occidere Boo tes uidetur & si cũ quatuor signis occidit, neq; tamen totus ad terrã potest uenire. Nã manus eius sinistra circulo arctico cõclusa, neq; orit̃, neq; occidit. Geminis exoriẽtibus tota

Gemini. iam piſtrix, & fluminis Eridani prior pars apparet, & Orion exoriri uidetur. Occidit au-
tem Ophiuchus à pedibus genuum fine. Cancer exoriens obſcurat dimidiam partem
Cancer. coronæ, piſtricisq́; caudam, & notium piſcem, et caput cum reliquo corpore ad umbi-
licum eius, qui Engonaſin uocatur. Ophiuchum à genubus ad humeros, & anguem
totum præter caput & ceruicem, quæ ex æſtiuo circulo tendit ad coronam. Bootem
propè totum, terra tenet tectum. Exoritur autem & Orionis corpus ad zonam, & Eri-
danus totus apparet. Exortu leonis reliqua pars occidit, coronæ cum capite & ceruici-
Leo. bus, anguis & Ophiucho, Engonaſin autem qui uocatur, eius præter ſiniſtrum genu et
pedem nihil apparet, & Bootes totus obſcuratur. Exoritur autem caput hydræ cum
lepore toto, & Procyon cum pedibus prioris canis & aquila tota. Virgo autem exori-
Virgo. ens, non pauca ſidera obſcurat. Nam ſtatim lyra occidit cum ſagitta & delphino, & olo
ris à capite corpus uſq; ad caudam propè occidit, & fluminis prior pars & equi caput
cum ceruicibus. Exoritur autem hydra ſine crateris, & canis totus, & nauis argo ſine
totius ueli. Chelis exorientibus uidetur & Bootes exoriens totus, & tota nauis appa-
Libra. ret argo, hydráq; præter cacumen extremum caudæ, quod eſt ſub terra. Exoritur etiam
genu et ſura eius dextra, qui engonaſin uocatur. Hunc eadem nocte occidere et exoriri
licet uidere. Reliquum autem corpus, cum ſcorpionis & ſagittarii prouenit parte. Præte-
rea cum Chelis exoritur cauda centauri. Occidit reliquum Pegaſi corpus, & oloris extre-
ma cauda, & Andromedæ caput cum umbilico Pegaſi, & piſtrix reliquo corpore ad
ceruices, ut caput eius ſolum uideatur, & caput Cephei pendens ad piſtricis occaſum,
cũ manibus & humeris peruenit ad terram. Scorpione exoriente duæ partes flumi-
Scorpio. nis occidunt, & reliquum corpus Andromedæ cum capite Cephei. Occidit etiam
Cepheus capite ad humeros, quæ pars eſt extra arcticum circulum conſtituta, obſcu-
ratur etiam Caſſiopeia reſupinata occidens. Exoritur autem corona quæ ante cen-
tauri pedes iacere exiſtimatur, & hydræ reliquum, quod caudam eſſe ſupra diximus.
Prouenit etiam & corpus centauri, quod equina figura uidetur, & ipſius hominis
caput, & hoſtiam quam tenere eum ſupra diximus. Deniq; ad id corpus quà ſine pe-
des eius ſunt priores. Ophiuchi autem duntaxat caput exoritur, & ipſius anguis
caput, quod eſt contra cancrum. Sagittarium exorientem Ophiuchus totus exo-
Sagittarius. riens inſequitur, & anguis qui ab eo tenetur, caput eius qui engonaſin uocatur. Et
ſiniſtra manus eiuſdem. Deniq; lyra tota cũ Cephei capite & humeris exit ad lucem.

Occidit autem canis maior cum Orione toto & lepore, & aurigæ ſuperiore parte
corporis. Præterea caput & pedes eius. Occidit etiam totus Perſeus præter crus & pe-
dem dextrum. Argo autem puppim ſolam relinquens peruenit ad terram. Capri-
Capricornus. cornus exoriens, hæc ſidera ad terram premere uidetur, reliquam figuram nauis &
ſignum quod Procyon uocatur. Eodem tempore & reliquum corpus occidit Per-
ſei. Exoritur autem olor cum aquila & ſagitta, & ara quam proximam eſſe notio
polo diximus. Aquarius exoriens, ad dimidiam partem corporis equi pedes ſecũ de
Aquarius. terra ducit, & caput cum ceruice Pegaſi. At etiam centaurus à cauda ad humeros uirilis
corporis occidit, cum hydræ capite, & ceruicibus. Piſcibus exorientibus occidit reli-
Piſces. quum hydræ corpus, & ipſe centaurus. Exoritur autem piſcis qui notius uocatur, et An
dromedæ dextra pars corporis.

De ſole & luna & cæteris planetis.

SIc igitur exorientibus duodecim ſignis, reliqua corpora occidere & ex-
oriri uidentur. Sed ut ante diximus, nunc protinus de ſolis curſu dice-
mus. Neceſſe eſt enim ſolem, aut ipſum per ſe moueri, aut cum mun-
do uerti uno loco manentē. Quod ſi maneret, neceſſe erat eodem loco oc-
cidere et exoriri, quo pridie fuerit exortus, quemadmodum ſigna eodem
loco

loco semper oriuntur & occidunt. Præterea si ita esset, necesse erat, dies & noctes omnes æquales esse, ut quàm longus hodiernus dies fuerit, tam longus semper sit futurus. Item nox simili ratione semper æqualis permaneret. Quod quoniá non est, illud quoq; necesse est, cum uideamus esse dies inæquales, & solem alio loco hodie occasurum, & alio heri occidisse. Si igitur aliis locis oritur & occidit, necesse est eum moueri, non stare, solem autem contra mundi motum currere, sic possumus intelligere: euenit enim ut duabus ex causis sidera nō possimus uidere. Quarum una est cum abierint infra terram, nostrum quoq; effugere cōspectum, ita ut inferius hemisphærio *ostenditur. Altera autem est ratio quod propter fulgorem solis et uim maximam luminis sidera obscurentur, siue quod stellis obsistit, ne candor earum ad nostros perueniat aspectus, siue sua magnitudine luminis officit oculis nostris ne præter eius ignem aliam rem superiorem perspiciamus. Quod magis uerisimile uidetur. Neq; enim solis ignem eiusmodi uidemus, cuiusmodi reliquos ignes intelligimus, Sed ita lumen auertit nostrū, ut ipse quoque nobis non igneus, sed albus esse uideatur. Præterea in unaquaq; *nocte, †duodecim signa necesse est apparere. Ideo quod uno signo sol ipse nixus, iter conficere uidetur, cuius figuram corporis ipse suo lumine obscurat. Cum eo enim signo & occidere & exoriri uidetur. Nonnulli dicunt nos †undecim signa duntaxat hac ratione perspicere posse, si in eius signi prima nouissimáq; parte consistat. Habēt enim duodecim signa partes eiusdemmodi, ut unumquodq; eorum in longitudine habeat partes xxx, in latitudine autem partes duodecim. Itaq; euenit ut in longitudine signorum annus sit, in latitudine autem singuli dies sint. In prima parte signi nihilominus nos reliquum corpus eius signi uidere posse nonnulli dicunt. Simile ratione & si fuerit in extrema parte signi, quod fieri non potest. Nam cum sol sit in qualibet parte signi & exoriatur, ita magnum uidetur habere fulgorem, ut omnia sidera obscuret. Illud tamen potest euenire, ut cum sol sit in prima parte signi & occidat, reliquum corpus eius signi appareat. Sed certius & uerius est undecim signa quàm duodecim apparere posse.

fortasse die ac nocte
undecim alij
duodecim alij

Præterea quæritur quare sol cōtra mundi inclinationem currens uideatur cum ipsa sua sphæra occidere & uerti. Nam si sol contra siderum occasum curreret, de ariete ad pisces, non ad taurum transiret. Exoriri etenim antè pisces quàm aries & occidere perspiciūtur, & ita mundus uerti uidetur, ut prius pisces quàm aries occidant. Itaq; diebus xxx. sol in ariete currens, & eius corpus obscurans, sic duntaxat apparet sol, ut ex eo loco quo aries exoriri uideatur, & post triginta dies sol uideatur ab eodem loco surgere, ex quo loco taurus ante exoriri uidebatur, igitur apparet solem ab ariete ad taurum transire. Quod si ita est, necesse est eum contra mundi inclinationem currere. Quare autem euenit ut antè diximus, quod uidetur cum mūdo sol uerti, eius similis hęc causa est, ut si quis in nauiculæ rostro sedēs, inquirat ad primū transire, & nihilominus ipsa nauis iter suū cōficiat. Ille quidē uidebitur contra nauiculæ cursum ire, sed tamen eodē perueniet quò nauis. Hoc autē sic etiam facilius intelligitur, si nauim diuiseris in partes ccclx. quēadmodum sol diebus ccclx. simul mundū transigit, eodē modo ut ante diximus sit diuisa, et in una

parte

parte de ccclx. constituatur quilibet eorum. Nauis autem habet unius diei cursum, ille quidem contra nauim ire, sed cum ea ad locum definitum peruenire intelligeretur. Non enim extra nauim est, quia rostro ad puppim transit, sed ipsa naui continetur. Item sol cum per ipsum mundum iter, conficiat & eo contineatur, uidetur contra mundum ire, sed cum eo peruenit ad occasum. Cum enim mundus trecenties & sexagies se conuertit, tunc sol iter annuum conficit.

Est qui conspicuus super hos quæsiuit in astris
Ausus habere deum solem, cui tramite recto,
Conditio imposita est uigilem tolerare laborem.

Luna.

QVoniã de Sole quę uisa sunt nobis utilissima esse literis mandauimus, nunc de Luna dicemus, & si alta conati perscribere, † uelut natura uoluminis ad hoc loci deuenimus ne nõnullis incaute huius ratioñe reliquẽtes, aut propter magnum laborem defecisse, aut inscientia superati, nõ ualuisse persequi uideamur. Nos aũt non illorum existimationis timendæ causa persequi instituimus, sed consuetudinis nostræ rationem demonstrasse. Sed quod alterius quæri uolumẽ hoc perlecto non uoluimus, nec tam diu rem cogitatam scripto ad aliorum desiderium adducere, prætetea cum reliqua omnia diligẽtissime persecuti fuerimus, alienum uidetur esse nos non eandem persequi causam. Quare sicut ante diximus, ad inceptum reuertemur, & necessario totidem uerbis de Luna et Sole dicemus, ita. Luna à Sole per alios exortus & occasus necesse est moueri, non stare. Idq; facilius quàm de Sole licet intelligere, neq; enim tã magnus ardor eius est ut officiat oculis nostris, neq; ut sol dies. xxx. unoquoque signo uehitur, ut difficile sit intellectu quanta particula luminis aut ipsius signi superesse uidetur cum ad aliud transierit signum. Lunam enim cum xii. signa diebus xxx. percurrat licet intelligere duobus diebus & sex horis, in alio signo esse. Hanc autem cum à Sole lumen accipiat, & ita nobis lucere uideatur, nõ est uerisimile, de tam multis causis potius eam cõstare quàm moueri. Si enim suo lumine uteretur, illud quoque sequebatur, eam semper æqualem esse oportere, nec die tricesimo tam exilem, aut * omnino nullam uideri. Cum enim totũ transegerit cursum, sola autem ad aliud transire signum intelligatur: præterea si suo lumine uteretur, huius nunquam eclipsin fieri oportebat. Sed ne dubium fiat quare solis eclipsis fieri posit, qui utrisq; lumen dare supra sit dictus. Lunæ autem non facile fiat cum alieno lumine utatur. Eius hæc uerissima, ut arbitramur, est causa. Luna enim cum ex toto mundo & omnibus stellis maxime terræ proxima uideatur, & ad acies nostras perueniat. Et quodam tempore torrens perueniat ad eundem locum signi quo sol uehitur, obseruare lumen eius à nostro conspectu uidetur. Hoc autem maxime euenit die nouissimo cum Luna transierit iam in duodecim signa, & cum sol ad aliud signum transire uideatur, & proxima fiet illi. Quod euenire, sic etiam potest intelligi, ut si quis alicui manum planam ad oculos admouerit, quanto magis sic fecerit, hoc minus ille uideri poterit, & quanto longius ab eo discesserit, hoc magis illi omnia poterunt apparere, simili ratione, cum Luna ad solis locũ peruenit, tũc proxima eius uideť esse, et radio eius obturare, ut lumen emittere nõ posit. Cum aũt luna ab eo loco discesserit, tũc sol lumen eiicit, & ita ad nostra adiicit corpora.

Vt pro natura uolumẽ sit, hæc uerba quidã addunt hoc loco

Lunæ

Lunæ aūtē eclipsis sic euenit, cum prope dimensione sit Luna, cum abierit sol sub terram duntaxat hoc modo, ut per mediam terram si quod directum traieceris cōtingere possit solem sub terram, Lunam autem supra terram. Quod cum ita euenit, necesse est solis radios propter magnitudinem terræ ita esse dimissos, ut lumen eius, quo luna lucet, non possit ad eam peruenire, & ita existimatur fieri eclipsis lunæ. Quæ si suo lumine uteretur, licebat ne apparere quidem nunquam solem, ideo quod luna nihilominus luceret, sic nanq; accipit lumen, ut luceat cum sol uenerit per terras, sed non ut aliquem locum conclusiorem totumq; spacium impleat lumine. Si quis nostrum steterit in eo loco, quo sol minime lucet, reliquis partibus lumen à sole accipiens præbebit. Id in luna fieri inuenitur, eam solis lumine accepto lucere nonnulli existimant reuibratione, nōnulli existimant, cum dicitur Sol in ariete aut in quolibet signo esse, eum supra ipsas stellas arietis iter facere. Qui autem hac ratione utuntur, longe à uera ratione errant. Nam neq; Sol neq; Luna proxime sidera apparent. Hac etiam de causa nonnulli septē stellas erraticas finxerunt, adiungentes eodem Solem & Lunam, quod cum quinq; stellis feruntur, Luna enim proxime terram est. Itaq; diebus xxx. totum mundum existimatur transire. Id hac euenit ratione, si circulos quis intra zodaici ambitum fecerit, eosq; sic hoc interuallo finxerit, ut terra sit in medio, & unam à terra ad Lunam mensionē fecerit, quam Græci τόνου appellauerunt. Hunc autem quia nō certum spacium potuerunt dicere, tonon dixerunt, igitur abest Luna à terra tono uno. Hac igitur re, quod breuissimo circulo deuehitur diebus xxx. ad primum peruenit† signum. *circulum*

Deniq; cum Luna est, sub lustri splendet amictu.
Quum succincta iacet calamos, Latonia uirgo est,
Quum subnixa sedet solio, Plutonia coniunx. o

Ab hoc circulo abest circulus† tonon dimidium quo loco Mercurii sidus uehitur. Itaq; diebus xxx. ad alterum signū transiens tardius, ab hoc circulo abest † tonum dimidium quo loco iter suū Veneris dirigit astrū, tardius quàm Mercurii stella conficiens cursum. Transit enim ad aliud signum diebus xxx. Supra huius stellam solis est cursus, qui abest ab Hespero, quę est Veneris stella, medietate toni. Itaq; cum inferioribus pariter peruolās uno anno, idest duodecim signa percurrit, tricesimo die ad aliud transiens signū. Supra solē igitur et eius circulū Martis est stella, quę abest à Sole tono dimidio, itaq; dicit̃ diebus lx. ad aliud signū trāsire. Hunc supra Iouis signo orbē est stellā, quę abest à Martis hemitono. Itaq; uno anno ad alterū transit signū. Nouissima stella Saturni, quæ maximo uehitur circulo, hęc aūt tono distat à Ioue, itaq; annis xxx. xii. percurrit signa. Ab ipsorū tamen siderū corporibus Saturnus abest tono uno et dimidio. Hac igitur ratione potes scire neque solē, neq; lunā contingere stellas, & nihilominus per zodiacum circulū uerti. Hinc etiam possumus intelligere, lunam minorem esse sole. Omnia quæ proxima sunt nobis maiora necesse est esse, quàm quæ longo dissidente interuallo uidemus. Igitur Lunam uidemus proxime nos esse. Neq; eam maiorē nostro aspectui esse, q̃ solem. Illud quoq; necesse est cum sol nō longe absit à luna, & à nobis maior uidetur, si prope accesserit, multo maiorem futurum. Præterea necesse est ut ante diximus, aut nullam stellam eraticam esse, aut Solem pariter cum Luna, ut reliquas stellas errare. Si enim quisquam mihi potest demonstrare quinq; stellarum cursum, & dicere, quod hodie quæq; coram ad aliud transeat signum, quemadmodū de Sole & Luna fieri uidemus, & nihilominus suum efficit cursum, non est erratica. Si autem dubium est quod hodie transeat, & ad aliud signum compari ratione cum Luna feratur, & suum circulum dirigat quemadmodum stellæ quæ sunt dubiæ, necesse est has quoq; errare, sed non euenit ut errent, præsertim cum suo tempore ad cursum reuertantur. Igitur ne stellæ quidem, cum certo tempore ad suum signum reuertantur, possunt errare, nisi forte uolumus accipere excusationē, quod duo corpora magna facilius possunt obseruari, quàm singulæ stellæ, quæ non certos cursus conficientes uidētur apparere.

aliȷ semitonio
tono dimidio

De Venere

De Venere.

Sed stellas quinq; nonnulli has aiunt esse Veneris, Mercurii, Iouis, Saturni & Martis, è quibus esse maximam colore candido, nomine Hesperum, & eam appellari Venerem. Hæc stella non abest à sole lōgius duobus signis: subter eius circulum collocata, sicut ante diximus. Apparens aūt maxime noctu, sed toto mense non plus indeficiens potest uideri. Sed totus Hesperus incertos efficit cursus, non eodem tempore ad præteritum transiens signum.

De Mercurio.

Secūda stella est Mercurii, nomine Stilbon, totus acuto lumine, sed in aspectum non magnus, hic aūt à sole nō lōgius abest signo uno, qui semper eosdē cursus efficiens, modo nocte prima, modo aūt ad solis exortus incipit apparere, nōnunquā etiam perpetuo signis quatuor est cum sole, rediens autē, cum sole non amplius est, quàm tertiā partē signi.

De Ioue.

Iouis aūt stella, nomine Phęton, corpore est magnus. Figura aūt similis lyræ, hic aūt duodecim signa annis totidem transigere existimatur, et unoquoq; anno nusquā apparere dicitur, non minus dies triginta, nō plus quadraginta, sed tunc maxime obscuratur cum occidit cum sole. Exoriēs autem apparet antequam sol.

De Saturno.

Saturni stella apud Ciceronē 2. de nat. Deorū Phænon dicitur

Solis stella nomine Phaëton, corpore est magno, colore aūt igneo, similis eius stellæ, quæ est in humero dextro Oriōis. Hic per duodecim signa assidue ferri uidetur, nōnunquam etiam cum solis ipsius sideribus apparet, modo aliis partibus adiectis circuli, hanc stellam nōnulli Saturni esse dixerūt. Redire autem ad signum annis triginta, & quod annis non apparere, non minus dies triginta, nec amplius quadraginta.

De Marte.

De Marte.

RElíquũ est nobis de Martis stella dicere quæ nomine Pirois appellatur. Hęc aũt non magno est corpore, sed figura similis est flãmæ, nonnunquã autem cum ipsius solis sideribus concurrens omnia peruolat signa, sedens ad primum signum non longius biennio.

QVod ad quinq; stellas attinet, huc usq; satis arbitramur dictum, nũc autem demonstrabimus quibus de causis menses intercalentur. Quoniam tempus omne metimur die & nocte, mense & anno, sunt qui diẽ nobis diffinierũt, quamdiu sol ab exortu ad occasum perueniat. Noctis autẽ spacium constituerunt esse, quãdiu sol ad occasum, rursum ad exortum reuertatur. Mensem aũt quamdiu luna zodiacum circulum perducat. Annum autem uoluerunt esse, cum sol ab æstiuo circulo redit, & zodiacum ad id signum unde incipiebat permetitur.

Reliqua desunt.

SPHAERA MVNDI.

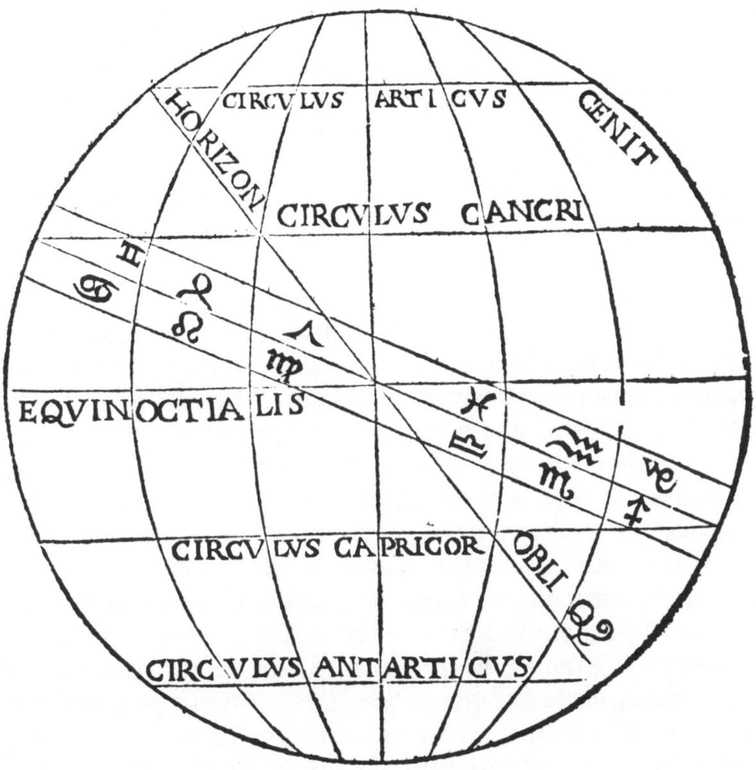

PALAEPHATI GRAECI SCRIPTORIS DE NON CREdendis fabulosis narrationibus opusculum, Philippo Phasianino Bononiense interprete.

PHILIPPVS PHASINIANVS LECTORI.

Palæphati huius à nobis de græco in latinum idioma translati, præter Eusebium, autorem prouerbiorum Gręcorum, & cæteros, mentionem & Suida in collectaneis ita fieri obseruauimus. Παλαίφατος πάριος ἢ πριηνεὺς γεγονὼς κατὰ Ἀρταξέρξην, ἀπίστων βιβλία ε̄, τινὲς δὲ ταῦτα εἰς τὸν Ἀθήναιον ἀναφέρουσι. hoc est, Palæphatus Parius siue Prienensis, tempore Artaxerxis fuit, incredibilium libros quinq; scripsit, quidam tamen hæc in Athenæum referunt. Celebratur quoq; alius quidam nomine Palæphatus Abydenus, historicus temporibus Alexandri Magni, qui inter cætera, solutiones interpretationesq; fabularum scripsisse traditur. Item & tertius quidam eiusdem nominis poëta Athenis, Palæphatus fuit, qui de situ orbis & de contentione Mineruæ ac Neptuni scripsit, ut in monimentis Græcorum habetur, de quibus tamen nihil ad rem præsenté. Huius Palæphati nostri autoritate, atq; testimonio Vergilium eo carmine ex Ciri ad Messalam usum fuisse tradũt. Docta Palæphatia testatur uoce papyrus. Hunc eundem Probus interpres Maronianus citat, super expositione illius Vergiliani carminis ex tertio Georg. Frena Pelethroni Lapithæ girosq; dedere &c. ubi opinionem Palæphati de centauris, quemadmodum & Seruius & alii quidam, probat. Admonẽdus est tamen lector, ut apud Probũm ubi passim legitur Palæphatus in libro Ariston, sciat legendum esse Apiston, quando libri eius ita appellantur à Suida βιβλία ἀπίστων, id est, libri incredibilium, seu incredulorum, ut quidam exponunt, uel περὶ ἀπίστων ἱστοριῶν, id est, de non credendis historiis, uel falsis narrationibus, ita enim omnibus hisce nominibus ac titulis libri isti circunferuntur, citanturq; ab eruditis. Hunc autem Palæphatũ, ut ex Suidæ uerbis colligimus, libros quinq; scripsisse apparet, quemadmodum quidam huius librum primum uel secundum incredibilium citant, penes quos forte omnes isti libri integri esse debent, quorum paucula hæc, quæ ad manus nostras iam decem anni sunt, opera Aldi Manutii peruenerunt, fragmenta quędam uerius esse, quàm legitimum opus eius constat, quę etiam corrupta mutilataq; pluribus in locis ita sunt, & ea maxime in parte ubi de Hercule agitur, ut uix percipi, eruditorum etiam iudicio, posset, nisi pro captu ingenii cuiusuis, quid paucula illa, & alia quædam ambigua sibi uelint. Quæ omnia calamitati temporum (ut pleraq; alia) accepta quidem referimus, quæ omnibus ferme bonis operibus & latinis, & græcis semper insidiata est. Ve plura ad nos uel sine capite, ac membris mutilata imperfectaq; transmiserit, quorum reparationi ne ipse quidem Aesculapius, qui mortuos etiam ad uitam reuocabat, subuenire atq; occurrere posset. Ego uero quantum in me fuit in his transferẽdis operam dedi, ut culpa carerem, utq; fideliter magis, quàm ornate interpretarer. Quibus si maior tamen diligentia requiretur, non mihi magis quàm temporis iniuriæ uitio detur. Atq; adeo (ut quod sentio semel dicam) quis ab aliquo Græcorum hominũ hæc Palæphati scripta interpollata suppressáq; fuisse non utique etiam credere posset? Etenim cum ipsi de mendacio iampridem male semper audiuerint, eorum uanitates, quod Palæphatus facit, testimonio quoq; suorum detegi, atq; redargui non sine graui molestia eos audire posse, necnon incredibilium libros hosce mirandum in modum detestari contenderint. Sed ut serio Græcos quandoq; ipsos, cuius linguæ studiosus semper fui, ab iis etiam quæ sibi obiiciuntur, purgatos reddam, né ue mendacio eis omnia ascribi patiar, & ut inepti nomine, sic mendacii uitio carere eos ostendam. Tale quidpiam illos in fabulosis narrationibus suis obseruare uoluisse crediderim, quale iurisperiti illi primi, quod Cicero cum alibi, tum in libris de oratore memorat, obseruarunt, qui obtinendæ atq; augendæ

augendæ potentiæ causa, artem suã peruulgari nolebant, nisi Gn. Flauius primus eam propalasset, qui ob id cornicum oculos confixisse dictus est, ita res suas Græci sub cortice figmentis'q; fabulosis occultantes, idiotas homines à mysteriis suis arcere, ac propulsare studebant. Quæ quidem Palæphatus ad Gn. Flauii instar (suos ueluti prodens) diuulgare non dubitauit, fabulas omnes, quæ super ueritate ipsa confictæ fuerant, neque fidem capiebant, ad historiæ sensum ac ueritatem referens. Cui tamen (cum Græcus & ipse sit) dubium quibusdam scio, uideri posse, an fides eadem eius, quæ cæterorum Græcorum scriptis adhiberi debeat, quin idem quoque in taxandis aliorum mendaciis uanus ac mendax appareat, né ue ex fabulis fabulas confingere, ac mendaciis mendacia adstruere uoluisse uideatur. Qua in re, ne tale quidpiam de se crederetur, ueritus, in præfatione operis sui ad omne dubium prorsus tollendum ea se dumtaxat scribere, quæ occulata fide uiderit, quæ'ue ab aliis qui ad ea uidenda profecti essent, audiuerit, testatur. Quæ res magnam credulitatis fidem ei dubio procul arrogat, séq; à labe illa mendacii plane eximit. Tantum'q; abest, ut Græcorum more uanus ipse esse, aut aliorum uanitates confouere uelit, ut suorum etiam mendacia detegere, & in medium allata, suscepta etiam adhæc uidenda, ut Pausanias, Plinius, & alii factitarunt, peregrinatione, confutare nõ dubitet. Vtcunq; uero res sese habeat, æqui boni'que lector consulas, rogamus.

PALAEPHATVS DE NON CREDENDIS FABVLOSIS NARRATIONIBVS A PHILIPpo Phasianino Bononiensi latinitate donatus. Præfatio.

HAEC quidem de incredibilibus conscripsi. Hominum nanq; alii, & ii maxime, qui ab omni sapientia atq; eruditione alieni sunt, omnibus illis, quæ utiq; dicantur, persuasi, fidem adhibere consueuerunt. Quidam uero natura prudentiores, curiosiq; magis, ac in rebus negociis'q; pluribus uersati omnia illa, quæ tradantur, fieri ut penitus credant, adduci nequeunt. Mihi aũt omnia, quæcunq; dicta iam fuerint, fieri quoq; uidentur. Neq; enim nomen duntaxat fuisse existimandũ est, nullus alioqui super his sermo existeret. Veruntamen ea ipsa primum opera, res'q; fuerunt, ac sic demum sermo illis superinductus est. Quæcunq; autem species & formæ dictæ fuerunt, factæ quoq; eædem tunc temporis sunt. Quæ uero nunc minime extant figuræ, nullo unquam tempore fuerũt. Nam si hæ tunc quidem, & alio quoq; tempore erant, nunc etiam existerent, rursus'q; forent. Quamobrem ipse sane Melissum & Lamiscum Samium historiarũ scriptores laudo. In principio quicquid olim fuerit, & nunc quoq; esse, atq; futurum deinceps asseuerantes, quæ aũt facta quædam reuera fuerant, poëtæ nugatores'q; plerią;, in incredibile magis atq; admirabilius quodpiã conuerterunt, ut ista legentes homines in maximam admirationem perducerẽt. Ego uero talia minime esse posse, qualia dicuntur, agnosco. Hoc unum tamen comprehendi, quod nisi aliquid super his factũ fuisset, non quicquam utiq; diceretur. Accedens nanq; ipse ad quamplurima loca, & diuersas mundi regiones peragrãs, seniores'q; percunctatus, quidnam super uno quoq; eorum, quæ dicerentur, audiuissent, quæ ab iis potissimum intellexi, quæ'ue loca ipse uidi, & ut unum quodq; illorum sese habere cõperi in mediũ affero. At hæc quidẽ non qualia falsò à poëtis dicta olim fuerant, sed ueluti ad ea occulata fide perspiciẽda profectus agnoui, & historiã cõponẽs in hũc modũ perscripsi.

Suidas. Μέλισσος ᾤετο τὸ μὴ γινόμενον οὐκ ἔχειν ἀρχὴν, hoc est, Melißus putabat, nihil quod fieret non habere principium Sic etiam Pausanias

De Centauris.

CEntauri tanquã feræ quædã fuerunt, quę equorum quidem speciem totam, excepto capite, habebant. Si quis est igitur, qui talem hanc ferã fuisse credat, impossibilibus hic plane fidem adhibere persuadetur. Neq; enim ullo pacto equi atq; uiri natura conformis est, neq; cibi eorum aliqua inter se similitudo existit, né ue ratione aliqua potis est, quod per os guttur q; humanum equi cibus descendat. Atq; adeo si talis forma tunc temporis erat, etiam nunc utiq; existeret. Veritas aũt rei ita se habet. Ixione Thessaliæ rege existente in Pelio monte taurorum armentũ quoddam furore ita correptum, atq; œstro exagitatũ est, ut reliqua circumquaq; montana loca inaccessa redderet. In domestica etenim cultáq; loca cum impetu ingruẽtes tauri ipsi arbores & fructus lædebant, aratáq; corrumpebant. Præconio igitur publico nuntiari Ixion iussit, quod si quis esset, qui tauros hosce caperet, huic sese diuitias perquam plurimas dono daturum esse. Adoscentuli autem nonnulli ex montano loco pagóq; quodam qui Nephele, hoc est, nubes nuncupatur, equos domare tum primum aggressi, quomodo equites sessores'q; dorso gestarent, illos docere excogitant. Prius etenim homines equis uehi nesciebant, uerum curribus duntaxat utebãtur, sic autem equorum dorso impositi equites illi, ad ea loca, ubi tauri erant, agentes eos impellebãt, & armento sese superinicientes tauros feriebant, & quandoquidem ab impetu taurorum illos inuadentium iuuenes impellebantur, aufugiebant statim, uelociores enim erant equi. At quotienscunq; tauri firmato gressu consistebant, uertentes sese iuuenes eos iterum feriebant, atq; hoc pasto eos interfecerunt. Et nomen ipsum Centaurorum exinde Centauri sortiti sunt, eo quod tauros catecenton, hoc est, pungentes feriebant, alioqui nihil tauri

Lapithæ primi equitem docuere sub armis insultare solo. Pli. etiam in vij.

Centauri unde Ser. & Prob.

Centauris

Centauris ipsis inest, sed equi atq; uiri species illa ex hac re tantũ existit. Cum itaq; tali pro re ab Ixione pecunias donáq; Centauri reportauissent, próq; hoc facto ualde exultarent, cõtumeliosi insuper ac superbi opibus ex illis facti, mala passim multa iam cõtra ipsum quoq; Ixioné perpetrabant, qui quidé Ixion tunc temporis Larissam nuncupatam ciuitatem incolebat, qui uero regionem illam tunc tenebant, Lapithæ uocabantur. Inuitati aũt cum ab his Lapithis forte ad conuiuium centauri essent ebrii facti, eorum mulieres diripuerunt, quas cum equos inscendere fecissent, domum illico fugientes quò impetus illos ferebat, secum asportarũt, sicq́; bellum aduersus Lapithas centauri ob hanc rem gerebant, & nocturno tempore è montibus in planitiem descendentes insidias illis struebant. Diurno uero tempore cum plura diripuissent, in fugam sese conuertentes, montana loca repetebant. Quibus ita recedẽtibus equorum duntaxat caudæ capitáq; hominum à longe apparebant. Alienum itaq; ac inusitatũ spectaculum hoc animaduertentes homines dicere consueuerunt. Centauri nos quidé inuadentes, ex Nephele, hoc est, Nube nuncupato loco, mala multa nobis inferunt. Atq; ab hac utiq; sermonis forma, incredibilis fabula confictà formatáq; fuit, utpote, quod ex Nephele, loco ita dicto, equus & uir in monte congeniti fuissent. Nephele pagus.

De Pasiphaë.

Pasiphaën tauri pascentis amore captam fuisse fabulantur. Nec non Dædalũ ligneam uaccam fabrefecisse, & in eam Pasiphaën inclusisse, sicq́; taurum, eam inscendentem mulieri admixtũ fuisse, quę puerum ex hoc cõpressu uiri quidem corpus & bouis caput habenté conceperit. Ego uero tale quidpiam minime factum fuisse dico. Primum nanq; impossibile est, quod unius generis animal alterius ac diuersi generis animantis mutuo amore detineatur. Nec utiq; possibile est canem & simiam, lupuḿq; & hyenam inter se, aut cum ceruo bubulum admisceri. Diuersi nanq; generis atq; natura animalia existũt. Neq; adeo mihi taurus cum uacca lignea sese miscuisse uidetur, aut quod etiam ullo pacto ascendentem taurum mulier tolerare uel conceptum, cornua habentem in utero ferre potuerit. Veritas autem fabulæ sic ergo sese habet. Minoa dicunt cum circa pudenda morbo laboraret, à Cride Pandionis, curatum fuisse, per illud aũt curationis tempus Minoem iuuenis quidam satis formosus Taurus nomine sequebatur, cuius cum Pasiphaë amore capta fuisset, illi miscetur, pueruḿq; ex illius cõplexu genuit, quod uidens Minos, ac tempus quidem supputans ex quo dolore pudendorũ conflictari cœperit, agnoscensq́;, quod puer hic ex se natus esse non posset, eo quod per aliquod tempus cum Pasiphaë uxore rem non habuisset, ex tauro, potius iuuene puerũ illum conceptum esse cognouit. Neq; tamen ob id eum interimere uolebat, quia sui ipsius filiorũ frater quodãmodo ob similitudiné aliquam esse uideretur. In montem tamen quendá eum relegatũ mittit, ut in seruitii parte atq; officio cum pastoribus esset. Ille uero bubulcorum imperio sese subiicere minime uolebat, quod cùm Minos intellexisset, & ea quæ ab ipso fiebant, quǽue aduersus eum diceban tur, ocyus illum cõprehendi ac detineri, missis eò ciuibus suis, iussit, & si quidem sponte sequeretur, solutum ad se accedere sinerent mandauit, sin minus, ligatum perduceret. Quo intellecto adolescens ipse protinus inde abiit, séq; in montes recepit. Vnde oues diripiens uitã sic degebat. Verũ cum Minos aliam quoq; & eam quidé maiorem turbam, ad eum cõprehendendum misisset. Iuuenis ille fossam sibi profundá faciens, intra eam sese ipsum conclusit, ubi tauro sic existente. Si à Minoë iniustus quispiá uir aliquãdo deprehensus fuisset, ad taurum protinus, ab eo interimendus, pœnasq́; illi daturus, mittebatur. Atque adeo cum Theseum olim Minos hostem cepisset, ad taurum eum misit, tanquam manibus eius peciturũ. Qua re ab Ariadna cognita, ensem in carcerem, quo Minotaurum interfecit, ad eum præmisit.

Taurus Minois scriba cuius amore capta est Pasiphaë. Seru.

Intra Labyrinthũ Minotaurus

De Actæone.

Actæona à propriis deuoratum canibus fuisse dicunt, quod quidé totum falsum est. Canum nanq; ea propemodũ peculiaris natura est, dominũ in primis suum uel maximo amore prosequi, præsertiḿq; uenaticorũ, qui cunctis hominibus adulãtes,

Canis in dominum amor, Xenophon & Pli.

cauda blandiuntur. Quidā tamen eius opinionis sunt, ut Actæonē ipsū dicant cū à Diana in ceruū transformatus fuisset, à uenatoribus qbusdā interfectū fuisse. Mihi uero Dianam ipsā, quod uolebat hac in re efficere non potuisse uidetur. Nanq; uerū nullo pacto est ceruū ex homine, rursus'q; ex ceruo hominē factū fuisse. Hasce autē fabulosas fictiones ob id ipsū Poëtæ formantes in mediū adduxerunt, ut talia audientes cæteri homines, à contumelia superbiá'q; in diuinū numen utenda abstinere debeant. Rei uero huius ueritas ita sese habet. Actæon Arcadicus genere uir erat, uenationis amator, qui quidē ob id multos canes alebat, & cū eis in mōtibus uenabatur, bonarum rerum atq; facultatis suæ negligens prorsus. Illo autē tēpore omnes homines propriis manibus laborabāt, operarii q; per se erāt. Neminē nanq; omnino seruū habebāt, sed illi ipsi terrā agros'q; suos colebāt, et sic quisq;, qui terrā maxime colebat, ex hoc opere laboriosissimus ditissimus'q; euadebat. Actæoni uero rei domesticæ curam negligenti, quinimo uenationi duntaxat intento, facultas omnis, ac uita defecit, cū aūt nihil amplius in bonis haberet, in illū homines dicebant, Heu miser Actæon, qui à propriis canibus cōsumptus es, nā et modo nunc lenociniū exercens infeliciter ages, dicere uidelicet, putabāt fore quoq; ut à meritricibus deuoratus esset. Atq; ita tale quippiā de Actæone factum est.

Μὴ ὑβρίζωσιν εἰς τὸ θεῖον. à contumelia in deos abstinendum

Sine seruis gens prisca

De equis Diomedis homines comedentibus.

DE Diomedis quoq; equis, quod homines comederent dicitur, quod quidem omnino ridiculum est. Animal etenim istud ordeo fœnoq; magis, q̄ humanis carnibus delectatur. Veritas autē hæc est, Cū antiquiores illi homines primi per se operarii essent, ac cibū ob id, plurimam'q; substantiā possiderent, utpote terrā ipsā manibus suis colentes, equos pascere ipse Diomedes cœperat, et usq; adeo equis ipsis tantisper delectatus est, quoad sua bona perdidit. Omnia nāq; diuēdēs, in equorū nutrimentū cōsumpsit. Qua ex re amici eius equos illos hominiuoras, hoc est, humana carne uescētes nuncupabant, & sic tali ex facto fabulosus hic sermo in medium adductus est.

Bona præsepibus donauit Diomedes

De Orione.

IOuis Neptuni atq; Mercurii filius Orion fuisse dicitur. Nā Hyreus Neptuni & Alciones unius Atlantis filiarū in Tanagra Bœotiæ habitabat. Hospitalissimus autē cū esset, deos aliquādo hospitio susceperat. Iupiter autē Neptunus atq; Mercurius cū forte hospitio suscepti ab eo fuissent, ac benignitatem illius admisissent. Eū, ut quicquid uellet peteret, exhortati sunt. Hic uero cū sine filiis esset, puerū sibi dari petiit. Quocirca Dii tres illi cū bouis pellē ab eo in eorū honorē sacrificati, accepissent, in eā urinā ueluti semē, infundentes minxerunt, et sub terrā illam occultari, ac mox post menses decem suscipi iusserunt. Quibus decem mensibus decursis, natus est Vrion, sic primum quidē denominatus, eo quia dii tali pacto urinā intra corium illud infuderant, postea uero propter bonū nominis sonū Orion dictus est. Cū autē hic simul cū Diana uenaret̄, eā uiolare uelle aggressus est, quæ illi ob hoc indignata, scorpionē è terra in illū emisit, qui cū eū circa calcaneū pedis percussisset, interfecit, huius uero sic mortui miseratus Iuppiter inter sidera ipsum collocauit.

Iuppiter hospitibus fauens

Vrion Orion

De seminatis Gygantibus.

DIcitur etiā, quod Cadmus, ut memorant, cum in lerna draconem interfecisset & dentes eius collegisset, eos in propria terra seminauit, ex quibus postea nati sunt uiri armati. Quod si uerum fuisset nullus hominum nostri tēporis aliud quippiam unq̄ præterquam dentes draconis seminarit, huius tamen rei ueritas ita sese habet. Cadmus genere Phœnicius erat, is Thebas aduersus fratrem Phœnicium bellum de regno gesturus, profectus est. Cum plura uero alia bona hic, ut qui rex erat, haberet, dētes inter cætera Elephantis eburneos habebat. Thebanorum autem rex Dracon Martis filius erat, quem cum Cadmus interfecisset, eius regnum occupauit Amici itaq; Draconis bellū aduersus Cadmū gerebant, cōtra quē, & Draconis quoq; filii insurrexerūt, qui quidem omnes tam amici q̄ filii posteaquam uiribus inferiores facti, superati'q; ab eo fuerunt, Cad

Bona plurima penes reges

tunt, Cadmi bona atq; diuitias diripientes, præsertimq; dentes ipsos eburneos, quo impetus illos ferebat, aufugiebant. Alii nanq; aliò dispersi disseminatiq; spargebantur, quidam in Atticā, nōnulli in Peloponesum, pleriq; in Phocida, alii uero in Locrida peruenerunt, à quibus quidē mox locis uenientes, Thebanis bellū inferebant. Difficilesq; ac molesti admodum bellatores erant. Posteaquam igitur eburneos dētes, quos Cadmus habebat, diripientes aufugere, Thebani dicebant, quod talia tamq; horrenda mala hæc sibi ipsis Cadmus draconem necando, intulerat. Ex cuius quidē dētibus multi strenui, fortesq; uiri, hac & illac disseminati sparsiq;, hoc est, sati, illis ipsis bellum inferebāt, quo quidē ex euento fabula hæc conficta est.

Nota quod Spartos quidam gentem fuisse sic dictam crediderūt licet apud nos Satos significet simile quiddam Apollonius de Iasone refert

De Sphinge.

DE Cadmea Sphige dicunt, quod fera quidē hæc fuit, quæ corpus canis habens, caput & faciē puellæ, alas uero auium, atque hominis uocem haberet. In Sphincio aūt monte sedens hæc, ænigma quoddam unicuiq; ex ciuibus proponebat. Et quencunq; (illud soluere nescientē) interimebat. Quod cum soluere Oedipus propositum ænigma sciuisset, sese ipsam (ut quæ grauato animo id ferebat) ex monte deiiciens, interfecit. Sermo aūt hic incredibilis, ac res ipsa impossibilis est. Neq; enim talis species, formáq; fieri ullo pacto potest. Atq; adeo illud sane perquam puerile admodū est, ænigma non soluentes homines, ab ea tam facile interemptos iri solitos, uel eam à Thebanis feram ob id sagittis confossam non fuisse, stultumq; credere prorsus est ciues suos, ueluti hostes essent, ita à Thebanis contemptos fuisse, ut à fera illa deuorari permitterentur. Habet igitur sese hoc pacto ueritas. Cadmus cum mulierē Amazonida, cui Sphinx erat nomen, secum haberet, Thebas peruenit. Cumq; Draconē interfecisset, huius ipsius regnum occupauit. Post hæc & Draconis sororē, cui Harmonia erat nomen, cepit. Intelligens aūt Sphinx quod Cadmus aliam duxisset uxorem, ac sibi persuadens multos ciues se abeuntem secuturos esse, quamplurimas diuitias rapiens, secumq; celerem canem ducens, quē Cadmus habebat, cum his omnibus in Sphincium montē nuncupatū peruenit, & exinde Cadmo bellū inferebat, incursiones aūt insidiando, cum per unumquenq; ex illis montibus faceret, singulis horis plures homines interimebat. Vocant aūt Thebani incursiones ipsas ęnigmata. Diuulgabant hoc aūt passim ciues in hunc modū, dicentes. Argiua Sphinx nos, ænigma quoddā proponēs, diripit. Quonam aūt modo ænigma faciat, inuenire nemo nostrū potest. Publico itaq; edicto nunciari Cadmus iussit, Sphingē interficienti cuicunq;, diuitiarū per quàm plurīū præmium esse propositū. Ad quā cum Oedipus Corinthius accessisset, uir equidē bellicis in rebus clarus, ac strenuus cum equo ueloci quē secū habebat, unà cū Thebanis quibusdam, quos in societatem sibi assumpserat, nocturno tēpore, cum his montē uersus accedens, Sphingē ipsam de medio sustulit. Pro quibus euentibus fabula hæc in medium adducta fuit.

Sphincius mons

Sphinx Cadmi uxor.

Harmonia non Hermione Cadmi coniunx Mar. in 7. cap.

Aenigmata pro insidijs atq; incursionibus

Oedipus Corinthius.

De Vulpe.

DE Telmesia uulpe dicunt, quod Thebanos hæc rapiens, deuorabat. Quod quidem omnino simplex ac fatuum est. Neq; enim quodpiā aliud animal est, quod terrestre existens hominē rapere atq; asportare ualeat. Vulpes insuper paruum animal ac debile est, fuit aūt quidpiā tale. Thebanus uir quidā bonus, ac pulcher satis admodū fuit, qui Alopix nomine, hoc est, uulpes nominabatur. Hunc aūt cum astutissimus esset, & omneis homines prudentia superaret, Thebanorū rex ueritus ne sibi insidias aliquando strueret, è ciuitate expulit. Qui cum ualidissimū sibi exercitū cōparasset, aliosq; secum mercenarios milites adduxisset, Telmesiū nuncupatum collem occupauit, unde desiliens, Thebanos prædabatur. Dicebant itaq; Thebani homines, Alopix, hoc est, uulpes dictus, circumquaq; decurrēs nos subiugat. Ad hūc aūt locum uir quidā Cephalus nomine, genere Atheniensis, qui magnū exercitū habebat, cum peruenisset, Thebanis auxiliū ferens, Alopeca hunc, hoc est, uulpem nominatum interfecit, atq; eo ex loco exercitum eius omnem depulit.

Alopix

Aliena uirtutē tyrannis formidolosa.

Cephalus

De hac uulpe Aratus & Hyginus ubi de Syrio agunt

De Niobe.

Nioben dum uiueret, super filiorum suorum sepulchrũ lapidem factam esse memorant. Quicunq; autem ex lapide hominem, rursus'q; ex homine lapidem fieri posse credit, stultus hic quidem plane est. Verum autem hoc habet. Niobe mortuis sui ipsius liberis cum lapideam imaginem sibi constituisset, eam supra natorum suorum sepulchrum posuit. Nos'q; ipsi hanc utiq;, qualis reuera esset, inspeximus.

Statua Niobes in Sipbylo cur.

De Lynceo.

LYnceum dicunt, quod ea etiam quæ sub terra erant prospiciebat, quod quidem falsum prorsus est. Nam ueritas ita sese habet. Lynceus æs, argentum, cætera'q; metalla primus inquirere cœpit. In qua quidẽ metallorum inquisitione, lucernas secum intra terræ penetralia circunferens, ibidem eas forte relinquebat ac sursum ipse æs, ferrum'q; reportabat. Quod factum uidentes homines, dicere consueuerant, quod Lynceus subterranea etiam prospiciebat, ob id'q; argentum inde sursum afferebat.

Metalla æris et argenti à Lynceo inuenta, aliter Plin.

Lynceus trans parietes uidebat. Diuus Hier.

De Cæneo.

CAenea inuulnerabilem omnino fuisse aiunt. Quicunq; autẽ hoc ad credendum suscipit, quod homo quispiã ferro inuulnerabilis existat, amens hic reputandus est. Veritas itaq; sic se habet. Cæneus genere Thessalus, uir erat bellicis in rebus strenuus ac potens, pugnandi'q; sciẽtia præditus, qui cũ multis in bellis olim fuisset, nullo tamen unq; tẽpore uulneratus fuerat. Atq; adeo cum Lapithis simul quandoq; pugnans, à Centauris interfici nullo modo potuit, sed ab illis solum cõprehensus cum fuisset, multitudine illorum obrutus est, sic'q; consumptus fuit. Eius itaq; defuncti Lapithæ cadauer suscipientes, nullis'q; confossum uulneratus corpus inuenientes, dicere consueuerant. Cæneus cum alias toto suæ uitæ tempore inuulnerabilis fuerit, itidem sine ullis nunc quoq; uulneribus mortuus est.

De Cygno.

IDem quoq; sermo de Cygno Coloniensi circumfertur. Illum nanq; dicunt inuulnerabilem pariter fuisse, eo quod cum pugnator quoq; is, scientiæ'q; bellicę peritissimus esset, ac Troiano in bello ab Achille lapide percussus fuisset, minime uulneratus est. Eius itaq; cum defuncti cadauer homines intuerentur, quod inuulnerabilis quoq; hic esset diuulgabant, atq; ita nomine quoq; ipso inuulnerabilis nuncupatus est. Assentitur hac in re mihi, meum'q; sermonem hunc affirmat & cõtestatur Aiax Telamonius. Namq; & is quoq; inuulnerabilis dictus est, qui uel seipsum ense proprio peremit.

Cygnus ferro inuulnerabilis Ouid.

De Dædalo & Icaro.

DAedalũ unà cum Icaro filio, quandã ob causam in carcerẽ à Minoẽ inclusum fuisse aiunt, qui quidẽ Dædalus cum fictitias sibi pennas fabrefaciendo aptasset, unà cum Icaro illinc exiluisse fertur. Scientiã uero hunc uolãtes homines faciendi absq; ulla machina, & artificio, pennas'q; præsertim fictitias habẽtes, calluisse, impossibile est. Tale igitur hoc erat quod ab eis dictũ est. Dædalus cum in carcere esset, ac sese ipsum per fenestrã quandã demisisset, scapham mare sulcaturus, inscendit, quod simulatq; Minos intellexit, quæ illum abeuntẽ nauigia insequerentur, mittit. Id aũt Dædalus atq; Icarus agnoscentes, persecutores'q; à tergo instare animaduertentes, uento terribili ac uehementi cum impetu flante, usi, aduolantes hoc est, nauigantes circum pelagus uertebantur. Atq; is ipse Dædalus in terram cum peruenisset, incolumis seruatus est. Icarus uero in mari periit, à cuius quidẽ nomine Icariũ mare denominatum est, qui cum postea ab undis in terrã eiectus Icarus fuisset, à patre Dædalo sepulturæ demandatus fuit.

De Atalanta & Milanione.

DE Atalanta & Milanione hoc etiam referũt, quod illa quidẽ in leænã cõmutata fuit, hic uero leo factus est. Veritas tamen rei huius talis est. Atalãta & Milanion cũ simul in uenatione essent, Atalãte puellæ, ut secũ in coitu misceat Milanion persuadet, atq; ob id in speluncã coiturus, eã perducit, simul'q; cõueniũt. Sed in eo forte antro leonis atq; leænæ cubile erat, qui cũ illorũ uoces audissent,

Μιλάνιον qui Mimalion ab imperitis dicitur.

egressi

egressi cum impetu, Atalantam atq; Milanionem dilaniarunt. Non multo autem tempore post leone ac leæna ipsa exinde egredientibus, qui socii in uenatione Milanionis erant, in huiusmodi animalia Atalantam atq; Milaniona trãsformatos fuisse existimabant. Reuersiq; in ciuitatem, ipsi talia passim de Atalanta & Milanione, quod in leones mutati fuissent diuulgabant.

De Callistone.

ET de Callistone talis quoq; sermo existit quod uenatrix cum hæc esset, ursa facta est. Ego uero dico etiam hanc ipsam mõtes inhabitanté, ubi ursa quædam forte inerat, ab ea in uenatione consumptam fuisse. Quicunq; igitur in uenatione cum ea erant, non illam amplius ex ursæ cubili egredientem, sed solam ursam uidentes, quod Callisto puella ursa facta esset, dictitabant.

De Europa.

EVropam Phœnicis filiã, cum à tauro uecta fuisset, ex Tyro in Cretam mari peruenisse censent. Mihi uero longe secius fuisse uidetur, eo quod neque taurus, aut equus tam profundum pelagus transfretare potuisse uideatur, neq; utiq; puellam Europam supra taurum tam ferum animal ascendere uoluisse. Atq; adeo si Iuppiter Europam in Cretam accedere in animo habuisset, meliorem sane uiam, quàm hæc erat, inuenire potuisset. Veritas rei hoc habet. Cretensis uir quidã, cui Taurus nomen erat, bellum in Tyrrhena regione gerebat, hic cum plures alias eo in loco puellas rapuisset, Europam præcipue regis filiam, postremo captiuam abduxit. Qua ex re dicere homines solebant, Europam regis filiam Taurus asportauit, ob idq; fabula hæc conficta fuit.

De Durateo equo & Troia.

AChiuos ligneo in equo Iliũ expugnauisse tradunt, qui quidé sermo uanus utiq; ac fabulosus omni ex parte est: Veritasq; ipsa hoc habet. Equũ ligneum ita fabricarũt Græci, ut magnitudine sua portas urbis supereminerer, ne portis recipi aut intra mœnia duci ullo pacto posset. Ductores uero iuxta ciuitatem ipsam concauo in loco quodam sedebant, qui in hunc usq; diem Argiuorum insidiæ uocatur. Transfuga autem Sinon cum ad Ilium peruenisset, Iliensibus ipsis persuadet, ut equum illum intra ciuitatem suam ducere omnino debeant, hoc ipsum addens quoq; fore scilicet ut nullo pacto deinceps Græci aduersum eos accedere possent. Cui audientes Troiani cum fuissent, & portas quoq; urbis deposuissent, equũ ipsum introducentes, admittũt. Prandẽtibusq; mox ipsis cum securitate, ac nil tale uerentibus Troianis, impetu facto, eos adorti sunt Græci. Ac tali quidé pacto Troia capta est.

> Durateus equus apud Lucre.
> αὐτόμολος Sinon
> Sinon in bello Troiano specularem significationem inuenit.

De Aeolo.

AEolum uentorum regem fuisse aiunt, qui Vlyssi uentos in utre conclusos dedit. Quã quidé rem fieri impossibile esse omnibus manifestũ existimo. Verisimilius utiq; fuisset id quod erat dixisse, Aeolum scilicet Astrologum fuisse, qui Vlyssi tempora, quibus exortus flantium quorundã uentorum fierent, prædixerit. Mœnia insuper hic ciuitatis suæ ex ære circundata habuisse traditur, quod etiam falsum omnino est. Armatos nanq; uiros, ut reor, potius ille habebat, qui ciuitatem eius præsidio custodiebant.

> Home. Odyßeæ lib. x
> Aeolus Hellenis filius uentorum rationem inuenit pro Plin. & Polybio

De Hesperidibus.

HEsperidas mulieres quasdã fuisse tradunt, quibus mala aurea super malo arbore, quæ draco custodiebat, fuerãt. Ad quę quidé poma aurea Hercules expeditionem fecerit. Veritas tamé rei huiusmodi est. Hesperus uir quidé Milesius erat, qui in Caria habitabat, duasq; filias habebat, quæ Hesperides nominabantẽ. Illiq; ipsi oues pulchræ atq; fœcũdæ erãt, quales & nũc in Mileto quoq; sunt, quæ quidé ob id aureę iam oues nũcupabantur, quoniã pulcherrimũ omniũ rerũ aurũ est, et illæ quoq; pulcherrimæ erãt, mila etenim ut poma, sic oues quoq; apud Græcos uocãtur, quę quidé mila, hoc est, oues, cũ circa maris littus pascẽtia Hercules uidisset, ea abigẽdo cõprehendens, naui suæ imposuit, simulq; earũ pastoré nomine Draconé secum domũ perduxit, & hoc nõ amplius Hespero

> Milesia uellera καλλίστον τὸ χρυσὸς
> Mila oues & poma apud Varronem & Seruium. Draco pastor ab asperitate morũ dictus

Hespero iam ipso uiuente, sed eius duntaxat superstitibus filiabus. Dicebant itaq; homines. Aurea equidem mala uidimus, quæ ab Hesperidibus Hercules, draconem quoq; custodem interficiens, abduxit, sic'q; exinde fabulosus sermo confictus formatus'q; fuit.

De Cotto & Briareo.

Ecatontachiria ciuitas, Orestiades, Stephanus de urbibus

DE Cotto & Briareo dicunt, quod cum uiri essent, centum tamen manus illi habebant. Quod quidem uelle dicere quomodo non stultum prorsus est? Verum hoc autem in se habet. Ciuitati in qua illi habitabant Ecatontachiria, hoc est, centimanus nomen est. Erat aūt ciuitas illa, quę nunc Orestiades uocatur. Dicebant itaq; homines Cottus, Briareus & Gyges Ecatontachirei, hoc est, centimani auxiliū diis afferentes aduersus Titanas, ab Olympo eos expulerunt.

De Scylla.

Scylla triremis

Apud Homer. Odysseæ. xij

DE Scylla etiā tradunt, quod in Tyrrhena regione fera quædā fuit, quæ mulier quidē usq; ad umbilicum esset, canum uero capita exinde ei nata sint, ac reliquum corporis serpentis haberet, talem aūt naturā credere ualde stultū est. Veritas nanq; huiusmodi est. Tyrrhenorum insulæ erant, quæ cuncta circūuicina Siciliæ Ioniiq;' sinus loca, atq; regiones deprædabantur. Tunc temporis aūt nauis erat triremis uelox, cui Scylla erat nomen, quæ quidem ipsa triremis cætera nauigia comprehendens, cibum sæpius assequebatur, sermóq; ob id multus de ea erat. Hanc aūt nauem Vlysses uehementi & cum impetu flante uento usus effugit. Quod mox in Corcyra Alcinoo narrauit, quo nam scilicet pacto euaserat, & quomodo nauem illam effugerat, nauis'q; præterea eius formam descripsit, à quibus quidem rebus fabula conficta fuit.

De Dædalo.

ἀνδριαντοποιοί ἀγαλματοποιοί De statuis his à Dædalo in Græcia cōfictis Eus.

ILlud etiam de Dædalo narrant, quod statuas per se ambulātes fabrefaciebat. Ire uero sua sponte statuam impossibile mihi sane uidetur, uerum autē hoc habet. Quicunq; tunc temporis statuas uirorum statuarii faciebant, imagines'q; exornabant iunctos adnexos'q; corpori pedes quibus innniterentur, habentes, uiriles statuas faciebant. Dædalus uero ipse uno pede tantum elato, sese uertentes statuas formabat. Quāobrem id uidentes homines, statuas à Dædalo factas ambulare dicebant, ac non ut cęteras consistere. Quemadmodū nunc quidē etiā dicimus, quod picti sint homines pugnantes, & uertētes sese equi, ac naues in undis sese submergentes.

De Phineo.

Phineus Peoniæ rex

Pyria et Erasia

Zethus & Calais

NArrationibus quoq; fabulosis de Phineo dicūt, quod Harpyiæ substantiam eius asportabant, existimant uero quidam feras uolatiles has fuisse, quæ cibaria ex Phinei mensa diriperent. Veritas tamen sic habet. Phineus Peoniæ rex erat, qui cum ad senectutem peruenisset, uidendi usum prorsus amisit, simulq;' liberi eius mares mortui sunt, filiæ uero illi, Pyria & Erasia dictæ erant, quæ paternam substantiam omnem destruebant, adeo ut Phineum miserū poëtæ dicere cœperint, cuius bona Harpyiæ ita dilapidarent. Huius uero Phinei misericordia moti uicini eius Zethus & Calais, qui Boreæ uiri non ignobilis filii erant, auxilium'q; illi afferentes, filias eius è ciuitate expulerunt, ac diuitias bonáq; illius dispersa in unum congregantes, Tracensem quendam illorum custodiæ præfecerunt.

De Metra.

Hoc etiam Isacius Lycophronis interpres Erisichthon cur fame confectus apud Calim in hymnis Metra Argētum usu nō erat antiquitus

DE Metra Erisichthonis filia aiunt, quod quotienscunq; pater suus utiq; uoluisset, formam mutare consueuerat, quod quidem credere ridiculum prorsus est. Quomodo enim quæso uerisimile sit, ex puella bouem, rursus'q; canem uel auem fieri posse? Verum autem sic habet. Erisichthon uir Thessalus erat, qui consumptis facultatibus suis, pauper effectus est, huic uero filia pulchra & honesta, raræ'q; formæ erat, quæ Metra nominabatur, hanc quicunque uidisset, eius amore protinus detinebatur, argento autem illius temporis homines proci'q; in sollicitandis mulieribus minime utebantur, sed dabant alii quidem equos, nonnulli boues, quidam oues, uel quodcunq; ipsa, tan-

quam

quam sibi magis gratum, uoluisset, quocirca Thessali hoc uidentes, passim dicere consueuerant, congregatum scilicet Erisichthoni uictum opera ac beneficio Metræ eius filiæ fuisse, quæ patri equos, boues, aliáq; perquam plurima suppeditabat, quibus ex rebus fabula conficta fuit.

De Geryone.

Geryonem tria capita habuisse dicunt, quod totum plane impossibile est, corpus aliquod esse quod tria habeat capita, sed tale quid omnino fuit. Ciuitas in Euxino ponto est Tricarinia, hoc est, tricipitia nũcupata. Erat autem tempestate illa Geryon inter alios homines nomine famigeratus, ut qui diuitiis, multis'q; aliis rebus maxime excellebat, boum inter cætera armentum perquam admirabile habebat, ad quod cum Hercules, ut boues abigeret, accessisset, sese illi opponentem Geryonem de medio sustulit, sic'q; boues abduxit, quæ omnibus eas, dum circum agerentur, inspicientibus, magnám admirationẽ incutiebant, mediocris nanq; illis magnitudo quædam inerat, à capite quoq; ad ilia usq; paruæ simæ'q; erant, cornua prorsus non habebant, ossa uero & longa & lata quidem apparebant. Percunctantibus itaq; hominibus, cuius nam boues illæ essent, eas Herculem Geryonis Tricarinii, hoc est, tricipitis existentes, abegisse nonnulli asseuerabant, ex quibus dictis Geryonem ipsum tria capita dubio procul habuisse quidam existimabant.

Tricarinia ciui. De Geryone Iustinus tres fratres concordes fuerunt.

Forma tri corporis umbræ. de Geryõe apud poëtam cure

De Glauco Sisyphi.

Glaucum quoq; ab equis consumptum fuisse tradunt, ignorãtes scilicet equorum nutritorem hunc etiam fuisse, qui domestica bona nulla in re curabat, quin imò sumptus per quam maximos cum quotidie magis ac magis faceret, consumptus est, sic'q; uictus omnis, ac facultas postremo illi defuit.

De altero Minois Glauco.

At hæc ipsa quoq; fabulosa narratio tota ridicula est, quod Glaucum, cum is mel bibens periisset. Minos pater intra sepulchrum, & unà cum eo Polyidũ domini medicum uiuentem adhuc, dimersit. Qui quidem medicus, cum draconem quendam mortuo draconi cuipiam herbam porrigentem, animaduertisset, qua illum ad uitam reuocabat, itidem ipse, eadem herba, in Glaucum facere orsus, eum ad uitam resurgere fecit, quod quidem nullo pacto fieri potest, impossibileq́; omnino uidetur. Quod uero factum fuit, tale quidpiam est. Glaucus cum mel biberet ualde perturbatus est, plurimáq; illi colera usq; adeo mota est, ut animus illi prorsus defecerit. Ad hunc ita male se habentem, quamplurimi alii medici, diuitias sese consequi posse sperantes, uenerunt. Polyidus'q; præsertim, qui cum in memoria herbæ cuiusdam naturam haberet, quam à medico quodam, qui nomine Draco dicebatur, perceperat, hac eadem usus Glaucum protinus saluti pristinæ restituit. Dicebant itaq; quidam hoc animaduertentes, Glaucum ex potu mellis mortuum, Polyidi curatione ad uitam reuocatum fuisse.

Nota quod Polyidos berba quã draconem uocant hunc restituit. secũdum Tarrbæum in prouerb.

De Glauco marino.

Canitur insuper, quod & hic Glaucus, cum herbam olim quampiam comedisset, immortalis est factus, & nunc quoq; in mari habitat, hoc autem credere herbam hanc Glauco duntaxat, neq; alteri cuipiam ut assequeretur, cõtigisse, hominem'q; in mari, uel aliud quodpiam terrestre animal uiuere, puerile admodum est. Hoc habet nanq; in se ueritas. Glaucus piscator uir erat, genere quidem Anthedonius, urinator'q; præ cæteris eximius, qui uel cunctos sui temporis natatores in undis exuperabat. Contigit autem quod cum hic prope portũ ante omnium conspectũ, qui in ciuitate erant, nataret, ab omnibus'q; uideretur, in locum quendam ei natare contigit, ut mox per aliquot dies, uisus ab amicis non fuerit, natans'q; mox ab eis iterum uisus est. Quærentibus ergo domesticis eius, ubi nam locorũ per ea tempora, quibus uisus non fuerat, habitasset, in mari sese fuisse falso respondebat. Pisces præterea

De exitu Glauci interpres Apollonij et Tarrhæus in prou.

unum

unum in locum plures concludens & occultans aduersabat, ut hyemali tempore, quando reliqui piscatores nullos capere pisces poterãt, solus ipse haberet. Ciuibus ob id quoscunque pisces exoptassent, sese protinus allaturum esse pollicebatur, sic'q; & quos utiq; uoluissent, eis statim afferebat, Glaucus ob id marinus uocitabatur. Qui mox cum in marinam feram incidisset, ab ea consumptus est. Quo è mari nusquam redeunte, Glaucum in mari uiuere atq; ibi considere fabulati sunt.

Glaucus in mari. Prouerb. de ijs qui mortui uiuere creduntur.

De Bellerophonte.

Bellerophontem ab equo Pegaso, qui pẽnatus erat, gestari solitum fuisse tradunt. Mihi uero absurdum prorsus uidetur, equum uolitare posse, etiam si omnium auium pennas sibi adiunxisset. Atq; adeo si quãdoq; tale animal fuit, nunc etiam utiq; existeret. Illum etiam Bellerophontem aiunt Amisodari chimæram interfecisse, quæ quidẽ bellua erat, ut dicitur, prima leo, postrema draco, media ipsa chimæra. Quidam uero existimant hanc feram fuisse tria capita habentẽ, quod impossibile est, Leonem scilicet similibus cum aliis animantibus cibis atq; domesticis uti, quod uero mortalem naturam habuisse, ignem'q; eam ipsam spirasse dicitur, puerile est. Cui nam enim quæso potissimum ex illis tribus capitibus in reliquum corpus potestatem fuisse dicendum est? Verum ergo ita habet. Bellerophontes Phrygius uir erat, genere quidem Corinthius, bonus pulcher'q; satis. Hic cum nauigium sibi præparasset, maritima circunquaq; loca deprædabatur, nomen autem nauis Pegasus erat, ut nunc quoq; suum cuilibet nauigio nomen est inditum. Nomen autem id Pegasi nauigio magis, quàm equo aptũ fuisse uidetur. Ea uero tempestate Amisodarus rex ad Xanthum flumen habitabat, sub quo altus mons Telmisus nomine erat, ad quẽ duo ascensus per planitiem, pascuaq; ab anteriori ciuitatis Xanthiorum parte erant. Tertius retro à Caria, reliqua uero loca inculta inaccessáq; prorsus iacebant, horum'q; in medio hiatus terræ satis magnus erat, unde uel ignis utiq; superascendebat, his autem mons alius Chimæra dictus adiacebat. Illo uero tempore, quemadmodũ eius regionis incolæ narrant, ante planiciem illam habitatam leo quidã erat, retro uero draco unus, qui pastores ambo circunquaq; lædebant. Ad quæ loca Bellerophontes accedens, montem expugnauit, & Telmisus ab eo simul concrematus est, feræ'q; illæ sic perierũt. Dicebant itaq; eius loci habitatores Bellerophontem illuc cum Pegaso appulsum, Amisodari Chimæram perdidisse, quo ex facto fabula conficta est.

Amisodari chimæra Hom. carmen Iliad. κ

Bellerophontes

Pegasus nauis nomen

Nomina quoq; sua nauib. sunt.

Amisodarus rex

Telmissus mõs

Chimæra mons

De Pelope & equis eius.

Pelopem cum alatis equis Pisam, ut Hippodamiam Oenomai filiã desponsaret, uenisse dicunt. Ego uero eadem ferme de Penelope dico, qualia & de Pegaso quoq; dixi. Si enim Oenomaus Pelopis alatos equos uidisset, non utiq; illi filiam suam in uxorem, quæ talem currum ascenderet, præbere uoluisset. Dicendum itaq; potius fuit, quod Pelops nauem impellens, quæ equis quibusdam alatis insculpta erat, ad Hippodamiam puellam rapiendam accessit, qua rapta fugiens uehebatur. Talis'q; super hac re fabula formata fuit.

Naues insculptæ Pictæue

De Phrixo & Helle.

Narrant insuper Phrixo ab ariete prædictum fuisse, quod pater Athamas eum mactare in animo habebat, quo audito, sorore sua Helle secum aduocata, arietem ipsum cum ea inscendit, maré'q; ambo sulcantes, in Euxinum pontum peruenerunt: quod quidem, ut credi posit, per quàm difficile est, quod aries ueluti nauigium quodpiam esset, mare pernatare tanto præsertim duorum hominum pondere onustus, potuerit. Et ubi nam quæso alimenta cibi, potus'q; arietis, atq; illorum in mari esse poterant? Absit enim quod eos ullo pacto impastos & absque cibo potuq;' tanto tempore manere potuisse dicamus. Illud post hæc absurdum est, quod de Phrixo quoq; dicitur, quod salutis suæ autorem, seruatorem'q; arietem cum mactauisset, pellem ei detraxit, quam Aeetæ muneris loco, ut filiam eius in uxorem haberet, dedit.

Hic

Hic uero Aeetes Colchorum rex erat. Vide autem quomodo tūc temporis pelles huiusmodi arietinæ taræ apparebant, quæ regem quoq; ad filiam propriam illi pro hoc dono, ueluti eius dote in matrimonium dandam, impulerit. Licet eam usq; adeo magnifaceret, ut nullius mariti connubio dignam hactenus existimasset. Iam uero quidam ut risum (quem pellis hæc mouere posset) effugiant, auream hanc pellē fuisse adiungunt, quæ si aurea quidem fuisset, tāto minus à Rege capi, ut quam Phrixus ei peregrinus uir dabat, oportere uidebatur. Dicitur quoq; ad hoc uellus aureum Iasonem unà cum Græciæ proceribus nauem Argo nuncupatam, impulisse. Verum enimuero neq; Phrixus mihi tam ingratus erga arietem benefactorem suum fuisse uidetur, ut eum perdere uelle sustinuerit. Neq; etiam si splendidissimum smaragdisq́; plenum uellus hoc fuisset, uel propter hoc solum nauem Argo illuc Iasonem nauigando impulisse credendū est. Veritas itaq; sic sese habet. Athamas Græcorum exercitus in Phrygia præfectus erat, huic aūt diuitiarum suarum procurator, ac ueluti custos erat uir quidam nomine Aries, quem præ cæteris fidelē sibi maxime existimabat. Is cum forte Athamantē de nece Phrixo parandа cogitare intellexisset, Phrixo id protinus significat, qui quidem hoc audito, nauem actutum pręparauit, & in ea diuitias perplures imposuit, simulq́; Pelopis matrem in eadem naui sibi adiungit, quæ Eos, hoc est, Aurora dicebatur, hæc quoque suis ex opibus atq; diuitiis imaginem auream cum sibi fecisset, eam naui imposuit. Quo facto simul cum his bonis Phrixus, Helle & Aries nauigantes abiere. Contigit autem, quod in nauigatione illa Helle puella præ imbecillitate nimia deficiens, mortua est, à cuius nomine mare illud Hellesponti nomen hoc sortitum est. Illi uero cum ad Pharon peruenissent sedes ibi posuerunt, ubi Phrixus Oetæ regis Colchorum filiam in matrimonium duxit, cui dotis nomine auream illam Auroræ imaginem potius, & non pellem arietis auream dedit, hæcq́; ueritas ipsa est.

Pro Var. in .ii. de re rusti. ipsas pecudes propter charitatem aureas habuisse pelles prodiderunt.

Rex à peregrino maximi pretij dona capere non debet.

Aries Athamantis procurator.

Aurum in imaguncula conflatū fugiēs asportat.

Hellespontus.

Dotem nō uxor marito, sed uxori maritus apud Cor. Ta. de Germanis.

De Phorcynis filiabus.

DE filiabus quoq; Phorcynis perquam ridicula narratio circunfertur, uidelicet, quod Phorcys ipse tres filias habebat, quæ uicissim uno oculo, quem duntaxat inter omnes habebant, cum uidere illis opus erat, utebātur, atq; ita fiebat, ut quotienscunq; ex illis una oculo uti uellet, capiti suo illū inseretaret, sicq́; uideret, quo quidem cum illa satis usa fuisset, aliis eum uicissim tradere consueuerat, ita ut omnes hoc pacto uiderent. Cum autem Perseus ad illas forte accessisset, atq; eam quæ tunc oculum habebat, cunctāti gradu à tergo adortus esset, denudato ense, ut sibi Gorgona ostenderent, petiit, mortemq́; eis, nisi eam utiq; manifestarent minitatus est. Illæ uero mortem formidantes eam protinus indicant. Cuius caput ipse cum amputasset aëra uolando inscendit, simulq́; hoc Polydectæ ostendens in lapidem eum mutauit. Quod quidem omnino ridiculum est, uiso defuncti capite, uiuentem hominem lapideum fieri posse. Quæ enim quæso ad hoc faciendum uis mortuo inest: fuit autem tale quidpiam. Phorcys uir quidam Cyreneus fuit, Cyrenei uero genere Aethiopes sunt, Cyrenemq́; insulam, extra Herculis columnas existentem, incolūt, Libyamq́; arant iuxta Aunona fluuium, propéq; Carthaginem sunt ualde diuites, hic Phorcys Herculis columnis, quæ tres sunt, imperans, quatuor cubitorum statuam auream Mineruæ fieri fecit. Vocant enim Mineruam Cyrenei Gorgonem, ueluti Dianam Thraces Bendiam, Cretenses Dictynam, Lacedæmonii uero Vpim. Verum antequā statuam ipsam Phorcys in tēplo consecrasset, moritur, tresq́; post se natas reliquit, Sthenonem uidelicet Eurialem & Medusam, quæ nemini in matrimonium sese coniungere unquam uoluerūt, sed uitam cœlibem degentes, substantiam omnem inter se diuisere, & quælibet uni ex tribus insulis imperabat, quæ sibi in bonis contigere. Gorgonē uero statuam illam auream Mineruæ neq; in templo sacratam ponere, neq; diuidere uelle illis uidebatur. Quinimo apud unamquanq; illarū eam ipsam uicissim, ueluti thesaurum quendam deposi am, retineri debere censuerunt, Phorcyni uero socius quidā honestus

Oculi exemptiles, quos etiam Lamiæ habebāt pro Plutarch.

Perseus ad Polydectē Seryphiorum regem missus. pro Arato.

Minerua Gorgone Bēdia pro Herodo. Dictyna. Vpis Diana à Lacedæmoniis Loc. Callimachi in Hymno Dianæ

nestus

nestus bonusq́ uir erat, quo suis in rebus ueluti oculo utebantur. Perseus autem ex Argo exul, secum nauigia roburq́ militare habens, maritima loca tunc populabatur, qui ratus Gorgonem hanc Reginam mulierum quãdam esse locupletem quidem, sed quæ tamen uiribus imbecilla esset, adnauigat primum in portum, & stationem ibi nauium faciens, ea loca, quæ inter Cyrenem & Sardiniam erant, percurrit, ab unâq; ad alteram earum descendens, oculum ipsum capit. Intellexerat enim ab earum una se nihil aliud ex illis locis preter quàm Gorgonem, quæ magnam uim auri in se habebat, auferre posse. Puellæ igitur ipsæ postquam oculum amplius in parte, secundum sermonem prædictum, non habebant, in unum conuenerant iurantes (nam altera alteram accusabat, quod oculum detineret). Sed posteaquam sese prorsus eum non habere cognouerunt, quid nam de eo utiq; factum fuisset, ualde admirabantur. Interim ad eas ita consternatas, Perseus nauigat, oculumq́ ab eis quæsitum sese habere significat, quem tamen illis se nullo pacto daturum ait, nisi prius ubi nam Gorgo sit, ab eis edoctus fuerit. Minabatur adhæc nisi hoc manifestarent, eas interfecturum esse. Medusa non ostensuram se esse ait, uerum Stheno & Euriale ostenderunt, quare Medusam ob id Perseus interfecit, illis uero duabus oculum restituit. Cum itaq; Gorgoně accepisset, in partes eam plures dissecuit, & in trireme sua seruatum ab se caput eius reposuit, ipsiq́ naui nomen Gorgonis indidit, cum qua mox pernauigans, ab insulanis circumquaq; pecunias assequebatur, eo quod omnes qui aliquid ei contribuere recusarent, interimebat. Sic & à Seriphiis, ad quos nauigando peruenit, pecunias petiit, illi uero in unum omnes sese, ut ei resisterent, primo congregarunt, rursusq́ cum ad eos in forum coactos Perseus accederet, Seriphon illi relinquẽtes abierunt, ut ipse neminem omnino ibi inuenerit hominem, sed lapides quidem factos, non autem uiros amplius: quo circa insulanorum reliquis pecunias sibi tradere denegantibus, dicere Perseus adsueuerat, uidete ne, quemadmodum Seriphii, Gorgonis caput uidentes, in lapides & uos mutemini. Id nanque malum ipsi passi sunt.

Seriphij in lapides mutati

De Amazonibus.

DE Amazonibus talia prædicantur, quod mulieres illæ quidem non erant, sed uiri potius barbari, qui ob longas uestes & ad talos usq; demissas ad instar Thracensium mulierum gerebant, comamq́ mitris continebant, ac barbas radebant, ob id autem ab hostibus in bello per contumeliam fœminæ uocitabantur. Amazones autem suapte natura sibi ingenita, strenui bellatores erant. Expeditionem uero mulierum istarum nunquã factam fuisse (quando & nunc quoque nulla apparet) credere uerisimile est.

De Orpheo.

FAlsus quoq; de Orpheo sermo uulgatur, quod scilicet eum cytharizantem quadrupedes, aues, atque arbores sequerentur. Id autẽ mihi tale quidpiam fuisse uidetur: quod Bacchæ furentes fœminæ erant, quæ in Pieria ouium pascua dilaniabant, aliaq; plura mala uiolenter perpetrabant. Quæ ue cum ad montana loca se recepissent, plures ibi dies se continuerunt: ubi cum diutius permanerent, ciues sibi iam ipsis suisq́ mulieribus ac filiabus mali aliquid ab eis timẽtes, qui Orpheum accirent, mittunt. Illumq́ rogant, ut aliquid excogitando machinari uelit, ut quoquo modo posset, furentes fœminas è montibus deduceret, qui quidẽ Orpheus cum Bacchi sacra solennia ordinauisset, cytharę sono Bacchãtes illas demulcens, è montibus secum deduxit, ferulas quidem primum habentes, sed quæ cum è montibus descenderent, diuersarum arborum ramos secum gerebant. Quod spectaculum uidentibus hominibus incredibilem admirationem afferebat. Namq; primo aspectu illo, deducta ab eis è montibus ligna, arbores, quæ reuera descenderent, esse uidebãtur. Quamobrem qui talia perspicerent, ita secum dicere consueuerant. Orpheus cytharam pulsans ex monte syluam ad se ducit, atq; ex hoc tantum fabula ipsa composita fuit.

Non tole-

De Pandora.

NOn tolerabilis de Pandora sermo diuulgatus est, quod cum ipsa ex terra formata fuisset, aliis quoque fœminis similem ipsa formam dederit. Mihique hoc potius sic fuisse uidetur, quod Pandora mulier Græca fuerit ualde diues, quæ quotiens domo exibat, sese plurimum exornare solebat, atque in primis pigmento quodam ex terra confecto sese perungens utebatur. Resque ipsa omnino sic se habet, nec alio quopiam modo. Quanquam sermo hac de re factus, ad impossibilia quædam conuersus, fuisse uideatur. Pandora ex luto à Promctheo formata cur. apud Hesiodum

De generatis ex fraxino.

ET quid quæso uilius magisque stultum est? quàm primũ genus hominum ex fraxino generatum esse dicere? Siquidem Melius uir potius quidam nomine fuit, à quo Meliæ fœminæ denominatæ fuerunt. Quemadmodũ ab Helleno Hellenes græci, & Iones ab Iono dicti sunt. Ferreas insuper atque æneas, quod dicitur, ætates tunc fuisse nunquam omnino existimandum est. Meliæ nymphæ apud interp. Apollo. et Hiero. in Omelijs. Aeneæ ferreæque ætates, seu gentes nunquam fuerunt.

De Hercule.

DIcitur quod ex se ipso Hercules folia quædam habuit, ipse igitur Phyllites dictus, & si priuatus humilisque sortis existeret, cogitans tamen quorsum illa Hercules gestaret, combussit, sicque ratio inde tracta est hoc modo.

De Ceto.

DE Ceto hæc quidem memoratur, quod Troianos è mari exiens inuadebat. Et siquidem ei puellas aliquas Troiani obtulissent, ab eis recedebat, si minus, eorum totam regionem deuastabat. Quam uero id fatuum sit credere Troianos filias proprias ceto exponere solitos fuisse, quis non uidet? uirum nanque potius magnum quempiam nomine Cetum hunc fuisse dicendum est, qui cum rex esset, multum roboris uiriumque habens, ac in re nauali ualde potens, Paludẽ quandam in Asia, quam Troiani possidebãt, circa mare subuertit. Tributumque ab eis sibi ob id persoluebatur, quod quidam Dasmon, hoc est uectigal uocant. Argento autem eius temporis homines minime utebantur, sed uasis solum, ac supellectile omni alia. Imperauit ideo rex ille, qui Ceton nomine dicebatur, ut ciuitates quædam tributi nomine equos sibi darent, aliæ uero puellas mitterent. Hunc uero regem, cui nomen erat Ceton, barbari Cetum uocabant, hic circumquaque loca illa adibat, & debito necessarióque tempore tributũ ab iis promissum exigebat. Quod si quæpiam ciuitates persoluere recusarẽt, eorum regiones ac loca male tractabat. Peruenit & is quoque ad Troiam eo potissimum tempore quando Hercules illuc etiam exercitũ Græcorũ habens, uenit. Vnde Herculem tunc Laomedon rex in Troianorũ præsidium cõduxit. Ceton uero exercitum suũ cum impetu in eos duxit. Cui cum obuiã Hercules & Laomedon cum copiis suis facti essent illum interfecerunt. Quo ex facto sermo fabulosus confictus est. Dasmos tributũ Argentũ in usu pecuniarum antiquitus nõ erat. Cetus. Ceton Laomedon Herculẽ in auxilium Troianorum conducit

De Hydra.

ILlud quoque super hydra dicitur, quod Lerneus serpẽs erat, quinquaginta capita, unicumque duntaxat corpus habẽs. Et postquam ex illius tot capitibus unũ excisum fuissent, duo alia ibi capita repullulare solita fuisse. Cancrúmque insuper illi aduersus Herculem hydram occupãtem, auxiliatũ fuisse. Sí quis igitur sit, qui talia fuisse omnino persuadere sibi possit, fatuus his quidẽ est. Verũ namque hoc habet. Lernus rex erat, habitabãt aũt omnes homines tunc tẽporis in pagis, & unicuique locorum istorum reges sui præerant. Stenelus uero Persei filius, Mycenas locũ maximum & hominum frequentia habitatum, tenebat: huic Lernus rex minime subiici uolebat, bellum ob id inuicem ambo gerebant, in ingressu autẽ regionis eius Lerni oppidulum quoddã fortissimum erat, quod quinquaginta uiri fortes sagittiferi custodiebant, quos intra turrim incluserat, ac diurno nocturnóque tempore pro præsidio eius loci Lernus rex. In Pagis habitantes homines

Hydra castelli nomen, & Sophist. apud Pla.

detinebat, nomen huic oppidulo Hydra erat. Ad hunc locum expugnãdum Herculem Euristheus mittit, qui castellũ ipsum expugnauit. In hac uero oppugnatione sagittiferi qui in turri erant, ignem in hostes demittebãt, sagittasq; è turri iaculabãtur. Et quotiencunq; euenerat ut ex illis sagittiferis quispiam uulneratus caderet, duo statim alii in demortui unius locum assurgebant, & hoc quia fortissimus is esse credebatur, qui antea ceciderat. Posteaquã uero ab Hercule Lernus in bello uiribus inferior premi se uidit, externi exercitus auxilium cõducitur, Carcino duce quodã, qui uir magni roboris ac bellicosus auxilium afferens, unà cum Lerno iunctis copiis suis in Herculem impetum fecit, cui quidem Herculi Iolaus Iphicli filius, atq; ipsius Herculis nepos, Thebanorũ exercitum habens auxilium quoq; tulit, sicq; cum ad turrim Hydræ oppiduli impetu facto accessisset, incendio illã concremauit, taliq; robore militari eos Hercules expugnauit, & Hydram ipsam diruit, omnẽ unà exercitum perdens. Quæ ex re gesta sermo talis ab iis, qui hydrã serpentem fuisse scribunt, & fabulam huiusmodi confingunt, formatus fuit.

Carcinus dux

De Cerbero.

Tricarinia ciuitas

CErberum canem fuisse tria capita habentem narrãt. Manifestum tamen est, quod & hic Cerberus, quẽadmodũ Geryones à ciuitate Tricarinia, hoc est, tricipite nũcupata, denominatus est. Dicebant uero homines, pulcher magnusq; canis ille est Tricarinius, hoc est, triceps Cerberus, de quo illud quoque dicitur, quod Hercules olim ipsum ab inferis deduxit. Sed tale potius quiddã fuit. Geryoni cum bobus suis canes magni ac iuuenes simul erant, quorũ uni Cerberus nomen erat, alteri uero Orus, hunc Orum nuncupatũ Hercules in Tricarinia ciuitate antequam boues ipsas abduceret, interemit. Cerberus uero solus boues sequebatur. Hunc cum Myceneus uir quidam Molottus nomine percuperet, primũ quidem ab Euristheo sibi illum dari petit, eo uero nolente, pastores inducit, ut canem ipsum in Laconia iuxta Tenaron sub spelunca quadam retinere uelint. Quod cum fecissent, ex suis canes quasdam fœminas ad coitum cum illo mittit. Hoc eodem tempore Euristheus Herculem ad Cerberi canis inuestigationem misit. Qui cum uniuersam Peloponnesum circumlustrasset, tandem ad locum ubi Cerberum canem esse sibi dictũ fuerat, peruenit, ubi descendens canem ex antro abduxit. Dicebant itaq; homines, quod Hercules per antrum quoddam ad inferos descendisset, canemq; ab inferis ad auras traxisset.

Cerberus unus ex canibus Geryonis

Myceneus Molottus

Molossi canes apud Suid.

De Alceste.

Alcestes Euripidis Tragœdia

Mortuus ad uitã reuocari non potest

TRagœdia dignus de Alceste sermo narratur, quod cũ forte moriturus Admetus esset, mortem sibi pro illo Alcestes elegit, quodq; Hercules ea pietate motus, cum ab inferis reduxisset, Admeto restituit. Mihi uero neminẽ, mortuũ quempiam ad uitã reuocare posse uidetur. Sed tale quiddã fuit. Posteaquam Peliam patrem filiæ interemerunt, Acastus eiusdem Peliæ filius, illas persequebatur, quas nullo tamen pacto cõprehendere potuit, Alcestis etenim ad nepotem eius Admetum Pheras confugit, ad quem locum cum Acastus quoq; uenisset, qui eam persequebatur, & ab Admeto, qui tum forte ad ignẽ sedebat, eam dedititiã sibi dari petiisset, minime tradere illi eam uoluit. Quãobrem indignatus Acastus, ualidissimum exercitũ, quẽ in Admetum sisteret, comparat, atq; urbem eius oppugnat. Quod uidens Admetus multos secum ductores ac milites habẽs, extra ciuitatem, ut eis sese opponeret, egreditur. Sed accidit ut uiuus nocturno tempore ab Acasto comprehẽderetur, qui ei quoq; captiuo mortem minabatur. Quã rem cum Alcestes intellexisset, quod Admeto propter eam mors imineret, egressa protinus sese ipsam Acasto ultro dedit, qua cõprehensa, Admetum ille liberauit. Dicebant itaq; homines, uirago Alcestis sponte quidem pro Admeto mortua est, Nihilq; prorsus, quod fabulose super hac re commentum sit, uerum habetur. Atq; adeo cum per illud tẽpus Hercules forte Diomedis equas quodã ex loco duceret, per ea Thessaliæ loca iter fecit, hospitioq; ab Admeto susceptus est, à quo

ἀλκήστιδος ἀριστεία, prouerb.

Alcestis uirago.

De hac aliter Fulgentius

lugente

lugēte cum Hercules Alcestis calamitatē intellexisset, miseratione eius motus, Acasto sese opposuit, eiusq́ exercitū omnē deleuit, & quæcunq; illi spolia abstulit, inter suos ipsius exercitus milites diuisit. Alcestemq́ recuperatā Admeto restituit. Dicebant itaq; homines quod Hercules ultro à morte Alcestin liberauerat, & ex hoc facta fabula formata fuit.

De Zetho.

CVm pleriq; alii tū maxime Hesiodus tradit, quod Thebana mœnia Zethus & Amphion cytharæ sono struxerūt. Existimant uero quidam illis ipsis cytharizantibus lapides sponte sua mœnia inscendere solitos fuisse. Reuera tamen hoc ita res habet. Cytharœdi Zethus & Amphion perfecti erāt, artemq́ suam mercede inuitati ostendebant, argentum aūt illius temporis homines cum minime haberēt, iudebant Amphion & Zethus, quod si quis eos cytharizantes audire uellet pro præmio ad murum construendum accedens in eo sese exerceret, neq; enim lapides ibi cytharæ sonum audituri stabant, nec sine ratione aliqua homines etiā dicere consueuerant lyræ beneficio Thebanum murum constructum fuisse. *Argentum in usu non erat*

De Io.

EX muliere Io bouem factam esse, oestroq; agitatam ex Argo in Aegyptium mare peruenisse dicunt. Verum aūt hoc habet. Io Argiuorum regis filia erat, huic ciues honorem hunc dederant, quod Argiuæ Iunonis sacerdotem fecerant. Verum cum prægnans facta esset, patrē & ciues uerita, è ciuitate protinus aufugit. Argiui uero ad eam inquirendā urbe exeuntes, & ubi eam inuenerunt, cōprehendentes in uinculis habebant. Dicebant aūt id uidentes, quod Io tanq̄ bos furens in Aegyptum aufugit, ubi cum peruenisset, peperit, indéq; fabula conficta est. *Pro Herodoto in primo*

De Medea.

MEdea, ut dicitur, seniores homines coquens, iuuenes eos faciebat. Fuit uero simile quid. Medea talis naturæ florem quendā prima inuenit, qui capillos albos nigrosúe faciendi potestatem habebat. Quibuscunq; igitur hominibus, qui ex canicie exire delectarentur, nigros capillos apparere faciebat. Prima quoq; hæc experimentū calidi lauacri cuiusdam uim medicā habētis, inuenit, quo uolentibus omnibus medebatur, atq; hæc non in publico, sed clàm quidem agebat, ne quis medicorum talia addiscere posset. Huic uero cōpositioni qua utebatur, nomē erat Parepsisis, hoc est decoctio. Quicunq; igitur homines hac decoctione utebantur, agiliores prorsus magisq́ sani fiebant. Ex hoc Medeæ præparationem hanc quicunq; uidebant, lebetes scilicet, ligna, & ignem, quod homines Medea elixando coqueret, existimabant. Pelias uero homo senex & imbecillus hac decoctione cum usus fuisset, quod eam sustinere præ senectutis debilitate non potuit, consumptus est. *Euseb. in x. præpa. euang. Medea tincturam capillorum prima excogitat* *Παρέψησις* *Senis Peliæ mors*

De Omphale.

QVod Omphale mulieri Hercules seruiuit, dicitur, qui quidem sermo stultus est, cum & ipsi Omphale & cæteris super illam existentibus maioris conditionis hominibus Hercules imperare potuerit. Tale quidpiam igitur factum fuit, Omphale Iordanis Lydiæ regis filia erat, quæ cum Herculis robur maximum audiuisset, ad eum amandū inducta est, ad quam cum appropinquasset, Hercules pari quoq; modo formæ illius amore captus est, mixtiq́ simul sunt, atque ex illius cōplexu Laomedontē filium Omphale genuit. Lætatus uero Hercules, & ex illa uoluptatem capiens, eam loco sui imperare sinebat. Quod stulti uidentes Herculem Omphale seruire crediderunt. *Herculis imperium* *Omphale*

De Cornu Amaltheæ.

COrnu Amaltheæ secum Herculem ubiq; portare solitum fuisse aiunt, cuius beneficio quæcunq; uolebat, sibi fiebant. Veritas autem sic. Hercules cum ad Iolaum nepotem suum per Bœotiam iret, in Thespiis moratus est quodam in hospitio. ubi mulier formosa & honesta nomine Amalthea erat. Cuius forma delectatus cum Hercules esset, per aliquod ibi tēpus hospitatus est. Quod cū Iolaus grauiter ferret, pecunias quasdam, *Ἀμαλθείας κέρας, prouerb.* *Amalthea*

De Amalthea hoc idẽ Suidas & Eustatius Homeri interp.

dam, quas ex lucro Amalthea faciebat, in cornu quodam accumulatas ei auferre excogitat. Iis etenim pecuniis quæcunque Hercules uolebat ei Amalthea emebat, peregrini itaque illuc simul diuertentes, Herculem cornu Amaltheæ habuisse dicebant, ex quo quæcunq; uoluisset sibi ipsi emebat, atq; inde fabula conficta est.

De Hyacintho narratio.

HYacinthus adolescẽs Amiclæus erat, pulcher & honestus satis. Hunc Apollo quidẽ uidit, uidit & hunc Zephyrus, ambóq; illius formæ amore capti sunt, in eius'q; gratiã & honorẽ certatim artes uterq; suas illi exhibebat. Sagittabat nanq; Apollo, Zephyrus uero spirabat, sed ab illo cantus & uoluptas ueniebat, ab hoc uero timor non nisi ac perturbatio sibi erat. Itaq; in Phœbi amorem sese iuuenis inclinat, ob idq;' Zephyrum præ zelotypia ad bellum armare fecit: posthæc quædam Hyacintho exercitamenta cum Apolline erant, in quibus cum sese exerceret, à Zephyro sibi maxime timendum erat, discóq; presertim, quem cum adolescentis lusu Deus præparasset, & ab illo iam descendisset, à puoróq; mox leuaretur, Zephyri fraude in eum ipsum decidit, qui ita mortuus est. Terra uero tantæ calamitatis memoriam ullo modo desertam omittere non debuit, quin pro adolescentulo, quod fecit, florem Hyacinthi nominis emitteret, in cuius quidem foliis eius ipsius Hyacinthi nominis principium inscriptum fuisse memorant.

Disci lusus apud Ouid.

Flores inscripti nomina p Ver. & Ouidi. in x. Metamorpho.

De Marsya narratio.

Vide Aul. Gell. lib. 14. ca. 17. et Plut. in uita Alcibiad.

MArsya uir agrestis erat, qui Musicus tamen factus est. Nam cum Minerũa tibias odio haberet, quod de pulchritudine nõnihil, cum eas inflabat, sibi auferrent, ut ex fonte qui imaginem ei suam reddebat, agnouit, illas abiecit: quas cum Marsya pastor accepisset, labris suis admouit. Illæ uero diuinum quendã sonum, etiam inuito illo, qui eas inflabat, per se emittebant. Existimabat uero Marsyas ex arte potius sua sonum illum fieri, quàm quod diuina illis uis quædã inesset. Quare hac persuasione imbutus musas iam quoq; ipsas, atq; adeo etiam Apollinem ad certamen inuitabat, quos nisi sono tibiarum superasset, uiuere se neutiquam uelle amplius dicebat. Quare cum in certamen Deus Apollo descẽdisset, Marsyas uincitur, simulq;' cum uictoria pellem excoriatus deposuit. Vidiq;' ego in Phrygia fluuium ipsum Marsyam ab eius ipsius nomine dictum, cuius cursum ex Marsyę sanguine fieri Phryges dicebant.

De hoc amne Q. Curt. in lib. 3

De Phaone.

De Phaone Aelianus: & Lucianus in quodã Dialogo

PHaonis uita omnis circa nauigia inq; re maritima erat, portitor nanq; in mari fuit, quo in officio nullum unquam delictum in quempiam perpetrauit. Modestusq;' adeo erat, ut à nemine portorium reciperet, qui soluendo non esset. Morum autem istius admiratio quædam apud Lesbios erat, simulq;' hunc Deus laudauit. Deum autem Venerem uocant, quæ cum senescentis hominis, hoc est, mulieris formam atq; habitum induisset, ad Phaonem accessit, déq; nauigatione uerba cum ipso facit, ac ut eam naui sua traiiciat, petit: ille uero, in deseruiendo ei, celeritate usus quàm primum illam traiicit, præmiumq;' nullum ab ea petit. Quid igitur posthæc tali pro munere egit Venus? Phaonem certe ex sene formosum iuuenem illam fecisse dicunt. Atq; hic quidem Phaon ille est, cuius amore cum capta Sappho esset, sese interimens amorem illum in sanguinem mœroremq;' conuertit.

De Ladone narratio.

Daphnẽ ex Ladona & Terra genitam apud interp. Lyco. et Eustatium

TErræ uisum fuit cum Ladone fluuio ad coitum descendere, & posteaquam cum eo se miscuit, ex eius cõpressu cõcipiens, Daphnem gignit. Hanc Apollo Pythius amauit, uerbáq; amatoria ad illã faciebat. Sed cum ipsa castitatẽ seruare uellet, illũ minime audire uolebat, necesseq;' ei ob id erat puellã auersantem insequi, ueluti sic illã deniq; persequebatur, quæ cum fugeret, denegare ei quicq; non prius non prius ausa est, quàm terram matrem suam in auxilium aduocaret, à qua precibus petebat, ut sese iterum intra se admitteret, ac in eadem uirginitate talem, qualis nata erat, custodiret, quod & mater fecit. Daphnem namque intra se occultauit. Post uero tempus illud è terra egressa Daphne, arborque facta, eodem in loco pullulabat, cuius ramis, cum propter amoris impatientiam, deus inhæreret, illi quo minus in laurum commutaretur resistere nullo modo potuit. Nam manus illius iam intra arboris truncum comprehendi, caputque & reliqua corporis frondibus ornari cœpere, sine quibus lauri foliis, ut dicitur, Tripos in Bœotia, ubi antrum erat, nullo modo erigi poterat.

Pro Ouid. in primo Metha. Tripos sine lauro in Bœotia erigi non poterat

De Iunone.

IVnonem deam eorum habere patrocinium, ac ciuitatis custodiam Argiui existimant, propter quod publicum festum in eius honorem ritu atque ordine solenni concelebrant. Huius autem pompæ ordo erat, ut currum Iunonis colore albicantes, boues ad templum traherent, in quo curru sacerdotem quoque esse oportebat. Templumque ipsum, ubi ei sacrificium fiebat, extra urbem erat. Quodam uero tempore cum forte ad hæc solennia sacra Iuno ferri deberet, ac propter albicantium boum penuriam, ritus atque ordo ille solennis claudicans, obseruari non posset, sacerdos illorum defectum ita emendauit. Nam cum filios quosdam adolescentes haberet, ad instar boum, Iunonis plaustrum eos subire fecit. Posteaquam igitur quæ à bobus fieri debebant, à filiis facta sunt, illorum mater sacerdos ante Iunonis deæ simulacrum supplex stans, laboris mercedem liberis suis à dea dari petiit, ueluti data illis à Iunone condigna merces fuit, somnus namque, ut fertur, pro præmio illis datus est, qui uitæ quoque illorum finis extitit.

FVLGENTII EPISCOPI CARTHAGINENSIS MYTHOLOGIARVM AD CATVM Presbyterum Carthaginenſem, Liber primus.

QVamuis inefficax petat ſtudium res quæ carent effectu, & ubi emolumentum deeſt, negocii cauſa ceſſet inquiri, hoc uidelicet pacto, quia noſtri temporis erumnoſa miſeria non dicendi petit ſtudium, ſed uiuendi flet ergaſtulum, nec famæ aſſiſtendum poëticæ, ſed fami conſulendum domeſticæ. Citius nunc aut quod amiſeris fleas, aut quod edas inquiras, quàm quod dicas inuenias. Vacat hoc tempore potentibus opprimere, prioribus rapere, priuatis perdere, miſeris flere. Quia ſoles Domine meas cachinnãtes ſæpius nænias lepore ſatyrico litas lubentius affectare, dum ludicro talia uentilans epigrãmmate comœdica† ſolita eſt, uernulitate mulcere. *ſolitus es* Additur, quia & mihi nuper imperaſſe dignoſceris, ut feriatas adfatim tuarum aurium ſedes lepido quolibet ſuſurro permulceã. Paulumper ergo auſculta, dum tibi rugoſam ſulcis anilibus ordior fabulam, quam nuper Attica ſoporatã ſalſurã, nocturna præſule lucerna commentus ſum, ita ſomniali figmento deluſam, quo non poëtam furentem aſpicias, ſed onirocritem ſoporis nugas ariolantem aduertas. Neq; enim illas Heroidarum arbitreris lucernas meis præſules libris, quibus aut Sulpicillę procacitas, aut Pſyches curioſitas declarata eſt, neq; illam Phædram quæ maritum Phædriam in tumulum duxit, aut Leandricos natatus intercepit, ſed quæ noſtrum academicum rhetorem ita uſq; ad uitalem circum tulit, quo pene dormientẽ Scipionem cœli ciuem effecerit. Verum reſpublica uideat quid Cicero egerit. Me interim diſcedentem à te Domine, dum quaſi urbanis extorrem negotiis ruralis ocii torpor aſtringeret, euitans erumnoſa calamitatum naufragia, quibus publicæ inceſſabiliter uexãtur actiones, arbitrabar agreſtem ſecure adpiſci quietem, ut procellis curarum celantibus, quo in torporem urbana tempeſtas exciderat, uelut Halcyone niduli, placitam ſerenitatem uillatica ſemotione tranquillior agitaſſem, ſopitisq́; in fauilla ſilentii raucisſonis iurgiorum claſſicis, quibus me Galogetici quaſſauerãt impetus, defecatam ſilẽtio uitam agere crediidiſſem, ni me illuc quoq; mœrorum improbior angina ſequeretur, felicitatisq́; nouerca fortuna (quæ amarum quoddam humanis interſerit ſemper negociis) me quaſi pediſſequa ſectaretur. Nam tributaria in dies conuentio compulſantium pedibus limen proprium triuerat, noua inditionum ac momentanea proferens genera, quaſi Myda rex ex homine uerteret, ut locupletes tactus rigens auri materia ſequeretur. Credo etiam Pactoli ipſius fluenta condictis frequentibus deſiccaſſe. Nec hoc tantum miſeriarum ergaſtulum ſat erat, addebatur his, quod etiam bellici frequenter incurſus pedum domi radicem infigere iuſſerant, quo portarum noſtrarum peſſulos aranearum caſſibus oppletos quiſpiam non uideret. Agrorum enim dominium gentes ceperant, nos domorum. Fructus enim noſtros expectare licuit non frui. Merces quippe nobis fuerat gentilis, ſi uel ad manendum clauſos relinquerent. Sed quia nunquam eſt malum immortale mortalibus, tandem domini regis felicitas, aduẽtantis ſolis crepuſculum mundo tenebris dehiſcentibus, pauores abſterſit. Et poſt torpentes inceſſus, quæ tum bellicum profligauerat interdictum, licuit tandem arua uiſere, limites circuire. Egreditur nautarum in morem, quos tempeſtatum flagitamẽto confractos exoptata reduces excipit ripa, & uelut parietũ indumẽtis exuti poſt domeſticas ſtationes ambulare potius diſcimus quàm progredimur, & Maroneo uerſui cõſimiles, Tandem liber equus campo potitur ápeſto. Intuemur arua, quibus adhuc impreſſæ bellantium plantæ muricatos (quod aiunt) ſigillauerant greſſus, & formidine menti nondum exterſa hoſtes in ueſtigiis pauebamus. Terrorem enim pro ſui memoria miles hoſtis hæredem reliquerat. Sed Troadum in morem oſtentabamus alterutrum loco, quorum recordationem aut internitio celebrior faciebat, aut præda. Tandem inter ſentoſa nemorum

frutecta,

frutecta, quæ agrestis olim deseruerat manus, nam intercapedinante pauoris prolixitate tam largo fumo lurida parietibus aratra pendebant, & laborifera bouum colla iugales in uaccinam molliciem diduxerant callos. Squallebat uiduus sulcis ager, & herbidis sentibus oliuifero uertici minabatur. Ita enim nexili de syrmate meandrico gramini labrusca coibat, quo septa herbosis radicibus tellus Triptolomicum contumax abnueret dentem. Ergo dum huiusmodi paliuræa prata incedente premerem planta, & roscidos floruIenti uelleris colles spatianti metirem passu, defectum uoluntas peperit egredientis studio, sed utilitas ex labore successit. Diuerto: arborei beneficiũ umbraculi pręsumens, quo me errãti foliorum intextu Phœbi à torridis defensaret obtutibus, & circumfluam ramorum umbram, quam propriis radicibus præberet, mihi etiam concederet esse communem. Nam me auium quædam uernulitas, quæ fragili quadam dulcedine crispantes sibilos corneis edunt organulis, ad hoc opus allexerat, & laboris tam subita requies quoddam carminis expectabat melos.

Thespiades Hippocrene,
Quà spumanti gurgite
Irrorat loquacis nymbi,
Tinctas haustu musico,
Ferte gradum properantes
De uirectis collium,
Vbi guttas floruIentæ
Mane rorat purpuræ,
Humor algens, quem serenis
Astra sudant noctibus,
Verborum canistra plenis
Reserate flosculis.
Quicquid per uirecta Tempe
Rapiat unda proliens
Hinnientis & recursu
Quam produxit ungula.
Quicquid Ascræus ueterna
Rupe pastor cecinit.
Quicquid ex Athlantis gazis
Vestra promunt horrea,
Quod cecidit pastorali
Maro sylua Mantuæ.
Quod Mæonius ranarum
Cachinnauit prælio,
Parrhasia candicanti
Dente lyra concrepet,
Ad meum uetusta carmen
Secla nuper confluant.

Hoc itaq; sacrificali carmine Gorgonei fontis aspergine madidas & præpetis ungulæ riuo merulentas Pieridas abstraxi. Astiterant itaq; syrmate nebuloso lucidæ ternæ uiragines, hedera largiore circumfluæ, quarum familiaris Calliope ludibundo palmulæ tactu, meum uaporans pectusculum poëticæ pruriginis dulcedine spargit. Erat enim grauido (ut apparebat) pectore, crine neglecto, quem margaritis prænitens diadema constrinxerat, talo tenus bis tinctam recolligens uestem. Quod credo & itineris propter difficultatem, & ne meandricos tam subtilis elementi aliquatenus limbos aculeati herbarum uertices scinderét. Astiti proptèr ergò, erectus in cubitum, ueneratus sum uerbosam uiraginem olim mihi poëtico uulgatam euidentius testimonio. Nec immemor cuius uerbosas fabulas propter scolaribus rudimentis tumidas ferulis gestaueram palmas, & quia non mihi euidenti manifestatione quæ nam esset, liquebat, cur uenisset inquiro. Tum illa, Vna inquit è uirginali sum Heliconiadũ curia, Iouis albo conscripta, quam olim Athenæam ciuem Rhomanus ordo colendam exceperat: ubi nouellos ita frutices edidi, quo eorum cacumina summis astris insererem. Ita uitæ famam linquentes hæredem, quo magis celebriorem obitum protelarent. Ast ubi me Romuleæ arcis conuentu bellicus uiduauit incursus, Alexandriæ conciliabula urbis exulata possederam, uariis dogmatum imbutamentis, lasciua Græcorum pręstruens corda, postq́; Catonum rigores, Tullianasq́; seueras inuectiones, & Varroniana ingenia, Apelleæ genti enerues sensus, aut satyra luseram, aut comœdico phasmate delectabam, aut tragica pietate mulcebam, aut epigrammatum breuitate condibam. Libebat me mea captiuitas, & licet nostræ uacuissent industriæ, inueniebat tamen animus, quibus inter mala arrideret, nisi me etiam exinde bellis crudelior Galieni curia exclusisset, quæ pene cunctis Alexandriæ ita est angiportis, quo chirurgicæ carnificinæ laniena†plurior, habitaculis numeretur: denique durior

in certando

certando ita remittunt in mortē, quo ferāt Charontem citius sopiturum si collegio non donetur. Hanc orationem risus mollior terminabat. Itaq; meis quod euerteret, culminibus impetraui. Tum illa. Non paues inquit, musicum tuis receptare dogma penatibus, cum barbatorū moré auscultauerim, ita literarios mercatus penitus abdicare, ut hos qui primis elementorum figuris, uel proprium descripserint nomen, cassata inquisitione in carnificinam raptassent. Tum ergo, Non ita est inquam, ut audieras sed fama fuit, nam carmina nostra musę tantum ualent inter Martia tela, quanto dulcis aquæ saliente sitim restinguere riuo. Et ut suum me amplius familiarem rescisset, illud etiam Terentianum adieci, olim isti fuit generi quæstus apud seculum prius. Nunc itaque literæ suos quicquid Helicon uerbalibus horreis enthecatum possederat, in ipsis potestatū culminibus hæreditario iure transferre cantus extendunt. Illa exhilarata carminibus utpote quasi Mæonium senem ut uiseret recitantem laudatorio palmulæ tactu mulsit meam cesariem, percussaq́ mollius ceruice quam decuit. Eia inquit, Fabiana Creŏticis iamdudum nouus initiatus es mystes sacris. Ne quid ergo meo tibi desit tyrunculo, accipe patem dogmatis gratiam, & quatenus te nostra satyra lasciuienti uerborum rore percussit, uadatumq́ te sui retinet amoris illecebra, redde quod sepioticon debes, & quicquid libet Niliacis exarare papyris, feriatis aurium sedibus percipe. Nec deerit historiæ ei quilibet effectus, cuius uisceribus te interstringi poposceris. Tum ego. Index libelli te fefellit generosa loquacitas, non mihi cornutus adulter arripitur, nec hymbre mendaci lusa Danaë uirgo cantatur, dum suo iudicio sibi deus prætulit pecudem, & hanc auro decepit quam potestate nequiuit. Nō suillo canimus morsu depastum iuuenis fœmur, nec in libellulis meis sub falsa alite puerilis pependit lasciuia. Non olorinis reptātem adulterū plumis oua pulligera uirginibus inculcantem, uel semina puerigera uisceribus infundentem, nec Lychnides puellas inquirimus, & Hero atque Psychen poëticas garrulātes ineptias. Dum hęc lumen quærit extinctū, illa deflet incensum, Psyche uidendo perderet & Hero nō uidendo perisset. Nec referā uirginali figmento Aricinā lusam uitaginem, dum quęreret Iuppiter quod magis esse uelit quàm fuerat. Mutatas itaq; uanitates manifestare cupimus, non manifesta mutanda fuscamus, ut senior Deus hinnitus exerceat, & Sol fulgoris igne deposito malit anilibus exarari rugis quàm radiis. Certos itaq; nos præstolamur rerum effectus, quos repulsos mendacis Græciæ fabuloso commento quid mysticum in his sapere debeat, cerebrū agnoscamus. Tum illa. Vnde hæc tibi inquit homuncule tanta ignorantiæ scientia? Vnde etiam ratum ordinem ignorandi? Dum enim seculis intacta exquiris, ostendis te sapiēter scire quod nescis. Cui ego (si his quibus ignorare aliquid contigit) ne ipsum quidem nescire suum, scire contigerit, quanto satius eis erat etiam non nasci contingere, quàm nasci inefficaciter uiuere: primum itaq; ego scientiæ uestibulum puto, scire quod nescias. Ad hæc illa, Tam secretis mysticisq́ rebus uiuaciter pertractandis ampliora sunt autoritatum quęrenda suffragia. Neq; enim quippiam ludicrum quæritur, quo ludibundo pede metrica uerborum commoda sarciamus. Sudor hic opus est palęstrantis ingenii, ne tam magnifici assumpta moles operis ipso fere medio conaminis impetu uiuacissimis destituta uanescat tractatibus, ergo erunt nobis Philosophia atq; Vrania cœlestis adiutrices operis asciscendæ. Nec enim deerit tuis lasciuiens amica solatiis, ut dum te mysticæ artes anhelum tractando reddiderint, tute tua satyra ludentem excipiat. Quæso inquā munifica largitas, ne tu istam tuā satyram, cuius me dudum uadatum amore prædixeras, temere credas nostris penatibus. Tam & enim libens zelo sortitus sum ex affectu coniugium, ut si hanc suis oblucentem ut pellicem uoluptatibus domo repperererit, ita sulcatis ungue genis in Heliconem remittat necesse est, quo eius diluēdis uulneribus Gorgonei ipsius fontis nequaquam fluenta sufficiant. Tum illa cachinnum quassans fragile colliso bis terq́ pulsu palmulæ fœmore nescis inquit Fulgenti rudis accola Pieridum, quantū satyram matronæ formident. Licet mulierum uerbalibus undis & causidici cædant, nec grammatici mutiant, rhetor

taceat,

taceat,& clamorem præco compescat, sola est quæ modum imponat furentibus, licet Petroniana subit albutia, hac etenim alludéte,& Plautinæ satyræ dominatus obdormit, & Sulpicillæ Ausonianæ loquacitas deperit,Sallustianæq́ symphoniæ,quãuis præsens sit cantilena melos cantandi, raucescit.

Solueret igniuomus mundi regione peracta,
Quadrupedes gelidumq́ totis tepefecerat orbem
Rector,& auratis colla spoliabat habenis,
Iam Phœbus disiungit equos,iam Cynthia iungit.
Quasq́ soror liquit,frater pede temperat undas,
Tum nox stellato mundum circunlita peplo.
Cærula rorigenis pigrescere iusserat alis,
Astrigeróq; nitens diademate luna bicornis.
Bullatum biiugis conscenderat æthera tauris,
Iam simulachra modis mentis fallentia plastis,
Mollia falsidicis replebât stramina signis.

& ut in uerba paucissima cõferam,nox erat. Cuius nomen noctis iamdudum oblitus,ut insanus uates uersibus delirabam. Dum subito agrestis illa, quam dudum uideram hospita oborto impetu cubicularias impulsu fores irrupit, inopinanterq́ me iacentem reperiens marcentia languore somni lepido lumina,rapido atq; admodum splendifice intermicanti quodam sui uultus coruscamine pepulit. Erat enim ultra solitum eminẽs mortalitatis aspectum, deniq; pigræ adhuc quietis indicium rotatis naribus ructuantem,repentina hostii crepitatione turbauit. Hanc præibat florali lasciuiens uirguncula petulantia, hedera largiore circunflua, improbi uultus & ore cõtumeliarum sarcinis grauido:Cuius † hyronicum lumen tam rimabunda uernulitate currebat,quo mentes etiam abstrusas temulẽtis inscriptionibus depinxisset. Musæ enim latera sarciebant altrinsecus duæ, quarum dexterior uerecunda quadam maiestate subnixa elatæ frontis Polymnia argenteis astrorum purgauerat margaritis,cuius phaleratum exoticis diadema carbunculis corniculata lunæ sinuatio deprimebat, ac cærulanti peplo circunlita hyalinæ cauitatem sphæræ osseo fastigatus tigillo uersabat. Visus itaq; luminis tam elata contemplatione cælitus erigebatur intuitus, quo pene foribus superna intuens pollicem illisisset. Leuicomes lateris refugo quodam contemplatu secretior humanos intuitus uelamine quodam arcano uitabat, huius ninguida canis albentibus nitebat casaries, rugáq; crispato multiplici supercilio rancidum se quiddam consopire promittebat. Tardior incessus erat,& ipsa ponderationis grauedine ueneranda. Tunc Caliope prouinciam loquacitatis ingressa, his te inquit Fulgenti tutricibus spoponderam largitum. Quarũ sequax si fueris, celeriter raptum ex mortali cælestem efficient,astrisq́,non ut Neronem poëticis laudibus, sed ut Platonem mysticis intersérent rationibus. Neq; enim illos de his expectas affectus, quos aut poëma ornat, aut deflet tragœdia, aut spumat oratio,aut cachinnat satyra, aut ludit comœdia,sed in quibus Carneadis resudat elleborum,& Platonis auratum eloquium,& Aristotelis syllogismaticum uerbiloquium. Nunc itaq; pande mentis cubiculum,& aureum fistulis audito nuncio mentibus intromitte quod excipis, sed eneruа totum mortale quod tibi est, ne tam sacrati series dogmatis scrupulosis rite non resideat penetralibus. Ergo nunc de deorum primum natura, unde tanta malæ credulitatis lues stultis mentibus inoleuerit edicamus. Quamuis enim quidã sint, qui spreta capitis generositate arricinis atque Archadicis sensibus glandium quippiam sapiant, atque eorum altiori stultitiæ nubilo soporata caligentur ingenia, tamen nequaquam apud humanos sensus, nisi fortuitis compulsationibus moti nascuntur errores, ut etiam Chrysippus de fato scribens ait, compulsationibus lubricis uoluuntur incursus. Itaque primum omisso circuitu, unde idolum tractum sit edicamus.

ironicum

VNDE IDOLVM DICATVR.

Diophantes, Lacedæmonum autor, libros scripsit antiquitatum xiiii. in quibus ait Syrophanē Aegyptium familia substantiáq; locupletē filium genuisse, quē uoluit enormis substantiæ successorē ineffabili, ultra quàm paternitas exigebat affectu erga filium deditum. Isq́; dum aduersis fortunæ incursibus raperetur, patri crudele geminæ orbitatis dereliquit elogium, & ut posteritati perpetuale suffragium denegasset, & substantiæ propagandę subitam interceptionē obiiceret. Quid igitur faceret, aut fœcunda paternitas hac sterilitate damnata, aut felix substantia in successione curata, parum erat non habere, quod habuit, nisi etiam esset, qui obtineret quod reliquit. Deniq; doloris angustia, quæ semper inquirit necessitatis solacium filii sibi simulachrum in ædibus instituit. Dumq́; tristitiæ remedium quærit, seminariū potius doloris inuenit, nesciens quod sola sit medicina miseriarū obliuio. Fecerat enim ille, unde luctus resurrectionis in dies adquireret, nō in quo luctus solatium inueniret. Deniq; idolum dictum est idodinin, quod nos latine species doloris dicimus. Nanque uniuersa familia in domini adulationē, aut coronas plectere, aut flores inferre, aut odoramenta simulachro succendere consueuerat. Nonnulli etiam seruorum culpabiles domini furiam euitantes ad simulachrum profugi ueniam merebātur, & quasi salutis certissimo collatori, florum aut thuris offerebant munuscula, timoris potius effectu quàm amoris affectu. Deniq; huius rei non immemor & Petronius ait, primus in orbe deos, fecit timor. Nam & Mintanor musicus in Chromatopion libro musicæ artis, quē scripsit ait, Dominum doloris, quē prima conpunctio humani finxit generis, exin inueteratus error, humanis pedetentim consertus disciplinis, baratro quodam sæuæ crudelitatis prolabitur.

Saturnus.

Saturnus Pollucis filius dicitur, Opis maritus senior, uelato capite falcem gerens, cuius uirilia abscisa & in mare proiecta Venerem genuere. Itaq; quid sibi de hoc philosophia sentiat audiamus. Tum illa. Saturnus primus in Italia regnum obtinuit, hicq́; per annonæ prerogationē ad se populos attrahēs à saturando dictus est Saturnus: Opis quoq; uxor, eo quod opem esurientibus ferret dicta est, Pollucis etiam filiū, siue à pollēdo, siue à pollucibilitate, quam nos humanitatem dicimus. Vnde & Plautus in comœdia Epidici ait, Bibite, pergræcamini pollucibiliter. Velato uero capite ideo fingitur, quod omnes fructus foliorū obnupti tegantur umbraculo. Filios uero suos comedisse fertur, quod omne tempus quodcunq; gignit, cōsumit. Falcem etiam fert non immerito, siue quod omne tempus in se uergat, ut curuamina falcium, siue propter fructū, unde etiam & castratus dicitur, quod omnes fructuum uires abscisæ atq; in humoribus uiscerū ueluti in mare proiectæ, sicut illic Venerem, ita & libidinem gignant necesse est. Nam & Apollophanes in epico carmine scribit Saturnum quasi sacrum νοῦν, νοῦς enim græce sensus dicitur, aut satorem νοῦ, quasi diuinum sensum creantem omnia, cui etiam quatuor filios subiiciunt, primū Iouem, secundū Iunonem tertium Neptunum, quartū Plutonem, & quasi Poli filium quatuor elementa gignentem, id est, primum Iouem ignem, unde & ζεὺς græce dicitur, ζεὺς enim gręca significatione siue uita siue calor dici potest, siue quod igne uitali animata omnia dicerentur, ut Heraclius uult, siue quod hoc elementū caleat, secundū Iunonem, quasi aërem, unde ἥρα græce dicitur, & quamuis aërem masculū ponere debuerint, tamen ideo soror est Iouis, quod hæc duo elementa sibi sunt ualde consocia. Ideo Iouis & coniugem, quod maritatus aër igne feruēscat. Nā & Theopompus in Cypriaco carmine, et Hellanicus in Dios philologia, quam descripsit, ait Iunonem ab Ioue uinctā catenis aureis, & degrauatam incudibus ferreis. Illud nihilominus dicere uolentes, quod aër igni cœlesti coniunctior duobus deorsum elementis misceatur, id est, aquæ & terræ, quæ elementa duobus superioribus grauiora sunt.

Neptu-

Neptunus.

NEptunū uero tertium aquarū uoluere elementū, quē ideo Græci etiam Posidonia nuncupāt, quasi ποιουν εἰδην quod nos latine facientē imaginē dicimus, illa uidelicet ratione quod hoc solū elementū imagines in se formet spectantiū, quod nulli alii ex quatuor competat elemētis. Tridentē uero ob hanc rem ferre pingitur, quod aquarū natura triplici uirtute fungatur, id est, liquida, fœcūda, potabili, hunc et Neptuno Amphitriten in coniugiū deputāt, ἀμφὶ enim græce circūcirca dicimus, eo quod omnibus tribus elemētis aqua cōclusa sit, id est, in cœlo, in aere, in nubibus, & in terra, ut sunt fontes & putei.

Pluton.

QVartū etiam Plutonē dicunt terrarū præsulē, πλοῦτος enim græce, diuitiæ dicuntur, solis terris credentes diuitias deputari: hunc etiā tenebris addictū dixere, quod sola terræ materia sit cunctis elemētis obscurior. Sceptrū quoq; in manu gestat, quod regna solis competant terris.

Tricerberus.

TRicerberū uero canē eius subiiciunt pedibus, quod mortaliū iurgiorū inuidiæ ternario cōflentur statu, id est, naturali, causali, accidentali. Naturale est odiū, ut canū, leporum, luporū, & pecudū, hominū, & serpentū. Causale est ut amoris zelus atq; inuidiæ: Accidens est, quod aut uerbis casualiter oboritur ut hominibus, aut comestiones propter, ut iumentis.

Furiæ.

HVic quoq; etiā tres furias deseruire dicunt, quarū prima est Alecto, ἀληκτὼ enim græce impausabilis dicitur: Alia Tisiphone, τισιφώνη aūt quasi τούτων φώνη, id est, istarū uox: tertia Megæra, megæra enim est quasi μεγάλη ἔρις, id est, magna contentio, primū est ergo non pausando furiā concipere: secundū est in uocem erūpere: tertiū iurgiū protelare.

Fata.

TRia etiā ipsi Plutoni destināt fata, quarū prima Clotho, secunda Lachesis, tertia Atropos, κλώθω enim græce euocatio dicitur, λάχεσις uero sors nūcupatur, ἄτροπος quoque sine ordine dicitur: hoc uidelicet sentire uolentes, quod prima sit natiuitatis euocatio, secūda uitę sors, quēadmodū quis uiuere possit, tertia mortis conditio, quę sine lege uenit.

Harpiæ.

HArpias etiā tres inferis Vergilius deputat, quarū prima ἀέλλω, secūda ὠκυπέτη, tertia κελαινώ, Harpia enim græce rapina dicitur. Ideo uirgines, quod omnis rapina arida sit & sterilis. Ideo plumis circūdatæ, quia quidquid rapina inuaserat, celat. Ideo uolatiles, quod omnis rapina ad uolandū sit celerrima, ἀέλλω enim græce quasi ἔλων ἄλλο, id est, alienū tollens, Ocypete, id est, citius auferens, Celænum uero græce nigrū, unde & Homerus prima Iliados rapsodia, αἶψά τοι αἷμα κελαινὸν ἐρωήσει περὶ δουρί, id est, statim niger tuus sanguis emanabit per meā hastā, hoc igitur signare uolentes, quod primum sit alienum concupiscere, secundū concupita inuadere, tertium celare quod inuadit.

Proserpina.

PLutoni quoq; nuptā uolunt Proserpinā Cereris filiā. Ceres enim gręce gaudiū dicitur, & ideo illam frumenti deam esse uoluerūt, quod ubi plenitudo fructuum sit, gaudia semper superabundent necesse est, Proserpinā uero quasi segetē uoluerunt, id est, terram radicibus proserpentē, quæ & ἑκάτη græce dicitur, ἑκατὸν enim græce centum sunt, & ideo hoc illi nomen imponunt, quia centuplicatū Ceres proferat fructum.

Ceres.

HAnc etiā mater cum lampadibus raptam quærere dicitur, unde & lampadum dies Cereri dedicatus est, illa uidelicet ratione, quod hoc tempore cum lāpadibus, id est, cum solis feruore seges ad metendum cum gaudio requiratur.

Apollo.

APollinem solem dici uoluerunt, ἀπόλλων enim græce perdens dicitur, quod feruore suo omnē succum uirentiū decoquendo perdat herbarū. Hunc etiā diuinationis deum uoluerūt, siue quod sol omnia obscura manifestat in lucem, seu quod in suo processu & occasu eius orbita multimodos significationū monstret effectus. Sol uero dicitur aut ex eo quod solus sit, aut quod solite per dies surgat & occidat, huic quoq; quadrigam scribūt illam ob causam, quod aut quadripartitis temporum uarietatibus anni circulum peragat, aut quod quadrifido limite diei metiatur spaciũ, unde & ipsius equis cõdigna sic nomina posuerũt, id est, Erythreus, Actæon, Lãpos, Philogeus. Erythreus græce rubẽs dicit, quod à matutino sol lumine rubicundus exurgat: Actæon splendens dicitur quod tertiæ horæ momentis uehemens insistat, lucidior fulgeat: Lampos uero dum ad umbilicum diei centratũ conscenderit circulũ: Philogeus græce terram amans dicitur, quod hora nona procliuior, uergens occasibus pronus incumbat.

Coruus.

IN huius etiã tutelam coruum ponunt, siue quod solus contra rerum naturã in mediis ipsis æstiuis feruoribus ouiparos pullulet fœtus. Vnde & Petronius:

Sic contra rerum naturæ munera notæ
Coruus maturis frugibus oua refert.

Siue quod in horoscopicis libris secundum Anaximandrũ, siue etiã secundũ Pindarũ solus inter omnes aues significatiões habeat uocum.

Laurus.

IN huius etiã tutelam laurũ ascribunt, unde etiã eum amasse Daphnen dicunt Penei fluminis filiã: & unde laurus nasci posset, nisi de fluuialibus aquis? Maxime quia & eiusdem Penei fluminis ripæ lauro abundare dicũtur. At uero amica Apollinis ob hanc rem uocitata est, quia illi, qui de interpretatione somniorũ scripserunt, ut Antiphon Philoctus, & Artemon, & Serapion Ascalonites, promittant in libris suis laurum si dormientibus ad caput posueris, uera somnia esse uisuros.

De nouem musis.

HVic etiam Apollini nouẽ deputant musas ipsumq́ decimũ musis adiiciunt, illa uidelicet causa quod humanæ uocis decẽ sint modulamina, unde cum decachorda Apollo pingitur cithara. Sed & lex diuina decachordon dicit psalteriũ. Fit ergo uox quatuor dentibus è contra positis, quos lingua percutit, è quibus si uno minus fuerit sibilum potius quàm uocẽ reddat necesse est. Duo labia uelut cymbala uerborũ cõmoda modulantia: lingua ut plectrũ, quæ curuamine quodã uocalẽ format spiritũ, palatũ cuius concauitas profert sonũ: Gutturis fistula, quæ tereti meatũ spiritalẽ præbet excursu: & pulmo, qui uelut aceruus follis concepta reddit ac reuocat. Habes ergo nouem musarũ uel Apollinis ipsius redditã rationẽ, sicut in libris suis Anaximander Lampsacenus, & Leophantes Heracleopolites exponunt: quod & alii firmãt, ut Pisander Physicus & Euxemenes in libro θεολογουμένων. Nos uero nouẽ musas doctrinę atq; sciẽtiæ dicimus nodos, hoc est, prima Clio quasi prima cogitatio discendi, κλέος enim græce fama dicitur, unde & Homerus, ἡμεῖς δὲ κλέος οἶον ἀκούομεν οὐδέ τι ἴδμεν, id est, Nos uero solã famã audiuimus, neq; quid scimus, & in alio loco, τοῦ κλέος εὐρὺ καθ' ἑλλάδα καὶ μέσον ἄργος: & quoniã nullis scientiã quęrit nisi in qua famæ suæ protelet dignitatẽ, ob hanc rem prima κλειὼ appellata est, id est, cogitatio quærendæ scientię: secunda εὐτέρπη, quod nos latine bene delectãs dicimus, quod primum sit scientiã quęrere, secundũ sit delectari quod quęras: tertia μελπομένη quasi μελέτην ποιουμένη, id est, meditationẽ faciẽs permanere, ut primũ uelle, secundũ desiderare quod uelis, tertiũ instare meditãdo ad id quod desideras: quarta θάλεια, id est, capacitas, uelut si dicatur τιθεὶς θάλειαν, id est, ponens germina, unde & Epicharmus comicus in Diphilo comœdia ait: θαλὸν ὡς οὐ βλέπει βούλιμος ἐπὶ τάξιον, id est, germen dum non uidet fames consumit: quintã πολύμνειαν quasi πολυμνήμην, id est, multa memoriam faciens dicimus, quia post capacitatẽ est necessaria: sexta ἐρατὼ, id est, εὗρον ὅμοιον, quod nos latine inueniens simile dicimus, quia post scientiã & memoriã iustũ est ut aliquid simile & de suo inueniat: septima τερψιχόρη, id est, delectãs instructione, unde et Hermes in Pimãdre libro ait: ἀκουροτρόφης καὶ κούφου σώματος, id est, absq; instructione escæ & uacuo corpore: ergo post inuẽtionem oportet te etiã discernere ac diiudicare quod inuenias: octaua οὐρανία, id est, cœlestis, post diiudicationẽ enim eligis quid dicas, quid despuas, eligere enim utile, caducumq́, despuere cœleste ingeniũ est: nona καλλιόπη, id est, optimę uocis, unde & Homerus ait: θεᾶς ὀπὰ φωνησάσης, id est, deæ uocẽ clamãtis, ergo hic erit ordo: primũ est uelle doctrinã: secundum est delectari quod uelis: tertiũ est instare ad id quo delectatus es: quartum est capere id, quod instas: quintũ est memorari quod capis: sextũ est inuenire de tuo simile ad id quod memineris: septimũ est iudicare quod inuenias: octauuum est eligere de quo iudicas: nonum bene proferre quod elegeris.

Hic

Phaëton.

HIc etiam cum Climene nympha coiés Phaëtonta dicitur genuisse, qui paternos currus affectãs sibi atq; mundo cõcremationis detriméta cõflauit. Semper ergo sol cum aqua coiens aliquos fructus gignat necesse est, qui eo quod terris exiliétes appareát, phanontes dicuntur, φαίνον enim græce apparens dicitur, qui quidé fructus ad maturitatem sui, solis ardoré quærant necesse est, quo accepto omnia feruoris incendio consumantur. Huius etiã sorores Arethusa, Lampetusa, quæ gémeis ac translucentibus fraterna deplorant guttis incédia, succinaq́; diruptis iaciunt inaurata corticibus. Soror etiã totius germinis arbor est, quæ una eademq́; feruoris humorisq́; iugalitate gignũtur. Itaq; istæ arbores, quæ succinum sudant, dum maturis frugibus solis feruor torrentibus ipsis Iunio Iulióq; mensibus incendiosior cancri atq; leonis tetigerit metas, tunc istæ arbores ęstu ualido fissis corticibus succum sui liquoris, in Eridano flumine aquis durandum emittunt.

De Typho, Sagittis, & Pythone.

HIs Typhũ quoq; Apollinis adiiciunt, quod sol & præterita nouerit, & præsentia cernat, & uisurus sit futura. Arcum uero huic sagittasq́; conscribunt, siue quod de circulo eius radii in modũ sagittarũ exiliãt, seu quod suorũ radiorũ manifestatione omnem dubietatis scindat caliginé, unde etiã Pythoné sagittis interemisse fertur, πειθω enim græce credulitas dicitur, & quia omnis falsa credulitas (sicut serpentes) luce manifestante deprimitur Pythonem eum intermisse dicunt.

Quare sine barba dicatur cum pater dicatur

QVia occidendo & renascédo semper est iuuenior, si ut quod nunquã in sua uirtute deficiat, ut luna quæ crescit & minuitur.

Mercurius.

SI furtis præfuere di, non erat opus criminibus iudice, ex quo culpæ habuere cœlestem autoré. Mercuriũ dicunt præfuisse negociis, uirgã ferentẽ serpentibus nexã, pennatis quoq; talaribus præditũ. Hunc etiã internuntiũ furatrinũq́; Deum. Quid sibi uero huius nominis atq; imaginis significatio differat, edicamus, Mercuriũ dici uoluere quasi merciũ curam. Omnis ergo negociator dici potest Mercurius.

Quare pennas.

Pennata uero talaria, quod negociantiũ pedes ubiq; pergendo quasi pennati sint.

Quare uirgam.

VIrgam uero serpentibus nexam ob hoc adiiciunt, quod mercatoribus det aliquando regnum ut sceptrũ, & uulnus ut serpentiũ.

Quare galerum & gallum.

GAlero enim cooperto capite pingitur, quod omne negocium sit semper abscõsum. Gallum quoq; in eius ponunt tutelam, siue quod omnis negociator semper inuigilet, seu quod ab eius cantu surgant ad peragenda negocia.

Quare Hermes.

HErmes quoq; dicitur græce ab eo quod est ἑρμηνεύσαι, quod nos latine differere dicimus, illa uidelicet causa quod negociatori linguarum sit differtio necessaria, utraq; enim regna permeare dicitur superna atq; inferna, quod modo uentis in altum nauigans currat, modo demersus inferna tempestatibus appetat.

Quare fur, quare celer dicatur.

HVnc etiã Deum furti & præsulem uolunt, quod nihil intersit inter negociantis rapinam atq; periuriũ, furantisq́; deierationé ac raptũ. Stellã uero, quæ στίλβων græce nũcupatur, quam ei Pagani ascribunt, ex quo etiã diei nomen inuenere, tanto celerior planetis omnibus currit, ut septima die suos permeet circulos, quod Saturnus xxiiii. annis, & Iuppiter xii. possunt, unde etiã Lucanus ait. Motuq́; celer Cyllenius hæret.

Quare Argum occidisse dicatur.

DEniq; etiã Argum luminũ populositate conseptũ interemisse fertur, dum oculorum immensam unius corporis segeté ubiq; uiua circũspectione florentem singularis uulneris recursũ falcifero messuisset curuamine. Quid sibi ergo tam fabulosum Græciæ cōmentum uelit: nisi quod etiā centū custodes totidem´q astutos sine negotiatione uagos (unde & ἄργος græce uagus dicitur) & furantis astutia, & negociantis circumuenit astuta, falsitatíq cautela. Solet igitur alludere his speciebus & honeste mēdax Gręcia, & poëtica garrulitas semper de falsitate ornata phaleratior, ut & Danaë hymbre aurato corrupta est, non pluuia sed pecunia.

Ganymedes.

ET raptū Ganymedē aquila non uere uolucris, sed bellica præda. Iuppiter enim ut Anacreon antiquissimus autor scripsit, dum aduersus Titanas, id est, Titani filios (qui frater Saturni fuerat) bellū assumeret, et sacrificiū Cœlo fecisset, in uictoriæ auspiciū, aquilæ sibi adesse prosperum uidit uolatū, pro quo tam felici omine præsertim, quia & uictoria cōsecuta est, in signis bellicis sibi aquilā aureā fecit, tutelæq´ suæ uirtuti dedicauit, unde & apud Romanos huiuscemodi signa tracta sunt. Ganymedem uero bellando his signis præeuntibus rapuit, sicut Europam in tauro rapuisse fertur, id est, in naue tauri picturam habente, & is idem in uacca similiter, in naui huiuscemodi picturæ. Deniq ut hoc certius esse cognoscas, nauigium Isidis Aegyptus colit.

De Perseo & Gorgone.

PErseū ferūt Medusæ Gorgonis interfectorē. Gorgones uoluere dici tres, quarū prima Stheno, secunda Euryale, tertia Medusa: quarū quia fabulā Lucanus & Liuius scripserunt, poëtæ grāmaticorū scholaribus rudimentis admodū celeberrimi, hanc fabulā referre superfluū duximus. Theocritus antiquitatū historiographus refert Phorcū fuisse regē, qui tres filias locupletes dereliquit. Quarū Medusa maior, quę fuerat locuples, regnūq´ in colēdo fructificandoq´ ampliauerat, unde & Gorgon dicta est, quasi georgon, nā γεωργοι gręce agricultores dicūtur. Serpentino uero capite ideo dicta est, quod astutior fuerit: Cuius regnū opimū Perseus inuadens ipsam quidē interemit. Ideo uolaticus dicitur, quod nauibus uenerit, cuius capite, id est, substantia ablata, ditior factus non parua regna obtinuit. Deniq & Atlantis regnū inuadēs, quasi per Gorgonis caput, id est, per substātiā eius eum in montē fugere cōpulit. Vnde in montē cōuersus dicitur esse. Tamen quid hac sibi tam subtili sub imagine ornatrix Græcia sentire uoluerit edicamus. Gorgonas dici uoluerunt tres, id est, tria terroris genera: primus quippe terror est qui mentē debilitat, secūdus qui profundo quodā terrore mentē spargit, tertius qui nō solū mētis intentū uerū etiam caliginē ingerit uisus: unde & nomina tres Gorgones accepere, σθενώ enim græce debilitas dicitur, unde & asteniā infirmitatē dicimus, secunda euryale, id est lata profunditas, unde & Homerus πόλιν εὐρυάγυιαν, id est, Troiā lątas uias habentem. Itaq medusam quasi μὴ ἰδοῦσαν quod uideri nō possit. Hos ergo terrores Perseus adiuuāte sapientia interfecit. Ideo auersus uolat, quod uirtus terrorē nunquā aspicit, speculum ergo ferre dicitur, quod omnis terror non solū in corde sed etiā in figura transeat. De sanguine eius nasci fertur Pegasus in figurā famæ cōstitutus. Virtus enim dum terrorē amputauerit, famā generat, unde uolare dicitur, quia fama est uolucris, unde & Tiberianus, Pegasus hinniens transuolat æthrā. Ideo & Musis fontem ungula sua rupisse fertur, quod musæ ad describendū famā heroum, aut sequantur priorū aut indicent antiquorum.

De Admeto & Alceste.

SIcut nihil benigna superius cōiuge, ita nihil infesta crudelius muliere. Quāto enim sapiens pro uiri salute suā opponit animā pignori, tanto maligna ad mariti mortē etiā suā reputat nihili. Ergo cōiunx quantū iure cōuinctior, tantū est aut morū dulcedine mellea, aut felle maliciæ toxica, est quippe aut perpetuale refugium, aut perēne tormentū. Admetus rex Græciæ Alcestem in coniugio petiit, cuius pater edictum proposuerat, ut si quis duas feras sibi dispares suo currui iungeret, ipse illam in coniugio accepisset. Is igitur Admetus Apollinem atque Herculem petiit, qui ei ad currum leonem, & aprum iunxerunt. Itaq Alcesten in coniugio accepit. Cunq in infirmitatem Admetus decidisset, & mori se comperisset, Apollinem deprecatus est. Ille uero dixit se ei aliquid nolle præstare, nisi si quis se de eius propinquis ad mortem pro eo uoluntarie obtulisset, quod uxor fecit. Itaq Hercules dum ad tricerberū canem abstrahendū descenderet, etiam ipsam de inferis leuat.

Admetū posuere in modum mentis, ideo Admetus nuncupatus est, quasi quē adire poterit metus. Hic itaq; in coniugio Alcesten desiderat, ἀλκὴ enim græce præsumptio dicitur, unde & Humerus ait ἀλλ᾽ οὐκ ὅσι βίη φρεσίν, οὐδέ τις ἀλκή, nō est aliqua uirtus in mentibus, neq; aliqua præsumptio. Ergo mens præsumptionem sperans, sibi coniungi duas feras suo currui subiungat, id est, suæ uitæ duas uirtutes asciscat, animi & corporis: leonem ut uirtutē animi, aprum, ut uirtutem corporis. Deniq; & Apollinem & Herculem sibi propiciet, id est, sapientiam & uirtutem. Ergo præsumptio semetipsam ad mortem pro anima obiicit, ut Alceste, quam præsumptionem quamuis in periculo mortis deficientem, uirtus de infernis reuocat, ut Hercules fecit.

FVRII PVBLII FVLGENTII

MYTHOLOGIARVM LIBER II.

STudens mi Domine tuo reuerendo imperio, meam stultitiā uelut naufrago commisi iudicio, bifida ambiguitate suspēsus, utrum ne lector quilibet laudet cōstructa, aut destruat laborata. Sed quia nullatenus hæc nostrum aut nomen extollunt, aut crimen officiunt, illo uidelicet pacto, quod si ab his lector melius sapit, Deum pręferat, qui meliora cōcessit. Sin uero ab his minus aliquid desipit, ipsum præferat, qui ista contribuit, ergo & hæc non nostra sunt, sed eius donū, & quæ ampliora eueniunt, nō hominis, sed diuinū est largimentū. Sicut enim liuoris nota est silere quod nouerā, ita crimen non est enarrare, quod senserā, ergo si his amplius sapis, lauda mentem purissimā, quæ quod habuit nō negauit, sed si hæc ante nescieras, habes arenam nostri studii, ubi tui exerceas palęstram ingenii.

De iudicio Paridis.

PHilosophi tripartitam humanitatis uoluerunt esse uitam, ex quibus primam theoricam, secundā practicā, tertiam philargicam uoluere, quas nos latine contemplatiuā, actiuam, uoluptariā nuncupamus, ut etiā Propheta ait, Beatus uir qui non abiit in consilio impiorū, & in uia peccatorū non stetit, & in cathedra pestilentiæ non sedit, id est, non abiit, nō stetit, non sedit. Prima igitur contemplatiua est, quæ ad sapientiam & ueritatis inquisitionē pertinet, quam apud nos episcopi, sacerdotes, ac monachi, apud illos philosophi gesserunt. Quos nulla lucri cupiditas, nulla furoris insania, nullū liuoris toxicum, nullus uapor libidinis, sed tantum indagandæ ueritatis contemplandæq; iusticiæ cura macerat, fama ornat, pascit spes: secunda actiua est, quæ tantū uitę cōmodis anxia, ornatus petax, habendi insatiata, rapiendi cauta, seruādi sollicita geritur. Plus enim quod habeat cupit, quàm quod sapiat quęrit, nec considerat quod expediat, ubi intercedit quod rapiat. Deniq; ideo non præstat stabile, quia non uenit honeste, hanc enim uitā penes antiquos aliqui tyranni, penes nos mundus omnis gerit. Voluptaria uero uita est, quæ libidini tantūmodo obnoxia, nullum honestū reputat bonū, sed solā uitæ appetens corruptelam, aut libidine mollitur, aut homicidiis cruentatur, aut rapina succenditur, aut liuoribus rancidatur. Sed hoc penes illos Epicurei ac uoluptarii, penes uero nos huiusmodi uita natura non crimen est, & quia bonum nemo gerit, nec nasci bonū licet. Id itaq; considerantes poëtæ triū dearū ponunt certamina, id est, Mineruā, Iunonem & Venerem de formæ qualitate certantes. Ideo uero Iouem non posse de his iudicare dixere, siue quod præfinitū mūdi iudicium ignorabant, siue quia in libertate arbitrii constitutum hominem crederent. Quod itaq; si uelut Deus Iuppiter iudicasset, damnādo duas, unam tantūmodo terris uitam dimitteret. Sed ideo ad hominem iudicium transferunt, cui liberum deligendi debetur arbitrium. Sed bene pastor, quia nō ut sagitta certus, & iaculo bonus, & uultu decorus, & ingenio sagacissimus. Deniq; brutum quiddā desipiuit, & (ut ferarum ac pecudū mos est) ad libidinē potius limaces uisus intorsit, quàm uirtutem aut diuitias inquisiuit. Sed quid sibi tres deæ de tribus uitarū ordinibus uendicent, edicamus.

Primam

Minerua.

PRimam uitam theoreticam, quam nos in contemplandæ sapientiæ honore dicimus. Ideo de Iouis uertice natam dicunt, quia ingenium in cerebro positum sit. Ideo armatam, quod munita sit. Gorgona etiam huic addunt in pectore, quasi terroris imaginem, ut uir sapiens terrorem contra aduersarios gestet in pectore: Cristam cum galea ponũt, ut sapientis cerebrum & armatum sit & decorum. Vnde & Plautus in Trinummo ait: Fungino genere est, capite se totum tegit. Triplici etiam ueste subnixa est, seu quod omnis sapientia sit multiplex, seu etiam quod celata. Longam etiam hastam fert, quod sapientia longe uerbo percutiat. Triplici etiam ueste, quod omnis sapientia tecta extrinsecus rarius agnoscatur. In huius etiam tutela noctuam uolunt, quod sapientia etiam in tenebris proprium fulgorẽ possideat. Inde etiam & conditricem Athenarum eam uolũt. Minerua deniq; & ἀθήνη græce dicitur quasi ἀθάνατος παρθένος, id est, immortalis uirgo, quia sapientia nec mori poterit, nec corrumpi.

Iuno.

IVnonem uero actiuæ præposuerunt uitæ. Iuno enim quasi à iuuando dicta est. Ideo & regnis præesse dicitur, quod hæc uita diuitiis tãtum studeat. Ideo etiam cum sceptro pingitur, quod diuitiæ regnis sint proximæ. Velato enim capite Iunonem ponunt, quod omnes diuitiæ sint semper absconsæ, deam etiam partus uolunt, quod diuitiæ semper prægnaces sint, & nonnunquam abortiant, huius quoq; in tutelam ponunt pauum, quod omnis uitæ potentia petax in aspectum sui semper quærat ornatus. Sicut enim pauus stellatũ caudæ curuamen concauãs, anterius faciẽ ornat, posterioráq; turpiter nudat. Vnde & Theophrastus ait in moralibus τὰ ἄλλα περιγυῶθι, id est, reliqua considera, & Salomon in obitu hominis nudatio operũ eius. Huic etiam irim quasi arcum pacis adiungũt, quod sicut etiã ille ornatus uarios pingẽs arcuato curuamine momentaliter refugit, ita etiam fortuna quamuis ad præsens ornata, tamen est citius fugitiua.

Venus.

TErtiam Venerem uoluptariæ uitæ in similitudinem posuerunt. Venerem dici uoluere aut secundũ Epicureos bonam rem, aut secundũ Stoicos uanam rem. Epicurei enim uoluptatem laudant, Stoici uoluptatem damnant. Isti libidinẽ colunt, illi libidinẽ nolunt, unde & ἀφροδίτη dicta est, ἀφρὸς enim græce spuma dicitur, siue ergo, quod sicut spuma libido momẽtaliter surgat, & in nihilum ueniat. Siue quod concitatio ipsa seminis spumosa sit. Deniq; ferunt poetæ quod exectis falce Saturni uirilibus, atq; in mare proiectis, exinde Venus nata sit. Illud nihilominus respõdere uolẽs poëtica uanitas, quod Saturnus græce κρόνος dicitur, χρόνος enim græce, tempus uocatur. Abscisæ ergo uires temporis, id est fructus falce quammaxime, atq; in humoribus uiscerum uelut in mare proiectæ libidinem gignant necesse est. Saturitatis, enim abundantia libidinẽ creat. Vnde & Terentius ait. Sine Cerere & Libero friget Venus. Hanc etiam nudam pingunt, siue quod nudos sibi affectatores dimittat, siue quod libidinis crimen nunquam celatũ sit, siue quod nonnunquã nisi nudis conueniat. Huic etiam rosas in tutelam adiiciunt. Rosæ enim & rubent & pungunt, ut etiã libido. Rubet uerecundiæ opprobrio, pungit etiam peccati aculeo, & sicut rosa delectat quidẽ, sed celeri motu tẽporis tollitur, ita & libido libet momẽtaliter, & fugit perenniter. In huius etiã tutelã colũbas ponũt, illa uidelicet causa, quod huius generis aues sint in coitu feruidæ. Huic etiã tres Charites adiiciũt, duas ad nos conuersas, unã à nobis auersam, quod omnis gratia simplex eat, duplex redeat. Ideo nudæ sunt Charites, quia omnis gratia nescit subtilẽ, sed ornatũ, hanc etiam in mari natantẽ pingunt, quod omnis libido rerum patiatᷣ naufragia. Vnde & Porphyrius in epigrãm. ait. Nudus, egens, Veneris naufragus in pelago. Concha etiam marina pingitur portari, quod huius generis animal toto corpore simul aperto in coitu misceatur, sicut Iuba in physiologis refert.

De Hercule & Omphale.

PArcite quæso iudices humanis ardoribus, quid enim puerilis aut muliebris
sensus in amore efficiat, ex quo in libidinis pugna Herculea desudat uirtus.
Mulieris enim illecebra maior est mūdo, quia quē mundi magnitudo uin-
cere nō potuit, libido cōpressit. Inuasit ergo uirtutem de crimine fœmina,
quam mereri non potuit de natura. Hercules enim amauit Omphalen, quæ eum per-
suasit & coli †delicatos eneruare contractus, & lasciuienti pollice fusi teretē rotare uestigi- delegatos
nem. Hercules enim ἡρακλῆς græce dicitur, id est, ἀνδρῶν κλέος, quod nos latine uirorū
fortium famam dicimus. Vnde & Homerus ait κλέος οἶον ἀκούομεν, id est, solam famam
audiuimus. Ideo & Alcei nepos dicitur. Αλκὴ enim græce, pręsumptio interpretat̃. Nam
& Alcmenam matrem habet, quasi ἁλμοδεστέραν, quod †græce salsugo dicitur. Nam ex latine
igne igneus, ut ex Ioue, & ex præsumptione ut ex Alceo auo, & ex salsedine sapientiæ, ut
ex Alcmena quid nascitur nisi fortitudinis gloria? & tamen à libidine superatur, ὄμφαλος
enim græce dicitur umbilicus. Libido enim in umbilico dominatur mulieribus, sicut
lex diuina dicit. Non est præcisus umbilicus tuus, quasi diceret, non est peccatum tuum
amputatum. Nam & matrix illic catenata constringitur, unde & epinephridia eodem
loco firmandis fœtibus opponūtur. Ostenditur ergo, quod libido, quamuis etiam in-
uictam, possit superare uirtutem.

De Caco & Hercule.

SI fumum fures eructuant, quis inuolantem dum negat agnoscat? ergo aut
caliginem aut fumum obiicit, ne agnosci possit, aut in fumū uanescit sub-
stantia, quæ furtiue succedit. Cacus enim Herculis boues furatus esse dicitur,
quos cauda in spelunca tractos abscondit, quem Hercules presso gutture in-
terfecit, κακὸν enim græce, malum dicimus, ergo omnis malitia fumum eructuat, id est,
aut quod contraria sit ueritati, id est luci, aut quod acerba sit uidentibus, ut fumus ocu-
lis, aut quod semper occultas obscurasq́ cauillationes obiiciat. Ideo aūt & duplex, quod
multiformis malitia nō simplex sit. Triplici etiā modo nocet malitia, aut in euidenti, ut
potētior, aut subtiliter, ut falsus amicus, aut occulte, ut † impossibilis latro. Ideo etiā sub- impotens
tractos boues transuersis ducit uestigiis, quod omnis malignus aliena ut inuadat, trans-
uersā defensionis utitur uia. Ideo & bona Herculis concupiscit, quia omnis malignitas
contraria est uirtuti. Deniq; in spelunca abscondit, quia nunquam malignitas aperta li-
beriore fronte sit, sed uirtus & malos interfecit, & sua uindicat.

De Antæo & Hercule.

ANtæus enim in modū libidinis ponitur, unde & ἀντίον græce, contrarium
dicimus. Ideo & de terra natus, quod sola libido de carne cōcipitur. Deniq;
tacta terra ualidior exurgebat. Libido enim quanto carni cōsenserit, tāto sur-
git iniquior. Deniq; à uirtute gloriæ, quasi ab Hercule superatur. Nam dene-
gato sibi terræ tactu moritur, altiusq́ eleuatus materna nō potuit mutuari suffragia, quo
euidentē suæ rei fabulā demonstrasset. Omnē enim mentē dum uirtus in altum sustu-
lerit, & carnalibus eam etiā denegauerit aspectibus, uictrix statim exurgit. Ideo etiā & diu
in certamine dicitur desudasse, quia rara est pugna, quæ cum concupiscentia uitiisq; cō-
greditur, sicut Plato in Moralib. ait: Sapiētes uiri maiorē cum uitiis quàm cum inimicis
pugnā gerūt. Nā et Diogenes Cynicus cum dolore ramicū torqueretur, et uidisset homi
nes ad Amphitheatrū cōcurrentes, dicebat, Qualis hominū stultitia, currūt spectare feris
homines repugnantes, & me prætereunt cum naturali dolore certantem.

Tiresias.

TIresias duos serpentes concumbentes uidit, quos cum uirga percussisset, in fœmi-
nam conuersus est. Iterum post temporis seriem eos concumbentes uidit, simili-
terq́ percussis iterum est in pristinam naturam conuersus. Ideoq; dum de amo-
ris qualitate certamen Iuno & Iuppiter habuissent, eum iudicem quæsierunt. Ille di-
xit tres uncias habere uirum amoris, & nouem fœminam. Iuno irata ei lumen ademit,
Iuppiter

Iuppiter uero ei diuinitatem concessit. Græcia enim quantum stupenda mendacio, tantum est admirāda cōmento. Tiresiam enim in modū temporis posuerequa, si θερινάιων, id est, æstiua perennitas, θέρος enim dicitur æstas: ergo ex uerno tempore, quod masculinum est (quia eodem tempore clausura soliditasq; est germinum) dum coëuntia sibi affectu animalia uiderit, eaq; uirga, id est, feruoris æstu percusserit, in fœmineum sexum conuertitur, id est, æstatis feruorem. Ideo uero æstatē posuere in modum fœminę, quod omnia patefacta eodem tempore suis emergant folliculis. Et quia concipiendi duo sunt tempora, ueris & autumni, iterum conceptu prohibito ad pristinam redit imaginē. Autumnus enim ita masculino corpore omnia constringit, quo constrictis arborum uenis uitalis succi cōmertiales transennas interius stringens foliorū marculētam detundat caluitatem. Deniq; duobus diis, id est, duobus elementis arbiter quæritur igni atque aëri de genuina amoris ratione certantibus. Deniq; iustum profert iudicium. In fructificandis enim germinibus dupla aëri quàm igni materia suppetit. Aër enim & maritat in glebis, & producit in foliis, & grauidat in folliculis. Sol enim maturare tantum nouit in granis. Nam (ut hoc certum sit) cæcatur à Iunone illa uidelicet causa, quod hyemis tempus aëris nubilo caligante nigrescat. Iupiter uero ocultis uaporibus cōceptionem fatim ei futuri germinis subministrat, id est quasi prę scientiā. Nam ob hanc rem Ianus bifrons pingitur, quod & præterita & futura respiciat.

Prometheus.

NVlla quærantur ultra terris munimina, dum usq; in cœlū peruenerint furta, aut quæ securitas erit argēti & auri, ubi flamma potuit inuolari? Prometheū aiunt hominem ex luto finxisse, quem quidem inanimatum atq; insensibilem fecerat. Cuius opus Minerua mirata, spopondit ei, ut si quid uellet de cælestibus donis ad suū opus adiuuandū inquireret. Ille nihil se scire ait, quæ bona in cælestibus haberētur, sed si fieri posset, se usq; ad superos eleuaret, atq; exinde si quid suæ figulinæ congruum cerneret, melius iniret, id est, propter septem liberales artes, uel propter septem planetas, qui in aëre currunt, oculatus arbiter præsumpsisset. Illa inter oras septēplicis clypei sublatum, cælo opificem detulit. Dumq; uideret omnia cælestia flammatis animata uegetare uaporibus, clam ferulam phœbeacis applicās rotis, ignem furatus est, quem pectusculo hominis applicans animatum reddit corpus. Itaq; ligatum eum uulturi feræ iecur perenne præbentem, ut Nicagoras in Disthemithea libro, quē scripsit primum illum formasse idolum refert, ex eo quod uulturi iecur præbeat, liuoris quasi pingat imaginem: unde & Petronius arbiter ait, cui uultur iecur altimum pererrat, & pectus trahit, intimasq; fibras. Non est, quem tepidi uocant poëtæ, sed cordis mala, liuor atq; luxus: nam & Aristoxenus in Epimetheiorum libro, quem scripsit similia profert. Enimuero Prometheum quasi προμήθειαν, quod nos latine prouidentiam dicimus, ex dei prouidentia & Minerua, quasi cælesti sapientia hominem factum. Diuinum uero ignem, quem uoluere, animam monstrant diuinitus inspiratam, quæ apud paganos dicitur de cœlis tracta. Iecur uero Prometheum uulturi præbentem, quod nos cor dicimus, quia in corde aliquanti philosophorum dixerunt esse sapientiam. Vnde & Iuuenalis ait, Si leua in parte papillæ nil salit Arcadico iuueni. Deniq; uulturem in modum mundi posuere, quod mundus celeri quadam uolucritate uersetur, & cadauerū nascentium, occidentiumq; perennitate depascitur. Itaq; alitur ac sustentatur diuinæ prouidentia sapientiæ, quæ nec ipsa finiri nouit, nec mundus cessare ab eius elemētis aliquatenus possit. Deniq; Pandoram dicitur formasse, pandora enim græce omnium munus dicitur, quod anima munus sit omnium generale.

Πανδώρα

Adulterium Veneris.

IVste uel sol Veneris depalat adulterium, quatenus luna solet eius celare secretum. Venus enim cum Marte concubuit, quam sol inueniēs Vulcano prodidit. Ille adamante catenas effecit, ambosq; religans dis turpiter iacentes ostendit. Illa dolens quinque

filias

filias Solis amore succendit, id est enim Pasiphaën, Medeam, Phædram, Circen, Dircen. Quid sibi de hoc poetica alludat garrulitas inquiramus: perstant nunc in nostra de hac fabula uita certa admodum testimonia. Nam uirtus corrupta libidine sole teste apparet, unde Ouidius in Metamorphoseon ait: Videt hic Deus omnia primus. Quæ quidem uirtus corrupta libidine turpiter catenata feruoris cõstructione tenetur. Hæc itaq; quinq; Solis filias, id est, quinque humanos sensus luci ac ueritati deditos, quasi solis foetus hac corruptela fuscat, ob hanc rem etiã huiuscemodi nomina quinq; ipsis Solis filiabus uoluere. Primam Pasiphaën, ut uisum quasi πασίφανην, quod nos latine omnibus apparentem dicimus. Visus enim reliquos quatuor sensus inspicit, quia & eum qui clamat uidet, & palpando notat, & degustando aspicit, & odorando intendit. Secundã Medeam, quasi auditũ, hoc est, μηδὲν ἰδέαν, quod nos latine nullã uisionẽ dicimus. Quarta Phædra quasi odoratus, uelut si dicatur φέρων ἡδὺν, quasi afferens suauitatem. Quinta Dirce, saporis index, quasi δικαιοκρίνη, quod nos latine acre iudicans dicimus.

De Vlyxi & Sirenis.

Sirenes græce tractatoriæ dicuntur. Tribus enim modis illecebra amoris trahitur, aut cantu, aut uisu, aut consuetudine. Amãtur enim quædam speciei uenustate, quædam etiam lenocinante consuetudine. Quas Vlyxis socii obturatis auribus transeunt. Ipse uero religatus transit. Vlyxes enim græce quasi ὅλων ξένος, id est, omnium peregrinus dicitur. Et quia sapientia ab omnibus mundi rebus peregrina est, ideo astutior Vlyxes dictus est. Deniq; Sirenas, id est, delectationũ illecebras & audiuit & uidit, id est, agnouit & iudicauit, & tamen transit nihilominus. Ideo quia auditæ sunt, mortuæ sunt. In sensu enim sapiẽtis omnis uoluptatis affectus emoritur. Ideo uolatiles, quia mentes amantium permeant celeriter. Inde gallinaceos pedes, quia libidinis affectus omnia quæ habet, spargit. Deniq; & Sirenes dictæ sunt, σύρω enim græce traho dicitur.

Scylla.

Scyllam ferũt uirginem pulcherrimã, quam Glaucus Antedonis filius amauit, quẽ Circe Solis filia diligebat, itatáq; Scyllę fontẽ, in quo lauari solita erat uenenis infecit. Vbi illa descendens ab inguine lupis canibusq́; marinis inserta est. Scylla enim græce quasi σκύλμον dicta est, quod nos latine confusionem dicimus, & quid confusio nisi libido est? quam libidinẽ amat Glaucus, γλαυκὸς enim græce lusciciosus dicitur, unde & glaucomata dicimus cæcitatem: ergo omnis qui luxuriã amat, cęcus est. Nã & Antedonis filius dictus est. Antedon enim græce, quasi antidon, quod latine cõtraria uidens dicimus, ergo lippitudo ex cõtraria uisione nascitur. Scylla enim in modũ ponit̃ meretricis, quia omnis libidinosa, canibus lupisq́; inguina sua necesse est misceat. Iuste ergo lupis & canibus mixta, quia nescit sua alienigenis deuorationibus saturare secreta. Sed hanc Circe odisse dicitur. Circe, ut ante dictũ est, manus diiudicatio uel operatio nuncupatur, quasi χειρῶν κρίτη. Laborem enim manuũ & operationem libidinosa mulier non diligit, sicut Terentius ait, A labore procliuem ad libidinem accipit conditionem, de hinc quæstum occipit, hanc etiam Vlyxes innocuus transit, quia libidinem sapientia contemnit.

De Mida rege & Pactolo fluuio.

Mida rex Apollinem petiit, ut quicquid tetigisset, aurum fieret. Cumq́; prometuisset, munus in ultionem conuersum est, cœpitq́; sui uoti effectu torqueri. Nam quicquid tetigerat, aurũ statim efficiebatur. Erat ergo necessitas aurea, locuplesq́; penuria, nam & cibus & potus rigens auri materia marmorabat. Itaq; Apollinem petiit, ut mala desiderata conuerteret. Responsóq; accepto, ut tertio caput sub Pactoli fluminis undas subderet. Quo facto, Pactolus deinceps arenas aureas trahere dicitur. Sed euidenter poëtæ alluserunt argutiam, illa uidelicet causa, quod omnis appetitor auaritiæ, cum omnia pretio destinat, fame moritur, quod & Mida rex erat. Sed collecta pecuniarum summa, ut Sosicrates Cigizenus in libris historiæ scribit, quod omni censu suo Mida rex Pactoli fluuium (qui in mare currere solitus erat) per innumerabiles meatus ad irrigandam prouinciam deriuauit, suáq; expensa auaritia fluuium fertilem reddidit, Mida enim græce quasi μηδὲν ἰδών, id est, nihil sciens. Auarus enim tantum stultus est, ut sibi prodesse non norit.

De Vulcano & Minerua.

VVlcanus cum Ioui fulmen efficeret, ab Ioue promissum accepit, ut quicquid uellet præsumeret. Ille Mineruã in coniugium petiit, Iupiter impetrauit, ut Minerua armis uirginitatẽ defendisset. Dumq́; cubiculũ introirent, certando Vulcanus semen in pauimẽtum eiecit, unde natus est Erichthonius, ἔρις enim græce certamẽ dicitur, χθὼν χθονός uero terra nuncupatur: quẽ Minerua in cista abscondit, draconéq; custode apposito, Aglauro & Pandoræ cõmendauit: qui primus currum reperit. Vulcanum dici uoluere, quasi furiæ ignem, unde & Vulcanus dicitur, ueluti uoluntatis calor, quasi βουλίκαπνος. Denique Ioui fulgura facit, id est, furorem concitat. Ideo uero eum Mineruæ coniungi uoluerunt, quod furor etiam sapientibus subrepat. Illa uero armis uirginitatem defendit, hoc est, omnis sapientia integritatẽ morum contra furiam uirtute animi uindicat, unde quidem Erichthonius nascitur, ἔρις enim græce certamen dicitur, χθὼν uero nõ solũ terra, quantũ etiam inuidia dici potest, unde & Thales Milesius ait,* ὦ χθὼν δόξης κοσμικῆς ὑπερῦσις, id est, inuidia mũdanæ gloriæ cõsumptio, & quid nam aliud surripiens sapientię furor generare poterat nisi certamen inuidiæ: Quod quidẽ sapientia, id est, Minerua abscondit in cista, id est, in corde celat: ergo Minerua draconem custodẽ apponit, id est, perniciem, quẽ quidem duabus cõmendat uirginibus, id est, Aglauro, & Pandoræ. Pandora enim uniuersale dicitur munus. Aglauro uero quasi ἀχόλυθον, id est, tristitiæ obliuio. Sapiens enim dolorem suum aut benignitati cõmendat, quę omniũ munus est, aut obliuioni, sicut de Cæsare dictum est. Qui obliuisci nihil amplius soles quàm iniurias. Deniq; cum Erichthonius adolesceret quid inuenisse dicitur: nihilominus currum, ubi inuidiæ semper certamen est. Vnde Vergilius, primus Erichthonius currus, & quatuor ausus iungere equos. Inspicite quantum ualeat cum sapientia iuncta castitas, cui flammarum non præualuit Deus.

Dionysius.

IVpiter cum Semele concubuit, de qua natus est Liber pater, ad quã cum fulmine ueniens crepuit. Vnde pater puerũ tollens in fœmore suo misit, Maroni postea nutriendum dedit. Hic Indiam debellauit, & inter deos deputatus est. Itaq; cum Semele quatuor sorores appellatæ sunt, Ino, Autonoẽ, Semele & Agaue. Quid sibi hæc fabula sentiat, exquiramus. Quatuor sunt ebrietatis genera, id est, prima uinolentia, secunda rerum obliuio, tertia libido, quarta insania. Vnde & nomina hæc quatuor Bacchæ acceperunt, Bacchæ dictæ sunt quasi uino uacantes: prima Ino, οἶνος græce, latine uinũ dicimus: Secunda Autonoẽ quasi αὐτονοή, id est, seipsam nõ cognoscens: tertia Semele quasi σωμάλυον, quod nos latine corpus solutũ dicimus, unde & ipsa genuisse Liberũ patrem dicitur, id est, de libidine nata ebrietas: quarta Agaue, quæ ideo insaniæ comparatur, quod caput filii uiolenter abscidit. Liber uero pater dictus est, quia uini passio liberas mentes faciat. Indos uero uicisse, quod hæc gens ualde sit uino dedita, duobus scilicet modis, siue quia feruor solis eos faciat potare, siue quia ibi sit seraptenum uinum, uel meroitanum: cuius uini tanta uirtus est, quo uix quilibet ebriosus sextarium toto mense bibat. Vnde & Lucanus ait. Indomitum Meroe cogens spumare falernum, aqua enim omnino domari non potest. Maroni etiam Dionysius nutriendus datur, quasi Meroni. Mero enim omnis nutritur uinolentia. Hic etiam tigribus dicitur insedere, quod omnis uinolentia feritati semper insistat. Siue etiam quia uino efferatæ mentes mulceãtur, unde & Liæus dicitur quasi lenitatem præstans. Iuuenis uero ideo pingitur Dionysius, quia nunquam ebrietas matura est. Ideo etiam nudus,

quia

quia omnis ebriosus interuertendo nudus remaneat, aut mentis suæ secreta ebriosus nudet.

De Cygno & Leda.

QVamuis in omnibus libidinis amor turpior sit, nunquã tamẽ deterior erit, quàm cum se honorato miscuerit. Libido enim honestatis nouerca, dũ quid expediat nescit, semper est maiestati cõtraria. Qualis enim diuinitas eius qui sit, quod esse uelit, ne quidem quod fuerat esset, conuersus in cygnum cum Leda concubuit, quæ peperit ouum. Vnde nati sunt tres, Castor, Pollux, & Helena. Sed hæc fabula mystici saporem cerebri concipit. Iuppiter enim in modum potentiæ ponitur, Leda uero dicta est quasi λοίδλη, quod nos latine, aut iniuriam, aut conuicium dicimus: ergo omnis potentia iniuriæ mixta, speciem suæ generositatis mutat. Ideo uero in cygnum conuersus dicitur, quod ferunt physiologi quammaxime Melissus Euboicus, qui omnium physiologorum sententias disputauit, huius generis auem conuitiis ita esse plenam, ut ipsa aue clamente, reliquæ aues taceant, quæ præsto fuerint, unde & olor dictus est, quasi ab oligoria tractum, quod nos latine iniuriam dicimus, ergo quotiescunq; nobilitas in iniuriam uergit, conuitiis misceatur necesse est. Sed quid ex hac re concipitur, uideamus. Nihilominus ouum, quia sicut in ouo omnis sordities, quæ purgari potest in igne, cõtinetur intrinsecus. Ita etiam in effectu iniuriæ omnis est immũditia, sed ex hoc ouo generãtur tres, Castor, Pollux, & Helena. Nihilominus seminarium scandali & discordiæ, sicut antea diximus, & geminũ luctũ concussit adultera mundo. Castorem uero & Pollucem, quasi in modũ perditionis ponunt, unde & in mari Castorum signa dixerunt, quæ periculũ creant. Nam ob hanc rem etiam ambos alternatim resurgere, atq; occidere dicunt, quod superbia nonnunquã uiuat, nõnunquã occidat. Vnde & ὑπερηφανία græce, superbia dicitur, sed ὑπερηφανία proprie superapparitio dicitur, quia in istis duobus signis quę eorũ uocabulo fratrũ nuncupauere, unus super appareat, alter uergat, sicut lucifer, & antifer, nam gręce pollux, ἀπὸ τοῦ ἀπόλλειν, id est à perdendo, & castor quasi κακὸν ὕστρον, id est, malum extremum.

Ixion.

QVi plus quęrit quàm liceat esse, minus erit quàm est. Ixion igitur coniugium Iunonis affectãs, illa nubẽ ornauit in speciem suam, cum qua Ixion coiens centauros genuit. Sicut nihil latina gratiosius ueritate, ita nihil græca falsitate ornatius. Deniq; Ixionem dici uoluere, quasi axionen, ἀξιώτης enim græce dignitas dicitur. Dea uero regnorũ Iuno est, ut pridem diximus, ergo dignitas regnũ affectans nubem meretur, id est, similitudinẽ regni. Regnũ enim illud est, quod perennitet duraturum est. At uero cui temporis fugitiua uis inuidet, pinnatisq́; celerrima raptibus momentaneæ felicitatis figuras potius quàm ueritatẽ ostendẽs, uentositatis inanem speciẽ pręsumit. Deniq; Beatinius augur dicere solitus erat, diuersatũ urbium honores† somnialiter peragi† urbicario mimologo, & quãuis utraq; nihil agere dixerit, tamen *similiter rubricario* hoc Rhomæ præstare uisus est, quod ex parte quidem ueros honores, sed risorios, sed citius fugitiuos. Credo enim quod de Theophili philosophi sententia legerat dicentis, μίμος ὁ βίος, id est, mimus uita. Nunc ergo fabulã repetamus. Dromocrides in Theogonia scripsit Ixionem in Græcia primum regni gloriam affectasse, qui sibi centum equites primus omniũ acquisiuit. Vnde & Cẽtauri dicti sunt quasi centũ armati. Deniq; Centhippi dici debuere, ex quo etiam equis mixti pinguntur, sed ideo centum armati: qui quidem Ixion paruo tẽpore celęre regnũ adeptus, dehinc regno expulsus est. Vnde & eum ad rotam dannatum dicũt, quod omnis rotæ uertigo, quæ superiora habet modo deiiciat. Ergo ostendere hic uoluerunt, quod omnis qui per arma, atq; uiolentiam regnum affectant, subito erectiones, subito elisiones sustineãt, sic ut rota, quę stabile nõ habet aliquando cacumen.

Tantalus.

TAntalum dicunt in lacum inferni depositum, cui fallax aqua gulosis labia titillamentis attingit, poma quoq; fugitiuis cinerescentia tactibus desuper facietenus apparent pendula. Ergo hic locuples uisus & pauper effectus, ita se illa unda fallax præbet,

 ut sitiat,

ut ſitiat,ita ſe poma ingerũt,ut eſuriat:hanc fabulam Petronius breuiter exponit, dicens:

Nec bibit inter aquas,nec poma patentia carpit
Tantalus infelix,quem ſua uota premunt.
Diuitis hæc magni facies erit,omnia late
Qui tenet,& ſicco concoquit ore famem.

De Proſerpina & Endymione.

IVnam ideo ipſam uoluerunt etiam apud inferos Proſerpinã dici, ſeu quod nocte luceat, ſeu quod humilior currat,& terris præſit, illo uidelicet pacto, quod detrimenta eius & augumenta non ſolum terra,ſed & lapides,uel cerebra animantiũ & (quod magis incredebile ſit) etiam lætamina ſentiant, quæ in lunæ crementis eiecta uermiculos parturiunt,ortis ipſam etiam Dianam nemoribus uolunt ſimili modo,quod arborum & fruticum ſucco augumẽta inculcet.Denique crementis lunæ abſciſa ligna furfuraceis tineatũ terebraminibus fiſtuleſcunt.Nemoribus quoq; adeſſe dicitur,quia omnis uenatio plus nocte paſcatur,dieq; dormiat.Endymionem uero paſtorẽ amaſſe dicitur,duplo ſcilicet modo,ſeu quod primus hominum Endymion curſum lunę inuenerit.Vnde & xxx.annis dormiſſe dicitur, qui nihil aliud in uita ſua,niſi huic repertioni ſtuduit,ſicut Mnaſeas in primo libro de Europa ſcribens ἀπόῤῥοια tradidit,ſiue paſtorẽ Endymionẽ amaſſe fert̃,quia nocturni roris humor, quẽ † aporria ſiderũ atq; ipſius lunæ animãdis herbarũ ſuccis inſudat, paſtoralibus proſit ſucceſſibus.

FVRII PVBLII FVLGENTII

MYTHOLOGIARVM LIBER III.

INſcientiæ formidoloſa ſuſpectio ſemper excuſandi quærit ſuffragia. Quo quicquid ignorantia incurſionum mater peccauerit, id ueniæ abſoluat petitio,quæ culpas ueſtire conſueuit.Sed quia nunquã de ſe male æſtimat ſermo,qui ad amantẽ iudicem mittitur, id circo meę ſimplicitatis negociũ tuo Domine puriſſimo cõmiſi iudicio,fretus quicquid abſurde digeſtum eſt,non ut inuidus detrahis,ſed ut doctiſſimus corrigis.

Bellerophon.

PRœtus rex uxorem habuit Antiam nomine, quæ amauit Bellerophontem, cui dum ob ſtupri cauſſam mandaſſet,ille noluit:quẽ marito criminata eſt. Ille eum ad chimerã interficiendã miſit per ſocerũ ſuũ. Quam Bellerophon equo Pegaſo reſidens interfecit,qui de Gorgonis ſanguine natus fuerat. Bellerophonta poſuerunt,quaſi βυληφόροντα,quod nos latine ſapientiæ conſiliatorem dicimus,ſicut Homerus ait, οὐ χρὴ παννύχιον εὕδειν βυληφόρον ἄνδρα, id eſt,nec decet tota nocte dormire conſiliatorẽ uirũ.Nam & Menãder ſimiliter in diſexapoto comœdia ita ait, βυληφόρε ὑμῶν δὲ μου πρϋλαβες ὅρασιν,id eſt, conſiliarie noſtram de mea præoccupauiſti uiſionem. Nam ut hoc certum ſit Homerus in fabula eiuſdem Bellerophontis ita ait, πεῖθ' ἀγαθὰ φρονέοντα δαΐφρονα Βελλεροφόντην, id eſt,bona cogitantũ ſapientiſſimũ conſilium:ſpernit libidinem,id eſt,Antiam,ἄντιον enim græce contrariũ dicitur, ſicut antichriſtum dicimus,quaſi ἀντίον τοῦ χριστοῦ,id eſt,contrarius Chriſto. Vide itaq; cuius uxor Antias dicatur, nihilominus Prœti,Prœtos Pamphila lingua ſordidus dicitur,ſicut Heſiodus in Buccolico ludicro ſcribit dicens,id eſt,ſordidus uuarũ bene calcatarũ ſanguineo rore,& cuius uxor eſt libido niſi ſordidi:At uero Bellerophon,id eſt, bona cõſultatio qualẽ equũ ſedet niſi Pegaſum:quaſi pegaſeon,id eſt, fontẽ æternũ. Sapientia enim bonæ cõſultationis æternus fons eſt.Ideo pẽnatus, quia uniuerſam mundi naturã celeri cogitationum theoria colluſtrat.Ideo & muſarũ fontem ungula ſua rupiſſe fertur.Sapientia enim dat muſis fontem,ob hanc rem etiã ſanguine Gorgoneo naſcitur.Gorgon enim pro terrore ponitur. Ideo & Mineruæ pectore fixa eſt, ſicut Homerus in xiii. ait:*

Ergo hic

Ergo hic duplex assertatio est. Aut enim terrore finito sapientia nascitur, sicut de sanguine, id est, de morte Gorgonis pegasus, quia stultitia semper est timida, aut initiũ sapientiæ timor est, quia & magistri timore sapientia crescit, & dum quis famam timuerit, sapiens erit, unde & chimeram occidit. Chimera enim quasi χῦμ' ἔρωτος, id est, fluctuatio amoris. Ideo etiam triceps chimera pingitur quia amoris tres modi sunt, hoc est, incipere, perficere, & finire. Dũ enim amor nouiter uenit, ut leo feraliter inuadit, unde & Epicamus comicus ait, δαμάσης ἔρως λεοντεία δυνάμει θαλερός, id est, domitor cupido leõtea uirtute præsumptior: Nã & Vergilius in georgicis tetigit dicens. Catulorum oblita leæna sæuior errauit campis. At uero capra quæ in medio pingitur, perfectio libidinis est, illa uidelicet causa, quod huius generis animal sit in libidine ualde procliuum. Vnde Vergilius in buccolicis ait, hœdiq́ petulci. Ideo & satyri cum caprinis cornibus depingũtur, quia nunquam nouere saturari libidine. At uero quod dicitur, postremum draco, illa ratione ponitur, quia post perfectionem uulnus det pœnitentiæ, uenenumq́ peccati, erit enim hic ordo dicendi, quod primum sit in amore inchoare, secundũ perficere, tertium uero pœnitere de perfecto uulnere.

Perdix.

Semper delicata consuetudo laborioso fert præiudicium operi, & mollitur educatu, dum quod non optat euenerit, pœnitentiã creat. Melius est enim laborare partiliter, securius edoceri, quã ex necessitate ueniente repentaliter perterreri. Perdicem ferunt uenatorem esse: qui quidem matris amore correptus, dũ utrinq; & immodesta libito ferueret, & uerecũdia noui facinoris reluctaretur: cõsumptus, atq; ad extremã labem deductus esse dicitur. Primus etiam serram inuenit, sicut Vergilius ait: Nam primi cuneis scindebant fissile lignum. Sed ut Fenestella Martialis scribit, hic primum uenator fuit. Cui cum ferinæ cædis cruenta uastatio, & solitudinem uagabunda errando cursilitas displiceret, plusq́ etiã uidens contheroletas suos, id est, Actæonem, Adonin, Hippolytum miserandæ necis functos interitu, artis pristinæ affectui mittens repudium, agriculturam affectatus est, ob quam rem matrem quasi terrã omnium genitricem amasse dicitur. Quo labore consumptus etiam ad maciem peruenisse fertur, & quia cunctis uenatoribus de pristinæ artis opprobrio detrahebat, serram quasi maliloquium dicitur reppetisse. Matrem etiam Polycasten habuit, quasi polycarpen, quod nos latine multifructam dicimus, id est, terram.

Actæon.

Curiositas semper periculorũ germana, detrimẽta suis amatoribus nouit magis parturire quàm gaudia. Actæon deniq; uenator Dianam lauantẽ uidisse dicitur, qui in ceruũ cõuersus, à canibus suis nõ agnitus, eorũ morsibus deuoratus est. Anasimenes (qui de picturis antiquis disseruit) in libro. ii. ait uenationem Actæonẽ dilexisse, qui cum ad maturã peruenisset ætatem consideratis uenationum periculis, id est, quasi nudã artis suæ rationẽ uidens, timidus factus est, unde & cor cerui habere dicit̃, unde et Homerus ait, οἰνοβαρὲς, κυνὸς ὄμματ' ἔχων, κραδίην δ' ἐλάφοιο, id est, ebriose, oculos canis habens, & cor cerui. Sed dum periculũ uenandi fugeret, affectum tamen canum nõ dimisit, quos inaniter pascẽdo pene omnẽ substantiã perdidit, ob hanc rem à canibus suis deuoratus dicitur esse.

De Hero & Leandro.

Amor cum periculo sępe concordat, & dum ad illud solũ natat quod diligit, nunq; uidet, quod expedit, ἔρως enim grępce amor dicitur, Leandron uero dici uoluerunt, quasi λύσιν ἀνδρῶν, id est, uirorũ solutionẽ. Solutio enim uiri amorẽ parturit. Sed natat nocte, id est, obscuro tẽpore tentat pericula. Hero quoq; in amoris similitudine fingitur lucernã ferre: & quid aliud amor nisi flammam fert, & desideranti periculosam uiam ostendit, cito tamen extinguitur, quia iuuenilis amor non diu perdurat, deniq; nudus natat, illa uidelicet causa, quod suos affectatores amor & nudare nouerit & periculis, sicut in mari iactare: Nam extincta lucerna, utriusq; mors est procurata maritima, hoc in euidenti significans, quod in utroq; sexu uapore ætatis extincto, libido cõmoritur: in mari uero mortui feruntur, uelut in humore frigidę senectutis, omnis eñ caloratæ iuuẽtutis igniculus tepidę ueternositatis algescit in senio.

De Berecynthia & Atti.

DEcepta Græcia credulitate dæmonũ potiusquã deorũ, nunc deterius suis dis reponeret, quã ut eorũ matrem ueternosam anum, non solũ puerilẽ amatu, quantũ etiam fingerẽt zelotipam. Tantũ enim zeli succensa anus inuidiosa flagrauit, quæ nec suis utilitatibus furiosa pepercit, ut unde fructũ sperabat libidinis, illud ueterana succideret meretrix. Et quãuis apud muliebres animos libido obtineat regnũ, tamen etiã inuicta libidine zelus obtinet dominatũ. Berecynthia enim mater deorũ Attin puerum formosissimũ amasse dicitur, quẽ zelo succensa castrando semimasculũ fecit. Quid ergo sibi in his Græcia sentire uoluerit, edicamus. Berecynthiam dici uoluere, quasi mortuã dominã. Ideo matrem deorũ, quod deos nuncupari per superbiã uoluere: Ideo eos in olympo habitantes quasi excelsos & surperbos, ideo & dæmonas nuncupant secundũ Homerũ, qui dicit μετὰ δαίμονας ἄλλους, id est, post deos alios, δῆμος enim græce populus dicitur, is dicitur unus, & quia populos subdere cupiebant, & soli super populos esse, dæmones dicti sunt. Ideo & apud Romano Indigetes. Ergo Berecynthiam montibus præesse dixerũt Bernicynthos. Cynthos enim Attica lingua flos nũcupatur, unde hiacynthus dicitur quasi ἰάκινθος, quod nos latine solus flos dicimus quasi omnibus perfectior. Nam & Epicarmus ita ait: παγκάρπιος στέφανος, καὶ ποδὶ ἀκτῶν προβαίνει ἡ χρυσαλλος, id est, florigera corona, atque è littoribus procedit chrysalus. Itaque florẽ quamuis quilibet amet, tamen abscindit, ut Berecynthia in Attin fecit, †athis enim græce flos dicitur, ut Sosides Atticus in libro theologumenon quẽ appellauit, scribit matrem deùm, in modũ potẽtiæ uoluit poni, unde Cybele dicitur quasi cydos baleon, id est, gloriæ firmitas, unde & Homerus ait: cui Iuppiter gloriã donauerat, ergo ideo turrita pingitur, quod omnis potentiæ elatio sit in capite. Ideo leonũ currui præsidens, quia omnis potẽtia regno ornata sit. Sceptrũ etiã fert, quod omnis potentia uicina regno sit, ob hanc rem etiã mater deũ dicta est, illud nihilominus ostẽdere uolẽtes, quod siue Indigetes, siue di, siue dæmones apud antiquos à diuitiis dicti sunt, ergo potẽtia diuitũ mater est, unde & Homerus Agamẽnonem cõsiderans ait: ἀτρείδη ποῖ δ' αὖτ' ἐπιμέμφεαι ἠδὲ χατίζεις. Nec non etiã Euripides consimilans Tantalũ Ioui in tragœdia Electræ ait, beatus ille, nec inuideo fortunas eius Iouis æqualis, ut dicitur Tantalus, ergo potentiæ gloria semper & amore torretur, & liuore torquetur, Citòque abscindit quod diligit, dum tamen amputet illud, quod odit: Deniq; omnis nũc usque potẽtia nescit circa suos diuturnũ seruare affectum, & quod amauerit cito, aut zelando amputat, aut fastidiendo horrescit, & Attin dici uoluerunt quasi ἔθος, ἔθος enim græce consuetudo dicitur, ergo quantuscunque amor sit, potentibus stabilis esse non nouit.

ἄνθος

De Psychi & Cupidine.

APuleius in libris metamorphoseon hanc fabulã planissime designauit, dicẽs esse in quadã ciuitate regẽ & reginã, habere tres filias, duas natu maiores, esse temperata specie, iuniorem tam magnificæ esse figuræ ut crederetur Venus esse terrestris. Denique duabus maioribus quæ erant temperata specie, connubio uenere, illã uero ueluti deã non quisquã amare ausus, quàm uenerari pronus, atque hostiis sibimet deprecari. Cõtaminata ergo honoris maiestate. Venus succensa inuidia, Cupidinem petit, ut in contumacẽ formã sæuiter uindicaret. Ille ad matris ultionẽ aduẽniens, uisam puellã adamauit, pœna enim in affectũ conuersa est, & ut magnificus iaculator ipse se suo telo percussit. Itaque Apollinis denunciatione iubetur puella in montis cacumine sola dimitti, uelut feralibus deducta exequiis, pẽnato serpenti sponso destinari, perfecto nanque choragio puella per montis decliuia zephyri flantis leni uectura delapsa, in quandã domũ auream rapitur, quæ pretiosa sine pretio, sola cõsideratione laude deficiente poterat existimari. Ibique uocibus tantummodo seruientibus, ignota atque mansionario utebatur coniugio. Nocte enim aduenienẽs maritus, Veneris præliis obscure peractis, ut inuise uespertinus aduenerat, ita crepusculo incognitus etiã discedebat. Habuit ergo uocale seruitiũ, uentosum dominiũ, nocturnum cõmercitum, ignotũ cõiugium.

Sed

Sed ad huius mortem deflendam sorores adueniunt, montisq́ conscenso cacumine germanum lugubri uoce flagitabant uocabulum, & quamuis ille coniunx lucifuga sororios ei comminando uetaret aspectus, tamen consanguineæ charitatis inuincibilis ardor maritale obumbrauit imperium. Zephyri ergo flagrantis auræ anhelante uectura ad semet sororios perducit affectus, earumq́ uenenosis cōsiliis de mariti forma quærenda consentiens curiositatem suæ salutis nouercam arripuit, & facillimam credulitatem quæ semper deceptionum mater est, postposito cautelæ suffragio arripuit, deniq; credēs sororibus se marito serpenti coniunctā, uelut bestiam interfectura nouaculam sub puluinari abscondit, lucernamq́ modio contegit. Cumq́ altum soporem maritus extenderet, illa ferro armata lucernáq; modio custodita eruta, Cupidine cognito dum immodesto amoris torretur affectu, scintillantis olei desputamēto maritū succendit. Fugiensq́ Cupido multa super curiositate puellæ increpitans, domo extorrem ac profugam dereliquit. Tandē multis iactata uenenis, persecutionibus, postea Ioue petente in cōiugio Cupidinem accepit. Poteram quidē totius fabulæ ordinem hoc libello percurrere, qualiter & ad infernū descenderit, & ex stygiis aquis undam delibauerit, & solis armenta uellere spoliauerit, & seminū germina confusa discreuerit, & de Proserpinæ pulchritudine particulam moritura præsumpserit. Sed quia hæc saturantius & Apuleius pene duorū continentia librorū tantam falsitatum congeriem enarrauerit, & Aristophantes Athenęus in libris, qui dyserestia nuncupātur hanc fabulam enormi uerborū circuitu discere cupientibus prodit, ob hanc rem superuacuū duximus ab aliis digesta nostris inserere libris, ne nostra opera aut propriis exularemus officiis, aut alienis adiiceremus negociis. Sed dum his, qui fabulā legent in nostra hæc transeat, scituros quod sibi illorū falsitas sentire uoluerit. Ciuitatem posuerunt quasi in modū mūdi, in qua regem & reginā uelut Deum & materiam posuerunt, quibus tres addunt carnem ultrometantē, quam libertatem arbitrii dicimus, & animā, ψυχὴ enim græce anima dicitur, quam ideo iuniorē uoluerūt, quod corpori iam facto postea inclytā esse dicebāt. Hanc igitur ideo pulchriorē quod & libertate superior, & carne nobilior, huic inuidet Venus, quasi libido, ad quā perdēdam cupidinē mittit. Sed quia cupiditas est boni & mali, cupiditas animā diligit, & ei uelut in coniunctionē miscetur, quā persuadet, ne suam faciē uideat, id est, cupiditatis delectamenta discat, unde & Adam quamuis uideat nudū se, non uidet donec de cōcupiscentiæ arbore comedat: Nē ue suis sororibus, id est, carni & libertati de suæ formæ curiositate perdiscenda consentiat, sed illarū compulsamēto percita, lucerna desubmodio eiecit, id est, desiderii flammam in pectore absconsam depallat, uisam taliter dulcem amat, ac diligit, quam ideo lucernæ ebullitione dicitur incēdisse, quia omnis cupiditas quantum diligitur tantum ardescit, & peccatricem suæ carni confingit maculam, ergo quasi cupiditate nudata ex potenti fortuna eruitur, & periculis iactatur, & regia domo expellitur. Sed nos quia longum est ut dixi omnia persequi, tenorem dedimus sentiendi. Si quis uero in Apuleio ipsam fabulam legerit, nostra expositionis materia, quæ non diximus ipse reliqua cognoscat.

De Peleo & Thetide.

THetidem dici uoluerunt aquam, Iuppiter, quasi deus, coniugit Peleo, πηλὸς enim græce lutum dicitur, ergo terram cum aqua commixtam uolunt homines genuisse, unde & Iouem cum Thetide uoluisse concumbere dicunt, & prohibitum esse ne maiorem se genuisset, qui eum de regno expelleret. Ignis enim, id est Iuppiter, si cum aqua coëat, aquæ uirtute extinguitur. Ergo in coniunctione aquæ & terræ, id est, Thetidis & Pelei discordia sola non petitur, illa uidelicet causa, aut quod concordia utrorumq; elementorum homo gignatur. Nam & incompetentia illa indicat, quod Peleus, ut terra, id est, caro, Thetis ut aqua, id est humor, Iuppiter qui utraq; gignit, ut ignis, id est anima, ergo in cōceptione hominis & elementorū iugalitates tres (ut supra diximus) uitæ certātur. Nam & discordia malum aureum iecisse dicitur, id est, cupiditatē, illa uidelicet causa, quod in malo aureo est quod uideas, non est quod comedas. Sicut cupiditas nouit habere, non nouit frui. Omnes etiam deos Iuppiter ad nuptias dicitur conuocasse, illa de causa, quod putarent ethnici singulas partes in homine deos singulos obtinere, ut Iouem caput, Mineruam oculos, Iunonem brachia, pectus Neptunũ, cinctum Martẽ, renes & inguina Venerẽ, pedes Mercuriũ, Sicut Democrites in physiologumenon scripsit, unde & Homerus ait, ὄμματα καὶ κεφαλὴν ἴκελος Διῒ τερπικεραύνῳ, ἄρει δὲ ζώνην, στέρνον δὲ ποσειδάωνι, id est, caput & oculos similes Ioui fulmine delectanti, Marti cingulũ, & pectus Neptuno. Nã & Tyberianus in Prometheo ait, deos singula sua homini tribuisse. Deniq; natũ Achillem uelut hominẽ perfectum, mater in aquas intingit stygias, id est, durũ contra omnes labores munit, solum ei talum nõ tetigit, nihilominus illud physicũ significare uolentes, quod uenæ, quæ in talo sunt, ad renum, fœmorũ, atq; uirilium rationem pertineãt, unde aliquæ uenæ usq; ad pollicẽ tendunt, quod tractãtes & physici et mulieres ad obtinendos partus, & ischiacos eodẽ phlebotomãt loco, & emplastromentaticũ, quem stisidẽ Affricanus in astrosophistes uocauit, pollici & talo imponendũ præcepit. Nam & Orpheus illũ esse principalem libidinis indicat locũ. Nam deniq; in entherocilicis & iisdem locis cauteria ponenda præcipiunt. Ergo monstrat quod humana uirtus, quãuis ad omnia munita, tamen libidinis ictibus subiacet patula, unde & ad Licomedis regiam datur ut nutriretur, quasi ad luxurię regnũ. Licomedẽ enim gręce quasi γλυκὺ μηδὲν, id est, dulce nihilũ. Omnis enim libido & dulcis & nihil est, deniq; & amore Polyxenæ periit, & pro libidine per talum occiditur. Polyxene enim græce multorũ peregrina dicitur, seu quod amor peregrinari faciat mẽtes ab igenio suo, seu quod apud multos libido (ut peregrinabũda) uagetũ.

De Myrrha & Adoni.

Myrrha patrẽ suum amasse dicitur, cum quo ebriato cõcubuit, cumq; eam pater utero plenã rescisset, cognito crimine, euaginato eam persequi cœpit gladio. Illa in arborẽ myrrham cõuersa est, quã arborem pater gladio percutiẽs Adon exinde natus est, quid uero sibi hæc fabula sentiat edicamus. Myrrha genus est arboris, de qua succus ipse exudat, hæc patrem amasse dicitur. Istæ enim arbores in India sunt, quæ solis caloribus cremantur, & quia patrẽ omniũ rerum solem esse dicebant, cuius opitulatu cuncta geminũ adolescit natiuitas, ideo & patrẽ amasse dicitur, dumq; grandioris fuerit roboris, solis ardoribus crepans rhagades efficit, per quas succum desudat (quod myrrha dicitur) & redolentibus lachrymosa guttulis, fletus suaues scissuris hiantibus iaculatur, unde Adonẽ genuisse fertur, Adon græce suauitas dicitur, & quia hęc species odore suauis est, Adonem dicitur genuisse. Ideo aũt Venerẽ amasse dicunt, quod hoc genus pigmenti sit ualde feruidũ. Vnde Petronius Arbiter ad libidinis concitamentũ myrrhinũ se poculum bibisse refert. Nam & Sutrius comœdiarũ scriptor introducit Glycerã meretricem dicentẽ, Myrrhinũ mihi adfers, quo uirilibus armis occursem fortiuscula.

De Apolline & Marsya.

Minerua tibias ex osse inuenit, quibus cũ in conuiuio deorũ cecinisset, cumq; eius tumentes buccas di omnes irrisissent, illa ad Tritonem paludẽ pergẽs in aqua faciem suã speculatur, dum turpia adiudicasset buccarũ, in flumina tibias eiecit, quibus Marsya repertis, doctior factus, prouocauit Apollinẽ concertaturũ de cantibus, sibiq; Midam regem iudicẽ deligũt, quẽ Apollo, cum nõ recte iudicasset, asininis auribus deprauauit. Ille criminis sui notã tonsori tamen ostendit, præcipiens ei, ut si crimen eius celaret, eum participẽ regni efficere. Ille secretum domini sui in terram fodit, & in defosso terræ duxit & operuit. In eodem loco calamus natus est, unde sibi pastor tibiam faciens, quæ cũ percutiebatur dicebat, Mida rex aures asinales habet, nihilominus quàm quod ex terra conceperat, Vnde & Petronius Arbiter:

Sic commissa ferens auidus reseraret minister,
Fodit humum, regisq; latentes prodidit aures.
Concepit nam terra sonum, calamiq; loquentes,
Inuenere Midam qualem conceperat index.

Nunc ergo huius mysticæ fabulæ interius cerebrum inquiramus, à musicis hæc reperta fabula, ut Orpheus in Theogonia scribit. Musici enim duos artis suæ posuerunt ordines, tertium uero quasi ex necessitate adiicientes, ut Hermes Trimegistus ait, ἢ ἀδόντων, ἢ ψαλλομένων, ἢ αὐλουμένων, hoc est, aut cantantium, aut citharizantiũ, aut tibicinantium. Prima est ergo uiua uox, quæ sibi in omnibus musicis necessitatibus celerrima subuenit, potest etiã lémata subrigere, & parallelos cõcordare, & distonias mollire, & phthongos iuuare, & ornare chromata. Sequitur secunda cithara, quamuis enim de his rebus disexaphexis dicunt, sicut Mariandes scribit multa de his faciat, tamen aliqua non implet, quæ uiua uox potest. Limmata enim facta nõ erigit, qui† lismata in se cathenata nõ implet. At uero tibias artis musicæ partem extremã poterit adimplere. Cithara enim symphoniarum gradus habet quinq;, secundũ quod Pythagoras ait, dum numerorũ rithmicos modulos ad symphoniarũ adduxisset concordiam. Prima enim symphonia est diapason, quod est in arithmeticis diplasion, quod nos in latinis unum ad secundũ dicimus: secunda symphonia diapente, quod est in arithmeticis hemiolius, quod nos in latinis duo ad ternũ nuncupamus, tertia symphonia diatessaron, quod est in arithmeticis epitritos, id est, tertius ad quartũ: quarta symphonia dicitur tonus, quod apud arithmeticos epogdous uocatur, apud nos quintum ad quartũ, & quoniam ultrà arithmeticus ordo progredi non patitur, propter nouenarium limitem, quia dicimus alterius ordinis primus gradus est, cõtigit ergo ut habeat quintam symphoniam, quæ harmonia nuncupatur, id est, octo ad nouem. Nullam enim ultra numerũ coniunctionem inuenies: habet igitur musica partes septem, id est, genera, diastemata, systemata, phthóngos, tonos, metabolas, & † melumpæas, unde & Vergilius in sexto ait,

scbisma / *melopœas* [marginal corrections]

Nec non Threitius longa cum ueste sacerdos,
Obloquitur numeris septem discrimina uocum.

In arithmeticis enim plenitudo formulæ est, ut est in geometricis tonus. Vox uero habet gradus symphoniarum in numeris quantum natura dotauerit ipsam uocem ut habeat arsis, & thesis, quas nos latine elationes & deiectiones dicimus. Tibia uero uix unam & dimidiã perficit symphoniã. Vna enim symphonia quinq; symphonias habet, ergo post artem musicam Minerua reperit tibias, quas omnis doctus in musicis sonet, has propter sonorum despuit paupertatem. Inflatas uero buccas ideo risisse dicuntur, quod tibia uentose in musicis sonet, & idiomatum proprietate amissa sibilet potius rem quam enunciet. Ideo illam iniuste sufflantem omnis quicunq; est doctior ridet, unde eas & Minerua, id est, sapientia exprobrãs proiicit, quas Marsya assumit. Marsya enim græce quasi μωρός, id est, stultus, solus qui in arte musica tibiam præponere uoluit citharæ, unde & cum porcina pingitur cauda. Sed his duobus certantibus, Mida rex residet, Mida enim græce quasi μηδὲν εἰδὼν dicitur, quod nos latine, nihil sciens dicimus, ideo etiam asininis auribus dicitur, quia omnis discernẽdi ignarus nihil differt ab asino, ob hanc etiam rem & seruum eius auriculas referunt prodidisse. Ingenium enim nostrum seruum habere debemus ad omnia, quæ uolumus obsequentem, & nostra secreta celantem. Quod aũt per cannam perdidit, per fistulam gutturis loquendo significat, quod uero pastor audit, pastores sunt illi, qui aliena sulcando subtilius pascunt.

Orpheus.

ORpheus Euridicen nympham amauit, quam sono citharæ mulcens uxorem duxit. Hanc Aristæus pastor dum amans sequitur, illa fugiens in serpentem incidit, & mortua est, postquã maritus ad inferos descẽdit, & legem accepit, ne eam conuersus aspiceret. Quam conuersus aspiciens, iterum perdidit. Hæc igitur fabula artis est musicæ designatio. Orpheus dicitur ὡραιοφώνη, id est, optima uox, Euridice uero profunda diiudicatio. In omnibus igitur artibus sunt primæ artes, sunt secundæ, ut in puerilibus literis prima abecedaria, secunda nota.

In gram-

In grammaticis prima lectio, secunda articulatio. In rhetoricis prima rhetorica, secunda dialectica. In geometricis prima geometria, secunda arithmetica. In astrologis prima ma thesis, secunda astronomia. In medicinis prima gnostice, secunda uero mantice: In aruspicinis prima aruspicina, secunda paralysis. In musicis prima musica, secunda apotelesmatica, de quibus omnibus breuiter rationem perstringam necesse est. Aliud est enim apud grāmaticos aliena agnoscere, aliud est sua efficere. Apud Rhetores uero aliud profuso & libero cursu effrenata loquacitas, aliud constricta uirtutis indagandæ curiosa nexilitas. Apud astrologos aliud est astrorum ac siderū cursus effectusq́ cognoscere, aliud significata traducere. In medicinis aliud est morborum agnoscere meritū, aliud infirmitatis uenientem concursum mederi. In geometricis aliud formulas lineasq́ depingere, aliud numeros formulis coaptare. In aruspicinis aliud est fibrarū particularūq́ inspectio aliud secundū Battiadē euentuū immutatio. In musicis aliud uero est harmonia phtongorum, systematum, & diastematū, aliud effectus tonorū uirtusq́ uerborum. Vocis ergo pulchritudo interna artis secreta uirtutem etiam mysticam uerborū attingit. Sed hæc quantum ab optimis amatur, sicut ab Aristæo, ἄρισον enim græce, optimū dicitur: Tantum ipsa ars coniunctionem hominū uitat, quæ quidem serpentis ictu moritur, quasi astutiæ interceptu secretis uelut inferis transmigratur. Sed post hanc artem exquirendam atq́ eleuandā uox canora descendit, & quæ apotelesmatica, phantastica omnia præbet, & modulis tantū in secreta latentibus uoluptatū reddit effectus. Dicere enim possumus quod dorius tonus aut coiens phrygius torrēs, Saturno feras mulcens, si Ioui aues oblectet. At uero si rei expositio quæritur, cur hoc uestigandæ rationis caput immoritur. Ideo ergo et ne eam respiciat prohibetur, & dum uidet amittit. Nam perfectissimus Pythagoras dū modulos numeris coaptaret, symphoniarūq́ pondera trminis arithmeticis per melos & rithmos & modulos sequeretur, effectus uero rationē reddere non potuit.

Phineus.

Phineus enim in modum auaritiæ ponitur, & à fœnerando Phineus dictus est. Ideo cæcus, quod omnis auaritia cæca sit, quæ sua non uidet, ideo ei harpyę cibos arripiunt. At uero quod eius prandia stercoribus fœdant, ostendit fœnerantium uitam rapinæ ingluuiem esse sordidam, sed has à conspectu eius Zethus & Calais fugant, quia rapina ei aliquid de suo comesse nō permittit, græce enim ζητῶν καλὸν inquirens bonum dicitur. Ideo uolatici, quia omnis inquisitio boni nunquā terrenis rebus miscetur. Ideo Aquilonis uenti filii, quia bona inquisitio spritalis est, non carnalis, ergo ueniente bonitate omnis rapina fugatur.

De Alpheo & Aretusa.

Alpheus fluuius Arethusam nymphā amauit, quā cum sequeretur, in fontē cōuersa est. Ille in mediis undis ambulās nō immixtus, in sinū eius immergitur, unde & apud inferos obliuionem animarum trahere dicitur ἀλήθειας φῶς, id est, ueritatis lux, Arethusa uero quasi, ἀρετίσια, id est, nobilitas æquitatis, ergo quid amare poterat ueritas nisi æquitatem: quid lux nisi nobilitatem: & ideo in mari ambulās nec miscetur, quia lucidi ueritas omni malorum salsitudine morum circundata pollui aliqua cōmistione non nouit. Sed tamen in sinum æquissimæ potestatis omnis lux ueritatis dilabitur. Nam & descendens in infernum, id est, in secreta conscientiæ ueritatis lux, malarum rerum semper obliuionem importat.

FABII

antiquarū interpretatio, cum teſtimonio ad Calcidium.

NE de tuorum præceptorū, Domine ſerie, noſtra quidquā euitaſſe inobedientia putaretur, libellum etiam, quem de abſtruſis ſermonibus parare iuſſiſti, in quantū memoriæ entheca ſubrogare potuit abſolutū retribui, non phaleratis ſermonū ſtudentes ſomniis, quā rerū manifeſtationibus dantes operā lucidandis.

Sandapila.

SAndapilam antiqui dici uoluerunt feretrum mortuorū, id eſt, loculum, nó in quo nobilium corpora, ſed in quo plebeiorū atq; damnatorū cadauera portabantur, ſicut Steſimbrotus Staſius de morte Policratis regis Samiorum deſcripſit, dicēs, poſteaquā de cruce depoſitus ſandapila etiam deportatus eſt.

Veſpillones.

VEſpillones dicti ſunt baiulatores, quamuis Antidamus Heracleopolites ueſpillones dixerit cadauerum nudatores, ſicut in hiſtoria Alexandri Macedonis ſcripſit, dicens, pluſquam trecētos cadauerū ueſpillones rex Perſes crucibus affixit. Tamen Mnaſeas ſcripſit in Cecrope libro, Apollinem poſteaquam à Ioue uinctus atq; interfectus eſt, à ueſpillonibus ad ſepulturam elatum eſſe.

Pollinctores.

POllinctores dicti ſunt, qui funera morientia accurant, unde & Plautus in Menechmis comœdia ait, ut pollinctor dixit, qui eum pollinxerat. Pollinctores dicti ſunt quaſi pollutorum unctores, id eſt, cadauerum curatores, unde & Apuleius in Hermagora ait, pollincto eius funere domuitionem paramus.

Manales lapides.

LAbeo qui diſciplinas Hetrúſcas Tagetis & Bacchetidis, xv. uoluminibus explanauit, ita ait, fibræ iecoris ſandaracei coloris dum fuant, manales tunc ueteri opus ēſt petras, id eſt, quas antiqui ſolebant in modum cylindrorum per limites trahere pro pluuiæ commutanda inopia.

Nefrendines, uel nefrendes ſues.

DIophantus Lacedæmonius, qui de ſacris deorum ſcripſit, ait apud Athenas Marti ſolere ſacrificari ſacrum, quod ἑκατομ ϖεφόμενα appellatur, ſi quis enim centum hoſtes interfeciſſet, Marti de homine ſacrificabat apud inſulam Lemnon, quod ſacrificatum eſt à duobus Cretēſibus, uno Locro, id eſt, Tumine Corynienſi, Proculo Locro, ſicut Soſicrates ſcribit, ſed poſteaquam hoc Athenienſibus diſplicuit, cœperunt efferre porcum caſtratū, quem nefrendem uocabant, id eſt, quaſi ſine renibus, & apud Rhomanos Varro ſcribit Scitium Dentatum centies & uicies pugnaſſe ſingulari certamine, cicatrices habuiſſe cōtrà quadraginta quinq;, poſt tergum nullam, coronas accepiſſe, xxvi. Armillas centum quadraginta, & iſtum primum ſacrum feciſſe Marti.

Ambiguæ oues.

BEbius Macer, qui faſtalia dierum ſcripſit, ait Iunoni eas quæ geminas parerēt oues ſacrificare cū duobus agnis altrinſecus alligatis, quas oues ambiguas uocari, quaſi ex utraq; parte agnos habentes.

Suggrundaria.

PRiori tempore ſuggrundaria antiqui dicebant ſepulchra infantiū, qui nec dum xl. dies impleſſent, quia nec iam buſta dici poterāt, quia oſſa quæ cōburerentur nō erant, nec tanta immanitas cadaueris, qua lucus tumeſceret, unde & Rutilius Geminus in Aſtyanactis tragœdia ait, melius ſuggrundariū miſer quæreres quàm ſepulchrum.

Silicernii.

SIlicernios dici uoluerunt ſenes iam incuruos, quaſi iam ſepulchrorum ſuorum ſilices aſpicientes, unde & Cincius Alimetus in hiſtoria de Gorgia Leontino ſcribit dicens, qui dum iam ſilicernius ſui finem temporis expectaret, ſi mori non potuit, tamen infirmitatibus exultat.

Aruales fratres.

fratribus

ACca Larentia Romuli nutrix, cōsueuerat pro agris semel in anno sacrificare duodecim filiis suis sacrificium præcedentibus, unde cum unus mortuus esset, propter nutricis gratiam Romulus in uicem defuncti se succedere pollicetur, unde & ritus processit, cū duodecim iam deinceps sacrificare, & aruales dici fratres, sicut Rutilius Geminus in libris pontificalibus memorat.

Iniuges boues.

MAnilius Cræstus in libro, quem de deorum hymnis scribit, ait Mineruæ iniuges boues sacrificari, id est, iugum nunquam ferētes, illa uidelicet causa, quod & uirginitas iugum nesciat maritale, & uirtus nunquā sit iugo prementi subiecta.

Semones.

SEmones dici uoluerunt deos, quos cœlo nec dignos ascriberent, ob meriti paupertatem, sicut Priapus, Hippo, Vertūnus. Nec terrenos eos deputare uellent, per graciæ uenerationem, sicut Varro in mystagorum libro ait. Semonéq; inferius derelicto Deum depinnato attolam orationis eloquio.

Blaterare.

PAcuuius in Pseudo comœdia inducit Sceparium seruum ancillę dicentem, Ni ego te blaterare aspicerem, his nūcium iudicassem. Blaterare enim quasi uerba trepidantia metu balbutire dixerunt.

Luscicii.

LVscitios dici uoluere interdiu parum uidentes, quos Græci myopes uocant, unde & Plautus in Mercatoris comœdia ait: mirū lolio uictitare te tam uili tritico quia lusciciosus est. Dicunt enim quod lolium comedentibus oculi obscurentur.

Tutulus.

VArro in pontificalibus ait, tutulos sacerdotes dici breuium deorum. Numa uero Pompilius & ipse de pontificalibus scribēs, tutulum dici ait pallium, quo sacerdotes caput tectabant cum ad sacrificium accessissent, sicut & Vergilius ait: Et capita ante aras Phrygio uallatus amictu.

Oria.

ORiam dicūt nauicellā modicā piscatoriam, unde & Plautus in Cacisto ait, malo huc alligari ad oriam ut semper piscetur, etsi sit tempestas maxima.

Problema.

PRoblema est propositio in capite libri quęstionaliter posita, unde & Demosthenes pro Philippo ait: sed ne quid græcum te turbet exemplū, ego pro hoc tibi latinum faciam, ait enim problematis autenticum gradum tradamus astanti, cui nostra subsequens occurset oratio. Nam & Tertulianus in libro, quem de fato scripsit, ita ait, Redde huic fati primum problematis mancipatum.

Pumilior & glabrior.

APuleius in asino aureo introducit sorores Psyches marites detrahētis, dicitq́;, quouis puero pumiliorem & cucurbita glabriorem, pumilos enim dicunt molles atq; eneruès. Glabrum uero leuem & imberbem.

Sutela.

SVtelam dici uoluerūt astutiam, quasi subtilis tela, unde & Plautus in Casina ait, poscis clàm me sutelis tuis eripere Casinam uxorem proinde ut postulas.

Frigutire.

FRigutire dicitur subtiliter adgarrire, unde & Plautus in casina ait, quid nam frigutis? & Ennius in Alcestide comœdia sic ait, hæc anus admodum frigutit, nimirum sauciauit se flore liberi.

Titiuillitium.

TItiuillitium dici uoluerunt fila putrida, quæ de telis cadunt, ut Plautus in casina ait,

ait, non ego hoc uerbum empsitem titiuilitio, id est, te admodũ uilissima. Nam & Marcus Cornutus in satyra sic ait, Titiuilitii sal cedo tibi.

Scolponeæ.

SColponeas dici uoluerunt cœstus plumbo ligatos, unde & Neuius in Philemporo comœdia ait. Scolponeis batuenda sunt huic latera probe, & Plautus in casina simili modo ait. Melius scolponeis, quibus battuetur tibi os senex nequissime.

Catillare.

CAtillare dicitur per alienas domos instanter gyrare, à catulis tractum, quod per omnes domos circumeant. Vnde & Propertius, catillata geris uadimonia publicum prostibulum: & Plautus similiter ait, quin meam uxorem mittam catillatum.

Capularis senex.

CApularem dici uoluerunt senem iam morti contigium, sed & reos capulares dicebant, qui capulo digni fuerunt, unde & Lucillius ait, Pergit capulare cadauer: & Flaccus Tibullus in Helenæ comœdia ait, Tu ne amare audes edentule, & capularis senex: edentulum quasi iam sine dentibus dici uoluerunt.

Promi & Condi.

PRomos & Condos dici uoluerunt cellaritas, eo quod deintus promant, & intus cõdant, unde & Plautus in asinaria ait, ego sum Promus, Condus, procurator peni, penum enim cellarium dicimus.

Suppetiæ.

SVppetias dicimus auxilium, unde & Memor in tragœdia Herculis ait, ferte suppetias optimi comites.

Auctio.

AVctionem dici uoluerunt uenditionem, quasi quod et ementẽ augeat & uendentem, unde & Plautus in Curculione comœdia ait, Auctionẽ facio parasiticam.

Nasiterna.

NAsiternam dici uoluerunt aquæ urnam, id est, urceum, unde & Calphurnius in Phronesi comœdia ait. Vbi tu nasiternatus aquam petas: & Plautus in Bacchide ait, Affer nasiternam cum aqua foras.

Antistare.

ANtistare dicimus præcellere, unde & Crispinus in Heraclea ait: Diuinis uirtutibus antistas Alcides.

Stega.

STega est nauis proscenium, id est, tabulatum super quod nautæ ambulant, sicut Plautus ait, forte ego ut in stega consederam.

Lembus.

LEmbus est genus nauiculæ uelocissimæ, quas dromedas dicimus, sicut Vergilius ait, quàm qui aduerso uix flumine lembum remigiis subigit. Limbus uero ora uestimenti cuiusq; ex auro.

Ramentum.

RAmentum dici uoluerunt quasi quoddam proiectitium purgamentum, unde & Quintus Fabius Lucullus ĩ epico carmine ait, uilissimũ ramẽtũ, proluuiosa pestis.

Diobolares.

DIobolares dicuntur uilissimæ meretrices, quæ sub paruo stipendio prostant, sicut Paminatius ait, Diobolare prostibulum, quam ego ut actutum ductem partitam reddam. Nam & Pacuuius similiter ait: Non ego ita fui, ut nunc sunt meretrices diobolares, quæ suam nummi causa paruipendunt gratiam.

Veruina.

VEruina est genus iaculi longum, quod aliqui uerutum uocant, sicuti Galbius Bassus ait in satyris, Veruina cõfodiende nõ te naucifacio: nauci enim pro nihilo dici uoluerunt, nam Plautus in Bacchide ait, si tibi machęra est foris, mihi ueruina est domi, qua quidem te faciam, si me iritaueris confessiorem soricina nænia.

Diuidia.

DIuidias dixerunt tristitias, sicut Propertius ait, Diuidias mentis conficit omnis amor.

Iustitium.

IVstitium dicitur luctus publicus, unde & Fonteius in oratione pro Nucerinis ait, denique iustitium plebi indicitur.

Choragium.

CHoragium dicitur uirginale funus, sicut Apuleius in metamorphoseon ait, choragio itaq; perfecto omnes domuitionem parant.

Desiduo.

DEsiduo dicitur diurne, unde & Varro in Correlaria ait, Diuidiæ mihi fuerunt te absfuisse desiduo.

Flocci.

FLocci dixerunt quasi nihili, unde & Plautus ait, Flocci est quid rerum geras.

Ientaculum.

IEntaculum dicitur degustatio, sicut Callimachus in Cęcia, Ientaculum proferre Ioui.

Edulium.

EDulium dicitur ab edendo, id est, prægustatiua comestio, unde Apuleius in asino aureo ait, Eduliis opipare excepta, opipare est lucide, deliciose.

Tuceta.

TVceta dicuntur escæ regiæ, sicut Callimachus in Pisæis. Ambrosio redolent tuceta sapore.

Ferculum.

FErculum missum carnium, unde Petronius Arbiter ait, Postquā ferculū allatum.

Myropolæ.

MYropolæ dicuntur qui ungenta uendunt, & sunt pigmentarii, unde & Næuius in diobolaria ait, Myropola affatim mihi unguentū largitus est, quo me uenustarem, adfatim abundanter dicitur, uenustare exhilarare est.

Celox.

CElocem dicunt genus nauiculæ modicissimum, quod blannam dicimus, unde Apuleius in libro de repub. ait, qui celocem regere nequit, onerariam petit.

Cœlibatus.

COelibatum dici uoluerunt uirginitatis abstinentiam, unde & Fœlix Capella in libro de nuptiis Mercurii & Philologiæ ait, Placuit Mineruæ petere cœlibatum.

Exercitus.

EXercitus dicitur cōtemptus, unde et Plautus in milite glorioso ait, Itaq; nos nostrā́ q; familiam habes exercitam, & ubi supra ait, plus uideas ualgiis sauiis omnes nictantes: nictare enim cinnum facere: ualgia enim sunt labellorum obtortiones in supinatione uel subatione peractæ, sicut & Petronius ait, Abroso ualgiter labello.

Summates.

Summates dicuntur uiri potentes.

Symplones.

SYmplones dicuntur cōuiuæ. Nam et amicus sponsi, qui cum eo per conuiuia ambulat, symplator dicitur, Ganeum uero taberna est, unde & Succius in comœdia piscatoria ait, Summates uiri symphones fratri sunt ganei.

Præsegmina.

PRæsegmina sunt partes corporis incisæ, ut Tages in aruspicinis ait, præsegminibus amputatis.

Congerro-

Congerones.

COngerones sunt, qui aliena ad se congregant, unde & apud Rhomanos Gerones Brutiani dicti sunt.

Cistella.

CIstellam dicunt capsellam, ut Plautus, Cistellam effer cum crepundiis, id est, cum puerilibus ornamentis.

Pecuatus.

ANtidamas in moralibus libris ait, Fabre compactum animal hominem quis ferat, sic ex re pecuatũ, & auertuncassit tam eretinas hominũ mentes.

Fabre.

FAbre perfecte dicitur, auertuncare eradicare dicitur, Eretinas testeas, uel argillaceas, pecuatum stultum.

Allucinare.

ALlucinare dicitur uana somniare, Tractum est ab allucitis, quos nos conopas dicimus, sicut Petronius Arbiter ait, Nam centũ uernali me allucitæ molestabant.

Culleus.

CVlleus dicitur saccus in quo rei conclusi in mare mittuntur, sicut Plautus ait in uidularia, Iube hunc insui culleo, atq; in altum deportari, si uis annonā bonam.

Elogium.

ELogium est hæreditas in malo, sicut Cornelius Tacitus ait in libro facetiarum, Cæsis itaq; motum elogio in filiis derelicto.

Lyxa.

LYxa dicitur mercenarius, unde Lucanus ait, Stat dum lyxa bibat.

Sudum.

SVdum dicitur serenum, unde Tyberianus ait, Dureos subducit ignes sudus oritur lucifer.

Luteum.

LVteum splendidũ, Pacuuius in tragœdia Thiestis, Non illic luteis aurora bigis.

Abstemius.

ABstemius dicitur obseruans, sicut Rubrius in satyra ait, Abstemiũ merulenta fugit Metenia nomen.

Vadatus.

VAdatus dicitur obstrictus, uel sub fide uel sub fidei iussione ambulans, sicut Fenestella ait, apud quem Vadatus amicitiæ nodulo tenebatur.

Manubiæ.

MAnubiæ dicũtur ornamenta regũ, unde & Petronius Arbiter ait, Tot regum manubiæ penes fugitiuum restiterant.

Aumatium.

AVmatium dicitur locus secretus publicus, sicut in theatris aut circo, unde & Petronius Arbiter ait, In aumatium memet ipsum conieci.

Deleneficus.

DEleneficus dicitur blandiloquus, unde & Lucretius Comicus in nummularia ait, Nescio quorsum mihi eueniant tua uerba tam delenefica.

Finis.

ARATI ΦΑΙΝΟΜΕΝΩΝ FRAGMENTVM GERMANICO CAESARE INTEPRETE.

COelum circulis quinq; distinguitur, quorũ duo extremi maxime frigidi, australis humillimus, & aquilonus excelsissimus. His utrinque proximi duo paralleli uocantur, ut ita dixerim, æque distãtes, ideo tropicus unus solstitialis, alter hybernus, per quem sol transiens ac tenẽs octauam partem Capricorni, solstitium hybernũ facit, alter æstiuus, per quem sol transiens ac tenens octauam partem cancri, solstitium æstiuũ facit. Medius est æquinoctialis, qui octauam partem arietis tenens æquinoctium uernum facit, octaua libræ, autumnale constituit. Vt circuli in cœlo, ita zonæ in terra uocantur, inhabitabiles frigidi circuli sunt ob rigorem, quod ab his longissime sol abest. Sub torrido quidam habitare putãt Aethiopiæ maximam partem: item plurimas insulas maris rubri, aliosq́ uertices eminentiasq́ terrarũ nostris ampliores, sub tropicis habitare nulli dubium est. Noster solstitialis æstiuus est excelsus atq; arduus. Diuisi autem sunt à nobis circulo æquinoctiali, qui antichthones nominãtur, & uidẽtur humiles atque depressi, qui antipodes infra sunt, quod ut esse uideatur efficiunt flexus obliquitatesq́ terrarum, quas antichthones & antistochæ & antisceptæ inhabitare dicuntur. Incipit aũt signifer non ab extremo circulo, nec ad extremum extenditur, sed ab intimo tropico australi brumaliq́ eodem per æquinoctialem ad summũ solstitialẽ, eundemq́ æstiualẽ per mediũ in his longitudo latitudinisq́ porrectus, obliquæ circuli signiferi partes, ccclxv. signa xii. partium sigula tricenarum. Quorum quædam minora, quædam ampliora & populo canophora dicuntur, sed compensatio quinq; partibus creditur applicari, ut sint omnes signiferi partes ccclxv. Horum incipientia ab ariete, alia sunt masculorum naturalibus, alia fœminarũ. Item quartum quoq; eorum aut tropicum, aut solidum, aut deforme, incipiet dinumeratio ab ariete: signa tropicorum duo sunt æquinoctialia, aries & libra, duo solstitialia, capricornus & cancer. Tropicis maxima solida anteposita his deformia.

HIc est stellarũ ordo, utrorumq; circulorũ, septentriones duplices ad austrũ uertuntur figura auersis caudis inuicem sibi aduersantes, inter quas obliquus dilabitur draco. Sub unius namq; pede est serpentarius, cuius serpentarii pedes attingunt frontem scorpionis: à latere aũt retro stat custos, sub pedibus quidẽ eius uirgo habens igneam in manibus spicã, Retrorsus uero uestigiis eius adiacens leo, medio æstiuo solstitio cancer & gemini. Genua aũt agitatoris caput gemini attingunt, pedes aũt eius tauri cornibus iunguntur, cuius hœduli desuper obtinẽt locũ septentrionis. Habet aũt septentrio à dextris iuxta coronã desuper serpẽtem in manibus Serpẽtarii, & eum qui in geniculo stat, & sinistro pede septentrionalis draconis uerticem calcans unum brachiũ libræ, alterum dans coronæ. Nam ad minoris septentrionis ultimus pes Cephei continetur, cygnũ manu dextra apprehendens, super cuius alas equus extendit pedem, & super equum Aquarius extollitur, iuxta quẽ capricornus est. Sub Aquarii pedibus piscis magnus austrinus, ante Cepheum Cassiopeia, & à dorso agitatoris Perseus pedem extẽdit, super Persei caput Cassiopeia pedibus properare uidetur. Inter cygnum igitur & eum qui in geniculo stat, lyra constituitur. In quorum medio desuper ab oriẽte delphinus cognoscitur, sub cuius cauda est aquila, in proximo habens serpentarium. Sed iam de aquilonio circulo dictũ est, nunc ad australem ordinem properemus.

SVb aculeo scorpionis sacrariũ constitutũ est, sub corpore eius anteriora Centauri uidentur, in quo est bestia, cõspicitur & Sagittarii pes summus ex alia parte sub australi circulo prope centauri membra hydræ cauda, & coruus ad genua uirginis urna est posita à sinistris Orionis, qui & incola, fluuius qui & Padus, necnõ & Eridanus sub pedibus Orionis, qui & incola dicitur, lepus splendida effigie conspicitur, retrorsum uero à

pedibus

pedibus eius canis splendida refulget, post cuius caudã nauis cõstituta est, ad tauri pedẽ protendit manũ, Orion pedibus gemini appropinquat: anticanis super caput arietis, nõ longe ab Andromedæ pedibus triangulus positus est. Sub ariete & piscibus cetus, connexio uero piscium communem habet stellam.

ARATI PHAENOMENA GERmanico Cæsare interprete.

AB Ioue principium magno deduxit Aratus
Carminis, at nobis genitor tu maximus autor.
Te ueneror, tibi sacra fero, doctiq́ laboris
Primitias, probat ipse Deũm rectorq́ satorq́.
Quantum etenim possint anni certissima signa,
Quà sol ardentem cancrum rapidissimus ambit,
Diuersasq́ secat metas gelidi capricorni.
Quæ ue aries & libra æquant diuortia lucis.
Si non parta quies te præside puppibus æquor,
Cultoriq́ daret terras, procul arua silerent.
Nunc uocat audaces in cœlum tollere uultus,
Sideráq́ & uarios cœli cognoscere motus:
Nauita quid caueat, quid uitet doctus arator
Quando ratem uentis, aut credat semina terris.
Hæc ego dum lætis cogor prædicere musis,
Pax tua, tuq́ adsis nato numenq́ secundes.

QVæritur cur à Ioue incepit & nõ à musis: ut Homero conueniens magis hoc existimauit principiũ Phænomenis, uti Iouem inuocaret, quod ipsorũ carminum origo est Iuppiter: non solus aũt ita cœpisse uidetur Aratus, sed & Crates comicus à Vesta incipiens & profari carmina. Sophron in Mimo, qui nuncius inscribitur, à Vesta incipiens: omnes inuocant Iouẽ omniũ principẽ. Sed quęritur cuius Iouis meminerit, utrũ ne fabulosi, an naturalis: Et philosophi quidẽ plurimi naturalis aiunt eum Iouis meminisse. Sed Crates ait Iouem dictũ cœlũ. Inuocatũ uero merito, quia in aëre & æthere sũt sidera, & Homerũ dixisse Iouem in aliqua parte cœlũ, & ipse Aratus, cum dicit Herodotus Iouem dictũ aëra & Crates quidẽ eiusdem est opinionis, testemq́ esse Philonem comicum dicit. Hoc aũt constat & ipsum dicere. Nam quia nihil aliud est uox quàm percussus aër, uidetur conuenienter dixisse, quæ rei præstat autoritatẽ, plenas Ioue uias referens, & omnis hominũ conuentus, nihil eorũ quæ in terra sunt, sine aëre est, ratione etiã cuius omnes usum desideramus. Nam cuncti mortales ostendũt usum suspirio, et cum uiuimus aëre indigemus. At quod ait, dextra monstrat, ad auguria pertinet auium, propter quod & Stoici Iouem esse affirmãt, qui per materiã manat spiritus, & similis est nostræ animæ. Zenodotus aũt Aetolus & Diodorus aiunt, nec ad fabulosi Iouis sufficere eiusdem opinionẽ, esse enim talem causam Iouis, & conuenire omnes uias eo confertas, quas tanquã loco eius describit. Dicendo aũt, etiam genus, ostendit animæ immortalitatem, Bene propterea quod ait, nouerat enim uirtuti aliquid æmulũ futurum. Deo igitur aduersus delicata lenem esse est, quoniã omniũ parens affirmatur, & non solum hominum, sed etiam deorum.

CAetera quæ toto fulgent uaga sidera mundo,
Indefessa trahit proprio cum pondere cœlum.
Axis stat motus semper uestigia seruat,
Libratasq́ tenet terras, & cardine firmo
Orbem agit extremum, geminis determinat axem.
Quem graii dixere polon, pars mersa sub undas
Oceani, pars celsa sub horrifero aquilone.

Axem Cretææ dextra leuáq; tuentur,
Siue arcti, seu Rhomanæ cognominis ursæ.
Plaustrum, uel facies stellatum proxima uera.
Tres temone rotisq́ micant, sublime quaternæ.
Si melius dixisse feras obuersa refulgent
Ora feris caput alterius super horrida terga.
Alterius lucet, pronas rapit orbis in ipsos,
Decliuis humeros, ueteris si gratia formæ.
Cresia uos tellus aluit, moderator olympi.
Donauit cœlo, meritum custodia fecit.
Quod fidei comites prima in cunabula magni,
Fuderunt Iouis attonitæ cum furta parentis,
Aerea pulsantes mendaci cymbala dextra,
Vagitus pueri patrias ne tangeret auras.
Dicta exercere dominæ famuli Corybantes.
Hic Iouis altrices Helice cynosuráq; fulgent,
Dat grais Helice cursus maioribus astris,
Phœnicas cynosura regit, sed candida tota,
Et liquido splendore Helice nitet haud prius ulla.
Cum sol oceano fulgentia condidit ora,
Stella micat cœlo septem qua cresia flammis.
Certior est cynosura tamen, sulcantibus æquor.
Quippe breuis totam fido se cardine uertit.
Sidoniamq́ ratem nunquam spectata fefellit,
Has inter medias abrupti luminis instar,
Immanis serpens sinuosa uolumina torquet.
Hinc atq; hinc, superatq́ illas mirabile monstrum,
Cauda Helicen superat, tendit simul ad cynosuram,
Squammigero lapsu, qua desinit ultima cauda,
Hac caput est Helices, flexu comprehenditur alto.
Serpentis, cynosuræ ille explicat amplius orbes,
Sublatusq́ retro maiorem respicit arcton.
Ardent ingentes oculi caua tempora claris
Ornantur flammis, mento sedet unicus ignis,
Tempus dexterius quæ signat stella draconis,
Quæq́ sedet mento, lucet nouissima cauda,
Extremumq́ Helices sydus micat ac radiatur.
Serpentis decliue caput, quæ proxima signa,
Occasus ortusq́ uno tanguntur ab ore,
Oceani tumidis ignotæ fluctibus arcti.
Semper in occiduis seruantes ignibus axem.

VErtices extremos circa quos sphęra cœli uoluitur polos Gręci nũcupauerũt, è quibus unus est australis, qui terræ obiectus à nobis nunq̃ uidetur. Alter aũt septentrionalis qui Boreus uocatur, & nunquã occidit. Duo sunt arcturi quorũ maiorẽ uocãt Helicen, minorẽ canis caudã. Alterutra quidẽ horum capitą deorsum, alterutra sursum aspiciunt. Altera namq; Helice est quæ apparet prima noctis, altera pusilla quidẽ, sed à nauigantibus obseruatur. Maria enim cõturbat. Helicen aut dicit Hesiodus Calisto Lycaonis regis filiã fuisse, & in Arcadia solitã cum Diana uenari, et in mõtibus uagari, & à Ioue compressam rem celasse Dianæ. Quam grauidã nudam se lauantem cum aspexisset Diana in lauacro, partũ eius accelerans bestiam eam esse iussit, & dum esset ursa, arctum enixa

enixa est, quem Arcadem uocant. Amphis aût comicus poëta refert Iouem in Dianæ effigiem transfiguratũ in uenatione Calisto oppressisse, tempore partus plena cum uexaretur, Dianæ culpã indicasse, & iratã Dianã in ursam transfigurasse. Quæ dum in montibus uagaretur, à quibusdã pastoribus apprehensa, cum puero perducta est ad Lycaoné, post tempus Lycæi Iouis téplo cõfugiens, cum eam Arcas filius sequeretur, quo eam nefas erat intrare, ab Arcadibus utriq; interfecti sunt. Iuppiter aût utrosq; cœli astris intulit, ursamq́ eam nominauit. Ouidius à Iunone in bestiã conuersam scribit. Habet aût stellas in capite septé, in singulis humeris singulas obscuras, in armo duas, in pectore unã, in pede priore claras duas, in summa cauda claram unã, in uentre claram unam, in spina unã, in crure posteriore duas, in extremo pede duas, super caudam tres, fiunt omnes xxiiii. porro arcturus minor à pluribus Phœnice, à Græcis Arctophylax, à nõnullis canis cauda uocat. Quã Sidones aspicientes cõtinuo nauigãt. Dicitur à Ioue inter astra collocatus, ut duplex honor Helicis monstraretur. Agatosthenes quidé in Asiaticis carminibus cynosurã dicit Iouis fuisse nutricé unam ex Idæis nymphis, à qua in Cretæ oppido Hystoe Nicostratus constituit portus, & circa eum locũ cynosurã fuisse, cum Telchinis qui dicũtur Curetes Idæi. Aratus cynosurã & Helicen Cretéses Iouis nutrices fuisse dicit, ob quod sunt cœlesti donatę honore. Habet aût stellas in humero splendidã unã, in pectore claram unã, in uentre clarã unã, super caudam claras tres, fiunt omnes septé, supra alias decem quæ præcedunt & dicũtur ludentes, & maxime altera quæ uocatur Polus in quo à quibusdã putatur totus orbis circumuerti, inter ambas ergo arctos maximus flexuoso corpore adiacés draco, qui utranq; arcton flexuoso corpore semicingit, Helicis superuoluit caput, Phœnices circumcingit caudã. Hanc Pherecides dicit inter astra collocatam beneficio Iunonis, eo quod cum nuberet Ioui Iuno, diis offerentibus munera, terra quoque obtulerit aurea mala cum ramis, quæ Iuno in hortum suum, qui erat apud Atlantem inferri iussit, & Hesperides Atlantis filias custodes posuit, quæ cum à filiabus Atlantis subtraherentur, & sæpe uexarentur, Iuno custodem horti draconé peruigilem implicuit arbori, quem Hercules interfecit, & illa astris intulit. Hunc alii Iouẽ astris intulisse dicũt ob memoriã uirtutis Herculis Mineruæ obiectu, qué illa contortũ cœlo immisit, & inter septentriones locauit. Habet aût stellas in capite splendidas tres. In corpore uero usq; ad caudã duodecim ab inuicé distantes. Sunt aût omnes. xv.

Draco.

HAud procul efficiens unde est defecta labore,
Non illi numen, non magni causa laboris,
Dextro nanq; genu nixus, diuersaq́ tendens
Brachia suppliciter pansis ad numina palmis,
Serpentis capiti figit uestigia sæua.

DRaconé immensæ magnitudinis, hortorũ custodé insomnem dum à Iunone ad custodienda aurea mala esset constitutus, Hercules cum ad mala aurea profectus fuisset, ut refert Panuasis Heracleas, fertur peremisse, & iccirco inter astra à Ioue hũc laborem memoria dignum honorasse, & utrosq; sideribus intulisse, ita ut in certamine fuerint eorũ habitus, serpentis capite iam desecto, qui ideo in genu stans manibus sursum extensis dextro pede contra draconé porrecto pingitur, ut certaminis labor significetur. Ideo pellem leonis in sinistra manu habere fingitur, ut insigne uirtutis mõstretur, quia leonem inermis interfecisse narratur. Habet aût stellas in capite unã, in singulis humeris singulas splendidas, in sinistro cubito unã, in eadem manu unam, in eodem brachio unã, in sinistro fœmore unam, in dextra parte fœmoris duas, in coxa duas, in genu dextro unã, in eadem tibia unã, in crure duas, in eodem pede unã, in dextra manu unam, in claua quã eadem tenet manu unã, in leonina pelle quatuor. Sunt omnes xxiiii.

Corona.

CLara Ariadneæ propius stant signa coronæ.
Hunc illi Bacchus thalami memor addit honorem.

Terga nitet stellis à quo se uertice tollit.
Succiduis genibus lapsum & miserabile.

HAec corona dicitur esse Ariadnes, quam Liber astris intulisse dicitur, dum eius nuptias dii in insula Creta celebrarent, cogitans præclarã facere, pro qua primum noua nupta coronata est. Sed qui creticã conscripsit, refert, quia cum Liber ad Minoẽ regem uenisset, ut Ariadnen filiã eius duceret uxorẽ, coronã dono Ariadnę dedisse, Vulcani opere factam ex auro & gẽmis pretiosis: & talis fulgoris fuit, ut Thesea ex labyrintho liberaret, quæ post astris affixa est, cum in Naxon utriq́ uenissent, signum amoris eius crines ostendunt, & est stellis fulgentibus, sub cauda leonis. Habet aũt stellas nouẽ in circuitu positas, quarum tres sunt splendidæ, ad caput serpentis arcturi.

Ophiuchus.

HIc Ophiuchus erit longe caput ante nitendo,
Et uastos humeros, tum cætera mẽbra sequuntur,
Illis languet honor humeris manus integer ardor.
Luna etiam mensem cum pleno diuidit orbe,
Lux tenuis manibus, per quas elabitur anguis,
Pressus utraq; manu medium cingens Ophiuchum.
Scorpius ima pedum tangit, sed planta sinistra,
In tergo residet, uestigia dextera pendent.
Est impar manibus pondus, nam dextera paruam,
Partem anguis retinet, per leuam attollitur omnis,
Quantumq́ à leua distantia serta notantur,
Erigitur tantum serpens, atq; ultima mento.
Stella sub ætherea lucet crinita corona.
Ad quam se dorso peruadet lubricus anguens,
Insignes cœlum perfundunt lumine chelæ.

HIc est serpẽtarius qui super scorpionẽ stat, tenẽs utraq; manu serpentẽ, qui ab astrologis dicitur fuisse Aesculapius filius Apollinis, qui medicinę arte uteretũ, mortuos fertur suscitasse. Quãobrem iratus in eum Iouis, domũ eius cũ ipso fulminis ictu percussit. Rogatu aũt Apollinis patris, Iuppiter ei arte sua rursus post obitũ defuncto animam restituisse ad uitã & inter astra cõstituisse putatur. Habet aũt stellas in capite claram unã, in singulis humeris claras singulas, in sinistra manu tres, in dextra quatuor, et duas ex eis claras, in singulis lũbis singulas, in singulis genibus singulas, in dextra tibia clarã unam, in singulis pedibus singulas claras. Sunt omnes. xxvii.

SErpens quẽ tenet in manibus habet stellas in orificio duas, in flexura capitis spissas quatuor, in manu Ophiuchi duas claras, in prima flexura octo, in secũda quẽ tenet in dextra manu alias octo, in tertia usq; ad caudã sex, fiunt omnes stellæ serpentis. xxx.

Scorpius.

SCorpius sane inter astra à Ioue illatus est, pro eo quod ferũt ex terra ortum summissum'que, qui Oriona interficeret ob eius loquacitatem, quod ex uenatione nullam se feram relinquere diceret, isq́ Oriona percussit & occidit, et inde à Ioue astris illatus est, ut eius naturã futuri homines intelligerent. Nigidius aũt dicit scorpionẽ ad perniciẽ Orionis in insula Chio in monte Chelippio ortũ uolũtate atq; ope Dianæ. Nam cum in monte Celsionio uenaretur, irridens Dianam contemnebat, eius opera quę in monte constituebat. Itaq; Diana dicitur misisse scorpionem, qui Orionẽ uita priuaret, postea ab Ioue impetrasse, ut scorpio in duodecim signorum memoria constitueretur, hic ob magnitudinẽ in duo domicilia partitur, etenim ad aliud tendunt brachia eius, ad aliud corpus & cauda & aculeus. Habet aũt stellas in unoquoq; cornu duas, in ore unam claram, in fronte duas, in dorso claras tres, in uentre duas, in cauda quinq;, in aculeo duas, sunt omnes. xix. Ex his quatuor quæ sunt in cornibus eius duæ priores claræ, & duæ obscuræ libræ assignantur quam chelas Græci dicunt.

Inde

Arctophylax.

INde Helicen sequitur senior baculóq; minatur
Se uelle Arctophylax brachiorum munera caecus,
Icatus ereptam pensauit munere ripam.
Non illi obscurum caput est, non tristia membra,
Sed proprio tamen una micat sub nomine flamma,
Arcturum dixere sinus qua uincula nodant.

BOotes qui et arcturus fertur esse custos plaustri, eo quod plaustrū sequitur, id est, septentriones, & quasi succinctus sit septentrionibus. Hunc dicunt Arcadem Iouis filiū esse, de cuius post nomine Arcadia dicta est, quē Lycaon Pelasgi filius cum Iouē hospitio recepisset, infantē membratim lacerauit & Ioui in epulis apposuit, tentās Iouem, utrum Deus esset. Iouis aūt dicitur domum Lycaonis fulmine incendisse, eóq; loco ciuitatem constructā, quę trapezos appellata est, Lycaonem uero cōuertisse in lupum, Archadem aūt compactis membris ad uitam reduxisse, & cuidā caprario dedisse nutriendū. Qui cum adulta iam ętate esset, matri inscius uim inferre uoluit, quos cum incolæ Lycęi montis eum occidere uellent, Iuppiter utrosq; liberans astris intulit, qui ut res gesta est, ita manent: illa ursæ naturę hic impetum faciens, quem Bootem Homerus uocat. Habet aūt stellas in dextra manu quatuor quæ non occidunt, in capite claram unā, in singulis humeris singulas, in singulis mām illis claras singulas, in dextra parte corporis sub mammilla obscurā unam, in dextro cubito claram unam, inter utráq; genua claram unam, & magnam, quæ est arcturus, in singulis pedibus singulas, fiunt omnes quatuordecim.

Virgo.

FVlget spica manu maturisq́; ardet aristis.
Quam te diua uocant, tangunt mortalia si te
Carmina, nec surdam prebes uenerantibus aurem,
Exosa heu mortale genus, medio mihi cursu,
Stabunt quadrupedes & flexis lætus habenis,
Teq́; tuumq́; canam terris uenerabile numen.
Aurea pacati regeret cum secula mundi,
Iustitia inuiolata malis placidissima uirgo.
Siue illi astra genus fuerit, quem fama parentem
Tradidit astrorum seuero intercipit æuo,
Ortus fama tui mediis te læta ferebas,
Sublimis populis, nec designata subire,
Tecta hominum & puros mores sine crimine diua
Iura dabas, cultúq; nouo rude uulgus in omnem
Formabas uitæ sinceris artibus usum.
Nondum uesanos rabies nudauerat enses,
Nec consanguineis fuerat discordia nata.
Ignotiq́; maris cursus priuatáq; tellus
Grata satis, neq; per dubios auidissima uentos,
Spes procul amotas fabricata naue petebant.
Diuitias fructusq́; dabat placata colono,
Sponte sua tellus, nec parui terminus agri
Præstabat dominis signo tutissima tuta.
At postquam argenti creuit deformior ætas,
Rarius inuasit maculatas fraudibus urbes,
Seráq; ab excelsis descendens montibus ore
Velato, tristisq́; genas abscondita ripa.
Nulliusq́; larem, nullos adit illa penates.

Tantum

Tantum cum trepidum uulgus cœtusq́ notauit
Increpito partum soboles oblita priorum.
Degeneres habuit semperq́ habitura minores.
Quid me nunc habitus super & mala uota uocatis?
Quærenda est sedes nobis, noua secula uestra
Artibus indomitis tradat sceleriq́ cruento.
Hæc effata super monitus abit alite cursu,
Attonitos linquens populos grauiora pauentes.
Aerea sed postquam proles terris data, nec iam
Semina uirtutis uitiis demersa resistunt,
Quisq priora tenet uestigia, quisq secunda,
Ferriq́ inuento mens est lætata metallo.
Polluit & taurus mensas assuetus aratro.
Deseruit propere terras iustissima uirgo,
Et cœli sortita locum, quà proximus illi
Tardus in occasum sequitur sua plaustra Bootes.
Virginis ac placidæ præstanti lumine signat,
Stella humeros, Heliceq́ ignis non clarior ambit.
Quiq́ micat cauda, quiq armum fulget ad ipsum,
Quiq priora tenet uestigia, quiq secunda,
Clunibus hirsutis & qui sua sidera reddit,
Nanq aliæ quibus expletum ceruixq́ caputq́,
Vatibus ignotis priscis sine honore feruntur.

AD aspectum autem Bootis uirgo constituta est, quæ Erigone dicta est, quæ inter leonem & libram in zodaico locum tenet. Hanc Hesiodus Iouis & Themidis filiam esse dicit, nomine Iustam. Hunc secutus Aratus dicit, quod cum esset immortalis in terris morabatur, & à uirorum aspectu se subtrahere solita, cum fœminis consulto ludere & conuersari uidebatur, & ab eis Iusta uocatur, & nondum inter homines nequitiã, neq; nauigationem fuisse, sed illam in terris moratam, æquitatem hominibus præstitisse, eo seculo quod aureum dicebatur. Sed postquam diminuti homines, à quietate quieuerũt, illa cum eis minime conuersata est, postquam uero hominum mores in deterius uersi sunt, in toto se è terris abstullit, & in ea parte cœli habitauit, qua enumeretur. Nonnulli autem eam esse Cererem, eo quod spicas teneat, alii Atargatin. Quidã uero Fortunã pro eo quod sine capite astris infertur. Nigidius de uirgine ita refert. Virginem Iustitiam dici siue æquitatem, quæ ab hominibus recesserit & ad immortales merito transierit. Nam cum inter mortales conueniret omnibus locis conciliabulisq́ solitam consistere & præcipere hominibus ne temere à iustitia & æquitate discederent, qui quandiu monitis eius obedirent, diu in uita sine cura & solicitudine futuros, sed cum negligentius æquitate obseruantes declinarẽt, insidiisq́ cupiditate & auaritia alter alterum deciperet, ab hominibus discessisse, & digna cœlesti numero immortalem præmium pietatis possedit. Habet autem stellas in capite obscuram nimis unam, in singulis humeris singulas, in unaquaq ala obscuras duas, ex eis quæ sunt in dextra ala à parte humeri est clara una, & in singulis cubitis singulas, in singulis manibus singulas, illa quæ dextra clarior est, & uocatur spica, in tunica obscuras sex, in singulis pedibus singulas. Sunt omnes xix.

Gemini.

QVa media est Helice subiectum respice Cancrum.
Ancipitis suberit gemini quà posterior pes.

HI dicuntur Castor et Pollux fratres Gemini, maxima concordia, è quibus cum unus cecidisset in pugna quam aduersus Athenienses gerebant, alter immortalitatem accepit, quos Iuppiter utrosque cœlo intulit, sideribusq́ Geminos nominauit, qui

qui salutares sunt appellati. Nam & horum stellæ ita se habent ut occidente una, oriatur altera. Alii uolunt Zetum & Amphionem esse, ideo unus zonam alter lyram habens. Nigidius deos Samothracas dixit, quorum argumentũ nefas sit enumerare propter eos qui ministeriis præsunt. Item dicit Castorem & Pollucem, Tyndaridas Geminorum honore decoratos, quod principes pacationis dicãtur, quod mare totum prædonibus maleficisq́ pacatum reddidissent, & quo in tempore nauigauerint cum Iasone atq; Hercule ad pellem inauratam auferendam, multis laboribus tempestatibusq́ conflicti, periculorum atq; animorum experti impendia laboribus liberare studuerunt, atq; cum à Ioue essent elati, petierunt à patre ut sibi liceret in eo cœli loco cõstitui, unde mortalibus auxiliantes prospicere possent. Quamobrem eis concessum est immortali memoria locóq; constitui, & pleriśq; mortalibus auxiliantes sui conspectus gratiam præbent. Quorum prior habet stellas in capite claram unam, in singulis humeris singulas claras, in dextro cubito unam, in eadem manu unam, in singulis genibus singulas, in singulis pedibus singulas. Sunt omnes nouem. Alter qui tripus appellatur, is iuxta cancrum est, habet stellas in capite claram unam, in singulis mammillis singulas, in sinistro cubito duas, in eadem manu unam, in sinistro genu unam, in singulis pedibus singulas, in sinistro pede ultimæ distantiæ unam, quę uocatur tropos, fiunt simul decem. Hi sunt inter duodecim signa zodiaci circuli, sed in medio circulo æquinoctiali tropici hyemalis qui australis appellatur sita sunt.

Cancer.

CAncer in astris positus esse dicitur beneficio Iunonis. Quod cum Hercules cum hydra ad fontem Lerneum depugnaret, hic cancer Herculis pede morsu deprehẽdit, ut Pamasis autor dicit, quem miratus Hercules calcatum contriuit, beneficióq; Iunonis magnis honoribus decoratus est, idem duodecim signorum numero annumeratus: sunt in hoc signo aliæ stellæ quas Græci dicunt, quod cum Liber à Iunone insania obiecta fugeret ad occasus Dodonęi Iouis, eiusq́ in templo respõsa peteret, ut Philiscus refert, magni imbres cum grandine orti sunt, ea parte qua transiturus erat. Asinus è contrario transeuntibus per aquas in uno ex his sedẽs & ipse transuectus est sine periculo, & ab insania liberatus. Vni aũt ex his effecisse dicitur, ut uoce humana loqueretur, & post paucum tempus cum Priapo contendere cœpit de membro naturali. Priapus compressum asinum occidit. Iouis aũt beneficio utriq; immortali honore donati, astris sunt illati. Est & altera origo quæ infertur ab aliis. Quod cum aduersus gigantes dii bellum agerent, idem Liber & Vulcanus & satyri asinis insidẽtes profecti sunt ad pugnam. Quod genus uiso tumultu diro cum murmure rugissent, gigantes eorum uoce territi fugerunt & confestim dii de gigantibus triumphauerũt & iccirco unà cum præsepio suo astris sunt illati, & in signo nobilis cancri positi, cuius cursum ad occasum tendit. Habet aũt stellas in cornibus anterioribus duas claras, & tres obscuras, quæ appellantur nubilum, quod circa eum uidetur præsepium dicitur, in ore unam, in dextris pedibus singulas, sunt quatuor obscuræ, in sinistris priores claras duas, in secundo unam, in tertio unam, in extremo minore unam, in testa duas: sunt omnes. xvi.

Leo.

HOrrentisq́ iubas & fuluum cerne leonem.
Hunc ubi contigerit Phœbi uiolentior axis,
Accensa in cancro iam tunc geminabitur æstas,
Tunc lymphæ tenues, tunc est tristissima tellus.
Et densas lætus segetes bene condit arator.
Ne mihi tunc remis pulset uaga cerula puppis,
Dem potius uentis excluso uela rudente,
Excipiamq́ sinu zephyris spirantibus auras.

LEonem beneficio Iunonis inter astra collocatum dicitur, eo quod uirtute cæteras præcellat. Periandrus Rhodius refert eum ob primos labores Herculis memoriæ

memoriæ causa, honorifice astris illatum. Nigidius refert hunc leonem nutritum apud lunam iussu Iunonis, & in terra Arcadia in regione Nemeę in spelunca Mihdimon nomine fuerit, quam quidam Aphriso dicunt, & iussu Iunonis ad Herculis exitium dimissum, quem Hercules iussu Euristhei interfecit, cum Molocho hospite suo, cuius clauam pro uiribus tributam principio est adeptus, cum qua leonem interfecit, itaque postea claua pro gladio, pelle pro scuto reliquo tempore uti cœpit, & apud omnes mortales gratus ob uirtutē haberi cœpit, Iunoni porrò magis odio esse. Quapropter leonē cœlesti memoria dignatum uolūtate Iunonis nos arbitramur. Hic notabilis & maximus inter signa est. Pleriq; uolunt Nemeæ gymnicos ludos ob hunc leonē institutos. Hic totus figuratur. Habet stellas in capite tres, in collo duas, in pectore claram unam, in spina tres, in cauda media unam, in ultima cauda clarā unam, in medio uentre unam, sub pectore duas, in priore pede claram unam, sub uentre unam clarā, in medio uentris unam, in posteriore pede claram unam,, in genu posteriori claram unam: fiunt omnes decem & nouem. Videntur aliæ stellæ obscuræ septem iuxta caudam eius, quæ uocantur crines Berenices, & sunt earum uirginum quæ Lesbo perierunt. Illa autem magna & clara quæ in pectore eius est, appellatur Tyberone.

Erichthonius.

EST etiam Aurigæ facies siue inclyta forma,
Natus Erichthonius, qui curru sub iuga duxit
Quadrupedes, seu Myrtoas demersus in undas,
Myrtilos hunc potius species in sidera reddit.
Sic nulli cursus, sic ruptis mœstus habenis,
Perfidiam Pelopis raptam gemit Hippodamiam.
Ipse ingens transuersus abit leuam Geminorum,
Maiorisq́; ursæ contra delabitur ora.
Numina præterea secum trahit: una putatur
Nutrix esse Iouis, si uere Iuppiter infans
Vbera Cretææ mulsit fidissima capræ.
Sidere quæ claro gratum te gestat alumnum.
Hanc Auriga humero totam gerit, at manus hœdos
Ostendit nautis inimicum sidus in undis,
Orbis ab Oceano celsus rapit aut semel hœdi
Iactatam uidere ratem nautasq́; pauentes.
Sparsáq; per sæuos morientum corpora fluctus.

HIc agitator Erichthonius dicitur fuisse Vulcani & Mineruæ filius. Qui Vulcanus cum Ioui fulmen efficeret, ab Ioue promissum cepit, ut quicquid uellet præsumeret: ille Mineruam in cōiugem petiuit. Iuppiter imperauit Mineruæ ut uirginitatem defenderet. Dumq́; cubiculum introirent certādo Vulcanus semen in pauimentum iecit, unde natus est Erichthonius: quem Minerua in cista abscōdit, draconéq; custode apposito duabus sororibus Aglauro & Pandroso commendauit. Hic primus currus homines equis iunctis docuit similes quadrigæ solis facere, primū Panathenæa constituisse, ac cem templumq́; ædificasse dicitur. Quem Iouis miratus, astris receptum memorię tradidit. In hoc signo & capra est, quam in humero portat, quæ Iouem nutriuit. Itemq́; eius filii hœdi quos Auriga in brachio portat, qui fluctus significare dicūtur, noscuntur. Museus de capra hoc refert: datur Iouis infans nutriēdus Themidiæ Altheæ, quæ fuit domina capræ, quæ ex ea Iouem nutriuit. Esse autem hanc capram filiam Solis dicunt, cuius aspectus tam atrox fuisse dicitur, ut Tytanes eam timerēt, rogarentq́; matrem Terram ut eam abderet. Terra autem in antro clausam Amaltheæ tradidit custodiendam, ibiq́; Iouem cum cura Amaltheæ educasse. Qui cum esset iuuenis, & ille contra Tytanes inermis uellet pugnare, eius pellem dicitur acceptam pro scuto habuisse, quod semper Tytanibus

nibus agitator timori fuerit, & dicebatur media pelle Gorgoneū caput habere, eo tectus tegmento capræ tergo alterius pellis tecta restituit, uitæ etiam immortalitate donauit, cœliq́ astris intulit, & eius pellem appellauit. Aliis placet agitatorem Myrtilum esse Mercurii filium, Oenomai aurigã, & à patre Mercurio astris illatum, cuius caput non multū distat ab Helyce, genua apponuntur geminis, pedes iuxta tauri cornua. Habet aūt stellas in capite unam, in singulis humeris singulas, sed ea est clarior quæ in sinistro humero est, & appellatur capra, in singulis genibus singulas, in dextra manu unam, in sinistra duas, & super ipso brachio stellas duas, quæ uocantur hœdi: sunt omnes simul decem.

Taurus.

Aurigæ pedibus trux adiacet ignea taurus,
Cornua fronte gerens, & lucidus igne minaci.
Quem Liber ignarum cœli formando docebat.
Et caput, & patulas nares, & cornua tauri
Fronte micant hyades, quæ cornua flamma sinistri
Summa tenet, sub hæc eadem uestigia dextra
Aurigæ mediaq́ ligant compagine diuos.
Myrtilus exoritur summo cum piscibus ore,
Totus cum tauro lucet, ruit Oceano bos,
Ante super terras cum fulget Myrtilus ore.

POrro taurum inter astra quidam putant positum propter Iouem, quod in bouem sit fabulose conuersus. Nigidius hunc Iouem à Neptuno fratre per gratiam adduxisse, qui in figura tauri sensum humanū haberet, quem Iouis Sydonem misit, ut Europam Agenoris filiam ad se portaret, isq́ per pelagus Sydonem uenit, ibiq́ Europam inter æquales suas ludentem in templo Aesculapii conspexit, eamq́ repentino arreptu collocatã suo tergo deuexit ad Iouem in insulam Cretam. Ob hanc igitur causam Iuppiter taurum sideribus dignatus est immortali memoria inferre. Eratosthenes dicit hunc esse qui coiit cum Pasiphaë, cuius priores partes apparent, reliquum corpus nō apparet propter fœmineum sexum. Spectat autem orientem. In signo autē tauri frons & facies Hyades uocantur, quas Phereades Atheneus nutrices Liberi dicit, quæ Dodonides nymphæ uocantur. Quæ cum à Lycurgo captiuitatem timētes fugerent Thebas, ne sibi à Iunone aliquid paterentur, Iupiter cœlo illatas sideribus honorauit hyadesq́ appellauit, quod nascente Libero eas inuenerit, quas in signum temporis posuit, uel quod sint pluuiales, ὕειν enim pluere est, quia eorum ortus imbres concitat, uel quia in modum y literæ positæ sunt. Museus & ista refert: Ex Athlante & Hya duodecim filiæ procreatæ sunt, & filius Hyas, quem dum ab apro uel leone occisum sorores omnes nimis diligētes flerent obierunt, è quibus quinq; stellas figuratas Hyades appellauerūt, septem autem Pliades. Myrtilus autem quinq; filias Cadmi esse dixit. Habet autem taurus stellas in capite quinque, quæ Hyades appellantur, id est, in cornibus singulis singulas, in fronte duas, in naribus unam, hæ sunt hyades. In singulis genibus singulas, in ungue anteriore duas, in palearibus duas, in collo unam, in dorso tres, è quibus nouissima splendida est, in uentre splendidam unam, in pectore unam, in palla unam, sunt omnes xviii. ab excisione tauri usque ad id quod septem stellæ sunt, quas quidam Pliades uel Pleiades dicunt, quę non uidentur simul, eo quod septima obscura sit.

Cepheus.

Iasides etiam cœlum cum coniuge Cepheus
Ascendit, totáq; domo, quia Iuppiter autor
Est generis, prodest maiestas sæpe parentis.
Ipse breuem patulis manibus stat post cynosuram,
Diducto passim quantum latus à pede dextro,
Cepheus extremam tangit cynosurida caudam,

Tantundem à læuo distat minor utraq; iungit
Regula, Cepheos uestigia baltheus ambit.

CEpheus in ordine, quarto loco positus est, quem septentrionalis circulus occupat, à pedibus usq; ad pectus, reliquus medius est arcturo æstiuo tropico circulo, fuit ergo, sicut Euripides scribit, Aethiopũ rex, Andromedę pater, qui filiã suam ad cetum dicitur exposuisse, quã Perseus saluauit, eiusq́; causa & ipse pater beneficio Mineruæ sit astris illatus. Habet quidem stellas in capite splendidas duas, in singulis humeris singulas, in singulis manibus singulas claras, in singulis cubitis obscuras singulas, in zona tres obliquatas, in dextra coxa unam, in sinistra genu duas, supra pedes quatuor, in ultimo pede unam, sunt omnes nouemdecim.

Cassiopeia.

QVa latus afflexum sinuosi respicit anguis,
Cassiopeia uirum residet sublimis ad ipsum.
Clara etiam perrix cœlo cum luna refulget,
Sed breuis & paucis decorata in sidere flammis.
Qualis ferratos subicit clauicula dentes,
Succutit, & foribus prædducit uincula claustri,
Talis dispositis stellis ipsa horrida uultu,
Sic tendit palmas ceu sit planctura relictam
Andromedam meritæ non iusta piacula matris.

CAssiopeia interea (ut refert Sophocles carminũ uates) dicitur præposuisse formam suam Nereidibus, ob quam rem ira Neptuni ceto trãsmisso uastabatur eorum tecta, expostulatamq́; Andromeden & ceto propositam, ob quam rem longe habitus eorum diuersus est, ita aũt est Cassiopeia in sella sedens, habet in capite stellã claram unam, in singulis humeris singulas claras, in dextra mãmilla claram unam, in dextra manu claram & magnã unam, in sinistra manu clarã unam, in umbilico clarã & magnam unam, in sinistro fœmore duas, in eodem genu claram unã, in unoquoq; angulo sellę in qua sedet singulas claras. Sunt omnes, xiii.

Andromeda.

NEc procul Andromedæ totam quam cernere nondum
Obscura sub nocte licet, sic emicat ore,
Sic magnis humeris candens nitet, ac media ambit,
Ignea substricta fulget qua zonula palla,
Sed pene facies remanet districtáq; pandit
Brachia, ceu magni teneantur robore saxi.

ANdromeda filia fuit Cephei & Cassiopeiæ, quæ adamata est à Cupidine, & datũ est rensponsum ut traderetur cetui ad deuorandum. Quæ suspensa inter duos montes & exposita cetui est cum omnibus ornamẽtis. A Perseo autem liberata est, et ob id Persea dicta, beneficióq; Mineruæ astris recepta est. Euripides etiam dicit intra astra col locatã, ut labor Persei ęternus pateret, manibus eius extensis, quemadmodũ cetui opposita est. Quæ cum à Perseo liberata esset, neq; patri neq; matri uoluit cõmorari, sed continuo cum Perseo profecta est. Habet stellas in capite claram unã, in singulis humeris singulas, in singulis cubitis claras singulas, in dextra manu clarã unam, in eodem brachio claras duas, in zona tres, sub zona quatuor, in singulis genibus claras singulas, in dextro pede duas, in sinistro pede unam. Sunt omnes. xxi.

Equus dimidius.

ANdromedæ uero radiat qua stella sub ipsa,
Albo fulget equus, tres harmo, sed latera æquis
Distingunt spatiis, capiti tristissima forma.
Et ceruix sine honore obscuro lumine sordet,

Spumanti mandit, sed quæ ferus ore lupato,
Et capite & longe ceruice insignior exit.
Stella nitens harmis lateriq́ʒ simillima magno.
Nec totam ille tamen formam per singula reddit,
Primo præstat equo medio rapta ordine membra.
Destituunt uisus, radiis hinc surgit imago
Gorgonis, hinc proles in Pierio Helicone.
Vertice cum summo nondum decurreret unda,
Museos fontes dextri pedis ictibus hausit.
Inde liquor genitus nomen tenet Hippocrenen,
Fontes nomen habent, sed pegasus æthere summo.
Veloces agitat pennas, & sidere gaudet.

EQuus præterea dimidius est, priore parte patẽs usqʒ ad umbilicũ. Aratus dicit super geniculatorẽ situm, & iam astris illatũ, eo quod à cessitudine Heliconis mõtis percusso pede dextro aquam produxit, quẽ liquorem Hippocrenẽ dicunt. Quidam pro eo quod Iouis eo usus fuerit. Nõnulli uero Pegasum putãt qui ad astra pro Bellerophontis interitu euolauerit. Euripides dicit Menalippen Chironis filiam esse, quæ cõpressa grauida profugit in Pelion montem, & dum à patre cõpræhendi timeret, deorũ misericordia conuersa in equũ ad astra conscendit, cuius posterioris partes corporis propter fœminei sexus pudorẽ non uidẽtur. Habet autem stellas in facie claras duas, in capite claram unam, in singulis auribus singulas claras, in maxilla unam, in ala proxima capiti claram unam, in humero alæ dextræ unam, in media ala unam, in extremis pennis unã, in harmo unam, in pectore unã, in spina unam, in umbilico claram unã, in singulis genibus singulas, in singulis ungulis singulas, fiunt omnes. xviii.

Aries.

INde subest aries qui longe maxima torrens
Orbis, & ad finem spatiis non tardior horam
Peruenit, & quando grauiore Lycaonis arctos,
Axem uel tutor quem tanto gratior ille
Distantis cornu properat contingere metas.
Clarã ue non illi est facies, nec sidera possunt,
Officiat si luna sua uirtute nitere.
Sed quærendus erit zonæ ratione micantis.
Vt chelæ candens aut baltheus Orionis.

ARies, ut Hesiodus & Pherecides dicunt, inter astra collocatus est, propter Phrixum & Hellen Athamãtis & Nebulę filios. Qui cum nouercã occidere uellent insani à Libero dicuntur effecti, qui dum in sylua errarẽt, mater eis arietẽ aurata pelle fertur adduxisse, qui cum nauigare uellent in mare proiecti sunt, quod pelagus ab Helles nomine Hellespontus uocatur. Helles aũt (ut aiunt) à Neptuno saluata est, & ex ea puerũ Pœonẽ genuit. Phrixum aũt insidẽs pręparato arieti Colchos adductus est ad Oetam regẽ, ibiq́ʒ arietem matri immolauit, eiq́ʒ suam aureã pellem concessit antequã inter astra processisset, quã draco custodiuit. Genitum aũt hunc arietem dicunt ex Neptuno & Theophane Altidis filia, quã cum adamasset in insulam Chrinnissam traduxit, inq́ʒ Iouem cõuertit, cum qua in arietem mutatus concubuit, ex qua aries chrysouellus natus. Nigidius hunc arietem dicit ducem & principem esse signorũ zodiaci circuli. Immortali aũt honore donatum, quod cum Liber exercitũ in Africam duceret & aquæ inopiam pateretur, subito aries ex arena exiuit, et Liberum cum suo exercitu ad aquã perduxit diuinitus. Hoc facto Liber eum arietem Iouem Ammonẽ appellauit, eiq́ʒ phanũ magnificũ fecit eo in loco in quo reperta est aqua, & abest ab Alexãdria itinere dierum nouẽ, locus arenosus & serpentũ multitudine plenus, & ab arena Ammon est nominatus. Præterea aries dux aquæ immortalis mutatus & cœli sidera consecutus. Cõuertit aũt caput ad taurum ipse autem assequitur aliis signis. Habet aũt stellas in capite unam, in auriculis tres, in collo duas, in summitate pedum anteriorũ singulorũ singulas, in dorso quatuor, in cauda unã, in uẽtre tres, in summitate singulorũ pedũ posteriorũ singulas. Sunt omnes. xviii.

Deltoton.

EST etiam propiore Deum cognoscere signo,
Deltoton si quis donum hoc spectabile Nili,
Diuitibus ueneratum undis in sede notarit.
Tris illi laterum ductus æquata, duorum
Sunt spacia unius breuior, sed clarior ignis.
Hunc aries iuxta medium deltoton habebit.

SVper caput arietis non longe ab Andromedæ pedibus adiacet signum quod Græci ob similitudinem deltæ literæ deltoton uocant, latini autem ob proprietatem formę triangulum dicunt. Quod quidã à Ioue per Mercuriũ inter astra positum dicunt, super caput arietis, pro eo quod obscurũ esse dicitur. Quidã uero dicunt Aegypti esse effigiẽ stellis figuratam in tribus angulis, id est, trigono & Nilũ talem ambitũ facere. Habet aũt stellas tres, in singulis angulis singulas, è quibus una est clarior.

Pisces.

INter lanigeri tergum & Cepheida mœstam
Hunc ultra gemini pisces, quorum alter in austrum
Tendit, threicium boream petit alter, & audit
Stridentes auras niueus quas procreat Hemus.
Non illis liber cursus, sed uincula cauda,
Singula utrumq; tenent uno coëuntia nodo.
Nondum stella premit piscis qui respicit auras,
Threiciæ dextram Andromedæ cernuntur ad ulnam.

PIsces hi sunt & maior piscis. Nigidius hos pisces dicit in flumine Euphrate fuisse, & ibi ouum inuenisse mirę magnitudinis, quod uoluentes eiecerunt in terram atq; ita colũbã insedisse & post aliquot dies exclusisse, eam Syriæ quę uocatur Venus, maximéq; misericors ad homines pertinebat, quæq́ multa quæ ad ultilitatem hominibus uerterentur ea dicitur inuenisse. Quæ quoniam Iouis sæpius à Mercurio laudari nominariq́ audiret quod in deos religiosa, in hominibus officiosa diligẽter fuerit rogata à Ioue quod sibi optanti tribui postularet, illa ait ut pisces qui suam originem seruassent immortali pręmio afficerentur. Iuppiter in duodecim signis pisces siderũ splendore decorauit. Vnde hodie quoq; Syri neq; hos pisces edunt, & columbas potestate decorant. Horum aũt unus aquilonius est, alter australis, ex aduerso caudis utrinq; positis. Habent inter se alligamentũ luteũ continens usq; ad priores pedes arietis. Andromedæ aũt humerus dexter piscis est signum. Habet idem aquilonius stellas duodecim. Alligamentũ luteũ quo cõtinentur in parte boreæ habet stellas tres, in parte noti tres, ad orientem tres, ad occidentem tres. Australis piscis quindecim. Sunt omnes. xxxix.

Perseus.

TAntus & ille micat tantum occupat ab Ioue cœli,
Dextra sublata similis prope Cassiopeam,
Sublimis fulget, pedibus properare uidetur,
Et uelle aligeris purum æthera tangere palmis.

PErseus quidem ex Danaë & Ioue natus est. Iuppiter enim in similitudinem aurei imbris se transformans oppressam delusit Danaẽ Achrisii regis Argiuorum filiam, quam pater à Ioue uitiatam cognouit, intra arcam includens præcipitauit in mare, quę delata ad Italiã, inuenta à quodã piscatore & oblata regi, eam sibi fecit uxorẽ, unà cum Perseo quem enixa est in mari. Qui missus ad Polydectem regẽ insulæ Sariphi. Accepta à Mercuà Mercurio talaria & à Vulcano harpe adamantina per aëra iter faciens ad Gorgones Phorci filias uenisse perhibetur, quæ angues pro crinibus dicuntur habuisse, quosq; uidissent in lapides conuertere. Gorgones tres feruntur fuisse sorores, uno oculo, una pulchritudine inter se cõmunicantes quarum nomina putantur, prima Stennio, secunda Euriale, tertia Medusa. Quidã uero eum à Minerua missum dicunt, & ab ea clypeũ uitreum accepisse, per quem uidere nec uideri ab eis posset. Qui cum Gorgones dormientes inuenisset, caput Medusæ abscidit, & Mineruæ tradidit, quod illa in suo pectore aptauit, ut in bello terribilior esset. Perseũ aũt inter sidera collocauit. Habet aũt stellas in capite unã, in singulis humeris claras singulas, in manu dextra clarã unã, in eodem cubito unam, in manu sinistra unã, in dextra parte lumborũ clarã unã, in sinistro fœmore claram unam, in singulis genibus singulas, in singulis tibiis singulas, in singulis pedibus singulas, in capite Gorgonis circũquaq; tres, in harpe unam, fiunt omnes. xviii.

Pleiades.

SIdera comunem ostendunt ex omnibus ignem,
Septem traduntur numero, sed carpitur una,
Deficiente oculo distinguere corpora parua.
Nomina sed cunctis seruauit fida uetustas.
Helectra, Alcynoeq́;, Celenóq; Taygeteq́;,
Et Sterope, Meropeq́; simul, formosaq́; Maia,
Cœlifero genitæ, si uere sustinet Atlas
Regna Iouis, superosq́;, atq; ipso pondere gaudet.
Lumine non multo Pleias certauerit astris.
Præcipuo sed honore ostendit tempora bina.
Cum primum agricolam uentus superimminet auster,
Et cum surgit hyems portu fugienda peritis.

PLeiades à pluralitate Græci uocant, latini eo quod uere exoriantur Vergilias dicunt. Dicit aũt Pherecydes Athenæus septẽ sorores fuisse, Lycurgi filias, ex Naxo insula, et pro eo quod Liberũ educauerunt à Ioue inter sidera sunt relatæ. Harũ nomina putantur Electra, Alcynoë, Celeno, Asterope, Merope, Taygete, Maia, quarũ septima, ut ait Aratus uix intueri potest, quã quidã præ timore Orionis fugisse putant, quidam à Sole persecutam arbitrãtur, uocatãq́; electrã, quæ non sustinens uidere casus pronepotũ, fugerit. Vnde & illã dissolutis crinibus propter luctũ ire asserunt, & propter comas quidã Cometen appellant. Nõnulli uero Meropen esse autumãt, quæ nupta, à quodã uiro nominata est Hippodomia. Museus aũt refert filias Atlãtis fuisse septem, ex quibus sex claræ sunt, una obscura, cum diis cõcubuerunt, tres cum Ioue, & ex Helectra Dardanus, ex Maia Mercurius, ex Taygete Lacedæmon, cum Neptuno duę, Alcynoe ex qua Hercus, Celeno, ex qua Lycus, cum Marte Asterope, ex qua Oenomaus, Merope cum Sisypho. Magnã apud homines dignitatem habent.

Lyra.

TEmpora læua premit parti subiecta draconis,
Summa genu subuersa tenet, quà se lyra uoluit,
Contra spectat auem uel Phœbi quæ fuit olim.
Cygnus de thalamis candens qui lapsus adulter,
Furta Iouis falsa uolucer sub imagine texit.

LYram inter astra collocatã dicunt propter honorem Mercurii qui eam condidit ex testudidis similitudine de Apollinis boum cornibus, qui intendit chordas septem Atlantidũ numero. Regrediente igitur Nilo ad suos meatus inter cætera relicta etiã testudo est, quę cum putrefacta fuisset & nerui eius extensi intra corium remansissent, percussa à Mercurio sonitũ dedit, in cuius similitudinẽ Mercurius lyram fecit, quã postea Apollini datam, alii Orpheo dicunt, eo quod unus ex musis, id est, Calliopę sit filius, fecit aũt chordas nouem iuxta numerũ musarũ. Tantæ nanq; dicitur dulcedinis in modulãdo fuisse ut arbores, saxa, bestias, atq; inferos cōmouerit, ob coniugis Euridices desideriū ad inferos descendens. Qui cum Apollinem maximū deorū honoraret, Liberū aūt patrem, à quo fuerat glorificatus minime glorificaret, sedés in Pangeo monte, & expectans solis ortum, Liber indignatus misit Bacchas, ut Aeschylus scribit, quæ eum mēbratim discerpere nt, collectisq́ membris eius sepelierūt eum in Lesbiis montibus, eius lyrā Museo dederunt. Iouemq́ rogauerūt, ut eius memoriā astris inferret. Habet aūt stellas in utrisq; pectinibus singulas, in cacumine chordarū singulas, in utrisq; humeris singulas, in fundo unā, in modulo unā, in tympano clarā atq; candidā unā. Sunt omnes nouem.

Cygnus.

AVt medii fulgoris erunt penna utraq; læta
Dexterior iuxta regalem Cepheos ulnam,
At lęua fugit instantem sibi pegason ala.

CYgnū dicūt inter astra cōstitutū, eo quod Iuppiter in cygnū trāsfiguratus euolauerit in ramū Atticę regionis, ibiq́ cōpresserit Nemesim, quę & Læda dicitur (ut refert Crates tragœdiarum scriptor) quæ enixa est ouum, unde nata est Helena, sed quoniam Iuppiter rursus in cœlum in cygnū transfiguratus se recepit, ut fuit pennis tensus simulacrum eius sideribus reliquit. Habet aūt stellas in capite clarā unā, in dextra ala quinq;, unam claram quæ est erga collū, in sinistra ala quinq;, in pectore unam, in cauda unā, quæ est amplissima. Sunt omnes. xiii.

Aquarius.

OCeano mersus sopitas condere flammas.
Hymbres occasus ortusq́ intercipit ora.
Et cum terrores auget mox atra marinos,
Multum clamatos frustra spectauerit ortus,
Tunc rigor, aut rapidus ponto tunc incubat auster.
Tarda ministeria & nautis tremor alligat artus,
Et rationem animi temeraria pectora soluent.
Nulla dies oritur, quæ iam uacua æquora cernat.
Puppibus & semper tumidis ratis innatet undis,
Interea tentare undas iuuat, aspera sed cum
Assultat lateri deprensæ spuma carinæ,
Tunc alti curuos prospectant littore portus.
Inuentasq́ alii terras pro munere narrant,
Interea exanimat pauidos instantis aquæ mons,
Ast alii procul è terra iactantur in altum.
Munit & hos breue lignum, & fata instantia pellit,
Et tantum à leto, quantum rate fluctibus absunt.

POrro aquarius nomen accepisse dicitur quod eius exortu hymbres plurimi fiant. Quidā uolunt Ganymedem eum esse Troili & Calliroes filiū, qui cum in Ida monte uenaretur ob nimiā pulchritudinē à Ioue adamatus, & per aquilam raptus inter astra est collocatus. De hinc Aquarius dictus est quod undas funderet. Nigidius Hydrochoon siue aquarium existimat esse Deucalionē Thessalum, qui maximo cataclismo sit relictus cum uxore Pyrrha in monte Aetna, qui est altissimus in Sicilia, & posteaquā se & uxorem suā in terra relictū censuit, orbitatis & uastitatis misertus, ab Ioue precari cœpit, ut aut & ipsi interirent, aut hominū genus restituerent. Iuppiter respondit & per sortem indicauit, ut lapides quos ante se reperissent post se iactarent. Reuersi itaq; quotquot Deucalion misit, uiri fiebant, quos Pyrrha, fœminæ. Quo facto rursus hominū genus natū est, ob quam rem λάος græce populus dicitur, quia lapis antiquitus græce λάας appellabatur. Ab antiquis quidē dicitur Aristeus filius Apollinis fuisse, quē Apollo dicitur ex Cyrene procreasse, quam cōpressit in monte Orpheo, qui Cyrenis est appellatus. Aristeus dicitur

dicitur omnibus artibus doctus fuisse, quibus cæteros homines ad bonos fructus utilitatemq́ perducebat. Is cum caniculæ signum pestiferū oriretur, & statim præsentes fructus læderentur, & homines diuturna pestilentia afficerentur. Factum est ut à diis impetraretur maxime Neptuno, Iouis fratre ne tempestatibus et uentis pateretur genus humanum affici indignis calamitatibus. Itaq; uenia data, constitutū est à diis, ut caniculæ stellæ exortu uenti perflarent dies circiter quadraginta, eiusq́ pestilentiæ uim abscinderent. Quapropter Aristeus à diis inter astra est collocatus. Habet auté Aquarius stellas in capite obscuras duas, in singulis humeris singulas amplas, in sinistro cubito unam, in dextro cubito unam, in singulis manibus singulas, in singulis mámillis singulas, sub mammillis singulas, in dextro lumbo unā, in singulis genibus singulas, in dextra tibia unā, in singulis pedibus singulas. Sunt omnes. xviii. Effusio uero aquæ dextra læuaq́ fit stellis. xxxi: Quarū duæ splendidæ sunt, cæteræ uero obscuræ.

Capricornus.

Capricornus sane similitudinem habet Aegypanos, habet enim posterioré partem piscis, prioré capricorni, & hunc honoré dicitur assecutus, eo quod cū Ioue sit nutritus. Epimenides dicit in Ida utrosq; nutritos, & ad Titanorū bellū cum Ioue esse profectum, qué Iuppiter uictor astris intulit, quod eius opera dii armati essent. Itemq́ matrē eius caprā quod Dicolon inuenisset in mari, ideo piscis cauda notatam. Nigidius capricornū refert immortali honore donatū, quo tépore Phython in monte Tauro speluncā haberet & Aegyptū incoleret, ab Ioue cōcessum habuisset quemadmodū diis posset obsistere, cum eis consiliū panderet, si neq; terras reliquere uellét, neq; Phythonis immanitati resistere dii possent, inconsulte figuras immutauerūt, in quā quis uellet, seu bestiam seu uolucré, seu piscem pecudé ue, Phython se in caprā transmutasset, itaq; immortales figuris ignotis Phythonis ante oculos crebro uersabantur, unde adhuc maxime pro diis multas bestias obseruant coluntq́ Aegyptii, & cōuenit Phythoni neminé deorū aduersari sibimet, uacuā cognouit, dominantibus, arbitratus deos se ueritos propter metum dominabatur imperitis fortunæ uarietate, & periculi magnitudine instantis. Nam post xviii. dies dicitur consiliū de eo repente à diis factū ut interficeretur, ob idq́ usq; hodie in Aegypto hos dies, id est, xviii. festos perpetuo annis singulis instituerunt, in quibus diebus qui nascitur amplius quā eos non uiuit. Phython aūt fulmine interficitur ab Apolline in templo Aegypti Memphis, ubi mos fuit solio regio decorari reges qui regnabāt, ibi enim sacris initiabātur primū, ut dicitr reges satis religiose tunicati, & tauro qué Apim appellant iugū portare fas erat, qué Deum maximū Aegyptii existimant, & per uicū unū duci ut periti existimabāt labore humanæ necessitatis, ut crudelius quæ sub eis sint abutantur. Deducitur aūt à sacerdote Isidis in locū qui nominatur Adytos, & iureiurando adigitur, neq; mensem, neq; dien intercalandū quem in festū dié immutarét, sed ccclxv. dies peracturos sicut institutū est ab antiquis, sed illò reuertamur unde digressi sumus, igitur dii postea quàm Phythoné pœna affecerūt, sancta astrorū memoria decorauerūt, & ei nomen Aegyptii Aegypana imposuerūt, quod contenti dii se in bestias cōuertissent, Phython se in caprā transfigurabat oppidūq́ magnificū in Aegypto ædificauerūt quod Panopolim appellauerunt. Habet auté stellas in singulis cornibus duas, in naribus claram unam, in capite claras duas, sub collo unā, in pectore duas, in anteriore pede unā, in summitate ipsius pedis unā, in dorso septé, in uentre quinq;, in caudæ extremitate claras duas. Sunt omnes. xxvi.

Sagittarius.

Belligerum Titan etiam cum contigit arcum.
Ducentemq́ ferunt sinuato spicula neruo.
Iam clausum ratione mare est, iam nauita portu
Infestam noctem fugit ad longasq́ tenebras,
Signum erit exoriens nobis tum nocte suprema,
Scorpios ille micat super freta cerula cauda.

Insequitur grauis arcus & in lucem magis exit.
Tunc alte cynosura tepit, tunc totus in undas
Mergitur Orion, humeris & uertice Cepheus.

PОrro Sagittarius scorpione oriente ascendit, quo ascendente Orion occidit totus & Cepheus à uertice et humeris cum manibus, in cuius signi regione zodiacus circulus humillimus propter equina crura. Quidã negant, dicẽtes nunquã Centauros ullis sagittis usos fuisse: Quidã autẽ dicunt quod quadrupedes esse non uideantur, sed stãs bipes Sagittarius. Hic aũt homo equinis pedibus est & caudã habet ueluti Sagittarii. Sositheus autem tragœdiarũ scriptor illum affirmat esse Crotonem. Euschemis musarũ nutricis filium & inhabitasse Heliconẽ atq; sagittis & uenatu uitam exegisse, qui inter musas sępius cõmoratus plausu cantus earum distinguebat, id est, ad pedem manibus plaudebat, quo alii timerent. Hunc musæ beneficio Iouis astris intulerunt, cuius artes, id est, plausus & sagittæ inter mortales mansere. Nigidius de Crotone idem dicit, sed non conuersatum cum musis, sed dum illę cantus chorosq́ celebrarent, hunc procul auditu repentino plausu ad pedem feriẽdo oblectare canẽtes, ob hoc cum à Ioue immortali memoria earum rogatu donatũ quod esset nutricis earũ filius, idem Oceani nepos. Habet aũt stellas in capite duas, in arcu duas, in acumine sagittæ duas, in dextro cubito unam, in eadem manu unã, in uentre clarã unam, in spina duas, sub cauda duas, in anterioribus geniculis singulas. Sunt omnes xv. Reliquæ uero septẽ subter crura similes quidem sunt posterioribus, quæ non ostenduntur, quod Centaurus duplex sit, iaculũ aũt eius, ex quo dicunt omnes cygnos ab Apolline interfectos, qui Iouis fulmina fuerãt, absconditum, fertur ad aquilonem, & peracta, ac potius sedata lite, assumptum, & ad pedes Sagittarii inter astra collocatũ. Habet aũt stellas quatuor, in summo unam, in medio obscuram unam, in pennis duas, unam uero splendidiorem aliis.

Aquila.

VNguibus innocuis Phrygium rapuit Ganymedem.
Et cœlo appositus custos, quo Iuppiter arsit
In puero, luit excidio quem Troia furorem.

AQuilã sane inter astra collocatam dicunt propter Ganymeden Iouis ministrum, quem rapuit in cœlũ, est enim ea signũ Iouis, quod cum dii omnes uolucres inter se diuiderent, eam in portione sortitus sit Iouis, quod altius cunctis uolantibus euolet, & pene inter omnes principatũ teneat, & quod sola auium solis radiis nõ terreatur. Nanq; ita est spectans ad orientem pennis tensis. Aglaosthenes dicit Iouẽ in aquilã transfiguratũ, Naxiam regionẽ ubi nutritus fuerat petiisse, & regnum accepisse: egresso uero de Naxo cum aduersus Titanas proficisceref, & sacrificiũ faceret, aquilã ei in auspicio apparuisse & fulmina ministrasse, quã bono omine acceptã tutelæ subiecisse. Habet autem stellas in capite clarã unam, in humeris singulis alarũ singulas, in pectore obscurã unã, sunt omnes quatuor. Sagitta aũt quã tenet in pedibus, dicitur sagitta Apollinis fuisse, cũ qua Cyclopas interfecit, eo quod Iouis fulmina facerẽt, quod eo telo Aesculapius eius filius à Ioue esset interfectus, quã sagittã astris illatã in memoriã uirtutis suæ reliquit. Habet aũt stellas quatuor, in summo unã, in medio unã, in pennis sagittæ duas.

Delphinus.

SIdera quæ mundi pars celsior æthere uoluit,
Quæq́ uident boream uentis assueta serenis
Diximus, hinc alius decliuis ducitur ordo,
Sentit & insanos obscuris flatibus austros.

NEptunus ut Artemidorus refert Amphitriten uoluit in coniugiũ accipere, quæ cũ ob uerecũdię magnitudinẽ et uirginitatis obseruãtiã ad Atlantẽ cõfugisset, Neptunus post eã multos misit qui eã peterẽt, inter quos & delphinũ misit qui eã peteret. Quæ cũ circa insulas Atlãtis moraref repetit eã nũciauitq́ Neptuno, quã ille suis persuasiõibus ad suam ad suã perduxit uoluntatẽ, delphinóq; maximos honores in mari tribuit, quẽ in astris intulit & in manu sua habere instituit. Habet aũt stellas nouẽ, & ideo musicũ signũ dicitur, eo quod in numero musarum: stellas habet in ore unã, in folio duas, in penulis uentris tres, in dorso unam, in cauda duas, sunt omnes nouem. Delphinus aũt non multũ currit super capricornum.

Orion.

TEla caput magniq́; humeris sic balteus ardet,
Sic uagina ensis pernici, sic pede fulget.

ORion, qui et incola dicitur, ante tauri uestigia fulget, & dicitur Orion ab urinã, id est, ab inundatione aquarũ. Tempore enim hyemis habet ortũ, cum mare & terras aquis & tempestatibus turbat. Hunc Rhomani iugulã uocant, eo quod sit armatus ut gladius, stellarũ luce terribilis & clarissimus: qui si fulget serenitatẽ portendit, si obscuratur tempestatẽ annuit imminere. Hunc Hesiodus dicit Neptuni et Euriales filiũ, cui dono datũ est à Neptuno ut super fluctus ambularet ueluti supra terrã. Qui cum Chiũ uenisset Meropẽ Oenopionis filiam cõpressit, quẽ Oenopion ob iniuriã excæcauit, & de finibus suis expulit, ipse cum Lemnũ uenisset, à sole dicitur ei lumina restituta esse, & reuersus est ad Oenopionẽ, qui cum à ciuibus terra absconderetur Oenopion, desperata eius inuentione Cretam est profectus, ubi cum immodice uenaretur, et à Diana corriperetur, ait se nullã feram in terris relicturũ. Tellus indignata scorpionẽ extulit miræ magnitudinis, qui pœnas magniloquentiæ eius exigeret. Iouis aũt Orionẽ ob uirtutem astris intulit, idem rogatu Dianæ scorpionẽ inter astra duodecim cœlo collocauit, quorũ contra magnitudinẽ stellæ quoq; eorũ amplissimæ sunt. Aristomachus autẽ dicit Caubrisa quædã Thebis uoto petisse ut filiũ haberet, ad quẽ Iouis Mercurius & Neptunus hospitio deuenerunt, qui eis hostiã immolauit ut filius nasceretur, cuius bouis pelle detracta dii in eam urinã fecere, iussuq́; Mercurii terra obruta est, unde puer supradictus est natus, quem Vrionẽ appellauerunt & astris intulerunt. Quidam aũt dicunt Vrionem Methymnæũ: qui cum esset citharæ potens, rex Corinthiorũ Pyranthus nomine eum dilexit, qui cum à rege impetrasset ut ciuitatẽ arte sua illustraret & magnũ patrimoniũ acquisiuisset, consenserunt famuli cum nautis ut eum interficerent, quẽ cum uellent interficere petiit ab eis ut ante decantaret. Cum aũt citharæ sonus cum uoce eius audiretur, delphini circũ nauim uenerunt, ille super unũ ex his se præcipitauit, qui eum sublatum ad regem Pyranthum Corinthũ detulit: delphinus subductis per æstũ aquis exanimatus est. Qui cum suos casus Pyrantho narrasset, iussit rex Pyranthus delphinũ sepeliri, & ei monumentũ fieri. Post aliquantulũ tẽporis nauis qua Orion deuectus fuerat Corinthum delata est. Nautas cum ad se adduci rex imperasset, & de Orione inquireret, dixerũt eum obiisse. Quibus ille crastino inquit, die ad delphini monumentũ iurabitis, eosq́; custodiri mandauit, atq; Orionẽ ita ornatũ sicut se præcipitauerat in monumento delphini delitescere. Cum aũt adducti per delphini monumentũ iurarẽt Orionẽ obiisse, & de monumento prodiisset, illi eum uidentes obmutuerunt, ibiq́; regis imperio crucifixi sunt. Dehinc Iouis miseratione dicitur Orion cum delphino inter astra positus. Nigidius aũt refert quodã tempore Iouem cum cæteris diis apud Museũ Bisthoniorũ regem hospitio dapsili copiosóq; affectu prædito in hilaritate constituisse, ut in corio tauri qui tunc immolatus fuerat mingerent, eoq́; loco in corio terra obruta natus sit Orion, qui factus adolescens digna deorũ forma atq; egregia uirtute incitatus immortali memoria obtemperabat, quibus ortus dicebatur. Nam cum in Celinio uenaretur, Dianam irridens contemnebat eius opera, quæ in monte cõstituebat. Itaq; Diana misisse dicitur scorpionem qui Orionem uita priuaret. Orion uita priuatus sideribus illatus est. Habet aut stellas in capite claras tres, è quibus media est splendidior cæteris, in singulis humeris singulas claras, in dextro cubito obscuram unam, in eadem manu unam, in zona tres, in gladio quẽ tenet in manu tres, in singulis genibus singulas, in singulis pedibus singulas, in mantili tres. Sunt omnes. xvii. & decem ex eis obscuriores.

Cum

Canis.

CVm tetigit solis radios accenditur æstas.
Discernitq́ ortu longe sata uiuida firmat,
At quibus arctatæ frondes aut languida radix
Exanimat, nullo gaudet maius'ue minus'ue
Agricola, & sidus primo speculator ab ortu.

SIrius stella est in medio centro cœli, ad quam cum sol accesserit duplicatur calor ipsius, & languore afficiuntur corpora humana. Sirium aūt stellam uocatā putant propter flammæ candorem. Latini autem illam caniculam uocant, unde & dies caniculares dicuntur, quia quandiu sol in ipsa est, pestifera est, sed pro qualitate adiacentiū cōmutatur. Nam aut uincitur, aut morbosis utitur uiribus. Hinc est quod cum certo tempore oritur non semper est noxia. Quidam uero dicunt canem fuisse quæ Europę cum dracone custos data est, quæ postea Minos utraq; accepit, eandem postea ob medicinæ causam Procridi in munere datam, quæ postea Cephalus utraq; possedit uir Procridis, qui eam ad Thebas duxit ad uulpem, Thebanorum agros infestātem cui cani fatum est ne ab ullo posset interfici, itemq́ uulpi. Iuppiter uero uulpem in lapidem conuertit, & canem astris intulit. Amphianus tragœdiarū scriptor refert, quod cum hominibus stellę relinquerent locum, missus est legatus canis ad Dolorā, quam ut uidit tempore tempestiuo adamauit, qui cum flagraret amore nec posset frui, magis asperius urebatur, calamitate accepta & deos adiutores inuocare cœpit, tūc Aquilo misit filios suos adolescentes, qui operā cani traderēt, & ipse flatu suo canis ardorē sedauit, qui flatus etesiæ dicitur, amoris aūt memoria remansit, sunt qui aliter memorent. Icarus à Libero hospitio receptus est, qui ei in munere utrem plenū uino tribuit, iussitq́ ut in reliquas terras propagaret. Icarus dehinc Athenęus cum in terram Atticam ad posteros deuenisset, eis genus hoc suauitatis ostendit: pastores aūt cum immoderatius biberent, ebrii facti cōciderunt. Qui arbitrantes Icarum malū medicamentū sibi dedisse, eum fustibus interfecerūt. Icarū aūt occisum, canis qui cum eo fuerat, Neæra nomine, ululans, Erigonę eius filię monstrauit ubi pater insepultus iaceret, quæ cum uenisset eius corpus sepeliuit, ipsaq́ se in mōte Hymeto contulit, ibiq́ laqueo sibi mortē consciuit. Tunc dicitur Liber à Ioue petiisse ut Erigonem & Icarum astris inferret. Iouis aūt audita eius petitione, Erigonem signum uirginis nominauit, Icarum aūt patrem eius arcturum. Qui cum exoritur tempestas mari terræq́ efficit, cum'q; Athenas pestilentia opprimeret, ex oraculo responsum est cessaturā pestilentiam, si per annos singulos de frugibus & uindemia Icaro & Erigone primū delibaretur. Quod factum est ab Atheniensibus, qui diebus festis institutis aras cōstituerūt, ideo quia illam pendentem aspexerunt, quod est apud Græcos, ex quo factum est, ut soli oscilo iactarentur homines. Canis aūt Icari qui ululans ante pedem pendentis uirginis mortuus est, Astricyon nominatur, quod nos canis stellā dicimus, qui ob eandem causam quando exoritur summam pestilentiam hominibus facit. Habet aūt stellas in capite unam, quæ Isis dicitur, clarā, in lingua unam, quam Sirium uel Canem uocant, quæ magna est & splendida, in collo duas, in singulis humeris singulas obscuras, in pectore claras duas, in anteriore pede sinistro tres, in dextro unā clarā, in extremo supra dorsum tres, in uentre duas, in sinistro fœmore unā, in posteriori pede sinistro unā, in summitate caudæ unam. Fiunt omnes xx. Situm aūt est hoc signum inter hyemalem tropicū, & arcticum subterraneum qui australis uocatur.

Dasypus.

SIc utrunq; oritur sic occidit in freta sidus.
Tu paruum leporem perpende sub Orione.

LEpus sub pedibus Anticanis et Orionis constitutus est. Hic dicitur Orionis canem fugere uenantis. Nam ut uenatorem eum finxerunt aliqua de causa, ita leporem ei ad pedes fugientē finxerunt. Quidā negant tam nobilē tamq́ magnū uenatorē, de quo ante

ante in ſcorpione ſigno diximus, & poſtea in ipſius figura dicemus, oportere leporẽ uenari. Callimachusq́ accuſat eum, quod cum Dianæ ſcriberet laudes, dicit eam leporino ſanguine gaudere, & eos uenari dixerit. Nõnulli à Mercurio inter aſtra collocatũ dicunt propter nimiã uelocitatẽ, ſiue quod inter quadrupedes plus pariat, & quoſdã fœtus pariat, quoſdã uero in uentre habeat, ſicut Ariſtoteles philoſophus ait, qui de animaliũ ratione diſſeruit. Antiquitus aũt dicebatur in inſula Hiero nullũ leporẽ fuiſſe, ſed ex eorũ ciuitate adoleſcẽs quidã ſtudio generis ab exteris terris leporem fœminã produxit, & ad eius partũ diligentiſſime quæ opus eſſent adminiſtrauit, itaq; cum peperiſſet & cõplures eius ciuitatis ad ſtudiũ intendiſſet, & partim pretio, partim beneficio mercati eſſent, omnes lepores alere cœperunt, quibus cum nihil daretur ad manducandũ, impetu facto omnia comederũt, quo facto inſulã calamitas afflixit, itaq; poſtea leporis figurã aſtris contulerunt, ut homines meminiſſent nihil his exoptandũ in uita, ſi inſolẽter utãtur lætitia qua dolorẽ capere poſterius cogãtur. Habet aũt ſtellas in ſingulis auribus ſingulas, in pectore duas, in dorſo nitidã unã, in poſterioribus pedibus ſingulas. Sunt aũt omnes. vii.

Argonauis.

AT cum decurrens inhibet iam nauita remos,
Auerſamq́ ratem uotis damnatus ab ore,
Perlegit optatam cupiens contingere terram.
Sed quia pars uiolata fuit, coëuntia ſaxa
Numine Iunonis tutus confugit Iaſon.
Hæc micat in cœlo lateri non amplior, actus
Qua ſurgit malus, qua debet reddere protam,
Intercepta perit, nulla ſub imagine forma.
Puppis demiſſo tantum ſtat lucida clauo.

POſt canis igitur magni caudã ſecundũ ſtellarum ordinẽ nauis cõſtituta eſt, quam quidã beneficio Mineruæ inter aſtra collocatam dicũt, quæq; prima ab ea fabricata eſt, et mare quod antea inuium fuerat hominibus peruiũ naualis ingenio fecit, quam notatam in cœlo figurauit, ſed à gubernaculis uſq; ad malũ, nõnulli dicunt Danaũ Beli filiũ ex cõpluribus coniugibus quinquaginta filias habuiſſe, fratrem aũt eius Aegyptũ totidem filios. Danaum aũt & filias eius interficere uoluit, ut regnũ paternũ ſolus obtineret, eaſq́ filiis ſuis uxores à fratre popoſcit. Danaus aũt cognita malitia Mineruã inuocauit adiutricem, tunc primũ dicitur Minerua nauim feciſſe, quæ Argos appellata eſt, cum qua Danaus ex Aphrica Argos profugit. Aegyptus filios ſuos ad perſequendũ fratrẽ miſit. Qui poſtquam Argos uenerunt patruũ impugnare cœperunt. Danaus aũt ut uidit ſe eis obſiſtere non poſſe, dedit eis filias ſuas, quæ patris iuſſu uiros ſuos una nocte interfecerunt, ſola Hypermeſtra Linum ſeruauit, ob quod phanum illis factum eſt, cæteræ uero dicuntur apud inferos in dolium pertuſum aquam ingerere. Habet autẽ nauis ſtellas in puppe quatuor, in cataſtroma quatuor, in malo ſummo tres, in ſingulis temonibus quinq;, ſub carina quinq;, ſunt omnes. xxvi.

Cetus.

DIuerſo poſita & boreæ uicina legenti,
Auſter piſtris agit duo ſidera perlegit unum.
Nanq; aries ſupra piſtrim piſceſq́ feruntur,
Bellua ſed ponti non multum præterit amnem.

POrro ſub ariete & piſcibus ſuper fluuium cetus in cœli regione collocatus eſt. Dicitur autem à Neptuno miſſus ad Cepheum propter inuidiam Nereidis, à qua contra Caſſiopeiam & Andromedam exardeſcebat propter nimiam pulchritudinem: huic cetui Andromeda propoſita erat, quẽ Perſeus interfecit, & ab Ioue aſtris illatus eſt, ut memoria actus maneret. Habet aũt ſtellas in caudę extremo claras duas, à cauda uſq; ad gibbum eius ſex, ſub uentre ſex. Sunt omnes. xiiii.

Planxere

Eridanus fluuius.

PLanxere ignotis Asiæ Phaëthontides undis,
Eridanus medius liquidis interiacet astris.
Huius pars undæ læuum ferit Orionis,
Lapsa pedem, procul amotis qui piscibus usus,
Vincula coniectat nodus cristam super ipsam,
Aequore pistris adit, sunt illi libera cœlo
Sidera nonnullam specie reddentia formam.
Sub leporisq́ latus uersam, post deniq; puppim
Inter & Eridanum flexusq́ cauumq́ carinæ.
Atq; hæc ipsa notat, si nullam ferre figuram.
Sunt etiam toto sparsi sine nomine mundi,
Inter signa ignes, etiam quibus & sua desit
Forma, per oppositi noscuntur lumina signi.

FLuuius, ut superius diximus, subter cetum collocatus est, cœli regione cernitur. Ad quem sinister Orionis pes extéditur. Ab Arato & Pherecide Eridanus Padus esse putur, & ideo inter astra collocatus, quod à meridianis partibus dirigere cernitur. Hesiodus autem dicit eum inter astra collocatum propter Phaëthonta Solis, & Clymenes filiũ: qui dicitur currum patris ascendisse, cumq́ à terra altius leuaretur, præ timore in Eridanum fluuium, qui & Padus dicitur, cecidit, ab Ioue fulmine percussus, & omnia ardere cœperunt, causáq; extinguendi uniuersos amnes immissos esse, omnéq; mortalium genus interiisse, præter Pyrrham & Deucalionem. Sorores quoq; Phaëtontis flentes in arbores populos uersæ sunt, lachrymæq́ earum in electrum durare dicuntur, Heliadesq́ appellatæ, ipsas autem nomina habuisse: Merope, Helie, Aegle, Aegiale, Petre, Phœbe, Chærie, Diosippe. Cygnus quoq;, rex Liguriæ Phaëthõtis propinquus, dum fleret, in cygnũ con uersus est, id quoq; monés flebile canit, à quibusdam uero Nilus, qui & Gyon existimatur, & ideo inter sidera collocatus, quod à meridianis partibus cursum dirigat. Est autem sidus multarum stellarum luce adornatum, & subiacet ei stella, quæ uocatur Canopus siue Ptolemæon splendens, tangitq́ temoné nauis: apparet autem humillima, eo quod circa terram esse uidetur, & nullũ sidus inferius apparet, ob quod terrestris uocatur. Habet autem stellas in primo flexu quatuor, in secundo tres, in tertio tres, usq; ad nouissimam septem, quas dicunt in ore Nili fluuii esse: sunt omnes. xvii.

INfimus hydrochoos, sed quà uestigia figit
Sunt aliæ stellæ, quà caudam bellua flectit.
Quaq́ caput piscis media regione locatæ.
Nullum nomen habent, nec causam nominis ullam,
Sic tenuis cunctis iam pene euanuit ardor,
Nec procul hinc dextra diffundit aquarius undas,
Atq; imitata cadunt errantis signa liquoris
E quibus una magis sub cauda flamma relucet.
Squamigeræ pistris pedibus subit altera signi.
Fundentis latices, est & sine honore corona.
Ante sagittiferi nullum pernicia crura.

PIscis magnus cuius nepotes dicuntur pisces qui in circulo zodiaco constituti sunt, dicitur in astra collocatus, eo quod decidens in Boeth stagno, Phacetis filia Veneris in piscem sit trãsfigurata, quam Syri deam nominauerũt. Quidam autem dicunt quod de stagno filiam Veneris saluauerit. Vnde usq; hodie Syri pisces argenteos in templo sacrauerunt. Est autem signum in parte australi, quod piscibus orientibus oritur, quem piscem dicunt aquarii urnæ habere effusionem. Habet autem stellas xii. è quibus una fertur esse sub pedibus aquarii, & tres in bracchiis eius. Ipsæ autem clariores esse cæteris noscuntur.

scuntur. Inter hæc sunt astra siue signa quæ planetæ appellantur.

Oceanum occasu tangit tanto & magis arte,
Thuribulo metæ uim cœlo suscipit, & iam
Præcipiti tactu uastis dimittitur undis.
Multa dedit natura homini rata signa salutis,
Venturamq́; nouis cladem depellere suasit.
Inter certa licet numeres sub nocte cauenda
Thuribulum, nam si sordebunt cætera cœli,
Nubibus obductis illo splendore timeto,
Ne pacem pelagi soluat uiolentior auster,
Tunc mihi siccentur astricto cornua uelo.
Erigat, emittantq́; latus per inane rudentes.
Quod si deprehensa turbauit lintea puppis,
Incubuitq́; sinu laxo, uel mergitur undis
Prona ratis, soluetq́; inimicum Nerea prora,
Vel si perspexit seruator Iuppiter æger.
Vltima persoluunt iactatæ uota salutis,
Nec metus ante fugit, quàm pars effluxerit orbis
Quæ boream cœlum spectantibus indicet ortum.

SAcrarius qui & Pharum dicitur, est signum nauigantibus semper cõtrarium, quod sequitur scorpionis caudam. Quod quidam locatum inter astra dicunt, quod in eo dii primum mutuo coniuratione͂ fecerunt, cum Iouis contra Saturnum fecit, quod memoriæ non solum astris illatum, sed etiam hominibus hoc habere institutum, quia in agonibus & ludis quinquennalibus coronæ habentur, & fœderis testes adhibentur, itemq́; uates per quos futura respondentur in symposiis domibus consecrantur, & iure Iuppiter igneu͂ sibi uelamen, ne eius fulminu͂ potẽtia deprehenderetur adhibuit. Habet stellas quatuor, duas in superficie, in qua prunæ fuisse dicũtur, duas in uase eius.

Centaurus.

INde per ingentes costas, per crura, per harmos
Nascitur intacta sonipes sub uirgine dextra,
Seu prædam è syluis portat, seu dona propinqua,
Placatura deos cultor Iouis admouet aræ,
Hic erit ille pius Chiro tutissimus omnis
Inter nubigenas, & magni doctor Achillis.
Hic humero medium scindens iter ætheris alti.
Sic tenuem traxit nubem stellasq́ue recondit,
Toto clarus equo uenientes nunciat euros.

CEntaurus dicitur Saturni & Phillyrę filius, nam Saturnus cum Iouem filium quęreret in Thracia cum Phillyra Oceani filia in equum uersus dicitur concubuisse, & ex ea Chironem centaurum natum, artis medicinæ inuentorem, ipsamq́; in arborem φίλυραν, hoc est, tiliam uersam esse, & habitasse Chironem in Pelio monte, inter homines æquissimum, à quo Aesculapius medicina, Achilles cithara, in astrologia Hercules literis instructi sunt, cuius hospitio cum Hercules uteretur, sicut Antisthenes dicit è pharetra sagitta lapsa dicitur pedem eius uulnerasse, acceptóq; uulnere illum animam exhalasse, & ab Ioue astris illatum. Est au͂t signum ad aspectu͂ Sacrarii. Vnde & ad idem Sacrarium sacrificare uidetur. Habet stellas in capite obscuras tres, in singulis humeris singulas claras, in dextro cubito unam, in eadem manu unam, in medio pectore unam, in spina duas, in uentre splendidas duas, in dextro lumbo claram unam, in cauda tres, in singulis genibus retrorsus duas, in utroq; harmo unam, in utrisq; pedibus anterioribus singulas, fiunt omnes xxxiii. Quidam arbitrantur tenere in sinistra manu arma

& leporem, in dextra uero bestiolam quæ θηρίον appellatur & θύρσον, id est, utrem uini plenum, in quo libabat diis in sacrario. Habet aūt stellas bestiola in capite unam in spina claram unam, in cauda duas, in summo pede posteriore claram unam, in anteriori pede unam claram, in thyrso tres. Sunt omnes xxxiii.

Hydra.

Hic primos ortus crater premit ulterioris,
Vocalis rostro corui super hydraq́ lucet.

Hydra super cuius caudam coruum sedere dicunt, & in medio urnam asserunt, est signum in parte australi, caput deflexum habens ad cancrū, cuius sinuosi corporis medietas est connexa sub leone, caudam uero extendit ad Centaurum, supra quā sedet coruus: qui coruus ideo inter astra collocatus dicitur, eo quod fuerit in tutela Apollinis, à quo missus ad fontem ut diis ad libandum aquam deferret, qui cum uidisset arbores grossos ficus habentes, uolans consedit in eis donec maturæ fierent, & aquam deferre distulit, post paucos autē dies peracto sacrificio cum ille ficus comedisset, & se diis peccasse sensisset, denuo ad fontem ut aquam hauriret rediit, & ab hydra exterritus uas uacuum reportauit dicens excessisse aquam, quæ fuerat in fonte, cognoscens Apollo sibi coruum peccasse, prohibuit eum eo tempore aquam bibere, ut Aristoteles dicit in eo libro, qui de bestiis scribitur. Et Isidorus in naturalibus, uel in physicis memoriæ tradidit, quod ipse peccati pœnas daret, qui & postea astris illatus est. Crater autem in medio angue positus est, caudam autem anguis coruus appetit rostro, neque potest iuxtà accedere ut bibat. Habet anguis stellas in capite claras tres, in prima flexura sex, & una ex eis obscura, ad ultimum in secūda flexura tres, in tertia quatuor, in quarta duas, in quinta usque ad caudam octo claras, fiunt omnes xxvi. Paululum sub prima flexura crater siue urna situs est inclinatus ad genua uirginis. Habet stellas in labris obscuras duas, per singula latera tres, in fundo duas, sunt omnes x. Coruus aūt qui est ad ultimā eius caudam spectās ad occasum habet stellas in capite clarā unā, in ala duas, in cauda tres, in pedibus singulas ab unguibus, sunt omnes sex, omnes simul fiunt xxxxiii.

Aethereum uenit thalamū super imbribus atrum,
Et tonitru crebráq; abscondit grandine terras.
Temperat in geminis annum, nec crede sereno,
Nubila nec diuturna putes cum sidere cancri.
Fons erit ardentis, tamen hoc in littore certum,
Flagrantis placide lucens hic temperat annum.
Composuit sedem Nemeæis finibus astrum
Virgineq́ & libra semper pendentia tantum
Nubila continua magis in statione manebunt.
Nunc quoq; nulla fides cœlum cum scorpion acer
Stat super, incerta nanq; omnia lege feruntur.
Heu quantis terras cum Iuppiter ignibus omnis
Obruet, aut glomerata cadet quam densa per astra,
Immitis grando cœlo, quam sæpe sonabit,
Cum spatium attigerit tendentis singulaq́ ignis.
Non terris imbres, ponto non flamina deerunt,
Et cœli terret sonitus mortalia corda.
Cum sedem ægoceri cithereius attigit ignis,
Horridus ad gelidos portendit aquarius ignes.
Hybernæq́ cadunt pluuiæ, concretaq́ grando.
Piscibus à geminis sub prima recurrerit astra.
Hesperus hæc tibi signa feret, cum lucifer ora
Ingreditur uenus alma polum, sed ubi hesperus ignes

Prouocat

Prouocat æthereos, & noctem ducere terris
Incipit, exoriens ecce hæc Cytherea mouebit.
Vere cauete imbres & fulmina culmine ab alto,
Phrixeum rutilo pecus irradiauerit astro,
Nubila commixtusq́ fragor pluuialibus undis,
Flaminaq́ assiduo terris tum stantia pulsu.
E cœlo diri deiecti grandinis ictus.
Vere magis nitido tauri cum sidere fulxit,
Appota geminis eadem constantia præstat,
Cum dederit soles inducit nubila cœlo,
Nubila cum fuerint subitos mirabere soles
Et modo te uento gelido modo protinus imber,
Lucent alterna superabit nube serena.
Sin leuis ingressa est spatiosi sidera cancri,
Pacem mundus habet, nonnulli corpore soles
Pestiferi incendunt: non sidera densa solutos,
Astringunt artus alieno tempore lenis,
Omnia pacato tum sidere temperat aër.
Ac rapidis idem ne solibus æstuet orbis
Efficient magni conspecta signa leonis.
Virgine erunt pluuiæ, pleriq; in nube fragores,
Concaua quos reddunt incluso nubila uento.
Detrahit autumno pluuias eademq́ repellit,
Nubibus assiduis, cœlumq́ ob frigora prima.
Extremum autumni superent glacialia terræ.
Scorpios at raris ne quis caua terra grauetur,
Horrebit pluuiis ad diros omnia nimbos,
Continuisq́ ruit cum per sinuosa tenetur.
Cornua centauri rapida distincta sagitta,
Aegoceros imbres & crebro lumine ruptos
Nubibus elidet sonitus, tremuloq́ nitore.
Flagrantis teli mortalia numina uincent.
Hæc eadem fundens prædicit Aquarius imbrem
Extremis sæuis maria increbrescere uentis.
Ostendunt pisces Veneris quos stella notarit.
Et quoniam certis extat uia cognita signis,
Accipe quid moueat mundo Cyllenius ignis.
Si modo Phœbei flammas euaserit axis.
Matutina ferens solitos per sidera cursus,
Cum pecudum uillis auratam fulserit astrum,
Ventorumq́ graues & diræ grandinis iræ.
Non intermisso patienti tempore surgent,
Qui pluuias alias etiam in regione notabis
Affore non omni, nanq; est tunc imber in aruis.
Ast ubi se taurus sinuatis cornibus effert,
Grandine significat geminis tranquilla sereni,
Et placidum nautis spondet cœlumq́ fretumq́,
Nubila atq; imbres æstus ac frigora miscet.
Certior ardor erit quamuis iuuet aura fauoni,
Cum uasti calida radiabit sede leonis,

Templa sed ætherei simul ac possederit ignis.
Omnia mixta feret, pluuias meditabitur ingens.
Vndiqꝫ grando uenit, rumpuntur culmina nimbis,
Centauri attigerit cum iam Cyllenius arcus,
Aut ubi consurgit capricornus & ipse biformis,
Aut subitos cœlo deducet crebrius imbres.
Fulminis aut iactu magnū perrumpit olympum,
Nulla serenato capricornus nubila cœlo
Comparat, aut gelidos flatus cœliqꝫ' fragores.
Non alio melius signo prædicere possis.
Piscibus hæc eadem quamuis cognoscere fas sit,
Quandoquidem exoritur mundo Cyllenius ignis.
Quid faceret primum modo cum lumine solis,
Tempus & occasus moneat quoqꝫ discere Phœbi.
Ver erit hybernis totum execrabile nimbis,
Et crebro tonitru iunget florentia rura,
Spesqꝫ' nouæ segetis quatientur grandinis ictu,
Vretur cœlum magni cum regna tonantis.
Ingrediens pecudis ingreditur aurea terga,
Hinc & Agenorei stellantia cornua tauri,
Quid úe ferant gemini rapido quid sidere cancer,
Si penitus quæras taurum sæuire uidebis.
Grandine nec contra ferri ratione probanda,
Aut cancro aut geminis calidus uestigia seruat.
Hic quo dicta leo sæuisqꝫ' caloribus ardet.
Flatus at geminis miscet tranquilla serenis,
Spiciferæqꝫ' manu tendenti libera nutu
Dissentit diuæ, sed ut hæc uentura serena
Nuntiat, & uentis cessat mare, cessat & aër.
Scorpios in pluuias rarus, sed nubibus atris,
Creber agit nimbos & sæua tonitrua portat.
Clara sagittiferi tetigit cum lumina signi,
Aegocero semper cœlo leuis excidit imber.
Frigidus at rapidis horrebit aquarius euris.
Brumalesqꝫ' dabit pluuias atqꝫ igne perenni,
Cum sonitu quatiet nubes secura laboris.
Non frustrans animum certo me limite ducat,
Hæc eadem tibi signa dabunt non irrita pisces.

SOlem per seipsum constat moueri, non cum mundo uerti, sed in zodiaci circuli obliquitate cursum peragrare paulo superius diximus, qui dum per trecentos sexagintaquique dies & quadrantem, zodiacum lustret, & singula tricenis diebus denis'qꝫ horis ac semisse, id est, dimidia hora transcurrat in cremento dimidiarum horarum quarto anno unum diem complet quem bisextum nuncupant, qui dies conficitur ex quadrantibus. Nam cum duodecies semis sex horas integras faciant, id est, quadrantem. Hic quadras quater ductus uigintiquatuor horas perfecit, idem unum diem cum sua nocte complet, & in quarto bisextū, ut præfati sumus efficit. Sol interea dum igneus sit, præ nimio motu conuersionis suæ amplius incalescit, cuius ignem dicūt philosophi aqua nutriri, & è contrario elemento uirtutem luminis & caloris accipere, unde uidemus eum sæpius madidum atque rorantem. Tunc autem eclipsim patitur, quod latine defectio dicitur, quotiens luna xxx, ad eandem lineam qua sol uehitur peruenit, eiqꝫ' se obiiciens eum

eum obscurat, unde deficere nobis uidetur, cum ei orbis lunæ opponitur. Signa enim tempestatis uel serenitatis hoc modo astrologi mundi cognoscenda esse dixerunt. Vergilius nanque ait, si sol in ortu suo maculosus sit, atque sub nube latens, aut si dimidia pars eius apparuerit, imbres futuros: item Varro ait, si exoriens concauus uidetur, ita ut è medio fulgeat & radios faciat partim ad aquilonem, partim ad austrum, tempestatem humidam & uētosam futuram innuit, item si sol inquit rubeat in occasu syncerus dies erit, si palleat tempestatem significat. Nigidius quoq; ait si pallidus sol in nigras nubes occidat, aquilonem uentum significat. Hunc etiam Græci Apollinem appellauerunt, à quo se spiritum accipere arbitrātur. ἀπόλλων enim græce, latine perdens dicitur, quod feruore suo omnem succum uirentium decoquendo perdat herbarum. Hunc etiam diuinationis Deum esse uoluerunt, siue quod sol omnia obscura manifestat in lucē, siue quod in suo processu & occasu eius orbita multimodos significationum monstret effectus. Sol dicitur aut ex eo quod solus sit, aut quod solito per dies surgat & occidat. Hunc etiā sine barba pingunt quia occidendo & nascendo semper est iunior, siue quod nunquam in sua uirtute deficiat, ut luna, quæ crescit aut minuitur. Huic quoq; illā ob causam quod aut quadripartitis temporum uarietatibus anni circulum peragat, id est, ueris, æstatis, autumni, & hyemis, aut quod quadripartito limite diei metitur spatium. Vnde & ipsis equis condigna nomina posuerunt, id est, Erythræus, Actæon, Lampros, & Philogæus, Erythræus græce ruber dicitur, quod à matutino lumine rubicundus exurgat: Actæon lucidus dicitur, quod tertia hora instante lucidior fulgeat: Lampros uero lucens uel ardens dicitur, quod fit dum ad umbilicum diei contra arcticum conscenderit circulum: Philogæus grçce terram amans dicitur, quod hora nona procliuior uergēs occasui pronus incumbat.

LVna terris uicinior est quàm sol, siue quàm cætera errantia sidera. Vnde & breuiore orbe celerius peragit cursum suum. Nam iter quod sol trecentis & sexagintaquinq; diebus & sex horis peragit, luna uigintiseptem diebus & octo horis percurrit, singula uero signa sol tricenis diebus & denis horis ac semisse. Luna autem binis diebus & semis hora bisse unius perlabitur. Vnde fit ut quantum spatii in zodiaco luna percurrit, tantum sol tredecim diebus expleat. Hanc quidam philosophorum dicunt propriū lumen non habere, globiq; eius unam partem esse lucifluam, aliam uero obscuram & paulatim se uertendo diuersas formas efficere. Alii contra aiunt lunam globum suum habere, sed ignem à sole concipere, & quantum percutitur ardescere, & quantum à sole discedit augeri. Cum uero contra steterit, feritur ex aduerso & uelut speculum non uim sed imaginem reddit, unde & defectum patitur, si inter ipsam & solem umbra terræ interueniat. Hac enim crescente uniuersa gignentia pubescunt, tenuescente tenuātur, humor etiam & spiritus omnis augescit, tumescit Oceanus, quod diuerso cœli & uagantium stellarum temperatur, atq; deteritur, & infra fluit, id excipit luna & soli tradit, quo & animalia rugescunt, & humus quodammodo animatur genitali calore, & ut ita dixerim, uiua plurimum ualent in originibus quam in ortu sunt, languent in occasu, ortum facit in stella quam sol pręterit, deinde statione matutina cum à quinto loco solis steterit in eodem manet signo donec ab eodem sole moueatur, quæ contraria est soli, mane occidit, oritur simul nocte & uocatur Chronicos. Deinde rursus altero latere à quinto signo deprehensa, pòst meridiana stationem facit donec ingresso sole idem signum sub radiis eius delitescens in totum occidat. Aspiciunt inter se stellę ex tertio signo quod dicitur trigonum, & habent maxime cōfusionem: item à quarto signo quod tetragonon & centrum uocatur, & in alterutrum maxime præstant effectum. Item ex contrario quod est septimum signum & diametron uocatur, quæ maxime aduersum cætera dissident uel leuiter aspiciunt, ut sextū quod dicitur hexagonon. Signa tropica peregrinis nationibus pręsunt & omnino motibus & consiliis subinde uariantur, atque permutantur biformia generatione, rerum omnium repetitionem significant, & interim dilationem solida uehemẽter & instanter efficiunt & ad exitum uel prospera uel aduersa perducũt, sicut aspiciuntur à stellis, uel fauentibus, uel repugnantibus. Iam uero quia de eius cursu uel ordine sub breuitate diximus, restat ut quid de ea gẽtiles senserint edicamus. Lunam gentiles Dianam, germanam Solis quem Apollinem nuncupabãt fuisse dixerunt, & sicut à sole, spiritum, ita se à luna corpus accipere arbitrabantur. Dicebant enim eam uiarũ præsidem & uirginem, eo quod in uia nihil pariat. Idcirco igitur ambo sagittas habere dicuntur, quod ipsa duo sidera de cœlo radios usq; ad terram emittant, ideo faces, quia luna illuminat, sol & illuminat & exurit, ideo bigam luna dicitur habere, siue propter uelocitatem, siue pro eo quod nocte & die apparet, ideo unum equum album & alium nigrum dicitur habere, eo quod hyeme & æstate plus luceat quàm uere & autũno. Diana autem luna dicta est quasi diane, eo quod die ac nocte apparet ipsa, & Luna eo quod luceat, & Triuia eo quod tribus fungatur figuris, de qua Vergilius ait: Tria uirginis ora Dianæ. Nam eadẽ luna, eadẽ Diana, eadẽ Proserpina uocatur, id est, cœlestis, terrestris, & infernalis. De qua quidam. Denique cum luna est sublustris splendet amictu. Cum succincta iacet calamis Latonia uirgo est. Lunã uoluerunt etiam apud inferos Proserpinam, seu quod nocte luceat, siue quod humilior currat & terris præsit, unde bigam boum habere dicitur, illo uidelicet pacto, quo detrimenta eius, non solum terra, sed & lapides uel crebra animantium, & quod magis incredibile sit etiam lætamina sentiunt, quæ in lunæ incrementis eiecta uermiculos parturiant: ipsam Dianam dictam nemoribus uolũt, simili modo quod arborum ac fruticum succo augmenta inducat. Deniq; crementis lunæ abscissa ligna furfuraceis tinearum terebra manibus fistulascunt. Nemoribus quoq; adesse dicitur, quod omnis uenatio plus nocte q̃ die dormiat. Endymionẽ uero pastorem amasse dicitur duplo scilicet modo, seu quod primus hominũ Endymion cursum lunæ inuenerit, unde & triginta annos dormisse dicitur, quia nihil aliud in uita sua nisi repertioni studuit, sicut Mnaseas in primo libro de Europa scribẽs tradidit, siue quod Endymionẽ amasse fertur, quia nocturni roris humor qui est siderũ quoq; ipsius lunę animãdis herbarũ succis insudatur & pastoralibus prosunt successibus. Præterea signa tempestates uel & serenitatis in ea uideri posse antiqui dixerunt. Nigidius ait: si luna in summo circulo maculas nigras habuerit in primis partibus mensis, imbres futuros significat, si in medio tunc cum plena sit in eo corniculo serenitatem. Cæterum si rubet quasi aurum, uentos ostendit, fit enim uentus ex aëris densitate, obducta sol & luna rubescũt. Item si cornua eius terra fuerint nebula, tempestas futura est. Aratus autem dicit, si aquilonium cornu lunæ est correctius aquilonium imminere. Item si cornu australe sit erectius notum imminere. Quarta aũt luna index futurarum certissima habetur aurarum. Vnde & Vergilius. Si in ortu quarto, nanq; is certissimus autor.

Bruma in fauonium.

CAesari nobilia sidera significant. iii. calen. Ianuarias matutino canis occidet, quo die Atticæ & finitimis regionibus aquila uespere occidere traditur. Pridie nonas Ianuarias Cæsari delphinus matutino exoritur, & postero exoritur fidicula, quãdo sagitta uesperi occidit. Item quinto Idus Ianuarias eiusdem delphini uespertinus occasus & cõtinui dies hyemis Italiæ cum sol in aquarium sentitur transire, quod fere xviii. calen. Feb. euenit. viii. Feb. regia stella appellata Tuberone, in pectore leonis occidit matutino, & pridie nonas, Febr. fidicula uesperi occidit.

A Fauonio in æquinoctium Cæsari significant iiii. calen. Mart. quatriduum uarie, & viii. calend. Mart. hirundinis usus, & postero die arcturi exortus uespertinus. Item nonas Mart. Cæsar cancri exortu id fieri obseruauit. viii. Idus Mart. Aquilonis piscis exortus, & postero die Orionis exortus, & in Attica miluus apparere obseruatur. Idibus Martiis Cæsar ferales sibi notauit scorpionis occasus. iii. calend. Aprilis Italiæ miluus ostenditur. xii. calen. Apriles equus occidit matutino.

Aequino-

AEquinoctium uernũ viii.calen.aprilis peragi uidetur. Ab eo ad Vergiliarũ exortũ matutinũ Cæsari significant.iii.nonas Aprilis in Attica Vergilię uespere occultantur. Item post pridie nonas apriles in Boëtia & Chaldęis Orion & gladius eius incipiũt abscondi. Cæsari vi. calen. Aprilis significat imbres libræ occasus.xiiii.calen. Maias succulæ occidunt uespere, sidus uehemens & terra mariq́ turbidum.xvi.calend. Maias, in Attica occidunt uesperi, Cæsari xv.calen.Maias, quatriduum significant.xii.calen.Maias Assyriis succulæ occidunt uesperi, quod uulgo appellatur sidus parilicium, quoniam xi. calen. Maias urbis Romæ natalis habetur, quo fere serenitas redditur, claritaté obseruationis membrorum augmẽto. Hyadas appellãtibus Græcis, quod nostri à similitudine cognominis uocabulũ eis stellis propter succos impositũ arbitrantur, imperiti appellauere succidas. Cæsari viii.calen. Maias notantur dies.vii.calen. Maias Aegypto hœdi exoriuntur.vi.calen.Maias. Boëtiæ & Atticæ canis uespere occultatur, & fidicula mane oritur.v.calen.Maias Assyriis Orion totus abscõditur. Quarto aũt cal. Maias Assyriis canis. vi.nonas Maias Cæsari succulæ matutino exoriũtur.& viii.Idus Maias. capella pluuialis. Aegypto aũt eodem die canis uesperi occultatur. Sic fere in vi.Idus Maias, qui est Vergiliarum exortus decurrunt sidera.

A Vergiliarum exortu significant Cæsari, post pridie Idus Maias, arcturi occasum matutinum.iii.Idus Maias, Fidiculæ exortus.xii.calen.Iunias capella uesperi occidit, & in Attica canis xi.cal.Iunias Cæsari Orionis gladius occidere incipit. iii. nonas Iunias Assyriis aquila oritur uesperi.vii.Idus Iunias arcturus matutino occidit. Italię.iiii. Idus Iunias delphinus oritur in Aegypto. xi.calen.Iulias eiusdem Orionis gladius Cæsari occidere incipit. viii.calend.Iulias longissimus dies totius anni, & nox breuissima solstitium conficit.

A Solstitio ad fidiculæ occasum vi.calen.Iulias Cæsari Orion exoritur, Zona autem eius Assyriis iiii.nonas Iulias, Aegypto uero eadem die Procyon æstuosus matutino oritur, quod sidus apud Rhomanos non habet nomen nisi canicula, quam uolumus intelligere minoré canem, ut in astris pingitur, ad æstũ maxime pertinens, sicut paulo post docebimus.iiii.nonas Iulias Chaldæis corona occidit matituno. Atticæ Orion totus eadem die exoritur, pridie Idus Iulias. Aegypto Orion desinit exoriri xv.calen. Augustas. Assyriis Chiron exoritur. Deinde post triduum fere ubiq; confusus inter omnes sidus indicãs quod canis ortu uocatus sole partem primam leonis ingresso cum fit solstitium, quod sidus accendit solem & magnam æstus obtinent causam. xvi.calen.aug. Aegypto aquila occidit matutino, etesiarumq́ prodromi flatus incipiunt, quod Cæsar x.calen. Augu. sentire Italiam existimauit: aquila Atticæ matituno occidit viii.Idus Aug. arcturus medius occidit iii.Idus Aug. Fidicula occasu suo autumnum inchoat, aut annotat, sed uera ratio id fieri inuenit pridie Idus Augu. Equus oritur uesperi & Cæsari. Aegypto delphinus occidit xi.cal.Septemb. Assyriis stella, quæ ante uindemiator appellatur, exoriri mane incipit, uindemiæ maturitatem promittens, cuius argumento erunt agni colore mutati, & Assyriis quinto calen. sept. sagitta occidit, etesiæq́ desinunt. Ante uindemiator Aegypto nonis semptemb. oritur. Atticæ arcturus matituno, & sagitta occidit mane v.Idus sept. Cæsari capella oritur uesperi. Arcturus uero pridie Idus sept. imbres uehementissimos significat, terra mariq́. Ratio eius hæc traditur, si delphino occidente imbres fuerint, non defuturi sunt per arcturum, eius signi ortum seruat hirundinum habitus, nanque deprehensæ intereunt. xvi. calend. Octobres Aegypto spica quam tenet uirgo oritur matutino, etesiǽque desinunt. xi. calendas octobres commissura piscium occidit, ipsuḿque equi sidus viii. calendas octob. iii. calend. octob. hœdi oriuntur calendis octobribus, capella matutino exoritur vi. nonas octobris. Atticæ corona exoritur mane v. nonas octobris. Heniochus occidit matutino iiii. nonas octobris. Cæsari corona exoriri incipit, & pridie nonas occidunt: hœdi uesperi viii. Idus octobris, Cæsari fulgens in corona stella exoritur, & tertio Idus Vergiliæ

uesperi

uesperi exoriuntur xviii. calend. nouemb. Succulæ uesperi oriuntur pridie calend. nouemb. Cæsari arcturus occidit, & succulæ exoriuntur cum sole, quarto nonas nouemb. arcturus occidit uesperi, & Idus nouemb. Atticæ Vergiliæ occasu suo hyemem inchoat, quinto Idus Orionis gladius occidere incipit. Deinde iii. Id. Vergiliæ occidunt, occasum matutinum Vergiliarũ Hesiodes, natura huius quoq; nominis Hesiodis astrologiam tradidit fieri.

IN æquinoctio autumni confitetur quod tales xxv. dies ab ęquinoctio Anaximander xxxi. Eucthemon xlviii. Nos autem sequentes obseruationem Cæsaris xlv. die ab æquinoctio dicimus fieri.

ANte omnia autem duo esse nomina cœlestis iniurię meminisse debemus: Vnum quod tempestates uocamus, in quibus grandines, procellæ, cæteraq; similia intelliguntur, quæ cum plenilunio acciderint, ui maiore impelluntur. Hæc ab horridis sideribus exeunt (ut sæpius diximus) ueluti arcturo, Orione, hœdis. Alia sunt illa quæ silente cœlo serenis noctibus fiunt nullo sentiente, nisi cum facta sunt publica, & magnæ sunt differentiæ à prioribus, aliis rubigenem, aliis uredinem, aliis caliginem impellentibus, omnibus uero sterilitatem. De his nunc dicemus, quæ ante nos à nullo sunt prodita, prius causas reddemus eorum, quæ sunt præter lunarem, & quæ paucis cœli locis constant. Nanque Vergilię primatum tenent ad fructus, quarum exortu æstas incipit, occasu hyems semestris spatio intra se, & messes uindemiasq́;, & omnium maturitatem amplexantur. Est præterea in cœlo qui uocatur Lacteus circulus etiam uisu facilis, huius de fluuio uelut ex ubere aliquo sata cuncta lactescũt, duorum siderum obseruatione aquilæ in septentrionali parte & in austrina caniculæ, cuius mentionem suo loco fecimus, ipse circulus fertur per Sagittarium & Geminos, solis centrum infra æquinoctialem circulum secans, commissuras eorum obtinens, hinc aquila illinc canicula, ideo effectus utriusque ad omnes frugiferas pertinet terras, quoniam in his tantum locis solis terræq́; centra congruunt. Igitur horum siderum diebus si purus atque mitis aër genitalem illum lacteumq́; succum transmiserit in terras, læta adolescunt sata, si luna qua dictum est ratione roscidum frigus asperserit, admixta amaritudo, ut in lacte puerperium necat, modus in terris: huius iniuriæ quam fecit in quacunque conuexitate comitatus utriusque causæ, & ideo non pariter in toto orbe sentitur, ut nec dies. Aquilam diximus in Italia exoriri xiii. calend. Ianuarias, nec patitur ratio naturæ quicquam in satis ante eum diem spei esse certæ. Si uero interluniũ incidat, omnes hybernos fructus lædi necesse est. Rudis fuit priscorum uita, atque sine literis, non minus tamen ingeniosam fuisse in illis obseruationem apparebit, quàm nunc esse rationem. Tria nanq; tempora fructibus metuebant, propter quod instituerunt ferias, diesq́; festos, rubigalia, floralia, uinalia: Rubigalia Numa constituit anno regni sui xi. quæ nunc aguntur ad vii. calen. Maii, quoniam tunc fere segetes rubigo occupat. Hoc tempus Varro determinat sole tauri partem decimam obtinente, sicut tunc ferebat ratio, sed uera causa est quod post dies xix. ab æquinoctio uerno, per id quatriduum uaria gentium obseruatione, in quatto calend. Maii, canis occidit sidus, & per se uehemens, & cui præoccidere caniculam necesse sit. Idem itaque floralia quatto calend. easdem instituerunt urbis anno dxvi. ex oraculis Sibyllæ, ut omnia bene deflorescerent: hunc diem Varro determinat sole tauri partem quartamdecimam obtinente. Ergo si in hoc quatriduum inciderit plenilunium, fruges & omnia quæ florebunt lædi necesse erit. Vinalia priora quę ante hos dies sunt ix. calend. Mart. degustandis uinis instituta nihil ad fructus attinẽt, nec quæ adhuc diximus ad uites oleasq́;, quoniam earum conceptus exortu uergiliarũ incipit, ad sextum Idus Maii, ut docuimus, aliud hoc quatriduum est, quod neq; rore sordere uelint, exhorrent enim frigidum sidus arcturi postridie occidens, & multominus plenilunium incidere quarto nonas Iunias iterum aquila exoritur uesperi, decretorio die florentibus oleis uitibusq; si pleniluniũ incidat, in eum equidem & solstitium

octauo

octauo calen. Iunias in simili casu dixerim & canis ortum post dies à solstitio xxiii. sed interlunio accidente, quoniam uapore constat culpa, aciniq; præcoquũtur in callum. Rursus plenilunium nocet ad quartum nonas Iulias, cum Aegypo canicula exoritur, uel certe xvi. calend. Augusti, cum Italiæ item iiii. calen. Aug. cum aquila occidit, usq; in x. calen. eiusdem Extra has causas sunt uinalia altera quæ aguntur xiii. calen. septem. Et Varro, à fidicula incipiente occidere mane, determinat quod uult initiũ autumni esse, & hunc diem festum tempestatibus leniendis esse institutum, nunc fidiculam occidere sexto idus Aug. obseruatur. Intra hæc constat cœlestis sterilitas: neq; negauerim posse eã permutari arbitrio legentium, locorum æstimãtium naturas, sed à nobis rationem esse demonstratam satis est reliqua obseruatione cuiusque constabunt. Alterutrum quidem fore in causa, hoc est, plenilunium, aut interlunium non erit dubium, & in hoc mirabilem admirari benignitatem naturæ succurritiam primum hanc iniuriam omnibus annis accidere non posse propter status siderum cursus, nec nisi paucis noctibus anni, idq; quando sit futurum facile nosci, ac ne per omnes menses timeretur earum quoque lege diuisum æstate interlunia, præter quã biduo secura esse hyeme plenilunia, nec nisi æstiuis breuissimisq; noctibus metui, non diebus item ualere. Præterea tam facile intelligi, ut formica minimum animal interlunio quiescat, plenilunio & etiã noctibus operetur. Auem param oriente syrio ipso die nõ apparere, & donec occidat: ediuerso uirionem prodire ipso solstitii die. Neutrum uero lunæ statum noxium esse, nec noctibus quidem nisi serenis, & omni aurea quiescente, quoniam neq; in nube neq; in flatu cadunt rores, sic quoq; non sine remedio sarmenta aut palearum aceruos, & euulsas herbas fruticesq; per uineas camposq; cum timebis, incendito, fumus medebitur, hic è paleis & contra nebulas auxiliatur, ubi nebulæ nocent. Quidã tres cancros uiuos cremari iubent in arbustis ut carbunculi non noceant. Alii siluri carnẽ leuiter uri à uento per totam uineam fumus dispergatur. Varro autor est, quod si fidiculę occasu, quod est initium autumni, una pica cõsecretur inter uites, minus nocere tempestates. Archibius ad Antiochũ Syrię regem scripsit, si fictili nouo obserata obruatur rubeta rana in media segete, non esse noxias tempestates.

VErtices extremos circa quos cœli sphęra uoluitur polos nũcupauere, è quibus unus est septentrionalis, qui boreus appellatur, qui nunquã occidit: alter australis, qui terræ obiectus à nobis nunquam uidetur, & austronotus dicitur, quẽ quidam dicunt esse Thetin Oceani uxorem, nutricem Iunonis, quæ fingitur in Oceano prohiberi occidere. Hæc habet stellas in capite septem non claras, in utraq; aure duas, in harmo unam, in pectore claram unam, in pede priori unam, in fœmore posteriori duas, in pede extremo posteriori duas, in cauda tres. Sunt omnes xx.

Finis.

ΑΡΑΤΟΥ ΣΟΛΕΩΣ
ΦΑΙΝΟΜΕΝΑ.

Ἐκ Διὸς ἀρχώμεσθα, τὸν οὐδέποτ' ἄνδρες ἐῶμεν
Ἄρρητον. μεσταὶ δὲ Διὸς πᾶσαι μὲν ἀγυιαί,
Πᾶσαι δ' ἀνθρώπων ἀγοραί. μεστὴ δὲ θάλασσα,
Καὶ λιμένες. πάντη δὲ Διὸς κεχρήμεθα πάντες.
Τοῦ γὰρ καὶ γένος εἰμέν. ὁ δ' ἤπιος ἀνθρώποισι
Δεξιὰ σημαίνει. λαοὺς δ' ἐπὶ ἔργον ἐγείρει,
Μιμνήσκων βιότοιο. λέγει δ' ὅτε βῶλος ἀρίστη
Βουσί τε καὶ μακέλῃσι. λέγει δ' ὅτε δεξιαὶ ὧραι,
Καὶ φυτὰ γυρῶσαι, καὶ σπέρματα πάντα βαλέσθαι.
Αὐτὸς γὰρ τάγε σήματ' ἐν οὐρανῷ ἐστήριξεν,
Ἄστρα διακρίνας. ἐσκέψατο δ' εἰς ἐνιαυτὸν
Ἀστέρας, οἵ κε μάλιστα † τετυγμένα σημαίνοιεν
Ἀνδράσιν ὡράων, ὄφρ' ἔμπεδα πάντα φύωνται.
Τῷ μιν ἀεὶ πρῶτόν τε καὶ ὕστατον ἱλάσκονται.
Χαῖρε πάτερ μέγα θαῦμα, μέγ' ἀνθρώποισιν ὄνειαρ,
Αὐτὸς καὶ προτέρη γενεή. χαίροιτε δὲ μοῦσαι.
Μειλίχιαι μάλα πᾶσαι. ἐμοίγε μὲν ἀστέρας εἰπεῖν,
Εἰ θέμις εὐχομένῳ, τεκμήρατε πᾶσαν ἀοιδήν.
Οἱ μὲν ὁμῶς πολέες τε, καὶ ἄλλυδις ἄλλοι ἐόντες,
Οὐρανῷ ἕλκονται πάντ' ἤματα συνεχὲς αἰεί.
Αὐτὰρ ὅγ' οὐδ' ὀλίγον μετανίσεται, ἀλλὰ μάλ' αὔτως
Ἄξων αἰὲν ἄρηρεν. ἔχει δ' ἀτάλαντον ἁπάντη
Μεσσηγὺς γαῖαν. περὶ δ' οὐρανὸς αὐτὸν ἀγινεῖ.
Καί μιν πειραίνουσι δύω πόλοι ἀμφοτέρωθεν.
Ἀλλ' ὁ μὲν οὐκ ἐπίοπτος, ὁ δ' ἀντίος ἐκ βορέαο,
Ὑψόθεν ὠκεανοῖο. δύω δέ μιν ἀμφὶς ἔχουσαι
Ἄρκτοι, ἅμα τροχόωσι. τὸ δὴ καλέονται ἅμαξαι.
Αἱ δ' ἤτοι κεφαλὰς μὲν ἐπ' ἰξύας αἰὲν ἔχουσιν
Ἀλλήλων. αἰεὶ δὲ κατωμάδιαι φορέονται,
Ἔμπαλιν εἰς ὤμους τετραμμέναι. εἰ ἐτεὸν δή,
Κρήτηθεν κεῖναι δὲ Διὸς μεγάλου ἰότητι
Οὐρανὸν εἰσανέβησαν, τὸ μιν τότε κουρίζοντα
Δικτῷ ἐν εὐώδει ὄρεος σχεδὸν ἰδαίοιο
Ἄντρῳ ἐγκατέθεντο, καὶ ἔτρεφον εἰς ἐνιαυτόν,
Δικταῖοι κούρητες, ὅτε κρόνον ἐψεύδοντο.
Καὶ τὴν μὲν, κυνόσουραν ἐπίκλησιν καλέουσι,
Τὴν δ' ἑτέρην, ἑλίκην. ἑλίκῃ γε μὲν ἄνδρες ἀχαιοὶ
Εἰν ἁλὶ τεκμαίρονται ἵνα χρὴ νῆας ἀγινεῖν.
Τῇ δ' ἄρα φοίνικες πίσυνοι περόωσι θάλασσαν.
Ἀλλ' ἡ μὲν καθαρὴ καὶ ἐπιφράσσασθαι ἑτοίμη,
Πολλὴ φαινομένη ἑλίκη πρώτης ἀπὸ νυκτός,
Ἡ δ' ἑτέρη ὀλίγη μὲν, ἀτὰρ ναύτῃσιν ἀρείων,
Μειοτέρῃ γὰρ πᾶσα περιστρέφεται στροφάλιγγι.
Τῇ καὶ σιδόνιοι ἰθύντατα ναυτίλλονται.
Τὰς δὲ δι' ἀμφοτέρας, οἵη ποταμοῖο ἀπορρώξ,
Εἰλεῖται μέγα θαῦμα δράκων περί τ' ἀμφί τ' ἐαγὼς
Μυρίος. αἱ δ' ἄρα οἱ σπείρης ἑκάτερθε φέρονται

τετυγμένα) facta, faciunda: alij, euentus. Quae quouis tempore facienda sunt praedicerent &c.

ὅ μιν τότε κουρίζοντα) ὅτι μιν.

Ἄρκτοι

ARATI SOLENSIS APPARENTIA.

A Ioue principium: quem nunquam mittimus ipsi
Infatum. plena uero Iouis omnia quidem cōpita:
Omnes uero hominum cœtus: plenū uero mare,
Et portus. Vbiq; aūt Ioue indigemus omnes.
Huius etenim genus sumus. Hic uero beneuolus hominibus
Commoda significat: populos autem ad opus excitat,
Cōmonens uictus: prædicat item quando gleba optima
Bobusq́ & ligonibus: prędicat inquā quando secunda tépora,
Et plantas scrobibus infodere, & semina quælibet iacere.
Ipse enim signa in cœlo firmauit,
Sidera dispertitus: prouidit uero ad annum
Stellas, quæ potissimum faciunda indicarent
Hominibus temporum, quò stata cuncta nascerentur.
Eóq; ipsum semper primumq́ & ultimum placant.
Salue pater, magna admiratio, magna homnibus utilitas:
Ipse, & prior generatio. Saluete uero Musæ
Suauissimæ omnes, mihi quidem stellas dicendi,
Si fas oranti, promite omnem cantum.
Hæ quidem simul multæq́, & alibi aliæ existentes
Cœlo uoluuntur omnibus diebus continuo per æuum.
At ne tantillū quidem circumuertitur, sed plane immobiliter
Axis semper firmatus est: habetq́ æquilancinam omnino
In medio terram: circa autem cœlum hunc se uersat.
Etiam ipsum terminant duo poli utrinq;:
Verū ille quidé non conspicuus, hic uero oppositus est è Borea
Ex alto supra Oceanum. Duæ aūt ipsum circumtenentes
Vrsæ, unà currunt: eoq́ uocantur plaustra.
Quæ scilicet capita quidem ad lumbos semper habent
Inuersim: semper uero resupinæ circumferuntur,
Vicissim in humeros uersæ (si credere dignum)
E Creta uero illæ Iouis magni beneficio
Cœlum ascenderunt: quia ipsum olim infantientem
Dicto in odoro montem propè Idæum,
Antro imposuerunt, atq; nutrierunt per annum,
Dictæi Curetes, quando Saturnum fallebant.
Qui hanc quidem Cynosuram cognomine dicunt,
Alteram uero Helicen. Helice quidem uiri Achiui
In mari signant, quò oporteat naues dirigere:
Altera uero Phœnices fisi, persulcant mare.
At Helice quidem clara est ac obseruatu parata,
Multa lucens prima à nocte:
Altera uero obscura quidem, sed nautis aptior:
Minori enim tota circumuersatur orbe.
Hac quoq; Sidonii rectissime nauigant.
Has uero per ambas, qualis fluuii decursus
Volutatur (horrendū ingens) draco circumcirca distractus
Immensus. Verum ei ex utraq; parte spiræ hærent

Ἄρκτοι, κυανέου πεφυλαγμέναι ὠκεανοῖο.
Αὐτὰρ ὅ γ᾽ ἄλλην μὲν νεάτῃ ἀποτείνεται οὐρῇ.
Ἄλλην δὲ σπείρῃ περιτέμνεται. ἡ μέν οἱ ἄκρη
Οὐρὴ πὰρ κεφαλὴν ἑλίκης ἀναπαύεται ἄρκτου.
Σπείρῃ δ᾽ ἐν κυνόσουρα κάρη ἔχει, ἡ δὲ κατ᾽ αὐτὴν
Εἰλεῖται κεφαλήν, καί οἱ ποδὸς ἔρχεται ἄχρις.
Ἐκ δ᾽ αὖτις παλίνορσος ἀνατρέχει. οὐ μὲν ἐκείνῃ
Οἰόθεν, οὐδ᾽ οἶος κεφαλῇ ἐπιλάμπεται ἀστήρ.
Ἀλλὰ δύο κροτάφοις, δύο δ᾽ ὄμμασιν, εἷς δ᾽ ὑπένερθεν
Ἐσχατιὴν ἐπέχει γένυος δεινοῖο πελώρου.
Λοξὸν δ᾽ ἐστὶ κάρη. νεύοντι δὲ πάμπαν ἔοικεν
Ἄκρην εἰς ἑλίκης οὐρήν. μάλα δ᾽ ἐστὶ κατ᾽ ἰθὺ
Καὶ στόμα καὶ κροτάφοιο τὰ δεξιὰ νειάτῳ οὐρῇ.
Κείνη που κεφαλὴ τῇ νίσσεται, ἧχί περ ἄκραι
Μίσγονται δύσιές τε καὶ ἀντολίαι ἀλλήλῃσι.
Τῆς δ᾽ αὐτοῦ μογέοντι κυλίνδεται ἀνδρὶ ἐοικὸς
Εἴδωλον. τὸ μὲν οὔτις ἐπίσταται ἀμφαδὸν εἰπεῖν,
Οὐδ᾽ ὅτινι κρέμαται κεῖνος πόνῳ. ἀλλά μιν αὔτως
Ἐν γόνασι καλέουσι, τὸ δ᾽ αὖτ᾽ ἐν γόνασι κάμνον
Ὀκλάζοντι ἔοικεν. ἀπ᾽ ἀμφοτέρων δέ οἱ ὤμων
Χεῖρες ἀείρονται. τάνυταί γε μὲν ἄλλυδις ἄλλη
Ὅσσον ἐπ᾽ ὀργυιήν. μέσσου δ᾽ ἐφύπερθε καρήνου
Δεξιτεροῦ ποδὸς ἄκρον ἔχει σκολιοῖο δράκοντος.
Αὐτοῦ κἀκεῖνος στέφανος, τὸν ἀγαυὸν ἔθηκε
Σῆμ᾽ ἔμεναι Διόνυσος ἀποιχομένης Ἀριάδνης,
Νώτῳ ὑποστρέφεται κεκμηότος εἰδώλοιο.
Νώτῳ μὲν στέφανος πελάει. κεφαλῇ γε μὲν ἄκρῃ
Σκέπτεο πὰρ κεφαλὴν ὀφιούχου. ἐκ δ᾽ ἄρ᾽ ἐκείνης
Αὐτὸν ἐπιφράσσαιο φαεινόμενον ὀφιοῦχον.
Τοῖοί οἱ κεφαλῇ ὑποκείμενοι ἀγλαοὶ ὦμοι
Εἴδονται. κεῖνοί γε καὶ ἂν †διχόμηνι σελήνῃ
Εἰσωποὶ τελέθοιεν. ἀτὰρ χέρες οὐ μάλα ἶσαι.
Λεπτὴ γὰρ τῇ καὶ τῇ ἐπιδέδρομεν αἴγλη.
Ἀλλ᾽ ἔμπης κἀκεῖναι ἐπόψιαι, οὐ γὰρ ἐλαφραί.
Ἀμφότεραι δ᾽ ὄφιος πεπονείαται, ὅς ῥά τε μέσσον
Δινεύει ὀφιοῦχον. ὁ δ᾽ ἐμμενὲς εὖ ἐπαρηρὼς
Ποσσὶν ἐπιθλίβει μέγα θηρίον ἀμφοτέροισι
Σκορπίον. ὀφθαλμῷ τε καὶ ἐν θώρηκι βεβηκὼς
Ὀρθός. ἀτάρ οἱ ὄφις γε δύο στρέφεται μετὰ χερσίν,
Δεξιτερῇ ὀλίγος, σκαιῇ γε μὲν ὑψόθι πολλός.
Καὶ δή οἱ στεφάνῳ παρακέκλιται ἄκρα γένεια.
Νειόθι δὲ σπείρης μεγάλας ἐπιμαίεο χηλάς.
Ἀλλ᾽ αἱ μὲν φαέων ἐπιδευέες, οὐδὲν ἀγαυαί.
Ἐξόπιθεν δ᾽ ἑλίκης φέρεται ἐλάοντι ἐοικὼς
Ἀρκτοφύλαξ. τόν ῥ᾽ ἄνδρες ἐπικλείουσι Βοώτην,
Οὕνεχ᾽ ἁμαξαίης ἐπαφώμενος εἴδεται ἄρκτου.
Καὶ μάλα πᾶς ἀρίδηλος. ὑπὸ ζώνῃ δέ οἱ αὐτὸς
Ἐξ ἄλλων Ἀρκτοῦρος ἑλίσσεται ἀμφαδὸν ἀστήρ.
Ἀμφοτέροισι δὲ ποσσὶν ὑποσκέπτοιο Βοώτου
Παρθένον, ἥ ῥ᾽ ἐν χερσὶ φέρει στάχυν αἰγλήεντα.

ἐν γόνασι) In genubus. Hoc ignotū signū alijs nominibus uocat. γνὺξ ἥμενον, αἰεὶ γνὺξ, ἐπὶ σκελέεσσι πέτηλον, κεκμηὸς εἴδωλον, ἀπευθὲς εἴδωλον.

διχόμηνι) Medio mense, id est, plena luna, cuius luce astra obscurātur. Veteres Græci mēsem augmento decrementoq; lunæ directe apputare solebāt, sicut in Hesiodi scholijs ostēdimus: unde tēpore semestri semper necesse erat lunæ apparere orbem plenum.

Vrsæ, cæruleo seruatæ Oceano.
Sed hic alteram quidem extrema emetitur cauda,
Alteram uero spira circumscribit, ei quidem summa
Cauda ad caput Helices quiescit Vrsæ:
In spira uero Cynosura caput habet: hæc aũt circumipsum
Gyratur caput: eiq́ ad pedem uenit usq;.
Rursus uero retrofugus recurrit, non quidem illa
Ex sola parte: neq; sola in capite splendet stella,
Sed duæ in temporibus, duæ uero in oculis: unus aũt inferius
Extremitatem occupat genæ horrendi monstri.
Incuruũ aũt est caput, nutanti uero prorsus assimilatum est
Extremã in Helices caudam: omnino uero sunt ex directo
Et os & temporis dextera extremæ caudæ,
Illud fermè caput hàc natat, ubi quidem extremi
Miscentur occasusq́ & ortus sibi inuicem.
Hoc uero prope laboranti uoluitur uiro simile
Idolum, quod quidem nemo scit manifesto dicere:
Neq; cui incumbat ille labori, sed ipsum uulgo
Engonasi uocant: eo quod in genubus laborans
Geniculanti simile est: super ambabus uero ei humeris
Manus eleuantur: distenditur certe hinc inde
Quantum ad manum passum, medio uero super capite
Dextri pedis imum habet tortuosi draconis.
Ibidem & illa corona, quam lucidum posuit
Signum esse Bacchus morientis Ariadnæ,
Humero subuoluitur fatigati idoli,
Humero quidem Corona uicina est, caput uero summum
Obserua iuxta caput Serpentarii: ex illo nanq;
Ipsum deprehendas licet splendidum Serpentarium.
Quales sibi capiti subiacentes clari humeri
Apparent: ii quidem etiam plena luna
Conspicuæ essent. Sed manus non admodum æquales:
Tenuis nanq; hincinde exit splendor:
Attamen etiã illæ contemplabiles, non enim modicæ sunt.
Ambæ autem serpente fatigantur: qui quidem medium
Inuoluit Serpentariũ: hic uero constanter aptéq; innixus
Pedibus conterit magnam feram ambobus
Scorpium, oculóq; & in pectore calcans
Rectus, sed ei serpens ambas uoluitur per manus,
Dexteram modicus, sinistram uero superne multus.
Atq; ei sanè Coronam attingunt supremæ genæ.
Subter spiram autem magnas inquire Chelas,
Sed hæ quidem luminum indigę, nequaquã splendidæ.
At post Helicen circumfertur auriganti similis
Arctophylax, quem quidẽ homines cognominant Booten,
Eò quod plaustrum contrectare uidetur Vrsæ.
Atq; adeo totus perspicuus est, sub zona uero sibi ipse
Præ aliis Arcturus obuoluitur lucida stella.
Verum ambobus sub pedibus obseruato bubulci
Virginem, quæ quidem in manibus gerit spicam splendidam.

Illud fermè caput hàc natat) Caput Draconis pertingit usque ad maximũ circulũ semper apparẽtium, habitantibus clima Macedoniæ seu Hellesponti. Sub hoc circulo miscẽtur extremi ortus & occasus: Nam quæ proxime sunt intra hunc circulũ occidere, quæ extra, semper apparere incipiunt. Veteres astronomi, sicut Proclus, hũc circulum Arcticum uocauere: atq; è regione Austri maximũ semper occultorũ Antarcticum. At neoterici iam istos circulos per polum zodiaci circum polum mundi descriptos intelligunt: Quo fit ut isti duo circuli omnibus habitationibus apud iuniores stati maneant, apud ueteres secundũ climatũ diuersitatẽ uarient.

Εἴτ' οὖν ἀστραίου κείνη γένος, ὅν ῥά τέ φασιν
Ἄστρων ἀρχαῖον πατέρ' ἔμμεναι, εἴτε τευ ἄλλου,
Εὔκηλος φορέοιτο. λόγος γε μὲν ἐντρέχει ἄλλος
Ἀνθρώποις, ὡς δῆθεν ἐπιχθονίη πάρος ἦεν.
Ἤρχετο δ' ἀνθρώπων κατεναντίη. οὐδέ ποτ' ἀνδρῶν,
Οὐδέ ποτ' ἀρχαίων ἠνήνατο φῦλα γυναικῶν.
Ἀλλ' ἀναμὶξ ἐκάθητο καὶ ἀθανάτη περ ἐοῦσα.
Καί ἑ δίκην καλέεσκον. ἀγειρομένη δὲ γέροντας,
Ἠέ που εἰν ἀγορῇ, ἢ εὐρυχόρῳ ἐν ἀγυιῇ,
Δημοτέρας ἤειδεν ἐπισπέρχουσα θέμιστας.
Οὔπω λευγαλέου τότε νείκεος ἠπίσταντο,
Οὐδὲ διακρίσιος περιμεμφέος, οὐδὲ κυδοιμοῦ.
Αὔτως δ' ἔζωον. χαλεπὴ δ' ἀπέκειτο θάλασσα,
Καὶ βίον οὔπω νῆες ἀπόπροθεν ἠγίνεσκον,
Ἀλλὰ βόες ἄροτρα. καὶ αὐτὴ πότνια λαῶν
Μυρία πάντα παρεῖχε δίκη δώτειρα δικαίων.
Τόφρ' ἦν ὄφρ' ἔτι γαῖα γένος χρύσειον ἔφερβεν.
Ἀργυρέῳ δ' ὀλίγη τε καὶ οὐκέτι πάμπαν ἑτοίμη
Ὁμίλει, ποθέουσα παλαιῶν ἤθεα λαῶν.
Ἀλλ' ἔμπης ἔτι κεῖνο κατ' ἀργύρεον γένος ἦεν.
Ἤρχετο δ' ἐξ ὀρέων ὑποδείελος ἠχηέντων
Μυνάξ. οὐ δή τεῳ ἐπεμίσγετο μειλιχιοισιν.
Ἀλλ' ὁπότ' ἀνθρώπων μεγάλας πλήσαιτο κολώνας,
Ἠπείλει δ' ἤπειτα καθαπτομένη κακότητος.
Οὐδ' ἔτ' εἰσωπὸς ἐλεύσεσθαι καλέουσιν.
Οἵην χρύσειοι πατέρες γενεὴν ἐλίποντο
Χειροτέρην. ὑμεῖς δὲ κακώτερα τεξείεσθε.
Καὶ δή που πόλεμοι καὶ δὴ καὶ ἀνάρσιον αἷμα
Ἔσσεται ἀνθρώποισι. κακοῖς δ' ἐπικείσεται ἄλγος.
Ὣς εἰποῦσ' ὀρέων ἐπεμαίετο. τοὺς δ' ἄρα λαοὺς
Εἰς αὐτὴν ἔτι πάμπαν ἐλίμπανε παπταίνοντας.
Ἀλλ' ὅτε δὴ κἀκεῖνοι ἐτέθνασαν, οἱ δ' ἐγένοντο,
Χαλκείη γενεή, προτέρων ὀλοώτεροι ἄνδρες.
Οἳ πρῶτοι κακοεργὸν ἐχαλκεύσαντο μάχαιραν
Εἰνοδίην. πρῶτοι δὲ βοῶν ἐπάσαντ' ἀροτήρων.
Καὶ τότε μισήσασα δίκη κείνων γένος ἀνδρῶν,
Ἔπταθ' ὑπουρανίη. ταύτην δ' ἄρα νάσσατο χώρην
Ἧχί περ ἐννυχίη ἔτι φαίνεται ἀνθρώποισι
Παρθένος, ἐγγὺς ἐοῦσα πολυσκέπτοιο βοώτου.
Τῆς ὑπὲρ ἀμφοτέρων ὤμων εἱλίσσεται ἀστὴρ
Δεξιτερῇ πτέρυγι, προτρυγητὴρ δ' αὖτε καλεῖται.
Τόσος μὲν μεγέθει, τοίῃ δ' ἐγκείμενος αἴγλῃ,
Οἷος καὶ μεγάλης οὐρῆς ὑποφαίνεται ἄρκτου.
Δεινὴ γὰρ κείνῃ, δεινοὶ δέ οἱ ἐγγύθεν εἰσὶν
Ἀστέρες. οὐκ ἂν τούς γε ἰδὼν ἐπιτεκμήραιο.
Οἷος οἱ πρὸ ποδῶν φέρεται καλός τε μέγας τε,
Εἷς μὲν ὑπ' ὠμαίων, εἷς δ' ἰξύοθεν κατιόντων,
Ἄλλος δ' οὐραίοις ὑπὸ γούνασιν. ἀλλ' ἄρα πάντες
Ἁπλόοι ἄλλοθεν ἄλλος ἀνωνυμίῃ φορέονται.
Κρατὶ δέ οἱ δίδυμοι. μέσσῃ δ' ὑπὸ καρκίνος ἐστί.

Ἤλαδιν) Lego ἤλεξεν, pro ἤδιξεν. Nunquam enim nemini me legisse ἤλαδιν.

Ποσσὶ

Siue igitur Astræi illa proles, quem utiq; ferunt
Astrorum primæuorũ patrem esse, siue cuiuspiam alius,
Secura uersetur, fabula certe incidit alia
Hominibus, quod ferè in terra conuersata quodam sit.
Veniebat autem hominum in conspectũ: nec unquam uirorum
Nec unquam ueterum recusabat cœtus mulierum:
Sed permixtim considebat quamuis immortalis esset.
Atq; ipsam Iustitiam uocabant. Congregans autem senes,
Aut alicubi in foro, aut propatulo in compito,
Ciuiles monstrabat studiosa leges.
Nondum perniciosam tunc litem norant.
Nec disceptationem contentiosam, neq; seditionem,
Sed simpliciter uiuebant, periculosum aũt procul aberat mare
Atq; uictum nondum naues è longinquo ducebant,
Sed boues aratra: Etiam ipsa domina populorum
Copiosa omnia suppeditabat iustitia datrix iustorum.
Tamdiu aderat quamdiu item terra genus aureum fouebat.
Argenteo autem raráq; & non amplius omnino parata
Conuersabat, desiderans ueterum mores populorum:
Veruntamen adhuc illo argenteo seculo erat:
Sed ueniebat è montibus post crepusculum argutis
Solitaria: neq; cuiquam congrediebatur blanditiis.
Verum quando hominum magnas impleuisset urbes,
Increpabat subinde carpens malitiam.
Neq; amplius, inquit, uisendam me dabo uenire rogantibus.
Mirum quàm aurei patres seculum reliquerint
Deterius: uos autem peiora generabitis.
Tunc scilicet bella atq; etiam promiscue fusus cruor
Futurus est hominibus: malo autem impendebit dolor.
Sic locuta montes repetebat. Verum populos
In ipsam adhuc, prorsus deserebat, oculos coniicientes.
Cæterum quando etiam illi obierunt, alii nati sunt,
Aenea ætas, prioribus perniciosiores homines.
Qui primi maleficum fabricarunt gladium
Viatorium: primi etiam boues edere ceperunt operarios.
Atq; tunc exosa iustitia illorum genus hominum,
Volauit sub cœlum: eamq́; forte occupauit regionem,
Vbinam nocturna adhuc cernitur hominibus
Virgo, uicine existens perspicuo bubulco.
Cuius super ambobus humeris circumuertitur stella
Ad dexteram alam: præuindemiator autem uocatur:
Tanta quidem magnitudine, taliq́; insidens splendori,
Qualis etiam magnæ sub cauda lucet ursæ.
Ardens profecto illa: ardentes etiam ei cominus sunt
Stellæ, nec forsan hasce contuitus tibi inquisitione opus fuerit.
Qualis ei ante pedes fertur claráq; magnáq;,
Vna quoq; sub humeris, una item lumbotenus obeuntium,
Alia præterea posterioribus sub genubus. Aliæ uero omnes
Mediocres alibi alia sine nomenclatura feruntur.
Capiti autem ei Gemini, mediæ uero Cancer subest:

Ποσὶ δ' ὑπ' ἀμφοτέροισι λέων ὑπὸ καλὰ φαείνει.
Ἔνθα μὲν ἠελίοιο θερείταταί εἰσι κέλευθοι.
Αἱ δέ που ἀσταχύων κενεαὶ φαίνονται ἄρουραι
Ἠελίου τὰ πρῶτα συνερχομένοιο λέοντι.
Τῆμος καὶ κελάδοντες ἐτησίαι εὐρέϊ πόντῳ
Ἀθρόοι ἐμπίπτουσι. ὁ δὲ πλόος οὐκ ἔτι κώπαις
Ὥριος. εὐρεῖαί μοι ἀρέσκοιεν τό τε νῆες.
Εἰς ἄνεμον δὲ τὰ πηδὰ κυβερνητῆρες ἔχοιεν.
Εἰ δέ τοι ἡνιοχόν τε καὶ ἀστέρας ἡνιόχοιο
Σκέπτεσθαι δοκέοι, καί τοι φάτις ἤλυθεν αἰγὸς
Αὐτῆς, ἠδ' ἐρίφων, οἵτ' εἰν ἁλὶ πορφυρούσῃ
Πολλάκις ἐσκέψαντο κεδαιομένους ἀνθρώπους,
Αὐτὸν μέν μιν ἅπαντα μέγαν διδύμων ἐπὶ λαιὰ
Κεκλιμένον δήεις. ἑλίκης δέ οἱ ἄκρα κάρηνα
Ἀντία δινεῖται. σκαιῷ δ' ἐπελήλαται ὤμῳ
Αἲξ ἱερή. τὴν μέν τε λόγος διὶ μαζὸν ἐπισχεῖν.
Ὠλενίην δέ μιν αἶγα διὸς καλέουσ' ὑποφῆται.
Ἀλλ' ἡ μὲν πολλή τε καὶ ἀγλαή. οἱ δέ οἱ αὐτοῦ
Λεπτὰ φαείνονται ἔριφοι καρπὸν κατὰ χειρός.
Πὰρ ποσὶ δ' ἡνιόχου κεραὸν πεπτηότα ταῦρον
Μαίεσθαι. τὰ δέ οἱ μάλ' ἐοικότα σήματα κεῖται.
Τοίη οἱ κεφαλὴ διακέκριται. οὐδέ τις ἄλλῳ
Σήματι τεκμήραιτο κάρη βοός. οἷά μιν αὐτοὶ
Ἀστέρες ἀμφοτέρωθεν ἑλισσόμενοι τυπόωσι.
Καὶ λίην κείνων ὄνομ' εἴρεται. οὐδέ τοι αὔτως
Νήκουστοι ὑάδες. ταὶ μέν ῥ' ἐπὶ παντὶ μετώπῳ
Ταύρου βεβλέαται. λαιοῦ δὲ κεραίατος ἄκρον,
Καὶ πόδα δεξιτερὸν παρακειμένου ἡνιόχοιο.
Εἷς ἀστὴρ ἐπέχει. συνεληλάμενοι δὲ φέρονται.
Ἀλλ' αἰεὶ ταῦρος προφερέστερος ἡνιόχοιο
Εἰς ἑτέρην καταβῆναι, ὁμηλυσίῃ περ ἀνελθών.
Οὐδ' ἄρα κηφῆος μογερὸν γένος ἰασίδαο
Αὔτως ἄρρητον κατακείσεται. ἀλλ' ἄρα καὶ τῶν
Οὐρανὸν εἰς ὄνομ' ἦλθεν, ἐπεὶ διὸς ἐγγύθεν ἦσαν.
Αὐτὸς μὲν κατόπισθεν ἐὼν κυνοσουρίδος ἄρκτου
Κηφεύς, ἀμφοτέρας χεῖρας τανύοντι ἐοικώς.
Ἴση οἱ στάθμη νεάτης ἀποτείνεται οὐρῆς
Ἐς πόδας ἀμφοτέρους, ὅση ποδὸς ἐς πόδα τείνει.
Αὐτὰρ ἀπὸ ζώνης ὀλίγον κε μεταβλέψειας
Πρώτην ἱέμενος καμπὴν μεγάλοιο δράκοντος.
Τοῦ δ' ἄρα δαιμονίη προκυλίνδεται, οὐ μάλα πολλὴ
Νυκτὶ φαεινομένη παμμήνιδι, κασσιέπεια.
Οὐ γάρ μιν πολλοὶ καὶ ἐπημοιβοὶ γανόωσιν
Ἀστέρες, οἵ μιν πᾶσαν ἐπιρρήδην στιχόωσιν.
Οἵη δὲ κληῗδι θύρην ἔντοσθ' ἀραρυῖαν
Δικλίδ' ἐπιπλήσσοντες ἀνακρούουσιν ὀχῆας,
Τοῖοί οἱ μουνὰξ ὑποκείμενοι ἰνδάλλονται
Ἀστέρες. ἡ δ' αὔτως ὀλίγων ἀποτείνεται ὤμων
Ὀργυιήν. φαίης κεν ἀνιάζειν ἐπὶ παιδί.
Αὐτοῦ γὰρ κἀκεῖνο κυλίνδεται αἰνὸν ἄγαλμα

Ἀνδρο-

At pedibus sub ambobus Leo clare sublucet.
Ibi quidem solis ardentissimi sunt cursus,
Atque tum spicarum uacua apparent arua,
Sole primum accedente Leonem.
Tunc etiam susurrantes Etesiæ uastum pontum
Glomerati irruunt: nauigatio autem non amplius remis
Tempestiua est: magnæ mihi placerent tunc naues:
Contra uentum uero gubernacula rectores teneant oportet.
Porro si tibi Aurigam & stellas Aurigæ
Contemplari uideatur, etiam mentio inciderit Capræ
Ipsius, atque Hædorum (qui in mari nigrescente
Sæpe contuiti sunt iactatos homines)
Eum quidem ipsum totum & ingentem Geminorum sub læua
Acclinatum inuenies: Helices autem ei summum caput
E regione obuersatur, uerũ sinistro superincumbit humero
Capra religiosa, quam fabula est Ioui mammam præbuisse.
Oleniam uero ipsam Capram Iouis uocant subuates.
Atque hæc quidem multáque & splendida: uerum ei ibidem
Obscure lucent Hœdi in iunctura manus.
Propè pedes aũt Aurigæ cornutum expansum Taurum
Scrutare, atqui ei ualde consimilia indicia ponuntur:
Quale ipsi caput interstinctum est: neque quispiam alio
Argumẽto coniectarit caput bouis. Qualiter id ipsæ
Stellæ utrinque circunductæ configurant:
Etiam crebro eorum nomen memoratur, neque adeo
Incelebres Hyades, quæ scilicet per totam frontem
Tauri sparsæ sunt: sinistri autem cornu summitatem
Et pedem dexterum adiacentem Aurigæ
Vnica stella complectitur: simul agitati item feruntur:
Attamen semper Taurus pronior Auriga
In occasum descendendo, pari ascensu alioquin exortus.
Neque certe Cephei ærumnosa familia Iasidæ
Omnino ignobilis iacebit: quinetiam horum
In cœlum nomen peruenit: siquidem Iouis cognati erant.
Ipse quidem à tergo existens Cynosuræ ursæ
Cepheus, ambas manus pandenti similis.
Tanta ei linea ab extrema tenditur cauda
In pedes ambos, quanta à pede in pedem tendit.
Cæterum à cingulo parumper respicere poteris
Primam petens flexuram magni draconis.
Ante hunc autem infelix uoluitur, non admodum multa
Nocte lucens plenilunari, Cassiepia:
Neque enim ipsam multæ & frequentes illustrant
Stellæ, quæ eam totam sparsim componunt.
Qualem uero sera ianuam intus munitam
Biforibus concurrentes reuerberant uectes,
Tales singulatim subiectæ figurant
Stellæ, atque hæc itidem modicis tendit ab humeris
Passum: diceres profecto angi propter filiam:
Ibi nanque & illud obuoluitur triste simulacrum

Andromedæ,

Ἀνδρομέδης, ὑπὸ μητρὶ κεκασμένον. οὔ σε μάλ' οἴω
Νύκτα περισκέψασθαι, ἵν' αὐτίκα μᾶλλον ἴδηαι.
Τοίη οἱ κεφαλή. τοῖοι δέ οἱ ἀμφοτέρωθεν
Ὦμοι, καὶ πόδες ἀκρότατοι, καὶ ζώματα πάντα.
Ἀλλ' ἔμπης κἀκεῖθι διωλενίη τετάνυσται.
Δεσμὰ δέ οἱ κεῖται καὶ ἐν οὐρανῷ. αἱ δ' ἀνέχονται
Αὐτοῦ πεπταμέναι πάντ' ἤματα χεῖρες ἐκείνῃ.
Ἀλλ' ἄρα οἱ καὶ κρατὶ πέλωρ ἐπελήλαται ἵππος
Γαστέρι νειαίρῃ. ξυνὸς δ' ἐπιλάμπεται ἀστήρ,
Τοῦ μὲν ἐπ' ὀμφαλίῳ, τῆς δ' ἐσχατόωντι καρήνῳ.
Οἱ δ' ἄρ' ἔτι τρεῖς ἄλλοι ἐπὶ πλευράς τε καὶ ὤμους
Ἵππου, δεικανόωσι διασταδὸν ἶσα πέλεθρα,
Καλοὶ καὶ μεγάλοι. κεφαλὴ δέ οἱ οὐδὲν ὁμοίη,
Οὐδ' αὐχὴν δολιχός περ ἐών. ἀτὰρ ἔσχατος ἀστὴρ
Αἰθομένης γένυος καί κεν προτέροις ἐρίσειε
Τέτρασιν, οἵ μιν ἔχουσι περίσκεπτοι μάλ' ἐόντες.
Οὐδ' ὅγε τετράπος ἐστίν. ἀπ' ὀμφαλίου γὰρ ἄκρου
Μεσσόθεν ἡμιτελὴς περιτέλλεται ἱερὸς ἵππος.
Κεῖνον δὴ καὶ φασὶ καθ' ὑψηλοῦ Ἑλικῶνος
Καλὸν ὕδωρ ἀγαγεῖν εὐαλδέος ἵππου κρήνης.
Οὐ γάρ πω Ἑλικὼν ἄκρος κατελείβετο πηγαῖς.
Ἀλλ' ἵππος μιν ἔτυψε. τὸ δ' ἀθρόον αὐτόθεν ὕδωρ
Ἐξέχυτο πληγῇ προτέρου ποδός. οἱ δὲ νομῆες
Πρῶτοι κεῖνο ποτὸν διεφήμισαν ἵππου κρήνην.
Ἀλλὰ τὸ μὲν πέτρης ἀπολείβεται. οὐδέ ποτ' αὐτὸ
Θεσπιέων ἀνδρῶν ἑκὰς ὄψεαι. αὐτὰρ ὁ ἵππος
Ἔνδιος εἰλεῖται. καίτοι, πάρα θηήσασθαι,
Αὐτοῦ καὶ κριοῖο θοώταταί εἰσι κέλευθοι.
Ὅς ῥά τε καὶ μήκιστα διωκόμενος πόλι κύκλα,
Οὐδὲν ἀφαυρότερον τροχάει κυνοσουρίδος ἄρκτου.
Αὐτὸς μὲν νωθὴς καὶ ἀνάστερος οἷα σελήνῃ
Σκέψασθαι. ζώνῃ δ' ἂν ὅμως ἐπιτεκμήραιο
Ἀνδρομέδης, ὀλίγον γὰρ ὑπ' αὐτὴν ἐστήρικται.
Μεσσόθι δὲ τρίβει μέγαν οὐρανόν, ἧχί περ ἄκραι
Χηλαὶ καὶ ζώνη περιτέλλεται ὠρίωνος.
Ἔστι δέ τοι καὶ ἔτ' ἄλλο τετυγμένον ἐγγύθι σῆμα
Νειόθεν ἀνδρομέδης, τὸ δ' ἐπὶ τρισὶν ἐστάθμηται
Δελτωτὸν πλευρῇσιν, ἰσαιομένῃσιν ἐοικὸς
Ἀμφοτέρης. ἡ δ' οὔτι τόση, μάλα δ' ἐστὶν ἑτοίμη
Εὑρέσθαι. περὶ γὰρ πολέων εὐάστερός ἐστι
Τῶν, ὀλίγον κριοῦ νοτιώτεροι ἀστέρες εἰσίν.
Οἱ δ' ἄρ' ἔτι προτέρω. ἔτι δ' ἐν προβολῇσι νότοιο
Ἰχθύες. ἀλλ' αἰεὶ ἕτερος προφερέστερος ἄλλου,
Καὶ μᾶλλον βορέαο νέον κατιόντος ἀκούει.
Ἀμφοτέρων δέ σφεων ἐκτείνεται ἠΰτε δεσμὰ
Οὐραίων ἑκάτερθεν ἐπισχερὼ εἰς ἓν ἰόντων,
Καὶ τὰ μὲν εἷς ἀστὴρ ἐπέχει καλός τε μέγας τε,
Ὅν ῥά τε καὶ σύνδεσμον ὑπουραῖον καλέουσιν.
Ἀνδρομέδης δέ τοι ὦμος ἀριστερὸς ἰχθύος ἔστω
Σῆμα βορειοτέρου. μάλα γάρ νύ οἱ ἐγγύθεν ἐστίν.

Ἀμφότεραι

Andromedæ, sub matre constellatum, haud te multum opinor
Noctem disquirere, quò mox potius intuearis
Tam clarum ei caput est, tam clari item ei utrinq;
Humeri, & pedes extremi, & cincturæ omnes.
Etiamnum & illic secundum brachia propansa est.
Vincula item ei admota sunt etiam in cœlo, retinentur autem
Illic expassæ omnibus diebus manus illæ.
Sed enim ei etiam supra caput ingens uolutatur equus,
Ventre extremo: communis autem fulget stella
Huius quidem in umbilico, illius uero in extremo capite.
Præterea autem tres aliæ intra latera & armos
Equi, signant distanter æqualia spatia,
Claræ & magnæ, uerum caput ei haudquaquam simile,
Neq; ceruix, longa alioqui existens, tamen extrema stella
Fulgentis genæ etiamnum prioribus concertaret
Quatuor, quæ ipsum continent conspicuæ planè existentes.
Nec uero hic qnadrupes est: ab umbilico nanq; extremo
Dimidio semiperfectus exoritur sacer equus.
Hunc etiam aiunt in excelso Helicone
Pulchram aquam produxisse largi equi fontis.
Nec unquam enim Helicon summus destillarat fontibus:
Verum equus ipsum feriit, atq; copiosa inde aqua
Effusa est ictu prioris pedis, pastores autem
Primi hunc potum appellarunt equi fontem.
Atq; hic quidem è rupe stillat, nec modo ipsum
A Thespiensibus uiris longe cernes. Cæterum equus
In cœlo obuersatur. Atq; (propè spectato)
Illic etiam Arietis celerrimi sunt cursus:
Qui sanè uel longissimos agitatus per orbes,
Nihilo segnius currit Cynosura ursa.
Ipse quidem languidus & obscurus, utpote luna
Obseruando. ueruntamen per cingulum deprehendere poteris
Andromedæ: haud longe enim sub ipsam situs est.
In medio autem terit magnum cœlum, ubi nam summæ
Chelæ, & cingulus circumagitur Orionis.
Est uero adhuc aliud dispositum prope signum
Subter Andromedam, id autem in tria dimensum est
Deltotum latera, æqualibus assimilatum
Duobus: tertium uero non tantum, tamen admodum facile est
Inuentu: præ multis enim fulgidum est:
Quibus paululum Arietis australiores stellæ sunt:
Illæ uero adhuc anterius. Præterea aût in procursibus austri
Pisces: sed semper alter propior altero:
Atq; magis Boream recenter descendentem sentit.
Ab ambobus uero ipsis tenduntur quasi uincula
E caudis utrinq; sequenter in unum coëuntibus:
Et hæc quidem una stella connectit, claráq;, magnáq;:
Quam utiq; etiam colligaturam sub caudinam uocant.
Porro Andromedæ humerus sinister piscis esto
Index septentrionalioris: admodum nanq; ei uicine est.

Ambo

Ἀμφότεροι δὲ πόδες γαμβροῦ ἔπι σημαίνοιεν
Περσέως, οἵ ῥά οἱ αἰὲν ἐπωμάδιοι φορέονται.
Αὐτὰρ ὅγ' ἐν βορέῳ φέρεται περιμήκετος ἄλλων.
Καί οἱ δεξιτερὴ μὲν ἐπὶ κλισμὸν τετάνυσται
Πενθερείης δίφροιο. τὰ δ' ἐν ποσὶν οἷα διώκων
Ἴχνια μηκύνει, κεκονισμένος ἐν Διὶ πατρί.
Ἄγχι δέ οἱ σκαιῆς ἐπιγουνίδος ἤλιθα πᾶσαι
Πληϊάδες φορέονται. ὁ δ' οὐ μάλα πολλὸς ἁπάσας
Χῶρος ἔχει. καὶ δ' αὐταὶ ἐπισκέψασθαι ἀφαυραί.
Ἑπτάποροι δὴ ταίγε μετ' ἀνθρώπους ὑδέονται,
Ἓξ οἷαί περ ἐοῦσαι ἐπόψιαι ὀφθαλμοῖσιν.
Οὐ μέν πως ἀπόλωλεν ἀπευθὴς ἐκ Διὸς ἀστήρ,
Ἐξ οὗ καὶ γενεῆθεν ἀκούομεν. ἀλλὰ μάλ' αὕτως
Εἴρεται. ἑπτὰ δὲ κεῖναι ἐπιρρήδην καλέονται,
Ἀλκυόνη, Μερόπη τε, Κελαινώ τ', Ἠλέκτρη τε,
Καὶ Στερόπη, καὶ Τηϋγέτη, καὶ πότνια Μαῖα.
Αἱ μὲν ὁμῶς ὀλίγαι καὶ ἀφεγγέες, ἀλλ' ὀνομασταὶ
Ἦρι καὶ ἑσπέριαι, Ζεὺς δ' αἴτιος, εἱλίσσονται,
Ὅς σφισι καὶ θέρεος καὶ χείματος ἀρχομένοιο
Σημαίνειν ἐκέλευσεν, ἐπερχομένοιό τ' ἀρότρου.
Καὶ χέλυς, ἥτ' ὀλίγη. τὴν δ' ἄρ' ἔτι καὶ παρὰ λίκνῳ
Ἑρμείας ἐτόρησε. λύρην δέ μιν εἶπε λέγεσθαι.
Κὰδ δ' ἔθηκε προπάροιθεν ἀπευθέος εἰδώλοιο
Οὐρανὸν εἰσαγαγών. τὸ δ' ἐπὶ σκελέεσσι πέτηλον
Γούνατί οἱ σκαιῷ πελάει. κεφαλὴ γε μὲν ἄκρη
Ἀντιπέρην ὄρνιθος ἑλίσσεται, ἡ δὲ μεσηγὺ
Ὀρνίθεος κεφαλῆς καὶ γούνατος ἐστήρικται.
Ἤτοι γὰρ καὶ ζωὶ παρατρέχει αἰόλος ὄρνις.
Ἀλλ' ὁ μὲν ἠερόεις. τὰ δέ οἱ ἐπιτετρήχυνται
Ἄστρασιν, οὔτι λίην μεγάλοις, ἀτὰρ οὐ μὲν ἀφαυροῖς.
Αὐτὰρ ὅγ' † εὐδιόωντι ποτὴν ὄρνιθι ἐοικὼς,
Οὔριος εἰς ἑτέρην φέρεται, κατὰ δεξιὰ χειρὸς
Κηφῆος ταρσοῖο τὰ δεξιὰ πείρατα τείνων.
Λαιῇ δὲ πτέρυγι σκαρθμὸς παρακέκλιται ἵππου.
Τὸν δὲ μετασκαίροντα δύ' ἰχθύες ἀμφινέμονται
Ἵππον. πὰρ δ' ἄρα οἱ κεφαλῇ χεὶρ ὑδροχόοιο
Δεξιτερὴ τετάνυσται. ὁ δ' ὀπίστερος αἰγοκερῆος
Τέλλεται. αὐτὰρ ὅγε πρότερος καὶ νειόθι μᾶλλον
Κέκλιται αἰγόκερως, ἵνα τρέπετ' ἠελίοιο.
Μὴ κείνῳ ἐνὶ μηνὶ περικλύζοιο θαλάσσης
Πεπταμένῳ πελάγει κεχρημένος, οὔτε κεν ἠοῖ
Πολλὴν πειρήνειας, ἐπεὶ ταχινώταταί εἰσιν,
Οὔτ' ἄγχι νυκτὸς πεφοβημένῳ ἐγγύθεν ἠὼς
Ἔλθοι, ἢ μάλα πολλὰ βοωμένῳ. οἱ δ' ἀλεγεινοὶ
Τῆμος ἐπιρρήσσουσι νότοι ὁπότ' αἰγοκερῆϊ
Συμφέρετ' ἠέλιος. τότε δὴ κρύος ἐκ Διός ἐστι
Ναύτῃ μαλκιόωντι κακώτερον. ἀλλὰ καὶ ἔμπης
Ἤδη πάντ' ἐνιαυτὸν ὑπὸ στείρῃσι θάλασσα
Πορφύρει. ἴκελοι δὲ κολυμβίσιν αἰθυίῃσι
Πολλάκις ἐκ νηῶν πέλαγος περιπαπταίνοντες

εὐδιόωντι ποτὴν) Immotis alis in aëre pēdenti.

Ἥμεθ'

Ambo autem pedes sponsum indicare poterunt
Persea, qui quidem ei semper ob humeros uoluuntur.
Verum hic in boreali parte fertur maximus aliorum:
Atq; ei dextera quidem ad lecticam protensa est
Socrinæ sellæ, in pedibus autem uelut persequens
Vestigia distendit, fatigatus in dio patre.
At ei prope sinistrum genu aceruatim omnes
Pleiades feruntur: nec uero adeo spatiosus uniuersas
Locus continet: atq; ipsæ inspiciendo languidæ.
Septemgradæ autem eæ ab hominibus celebrantur,
Sex solæ quamuis existant conspicuæ oculis.
Nec certe unquam periit ignota ex cœlo stella,
Ex quo à primordio audimus: sed planè fabulose
Dicitur, porrò septem illæ nominatim uocantur,
Alcyone, Meropéq;, Celænóq;, Electraq́;,
Et Sterope, & Taygeta, & ueneranda Maia.
Hæ quidem simul modicæ & obscuræ: tamen celebres
Mane & uespertinæ (Ioue autore) circumaguntur:
Qui eis æstatem & hyemem instantem
Significare præcepit, aduenientemq́; arationem.
Præterea testudo, quæ parua: quam etiamdum ad cunam
Mercurius compegit: Lyram uero eam iussit uocari.
Collocauit autem ante ignotum idolum,
In cœlum transferens, atq; in cruribus uolatile
Genu ei sinistro appropinquat, caput certe summum
E regione Cygni circumuoluitur: illa uero inter
Cygninum caput & genu sita est.
Porro etiam in cœlo uolat uarius ales:
Verum is quidem obscurus: alæ autem ei exasperatæ sunt
Stellis non adeo magnis, tamen neq; languidis.
Sed hic tranquillanti uolatum aui similis,
A cauda in occasum fertur, contra dexteram manum
Cephei, unguis dexteras extremitates tendens.
Læuæ uero alæ ungula acclinata est equi.
Quem item subsultantem duo pisces circundant
Equum, atqui ei prope caput manus Aquarii
Dextera extensa est, is autem posterior Capricorno
Oritur: cæterum prior & remote magis
Inclinatus est Capricornus, ubi uertitur solis cursus.
Haud illo in mense fluctuosi maris
Vasto pelago usus, uel certe die
Multam uiam confeceris, quoniam breuissimi sunt,
Vel forte noctu exterrito propè dies
Venerit, etiam ualde multum clamanti, periculosi autem
Tunc irrumpunt Austri, quando Capricorno
Cooritur sol, tunc sanè frigus ex aëre est
Nautæ rigenti perniciosius. Veruntamen
Iam totum annum sub carinis mare
Nigrescit: Similes autem urinatoribus mergis
Sæpenumero è nauibus mare circumspicientes

Caput certe summum è regione Cygni circũuoluitur) Summũ Cygni caput uoluitur è regione, ἀντικρύ, absolute.

Ἠμὲν ἐπ' αἰγιαλοὺς τετραμμένοι. οἱ δ' ἔτι πόρσω
Κλύζονται. ὀλίγον δὲ διὰ ξύλον ἄϊδ' ἐρύκει.
Καὶ δ' ἂν ἔτι προτέρῳ γε θαλάσσῃ πολλὰ πεπονθὼς,
Τόξον ὅτ' ἠέλιος καίῃ καὶ ῥυτῆρα τόξου,
Ἑσπέριος κατάγοιο, πεποιθὼς οὐκέτι νυκτί.
Σῆμα δέ τοι κείνης ὥρης καὶ μηνὸς ἐκείνου
Σκορπίος ἀντέλλων εἴη πυμάτης ἔτι νυκτός.
Ἤτοι γὰρ μέγα τόξον ἀνέλκεται ἐγγύθι κέντρου
Τοξευτής. ὀλίγον δὲ παροίτερος ἵσταται αὐτοῦ
Σκορπίος ἀντέλλων. ὁ δ' ἀνέρχεται αὐτίκα μᾶλλον.
Τῆμος καὶ κεφαλὴ κυνοσουρίδος ἀκρόθι νυκτὸς
Ὕψι μάλα τροχάει. ὁ δὲ δύεται ἠῶθι πρὸ
Ἀθρόος ὠρίων, κηφεὺς δ' ἀπὸ χειρὸς ἐπ' ἰξύν.
Ἔστι δέ τις προτέρω βεβλημένος ἄλλος ὀϊστὸς,
Αὐτὸς ἄτερ τόξου. ὁ δέ οἱ παραπέπταται ὄρνις
Ἀσσότερον βορέω. σχεδόθεν δέ οἱ ἄλλος ἀήτης,
Οὐ τόσσος μεγέθει. χαλεπὸς γε μὲν ἐξ ἁλὸς ἐλθεῖν
Νυκτὸς ἀπερχομένης. καί μιν καλέουσιν ἀητόν.
Δελφὶς δ' οὐ μάλα πολλὸς ἐπιτρέχει αἰγοκερῆϊ,
Μεσσόθεν ἠερόεις. τὰ δέ οἱ περὶ τέσσαρα κεῖται
Γλήνεα, παρβολάδην δύο, πὰρ δύο πεπτηῶτα.
Καὶ τὰ μὲν οὖν βορέω καὶ ἀλήσιος ἠελίοιο
Μεσσηγὺς κέχυται. τὰ δὲ νειόθι τέλλεται ἄλλα
Πολλὰ μεταξὺ νότοιο καὶ ἠελίοιο κελεύθου.
Λοξὸς μὲν ταύροιο τομῇ ὑποκέκλιται αὐτὸς
Ὠρίων. μὴ κεῖνον ὅτις καθαρῇ ἐπὶ νυκτὶ
Ὑψοῦ πεπτηῶτα παρέρχεται, ἀλλὰ πεποίθοι
Οὐρανὸν εἰσανιδὼν προφερέστερα θηήσασθαι.
Τοῖος καὶ φρουρὸς ἀειρομένῳ ὑπὸ νώτῳ
Φαίνεται ἀμφοτέροισι κύων ὑπὸ ποσσὶ βεβηκὼς
Ποικίλος. ἀλλ' οὐ πάντα πεφασμένος, ἀλλὰ κατ' αὐτὴν
Γαστέρα κυάνεος περιτέλλεται. ἡ δέ οἱ ἄκρη
Ἀστέρι βέβληται δεινῷ γένυς. ὅς ῥα μάλιστα
Ὀξέα σειριάει. καί μιν καλέουσ' ἄνθρωποι
Σείριον. οὐκέτι κεῖνον ἅμ' ἠελίῳ ἀνιόντα
Φυταλιαὶ ψεύδονται ἀναλδέα φυλλιόωσαι.
Ῥεῖα γὰρ οὖν ἔκρινε διὰ στίχας ὀξὺς ἀΐξας,
Καὶ τὰ μὲν ἔρρωσε, τῶν δὲ φλόον ὤλεσε πάντα.
Κείνου καὶ κατιόντος ἀκούομεν. οἱ δέ οἱ ἄλλοι
Σῆμ' ἔμεναι μελέεσσιν ἐλαφρότεροι περίκεινται.
Ποσσὶ δ' ὠρίωνος ὑπ' ἀμφοτέροισι λαγωὸς
Ἐμμενὲς ἤματα πάντα διώκεται. αὐτὰρ ὅ γ' αἰεὶ
Σείριος ἐξόπιθεν φέρεται μετιόντι ἐοικὼς,
Καί οἱ ἐπαντέλλει, καί μιν κατιόντα δοκεύει.
Ἡ δὲ κυνὸς μεγάλοιο κατ' οὐρὴν ἕλκεται ἀργὼ
Πρυμνόθεν. οὐ γὰρ τῇ γε κατὰ χρέος εἰσὶ κέλευθοι,
Ἀλλ' ὄπιθεν φέρεται τετραμμένη. οἷα καὶ αὐταὶ
Νῆες, ὅταν δὴ ναῦται ἐπιστρέψωσι κορώνην
Ὅρμον ἐσερχόμενοι. τὴν δ' αὐτίκα πᾶς ἀνακόπτει
Νῆα, παλιρρόθιος δὲ καθάπτεται ἠπείροιο.

Ὣς ἥγε

Sedemus ad littora conuersi:illa uero adhuc procul
Alluuntur,modicum autem lignum mortem prohibet.
At uero in priore mense mari multa passus,
Arcum quando sol incendat & rectorem arcus,
Sub uesperam nauem reducito,fidens non amplius nocti.
Indicium autem tibi illius temporis & mensis illius
Scorpius exoriens esto extrema sub nocte:
Quandoquidem magnum arcum attrahit prope aculeum
Sagittarius,sed aliquantum anterior consistit ipso
Scorpius exoriens:ille uero ascendit confestim admodum.
Tum quoq; caput Cynosuræ in extremo noctis
Excelse ualde fertur:occidit autem ante matutinum
Cumulatus Orion: Cepheus uero à manu ad lumbum.
Est item quædam ulterius iacta alia sagitta,
Ipsa absq; arcu:atq; illi aduolitat Cygnus
Propius Boreæ. Vicine item ei alius ales,
Non tantus magnitudine:tempestuosus sanè mare egrediendo,
Nocte decedente:atq; ipsum uocant Aquilam.
Delphinus aũt nõ admodũ magnus appropinquat Capricorno,
Medio obscurus:quatuor uero ei circumiacent
Stellæ,adiectim duæ,iuxtà duæ uolantes.
Atq; hæc quidem Boream & uagationem solis
Interfusa sunt. Porro remote oriuntur alia
Multa inter Austrum & solis orbitam.
Obliquus quidem Tauri sectioni subiacet ipse
Orion:Non illum quis serena in nocte
Sublime uolitantem præterit:sed confidat
Cœlum intuens promptius contemplari.
Talis & custos elato sub dorso
Lucet ambobus Canis sub pedibus sistens
Varius:at non penitus illustratus,uerum circa ipsum
Ventrem obscurus obuersatur:Sed ei summum
Stella insignitũ est feruida mentum,quæ quidem maxime
Vehementer exiccat:atq; ipsum uocant homines
Sirium,non amplius illum cum sole orientem
Arbores fallunt sine humore frondentes.
Facile siquidem discernit per ordines acutus penetrans:
Et quasdam cõsolidat,quarundã uero corticem perdit omnem.
Illum etiam occidentem sentimus,cæterum ei aliæ
Quæ signum sint membris,languidiores circumiacent.
Pedibus autem Orionis sub ambobus Lepus
Incessanter omnibus diebus fugatur,at semper
Sirius à tergo fertur insequenti similis:
Etiam ei cooritur,atq; ipsum occidentem insectatur.
At canis magni contra caudam uoluitur Argo
A puppi:non enim huic ex more sunt cursus,
Sed retro agitatur uersa:ceu etiam ipsæ
Naues cum nautæ inuertunt rostrum,
Portum appellentes,atq; subito quilibet resulcat
Nauem,retrogada uero attingit continentem:

Ὡς ἥγε πρύμνηθεν ἰθύνεις ἕλκεται ἀργώ.
Καὶ τὰ μὲν ἠερίη καὶ ἀνάστρος, οἷα παρ' αὐτὸν
Ἱστὸν ἀπὸ πρώρης φέρεται. τὰ δὲ πᾶσα φαεινή.
Καὶ οἱ πηδάλιον κεχαλασμένον ἐστήρικται
Ποσσὶν ὑπ' οὐραίοισι κυνὸς προπάροιθεν ἰόντος.
Τὴν δὲ, καὶ οὐκ ὀλίγον περ ἀπόπροθι πεπτηυῖαν
Ἀνδρομέδην, μέγα κῆτος ἐπερχόμενον κατεπείγει.
Ἡ μὲν γὰρ θρηΐκος ὑπὸ πνοιῇ Βορέαο
Κεκλιμένη φέρεται. τὸ δέ οἱ νότος ἐχθρὸν ἀγινεῖ
Κῆτος, ὑπὸ κριῷ τε καὶ ἰχθύσιν ἀμφοτέροισιν,
Βαιὸν ὑπὲρ ποταμοῦ βεβλημένον ἀστερόεντος.
Οἶον γὰρ κἀκεῖνο θεῶν ὑπὸ ποσσὶ φορεῖται
Λείψανον ἠριδανοῖο πολυκλαύστου ποταμοῖο.
Καὶ τὸ μὲν ὠρίωνος ὑπὸ σκαιὸν πόδα τείνει.
Δεσμοὶ δ' οὐραῖοι, τοῖς ἰχθύες ἄκροι ἔχονται,
Ἄμφω συμφορέονται ἀπ' οὐραίων κατιόντες,
Κητείης δ' ὄπιθεν λοφιῆς ἐπιμὶξ φορέονται,
Εἰς ἓν ἐλαυνόμενοι, ἑνὶ δ' ἀστέρι πειραίνονται
Κήτεος, ὅς κείνου πρώτῃ ἐπίκειται ἀκάνθῃ.
Οἱ δ' ὀλίγῳ μέτρῳ, ὀλίγῃ δ' ἐγκείμενοι αἴγλῃ,
Μεσόθι πηδαλίου καὶ κήτεος εἱλίσσονται,
Γλαυκοῦ πεπτηῶτες ὑπὸ πλευρῇσι λαγωοῦ,
Νώνυμοι. οὐ γάρ τοί γε τετυγμένου εἰδώλοιο
Βεβλέαται μελέεσσιν ἐοικότες, οἷά τε πολλὰ
Ἑξείης στιχόωντα παρέρχεται αὐτὰ κέλευθα
Ἀνυμένων ἐτέων. τά τις ἀνδρῶν οὐκ ἔτ' ἐόντων
Ἐφράσατ' ἠδ' ἐνόησεν ἅπαντ' ὀνόμασι καλέσσαι,
Ἤλιθα μορφώσας. οὐ γάρ κε δυνήσατο πάντων
Οἷα τ' ἐκκεκριμένων ὄνομ' εἰπεῖν, οὐδὲ δαῆναι.
Πολλοὶ γὰρ πάντῃ, πολέων δ' ἐπὶ ἶσα πέλονται
Μέτρα τε καὶ χροιὴ, πάντες γε μὲν ἀμφιέλικτοι.
Τῷ καὶ ὁμηγερέας γε ἐείσατο ποιήσασθαι
Ἀστέρας, ὄφρ' ἐπιτὰξ ἄλλῳ παρακείμενος ἄλλος
Εἴδεα σημαίνοιεν, ἄφαρ δ' ὀνομαστὰ γένοιντο
Ἄστρα. καὶ οὐκ ἔτι νῦν ὑπὸ θαύματι τέλλεται ἀστήρ,
Ἀλλ' οἱ μὲν καθαροῖς ἐναρηρότες εἰδώλοισι
Φαίνονται. τὰ δ' ἔνερθε διωκομένοιο λαγωοῦ
Πάντα μάλ' ἠερόεντα, καὶ οὐκ ὀνομαστὰ φέρονται.
Νειόθι δ' αἰγοκερῆος ὑπὸ πνοιῇσι νότοιο
Ἰχθὺς ἐς κῆτος τετραμμένος αἰωρεῖται,
Οἶος ἀπὸ προτέρων. νότιον δέ ἑ κικλήσκουσιν.
Ἄλλοι δὲ σποράδην ὑποκείμενοι ὑδροχοῆϊ
Κήτεος αἰθερίοιο καὶ ἰχθύος ἠερέθονται
Μεσόθι, νωχελέες καὶ ἀνώνυμοι. ἐγγύθι δέ σφεων
Δεξιτερῆς ἀπὸ χειρὸς ἀγαυοῦ ὑδροχόοιο,
Οἵη τίς τ' ὀλίγη χύσις ὕδατος ἔνθα καὶ ἔνθα
Σκιδναμένου, χαροποὶ καὶ ἀναλδέες εἱλίσσονται.
Ἐν δέ σφισι δύο μᾶλλον ἐειδόμενοι φορέονται
Ἀστέρες, οὔτε τι πολλὸν ἀπήοροι, οὐδὲ μάλ' ἐγγύς,
Εἷς μὲν ὑπ' ἀμφοτέροισι ποσὶ καλός τε μέγας τε

Ὑδροχόου

Sic à puppi Iasonica trahitur Argo.
Atq; quibusdã in partibus obscura & sine stellis sicut ad ipsum
Malum à prora) fertur:in aliis uero tota splendida.
Etiam ei gubernaculum submissum fultum est
Pedibus sub posteris Canis antecedentis.
Cæterum (etsi admodum eminus uolitantem)
Andromedam grandis Cetus adueniens urget.
Porro hoc Thracii sub uentum Boreæ
Inclinata fertur:at ei Auster infestum circumagit
Cetum, sub Arietéq; & Piscibus ambobus,
Paululum super fluuio iacentem stellato.
(Mirum nanq; quales etiam illæ deorũ sub pedibus ferantur
Reliquiæ Eridani luctuosi fluuii)
Etiam hic quidem Orionis sub sinistrum pedem tendit.
Vincula autem caudina, quibus Pisces extremi tenentur,
Ambo coëunt à caudis descendentes,
Beluinum uero post dorsum commixtim feruntur,
In unum ducta:unica etiam stella terminantur
Ceti, quæ eius primæ insidet spinæ.
Quæ aũt modica magnitudine, modico item insitæ fulgori
In medio gubernaculi & Ceti uoluuntur,
Glauci uolutantes sub lateribus Leporis,
Ignotæ sunt:non enim illæ conflati simulacri
Sparsæ sunt membris similes, qualia multa
Ex ordine incedentia perambulant easdem semitas
Cõpletis annis:quæ quispiam hominũ non amplius superstitũ
Obseruauit, & excogitauit uniuersa nominatum appellare,
Cumulatim imaginatus:non enim potuit omnium
Ceu distinctatum nomen dicere, neq; discere.
Multæ nanq; passim, multarũ insuper æquales existunt
Magnitudinesq́; & color:omnes utiq; circumuolubiles.
Quare & simul collectas uisum fuit facere
Stellas, ut ordinatim aliæ adiacens alia
Imagines effigiarent, moxq́; nominabilia fierent
Astra, atq; haud amplius nunc cum admiratione oritur stella,
Sed hæ quidem conspicuis insignitæ imaginibus
Cernuntur. Porro subter impetuum Leporem
Omnia planè obscura sunt, & sine nomine feruntur.
Infra autem Capricornum sub flatibus Austri
Piscis contra Cetum uersus in alto natat,
Vnicus præter priores:Austrinum aũt ipsum appellant.
Aliæ item sparsim subiectæ Aquario
Cetum cœlestem & Piscem pendent
Inter, languidæ & ignotæ, at iuxta eas
Dextera à manu splendidi Aquarii,
(Qualis quædam fusio aquæ huc & illuc
Sparsæ) uisui gratiosæ & debiles circumuoluuntur.
Inter ipsas autem duæ magis firmæ feruntur
Stellæ, nec multum distantes, neq; admodum uicinæ,
Vna quidem sub ambobus pedibus pulchráq; magnáq;

Ὑδροχόου, ὁ δὲ κυανέου ὑπὸ κήτεος οὐρῇ.
Τοὺς πάντας καλέουσιν ὕδωρ. ὀλίγοι γε μὲν ἄλλοι
Νειόθι τοξευτῆρος ὑπὸ προτέροισι πόδεσσι
Δινωτοὶ κύκλοι περιηγέες εἱλίσσονται.
Αὐτὰρ ὑπ' αἰθομένῳ κέντρῳ τέραος μεγάλοιο
Σκορπίου ἀγχινότοιο θυτήριον αἰωρεῖται.
Τοῦ δ' ἤτοι ὀλίγον μὲν ἐπὶ χρόνον ὑψόθ' ἐόντος
Πεύσεαι, ἀντιπέρην γὰρ ἀείρεται ἀρκτούροιο.
Καὶ τῷ μὲν μάλα πολλὰ μετήοροί εἰσι κέλευθοι
Ἀρκτούρῳ, τὸ δὲ θᾶσσον ὑφ' ἑσπερίην ἅλα νεῖται.
Ἀλλ' ἄρα καὶ περὶ κεῖνο θυτήριον ἀρχαίη νὺξ,
Ἀνθρώπων κλαίουσα πόνον, χειμῶνος ἔθηκεν
Εἰνάλιον μέγα σῆμα. κεδαιόμεναι γὰρ ἐκείνῃ
Νῆες ἀτὲρ φεγγός εἰσι. τὰ δ' ἄλλοθεν ἄλλα πιφάσκει
Σήματ', ἐποικτείρουσα πολυῤῥοθίους ἀνθρώπους.
Τῷ μή μοι πελάγει νεφέων εἰλυμένων ἄλλων
Εὔχεο μεσόθι κεῖνο φανήμεναι οὐρανῷ ἄστρον,
Αὐτὸ μὲν ἀνέφελόν τε καὶ ἀγλαόν, ὕψι δὲ μᾶλλον
Κυμαίνοντι νέφει πεπιεσμένον, οἷάτε πόλλα
Θλίβετ' ἀνατέλλοντος ὀπωρινοῦ Βορέαο.
Πολλάκι γὰρ καὶ τῷ περ νότῳ ἔπι σῆμα τιτύσκει
Νὺξ αὐτή, μογεροῖσι χαριζομένη ναύτῃσιν.
Οἱ δ' εἰ μέν κε πίθωνται ἐναίσιμα σημαινούσῃ,
Αἶψάτε κοῦφάτε πάντα, καὶ ἄντι ποιήσωνται,
Αὐτίκ' ἐλαφρότερος πέλεται πόνος. εἰ δέ κε νηῒ
Ὑψόθεν ἐμπλήξει δεινὴ ἀνέμοιο θύελλα
Αὔτως ἀπρόφατος, τὰ δὲ λαίφεα πάντα ταράξῃ,
Ἄλλοτε μὲν καὶ πάμπαν ὑπόβρυχα ναυτίλλονται,
Ἄλλοτε δ', αἴ κε Διὸς παρανισσομένοιο τύχωσιν
Εὐχόμενοι, Βορέω δὲ παρατρέψει ἀνέμοιο,
Πολλὰ μάλ' ὀτλήσαντες, ὁμῶς πάλιν ἐσκέψαντο
Ἀλλήλους ἐπὶ νηᾶ. νότον δ' ἐπὶ σήματι τούτῳ
Δείδιθι μέχρι Βορῆος ἀπαστράψαντος ἴδηαι.
Εἰ δὲ κεν ἐς πρίνης μὲν ἁλὸς κενταύρου ἀπείη
Ὦμος, ὅσον προτέρους, ὀλίγη δέ μιν εἰλύοι ἀχλὺς
Αὔτην, ἀτὰρ μετόπισθεν ἐοικότα σήματα τεύχοι
Νὺξ ἐπὶ παμφανόωντι θυτηρίῳ, οὔσε μάλα χρὴ
Ἐς νότον, ἀλλ' εὔροιο περισκοπέειν ἀνέμοιο.
Δήεις δ' ἄστρον ἐκεῖνο δύω ὑποκείμενον ἄλλοις.
Τοῦ γάρ τοι τὰ μὲν ἀνδρὶ ἐοικότα, νειόθι κεῖται
Σκορπίου, ἱππουραῖα δ' ὑπὸ σφίσι χηλαὶ ἔχουσιν.
Αὐτὰρ ὁ δεξιτερὴν αἰεὶ τανύοντι ἔοικεν
Ἀντία δεινοτοῖο θυτηρίου. ἐν δέ οἱ ἀπρὶξ
Ἄλλο μάλ' ἐσφήκωται ἐληλάμενον διὰ χειρὸς
Θηρίον. ὡς γάρ μιν πρότερον ἐπεφημίξαντο.
Ἀλλ' ἔτι γάρ τε καὶ ἄλλο περαιόθεν ἕλκεται ἄστρον.
Ὕδρην μιν καλέουσιν. τὸ δὲ ζώοντι ἐοικὸς
Ἠνεκὲς εἱλεῖται. καί οἱ κεφαλὴ ὑπὸ μέσον
Καρκίνον ἱκνεῖται. σπεῖρη δ' ὑπὸ σῶμα λέοντος.
Οὐρὴ δὲ κρέμαται ὑπὲρ αὐτοῦ κενταύροιο.

Βορέω δὲ παρατρέψει ἀνέμοιο) ὁ βορέας τοῦ βορέου, τοῦ βορέω ionice, per synaeresin βορῶ, sicut τοῦ αἰνείου αἰνείω. Et sub intelligendum more Attico ἐκ.

Aquarii, altera uero obscuri sub Ceti cauda:
Quas omnes uocant aquam. Paruæ profecto aliæ
Vltra Sagittarium sub prioribus pedibus
Volubiles coronæ circumactæ uoluuntur.
At sub flagrante aculeo monstri magni
Scorpii, prope Austrum, Ara in cœlo pendet.
Quam certe modicum quidem ad tempus in alto existentem
Senties: è regione enim eleuatur Arcturi:
At huic quidem admodum multum sublimes sunt uiæ
Arcturo, illa uero citius sub uesperum mare redit.
Sed & per hanc Aram primæua Nox,
Hominum deplorans calamitatem, tempestatis fecit
Marinum certum signum: Periclitantes enim illi
Naues dolori sunt, alicunde item alia docet
Signa, commiserans disiactatos homines.
Idcirco ne mihi pelago, nubibus obductis aliis,
Opta in medio hoc apparere cœlo astrum,
Ipsum quidē innubilū & splendidum: quin superne magis
Turbida nube pressum, sicut frequenter
Vrgetur surgente autumnali Borea:
Sæpe nanq; & hoc super Austro signum subornat
Ipsa Nox, miseris gratificans nautis.
Qui si quidem obsecuti fuerint certa significanti,
Statim facilia omnia, etiam si quid egerint,
Mox leuior est labor. Sin autem naui
Ex alto impegerit uehemens uenti procella
Planè improuisa, atq; uela omnia turbauerit,
Interdum quidem omnino submersim nauigant,
Interdum uero (modo Iouem appropinquantem nacti sint
Supplices, etiam uis Boreæ superauerit uenti)
Multa ualde passi, simul reuisunt
Sese super nauem, austrum autem sub signo illo
Metue, donec Boream deserenantem senseris.
Si uero ab occidentali quidem mari Centauri abfuerit
Humerus, quantū à priori, modica aūt eum occulerit nebula
Ipsum, insuper autem eadem signa faciat
Nox cum omnino lucida Ara, minime te oportet
Super Austro, sed circa Eurum speculari uentum.
Inuenies autem sydus hoc duobus suppositum aliis
Huius enim partes homini assimilatæ infra iacent
Scorpium, posteriores uero equinas sub se Chelæ habent.
At is dexteram continuo pandenti assimilatus est
Contra rotundam Aram. In eo item strictim
Alia ualde prensa est ducta per manum
Fera: sic nanq; ipsam priores appellarunt.
Præterea quoq; aliud eminus uoluitur sydus:
(Hydram eam uocant) id uero uiuo simile
Longe uolutatur: atq; ei caput sub medium
Cancrum pergit, uolumen uero sub corpus Leonis:
Cauda autem pendet super ipso Centauro.

Volubiles coronæ circūactæ uoluūtur) Eas stellas alij Coronā austrinam appellant.

Μέσσῃ δὲ σπείρῃ κρητὴρ, πυμάτῃ δ' ἐπίκειται
Εἴδωλον κόρακος, σπείρην κόπτοντι ἐοικός.
Ναὶ μὴν καὶ προκύων διδύμοις ὕπο καλὰ φαείνει.
Ταῦτά κε θηήσαιο παρερχομένων ἐνιαυτῶν
Ἑξείης παλινωρά. τὰ γὰρ καὶ πάντα μάλ' αὔτως
Οὐρανῷ εὖ ἐνάρηρεν ἀγάλματα νυκτὸς ἰούσης.
Οἱ δ' ἐπιμὶξ ἄλλοι πέντ' ἀστέρες οὐδὲν ὁμοῖοι
Πάντοθεν εἰδώλων δυοκαίδεκα δινεύονται.
Οὐκ ἂν ἔτ' εἰς ἄλλους ὁρόων ἐπιτεκμήραιο
Κείνων, ἧχι κέονται. ἐπεὶ πάντες μετανάσται.
Μακροὶ δὲ σφέων εἰσὶν ἑλισσομένων ἐνιαυτοί.
Μακρὰ δὲ σήματα κεῖται ἀποπρόθεν εἰς ἓν ἰόντων.
Οὐδ' ἔτι θαρσαλέος κείνων ἐγώ. ἄρκιος εἴην
Ἀπλανέων τά τε κύκλα τά τ' αἰθέρι σήματ' ἐνισπεῖν.
Ἤτοι μὲν τάγε κεῖται ἀλίγκια δινωτοῖσι
Τέσσαρα. τῶν κε μάλιστα ποθὴ ὄφελός τε γένοιτο
Μέτρα περισκοπέοντι ἀνυομένων ἐνιαυτῶν.
Σήματα δ' εὖ μάλα πᾶσιν ἐπιρρήδην περίκειται
Πολλά τε, καὶ σχεδόθεν πάντῃ συνεργμένα πάντα.
Αὐτοὶ δ' ἀπλανέες καὶ ἀρηρότες ἀλλήλοισι
Πάντες. ἀτὰρ μέτρῳ γε δύω δυσὶν ἀντιφέρονται.
Εἴποτέ τοι νυκτὸς καθαρῆς ὅτε πάντας ἀγαυοὺς
Ἀστέρας ἀνθρώποις ἐπιδείκνυται οὐρανίη νύξ,
Οὐδέ τις ἀδρανέων φέρεται νεομήνιῃ σελήνη,
Ἀλλὰ τάγε κνέφαος διαφαίνεται ὀξέα πάντα.
Εἴποτέ σοι τῆμος δὲ περὶ φρένας ἵκετο θαῦμα
Σκεψαμένῳ πάντῃ κεκεασμένον εὐρέϊ κύκλῳ
Οὐρανὸν, εἰ καί τις σοὶ ὑποστὰς ἄλλος ἔδειξε,
Κεῖνο περιγλωὲς βοχαλὸν, γάλα μιν καλέουσι.
Τῷ δή τοι χροιὴν μὲν ἀλίγκιος, οὐκέτι κύκλος
Δινεῖται. τὰ δὲ μέτρα τόσοι πισύρων περ ἐόντων
Οἱ δύο, τοὶ δὲ σφέων μέγα μείονες εἱλίσσονται.
Τῶν ὁ μὲν ἐγγύθεν ἐστὶ κατερχομένου Βορέαο.
Ἐν δέ οἱ ἀμφότεραι κεφαλαὶ διδύμων φορέονται.
Ἐν δὲ τὰ γοῦνατα κεῖται ἀρηρότος ἡνιόχοιο.
Λαιὴ δὲ κνήμη καὶ ἀριστερὸς ὦμος ἐπ' αὐτῷ
Περσέος. ἀνδρομέδης δὲ μέσην ἀγκῶνος ὕπερθεν
Δεξιτερὴν ἐπέχει. τὸ μὲν οἱ θέναρ ὑψόθι κεῖται
Ἀσσοτέρω Βορέῳ γε, νότῳ δ' ἐπικέκλιται ἀγκών.
Ὁπλαὶ δ' ἵππειοι, καὶ ὑπαύχενον ὀρνίθειον
Ἄκρῃ σὺν κεφαλῇ, καλοί τ' ὀφιούχεοι ὦμοι,
Αὐτὸν δινεύονται ἐληλάμενοι περὶ κύκλον.
Ἡ δ' ὀλίγον φέρεται νοτιοτέρη, οὐδ' ἐπιβάλλει,
Παρθένος. ἀλλὰ λέων, καὶ καρκίνος, οἱ μὲν ἄρ' ἄμφω
Ἑξείης κέαται βεβολημένοι. αὐτὰρ ὁ κύκλος
Τὸν μὲν ὑπὸ στῆθος καὶ γαστέρα μέχρι παρ' αἰδῶ
Τέμνει, τὸν δὲ διαμπερέως ὑπένερθε χελείης
Καρκίνον. ἧχι μάλιστα διχαιόμενόν κε νοήσαις
Ὀρθὸν, ἵν' ὀφθαλμοὶ κύκλου ἑκάτερθεν ἴοιεν.
Τοῦ μὲν ὅσον τε μάλιστα δι' ὀκτὼ μετρηθέντος,

Πέντε

Porro medio uolumini Crater, extremo autem insidet
Simulacrum Corui, spiram mordenti simile.
Scilicet & Procyon sub Geminis clare lucet.
Hæc sanè speculari poteris decurrentibus annis
Ex ordine suis horis redeuntia: ea nanque omnia ualde state
Cœlo apte infixa sunt simulacra nocte labente.
At promiscue aliæ quinque stellæ, haud quaquam stabiles
Vndique per signa duodecim uersantur.
Non itidem alias intuendo coniecturam facere poteris
Harum, ubi sitæ sint: quoniam omnes uagabundæ sunt.
‡Longi autem earum sunt reuolutarum anni:
Sera item signa posita sunt è longinquo in unum cõmeantium.
Nec quicquã confidens harum ego: potens fuerim
Fixarum & circulos & in cœlo signa referre.
‡Porro hi quidem ponuntur similes uersatilibus.
Quatuor, quorum maxime desiderium cõmoditasque accidi
Statuta obseruanti complentium se annorum.
Iudicia autem aptissime omnibus affatim circumiacent
Multáque, & uicine ubique coniuncta omnia:
At ipsi stati & aptati sibi inuicem
Omnes, etiam magnitudine duo duobus correspondent.
Porro siquando nocte clara, cum omnes lucidas
Stellas hominibus ostendit ætheria Nox,
Neque ulla languida fertur prima luna,
Verum per caliginem lucent perspicue omnia,
Siquando certe tunc item in animum uenerit admiratio
Contemplanti undique exornatum spacioso circulo
Cœlum, uel si quis hunc astans alius monstrauerit,
Illum constellatum orbem lac ipsum uocant.
Huic sanè colore similis, nullus præterea circulus
Versatur: sed magnitudine tanti quatuor existentium
Duo, duo uero ipsis multum minores obuoluuntur.
Quorum unus quidem uicine est decidenti Boreæ:
In eo autem ambo capita Geminorum feruntur:
In eo etiam genua sita sunt aptati Aurigæ:
Læua item tibia & sinister humerus in eo
Persei: Andromedæ autem mediam supra cubitum
Dexteram continet: ei quidem uola superne posita est
Vicinius Boreæ, Austro uero inclinatus est cubitus.
Vngulæ inquam equinæ, & collum cygninum
Summo cum capite, clarique serpentariani humeri
Ipsum uoluuntur agitati circum orbem.
Porro aliquanto fertur australior, neque attingit
Virgo: sed Leo & Cancer: hi quidem ambo
Ex ordine iacent distracti: sed circulus
Leonem quidem sub pectore & uentre usque ad pudenda
Secat, continue uero sub testa
Cancrum, ubi maxime in duas sectum uideas
Recte, ut oculi à circulo utrinque eant.
†Hoc sanè (quantus quantus est) per octo partes menso,

Quinque

‡Longi aũt earum sunt reuolutarũ anni: Sera item signa posita sunt &c.) Annũ Platonis indicat, de quo apud Ciceronem in Somnio Scipionis.

‡Porro hi quidẽ ponuntur in cœlo similes uersatilibus quatuor etc. Tantum quatuor sphæræ circulorũ mentionẽ facit Aratus, duorum Tropicorum, Aequinoctialis, & Zodiaci: Quippe cum hi potißimum conferãt ad annorũ statuta obseruanda: Quintũ autem lacteũ uelut superuacaneum subiungit.

† Hoc sanè, quantus quantus est, per octo partes diuiso, Quinque quidẽ diurna &c. Notandum Aratum et Proclũ ad clima quintum, in quo maximus dies quindecim, minima nox nouem horarum est, suas sphæras direxisse. Cũ aũt Tropicus Cãcri, sicut quilibet alius circulus παράλληλος æquatori, in die naturali, id est uiginti quatuor horis, suũ ambitũ conficiat, necesse erit unãquãque de octo partibus tribus horis ortũ suũ absoluere. Si enim uigĩti quatuor per octo diuiseris, singulis octonis tria cõtribuentur. Iã octo partium quinque diei adscriptæ, quindecim horas faciũt, tres uero nocti, nouem: Siquidem ter quinque, quindecim producunt, ter tria uero, nouem. Eadem ratione Tropicus Capricorni maximam noctẽ & minimũ diem efficit.

Πέντε μὲν ἔνδια στρέφεται καθ' ὑπέρτατα γαίης,
Τὰ τρία δ' ἐν περάτῃ. θέρεος δέ οἱ ἐν τροπαί εἰσιν.
Ἀλλ' ὁ μὲν ἐν βορέῳ περὶ καρκίνον ἐστήρικται.
Ἄλλος δ' ἀντιόωντι νότῳ μέσον αἰγοκερῆα
Τέμνει, καὶ πόδας ὑδροχόου, καὶ κήτεος οὐρήν.
Ἐν δέ οἱ ἐστὶ λαγωός. ἀτὰρ κυνὸς οὐ μάλα πολλήν
Αἴνυται, ἀλλ' ὁπόσην ἐπέχει ποσίν. ἐν δέ οἱ ἀργώ,
Καὶ μέγα κενταύροιο μετάφρενον. ἐν δέ τε κέντρον
Σκορπίου. ἐν καὶ τόξον ἀγαυοῦ τοξευτῆρος.
Τὸν πύματον καθαροῖο παρερχόμενος βορέαο
Ἐς νότον ἠέλιος φορέεται. τρέπεται γε μὲν αὐτοῦ
Χειμέριος. καί οἱ τρία μὲν περιτέλλεται ὑψοῦ
Τῶν ὀκτώ, τὰ δὲ πέντε κατώρυχα δινεύονται.
Μεσσόθι δ' ἀμφοτέρων, ὅσσος πολιοῖο γάλακτος,
Γαῖαν ὑποστρέφεται κύκλος διχάοντι ἐοικώς.
Ἐν δέ οἱ ἤματα νυξὶν ἰσαίεται ἀμφοτέροισιν,
Φθίνοντος θέρεος, τοτ' ἔαρος ἱσταμένοιο.
Σῆμα δέ οἱ κριός, ταύροιό τε γούνατα κεῖται,
Κριὸς μὲν κατὰ μῆκος ἐληλάμενος διὰ κύκλου,
Ταύρου δὲ σκελέων ὅση περιφαίνεται ὀκλάξ.
Ἐν δέ τε οἱ ζώνη εὐφεγγέος ὠρίωνος,
Καμπή τ' αἰθομένης ὕδρης, ἐνί οἱ, καὶ ἐλαφρός
Κρητήρ. ἐν δὲ κόραξ. ἐνὶ δ' ἀστέρες οὐ μάλα πολλοί
Χηλάων, ἐν τῷ δ' ὀφιούχεα γοῦνα φορεῖται.
Οὐ μὴν αἰητοῦ ἀπαμείρεται, ἀλλά οἱ ἐγγύς
Ζηνὸς ἀητεῖται μέγας ἄγγελος. ἡ δὲ κατ' αὐτόν
Ἵππου κεφαλὴ καὶ ὑπαύχενον εἱλίσσονται.
Τοὺς μὲν παραβολάδην ὀρθοὺς περιβάλλεται ἄξων
Μεσσόθι πάντας ἔχων. ὁ δὲ τέταρτος ἐσφήκωται
Λοξὸς ἐν ἀμφοτέροις. οἱ μέν ῥ' ἑκάτερθεν ἔχουσι
Ἀντιπέρην τροπικοί. μέσσος δέ ἑ μεσσόθι τέμνει.
Οὐκ ἂν ἀθηναίης χειρῶν δεδιδαγμένος ἀνήρ
Ἄλλῃ κολλήσαιτο κυλινδόμενα τροχάλεια,
Τοῖά τε καὶ τόσσα πάντα περισφαιρηδὸν ἑλίσσων,
Ὥς τά γ' ἐν αἰθερίᾳ πλαγίῳ συναρηρότα κύκλῳ
Ἐξ ἠοῦς ἐπὶ νύκτα διώκεται ἤματα πάντα.
Καὶ τὰ μὲν ἀντέλλει τε καὶ ἀντία νειόθι δύνει
Πάντα παραβλήδην. μία δ' ἐσφέων ἐστὶν ἑκάστου
Ἑξείης ἑκάτερθε κατήλυσίη ἄνοδός τε.
Αὐτὰρ ὅ γ' ὠκεανοῦ τόσσον παραμείβεται ὕδωρ,
Ὅσσον ἀπ' αἰγοκερῆος ἀνερχομένοιο μάλιστα
Καρκίνον εἰς ἀνιόντα κυλίνδεται. ὅσσον ἁπάντῃ
Ἀντέλλων ἐπέχει, τόσσον γε μὲν ἄλλοθι δύνων.
Ὅσσον δ' ὀφθαλμοῖο βολῆς ἀποτέμνεται αὐγή,
Ἑξάκις ἂν τόσσ' ἡμὶν ὑποδράμοι. αὐτὰρ ἑκάστη
Ἴση μετρηθεῖσα δύω περιτέμνεται ἄστρα.
Ζωΐδιον δὲ κύκλον ἐπίκλησιν καλέουσι.
Τῷ ἔνι καρκίνος ἐστί, λέων τ' ἐπὶ τῷ, καὶ ὑπ' αὐτῷ
Παρθένος, αἱ δ' ἐπὶ οἱ χηλαί, καὶ σκορπίος αὐτός,
Τοξευτής τε, καὶ αἰγόκερως, ἐπὶ δ' αἰγοκερῆϊ

ὑδρο-

Quinq; quidem diurna uoluuntur in supremis terræ,
Tres uero in parte inferna, æstatis auté in ipso côuersiones sunt.
Sed hic quidem in Borea circa Cancrum fixus est.
Alius autem in opposito Austro medium Capricornum
Secat, & pedes Aquarii, & Ceti caudam.
Inest quoq; ei Lepus: cæterum Canis non ualde magnã partem
Aufert, sed quantum continet pedibus, inest item ei Argo,
Et magna Centauri scapula, inest etiam aculeus
Scorpii, & arcus lucidi Sagittarii.
Quem extremum sereni præteriens Boreæ
In austrum sol agitur: uertitur profecto ibi
Hybernus, atq; ei tres quidem circumuoluuntur supernæ
Octo partium, quinq; uero subterraneæ uersantur,
At in medio amborum (quantus cani lactis)
Subter terram uoluitur circulus, bipertienti similis.
In eo autem dies noctibus æquantur utrisq;,
Decrescentis æstus, uerisq́; instantis.
Sed signum ei Aries, Tauriq́; genua ponuntur,
Aries quidem secundũ longitudiné deductus per circulum,
Tauri uero crurum quanta apparet geniculatio.
Inest quoq; ei cingulus præfulgidi Orionis:
Flexuraq́; flagrantis Hydræ inest ipsi, & tenuis
Crater: inest uero Coruus: insunt etiam stellæ non ualde multæ
Chelarum: in hoc item serpentariana genua feruntur.
Non tamen Aquilam intercipit, sed ei uicine
Iouis uolitat magnus nuncius: etiam iuxta ipsum
Equinum caput & collum uoluuntur.
Hos quidem adiectim rectos circumpellit axis
In medio omnes tenens: Aut quartus fixus est
Obliquus in ambobus, qui quidem utrinq; tenent
E regione tropici: Medius autem ipsum in medio secat.
Haud facile Mineruæ manibus edoctus aliquis
Aliter compegerit uolubiles orbes
Talesq́; & tantos, omnes rotabiliter circumuoluens:
Sicut hi in ætheria regione obliquo coaptati circulo
Ab aurora ad noctem impelluntur diebus omnibus.
Atq; ii quidem oriunturq́; & ex aduerso inferne occidunt
Omnes æquidistanter: unus autem ipsorum est cuiusuis
Ordinatim utrinq; descensus ascensusq́;.
Verum obliquus orbis Oceani tantam pertransit aquam,
Quantum à Capricorno ascendente maxime
Cancrum ad ascendentem uoluitur, quantum ubilibet
Exoriens continet, tantum certe alibi occidens.
†Quantum autem ocularis radii demetit uisus,
Sexies tantundem nobis subtermeauerit, at quæuis portio
Aequalis diuisa duo circumsecat astra.
Animalem uero circulum cognomento dicunt.
In quo Cancer est, Leoq́; iuxta ipsum, & sub eo
Virgo, atq; prope eam Chelæ, & Scorpius ipse.
Sagittariusq́;, & Capricornus, at iuxta Capricornum

Aquarius,

Hos quidem adiectim) παρβολάδην καὶ παραβλήδην, παραλλήλως, æquidistanter.

†Quantum autem ocularis radij &c.) Visualis linea à terra, hoc est, cẽtro mũdi ad eiusdem circumferentiam ducta, sexies sexangulariter in circũferẽtia habetur. Id aũt cõmode per circinum, quo circũferentiã scripsisti, eundem inuariatum per eandẽ ducendo monstrabis. Deinde singulas portiones in duas æquas secando, habebis δωδεκατημόριον, hoc est, duodecim signa zodiaci. Aratus uocat signa zodiaci, μοίρας, τομὰς, δωδεκάδας, ἄστρα, ζώδια.

Ὑδροχόος, δύο δ' αὐτὸν ἐπ' ἰχθύες ἀστερόωνται,
Τοὺς δὲ μετὰ κριός, ταῦρος τ' ἐπὶ τῷ, διδυμοί τε.
Ἐν τοῖς ἠέλιος φέρεται δυοκαίδεκα πᾶσι,
Πάντ' ἐνιαυτὸν ἄγων. καί οἱ περὶ τοῦτον ἰόντι
Κύκλον, ἀέξονται πᾶσαι ἐπικάρπιοι ὧραι.
Τοῦ δ' ὅσσον κοίλοιο κατ' ὠκεανοῖο δύηται,
Τόσσον ὑπὲρ γαίης φέρεται. πάσῃ δ' ἐπὶ νυκτὶ
Ἓξ αἰεὶ δύουσι δυωδεκάδος κύκλοιο.
Τόσσαι δ' ἀντέλλουσι. τόσον δ' ἐπὶ μῆκος ἑκάστη
Νὺξ αἰεὶ τετάνυσται, ὅσον τέ περ ἥμισυ κύκλου
Ἀρχομένης ἀπὸ νυκτὸς ἀείρεται ὑψόθι γαίης.
Οὔ κεν ἀπόβλητον δεδοκημένῳ ἤματος εἴη
Μοιράων σκέπτεσθαι, ὅτ' ἀντέλλῃσιν ἑκάστη.
Αἰεὶ γὰρ τάων γε μιῇ συνανέρχεται αὐτὸς
Ἠέλιος. τὰς δ' ἄν κε περισκέψαιο μάλιστα
Εἰς αὐτὰς ὁρόων. ἀτὰρ εἰ νεφέεσσι μέλαιναι
Γίνοιντ', ἢ ὄρεος κεκρυμμέναι ἀντέλλοιεν,
Σήματ' ἐπερχομένῃσιν ἀρηρότα ποιήσασθαι.
Αὐτὸς δ' ἂν μάλα τοι κεράων ἑκάτερθε δοίη
Ὠκεανός, τά τε πολλὰ περιστρέφεται ἑοῖ αὐτῷ,
Νειόθεν ὁππήμος κείνων φορέῃσιν ἑκάστην,
Οὔ οἱ ἀφαυρότατοι ὅτε καρκίνος ἀντέλλῃσιν
Ἀστέρες ἀμφοτέρωθεν ἑλισσόμενοι περίκεινται,
Τοὶ μὲν δύοντες, τοὶ δ' ἐξ ἑτέρης ἀνιόντες.
Δύει μὲν στέφανος, δύει δὲ κατὰ ῥάχιν ἰχθύς.
Ἥμισυ μέν κεν ἴδοιο μετήορον, ἥμισυ δ' ἤδη
Ἐσχατιαὶ βάλλουσι κατερχομένου στεφάνοιο.
Αὐτὰρ ὅ γ' ἐξόπιθεν τετραμμένος. ἄλλα μὲν οὔπω
Γαστέρι νειαίρῃ, τὰ δ' ὑπέρτερα νυκτὶ φορεῖται.
Τὸν δὲ καὶ εἰς ὤμους κατάγει μογερὸν ὀφιοῦχον
Καρκίνος ἐκ γονάτων. κατάγει δ' ὄφιν αὐχένος ἐγγύς.
Οὐδ' ἂν ἔτ' ἀρκτοφύλαξ εἴη πολὺς ἀμφοτέρωθεν,
Μείων ἠμάτιος, τὸ δ' ἐπὶ πλέον ἐννύχιος ἤδη.
Τέτρασι γὰρ μοίραις ἤδη κατιόντα Βοώτην
Ὠκεανὸς δέχεται. ὁ δ' ἐπὴν φάεος κορέσηται,
Βουλυτῷ δ' ἐπέχει πλεῖον δίχα νυκτὸς ἰούσης,
Ἦμος ὅτ' ἠελίοιο κατερχομένοιο δύηται.
Κεῖναί οἱ καὶ νύκτες ἐπ' ὀψὲ δύοντι λέγονται.
Ὣς οἱ μὲν δύουσιν. ὁ δ' ἀντίος οὐδὲν ἀεικής,
Ἀλλ' εὖ μὲν ζώνῃ, εὖ δ' ἀμφοτέροισι φαεινὸς
Ὤμοις ὠρίων, ξίφεος γε μὲν ἶφι πεποιθώς,
Πάντα φέρων ποταμόν, κέραος παρατείνεται ἄλλου.
Ἐρχομένῳ δὲ λέοντι τὰ μὲν κατὰ πάντα φέρονται
Καρκίνῳ ὅσσ' ἐδύοντο, καὶ αἰετός. αὐτὰρ ὅ γε γνὺξ
Ἥμενος, ἄλλα μὲν ἤδη, ἀτὰρ γόνυ καὶ πόδα λαιὸν
Οὔπω κυμαίνοντος ὑποστρέφει ὠκεανοῖο.
Ἀντέλλει δ' ὕδρης κεφαλή, χαροπός τε λαγωός.
Καὶ προκύων, πρότεροί τε πόδες κυνὸς αἰθομένοιο.
Οὐ μὲν θὴν ὀλίγους γαίης ὑπὸ νείατα βάλλει
Παρθένος ἀντέλλουσα. λύρη τότε κυλληναίη,

Aquarius, duo item ipſum Piſces conſtellant:
Hos autem poſt Aries, Taurusq́ iuxta hunc, Didymiq́,
In quibus ſol fertur duodecim omnibus,
Totum annum deducens: etiam ei circa hunc eunti
Circulum augeſcunt omnes frugiferæ tempeſtates.
Huius item quantum concauum ſub Oceanum occidat,
Tantum ſupra terram fertur, omni autem in nocte
Sex ſemper occidunt duodenarii circuli,
Tot item oriuntur. Tantam aũt ad longitudinem quælibet
Nox ſemper protenſa eſt, quam longe dimidium circuli
Incipiente à nocte eleuatur ſupra terram.
Nec ſanè contemnendum obſeruanti diem fuerit
Partium conſiderare, quando oriatur quælibet:
Semper enim harum uni cooritur ipſe
Sol. Has uero deprehenderis maxime
Eas intuens, uerum ſi nubibus obſcuræ
Fiant, uel monte occultatæ oriantur,
Indicia coorientibus idonea facito:
Ipſe autem aſſiduo tibi à cornibus utrinq; dare poterit
Oceanus, quæ multa circumuoluuntur ſibi ipſi,
Ab infero quum illarum uoluat unamquamq;.
Haud ei omnino ignota, cum Cancer oriatur,
Aſtra utrinq; agitata circumiacent:
Hæc quidem occidentia, illa uero de oriente aſcendentia:
Occidit certe corona, occidit item ſecundum ſcapulam Piſcis:
Dimidium quidem uideris ſublime, dimidium uero iam
Extremitates ſubmittunt deſcendentis Coronæ:
Sed hic retro uerſus, ſecundum alias quidem partes nondum
Ventre extremo, ſecundum ſuperiores uero nocte fertur.
Quinetiam uſq; in humeros deducit laborioſum Serpẽtarium
Cancer à genubus: deducit aũt ſerpentem ad collum uſq;.
Nec uero amplius Arctophylax fuerit multus utrinq;,
† Minor diurnus, ad maius uero nocturnus iam:
Quatuor enim partibus iam deſcendentem Booten
Oceanus excipit. At hic cum luce ſatiatus ſit
Veſpere item continet plus dimidio noctis labentis,
Tum quando ſole deſcendente occidat.
Illæ etiam noctes ſero occidenti dicuntur.
Sic hæc quidem occidunt. At oppoſitus, haud illucidus,
Sed pulchre quidẽ cingulo, pulchre uero ambobus ſplendidus
Humeris Orion, enſe quidem fortiter fiſus,
Totum ferens fluuium, à cornu protenditur altero.
Orienti uero Leoni omnia quidem ſubterferuntur
Cancro quæ occidebant: etiam Aquila. Verum geniculatim
Sedens, alias quidem partes iam, ſed genu & pedem dextrum
Nondum procelloſo ſubteruoluit Oceano.
Oritur autem Hydræ caput, glaucusq́ Lepus:
Et Procyon, prioresq́ pedes Canis ardentis.
Nec certe pauca ſydera terræ ſub infima mittit
Virgo exoriens. Lyra tunc cyllenæa,

† *Minor diurnus*) Mĩor ſupra, maior uero ſub horizonte. Bootes ingens ſignum in ſeptentrione, lentius ad occaſum tendens, quatuor ſignis Zodiaci, Chelis, Scorpio, Sagittario et Capricorno cooccidit. Is quoq; ſoli occumbẽti condeſcendens, ultra mediam noctem in occaſu moratur: nam quodlibet ſignum zodiaci duas horas occaſu ſuo abſoluit, tria uero ſex: Hic aũt cum Capricorno quarto ſigno totus demum occumbit. Vnde noctes, in quibus ueſpere occidere incipit, ſero occidenti dicuntur. Quin Homerus ὀψὲ δύοντα eũdem appellat.

Καὶ δελφὶς δύουσι. καὶ εὔποιητος οἰστός.
Σὺν τοῖς ὄρνιθος πρῶτα πτερὰ μέσφι παρ' αὐτὴν
Οὐρὴν, καὶ ποταμοῖο παρηορίαι σκιόωνται.
Δύνει δ' ἱππείη κεφαλὴ, δύνει δὲ καὶ αὐχήν.
Ἀντέλλει δ' ὕδρη μὲν ἐπὶ πλέον ἄχρι παρ' αὐτὸν
Κρητῆρα. φθάμενος δὲ κύων πόδας αἴνυνται ἄλλους,
Ἕλκων ἐξόπιθεν πρύμναν πολυτειρέος ἀργοῦς.
Ἡ δὲ θέει γαίης ἴσον διχόωσα κατ' αὐτόν,
Παρθένος ἦμος ἅπασα περαιόθεν ἄρτι γένηται.
Οὐδ' ἂν ἐπερχόμεναι χηλαὶ καὶ λεπτὰ φάουσαι,
Ἄφρασοι παρίοιεν. ἐπεὶ μέγα σῆμα Βοώτης
Ἀθρόος ἀντέλλει βεβολημένος ἀρκτούροιο.
Ἀργὼ δ' οὐ μάλα πᾶσα μετήορος ἔσσεται ἤδη.
Ἀλλ' ὕδρη. κέχυται γὰρ ἐν οὐρανῷ ἤλιθα πολλή,
Οὐρῆς ἂν δεύοιτο μόνον. δ' ἐπὶ χηλαὶ ἄγουσιν
Δεινὸν ἐφεσταότ' ὀφιοῦχεα. τοὶ μὲν ἔπειτα
Δεξιτερὴν κνήμην αὐτῆς ἐπὶ γουνίδος ἄχρις
Αἰεὶ γνὺξ, αἰεὶ δὲ λύρη παραπεπτηῶτος.
Ὅν τινα τοῦτον ἄϊστον ὑπουρανίων εἰδώλων
Ἀμφότερον δύοντα καὶ ἐξ ἑτέρης ἀνιόντα
Πολλάκις αὐτονυχεὶ θηεύμεθα. τοὶ μὲν ἄρ' οἱ
Κνήμη σὺν χηλῇσι φαείνεται ἀμφοτέρῃσι.
Αὐτὸς δ' οὖν κεφαλὴν ἔτι που τετραμμένος, ἄλλα
Σκορπίον ἀντέλλοντα μένει, καὶ ῥύτορα τόξου.
Οἱ γάρ μιν φορέουσιν, ὁ μὲν μέσον ἄλλά τε πάντα,
Χεῖρας δέ οἱ σκαιὴν κεφαλῆθ' ἅμα τόξον ἀγινεῖ.
Ἀλλ' ὁ μὲν ὡς τρίχα πάντα καταμελεϊστὶ φορεῖται.
Ἥμισυ δὲ στεφάνοιο, καὶ αὐτὴν ἔσχατον οὐρὴν
Κενταύρου, φορέουσιν ἀνερχόμεναι ἔτι χηλαί.
Τῆμος ἀποιχομένην κεφαλὴν μεταδύεται ἵππος,
Καὶ προτέρου ὄρνιθος ἐφέλκεται ἔσχατος οὐρή.
Δύνει δ' ἀνδρομέδης κεφαλή. τὸ δέ οἱ μέγα δεῖμα
Κήτεος ἠερόεις ἐπάγει νότος. ἀντία δ' αὐτὸς
Κηφεὺς ἐκ βορέω μεγάλῃ ἀνὰ χειρὶ κελεύων.
Καὶ τὸ μὲν οὖν λοφιὴν τετραμμένον, ἄχρι παρ' αὐτὴν
Δύνει. ἀτὰρ κηφεὺς κεφαλῇ καὶ χειρὶ καὶ ὤμῳ.
Καμπαὶ δ' αὖ ποταμοῖο, καὶ αὐτίκ' ἐπερχομένοιο
Σκορπίου, ἐμπίπτοιεν ἐΰῤῥόου ὠκεανοῖο.
Ὃς καὶ ἐπερχόμενος φοβέει μέγαν ὠρίωνα.
Ἄρτεμις ἱλήκοι. προτέρων λόγος. οἵ μιν ἔφαντο
Ἑλκῆσαι πέπλοιο Χίῳ, ὅτε θηρία πάντα
Καρτερὸς ὠρίων στιβαρῇ ἐπέκοπτε κορύνῃ,
Θήρης ἀρνύμενος κείνῳ χάριν οἰνοπίωνι.
Ἡ δέ οἱ ἐξ αὐτῆς ἐπετείνατο θηρίον ἄλλο
Νήσου, ἀναῤῥήξασα μέσας ἑκάτερθε κολώνας,
Σκορπίον. ὅς ῥά μιν οὖτα καὶ ἔκτανε πολλὸν ἐόντα
Πλειότερος προφανείς. ἐπεὶ ἄρτεμιν ἤκαχεν αὐτήν.
Τοὔνεκα δὴ καὶ φασὶ περαιόθεν ἐρχομένοιο
Σκορπίου, ὠρίωνα περὶ χθονὸς ἔσχατα φεύγειν.
Οὐδὲ μὲν ἀνδρομέδης καὶ κήτεος ὅσσ' ἐλέλειπτο
Κεῖνου δ' ἀντέλλοντος ἀπευθέες. ἀλλ' ἄρα καί τοι

Πανσυδίῃ

Et Delphinus occidunt:& fabrefacta sagitta.
Cum quibus Cygni priores pennæ usq; ad ipsam
Caudam,& Fluuii extremitates occultantur.
Occidit item equinum caput,occidit etiam collum.
Oritur uero Hydra amplius usq; ad ipsum
Craterem,præueniens uero Canis pedes arripit alios,
Trahens à tergo puppim stellatæ Argus.
Hæc aūt currit supra terram malum dimidiata iuxta ipsum
Virgo quando uniuersa ab infero iam euaserit.
Nec forte exorientes Chelæ & tenuiter lucentes
Ignotæ prætererint:quoniam ingens sydus Boòtes
Cumulatus oritur interstinctus Arcturo.
Argo autem non planè tota sublimis erit modo,
Sed Hydra:fusa est enim in cœlo abunde multa:
Cauda indiguerit saltem. Chelæ item adducunt
Constanter innixum Serpentariū:ipsius quidem consequenter
Dexteram tibiam usq; ad ipsum genu
Semper geniculantis,semper item Lyræ acclinati.
Quem eundem ignotum inter cœlestes imagines
Vtrobiq; occidentem & ex altera parte ascendentem
Sæpe eadem nocte conspicimus:huius quidem sola
Tibia cum Chelis apparet ambabus:
Ipse uero in caput adhuc aliquò uersus,alia
Scorpium orientem manet,& tentorem arcus:
Hi nanq; ipsum ferunt, Scorpins quidē medium aliáq; omnia:
Manum uero ei læuam simulq́; cum capite Arcus aduoluit.
Atq; is quidem sic trifariam per omnia membratim circūfertur.
Dimidium uero Coronæ,& ipsam extremam caudam
Centauri proferunt exorientes adhuc Chelæ.
Tunc post demersum caput occidit Equus:
Et prioris auis attrahitur extrema cauda.
Occidit item Andromedæ caput:atq; ei magnum monstrum
Ceti turbidus immittit Auster,è regione uero ipse
Cepheus de septentrione ingenti manu cohortans.
Atq; Cetus quidem in dorsum uersus,usq; ad ipsum
Occidit,sed Cepheus capite & manu & humero.
At curuaturæ Eridani,iamprimum exoriente
Scorpio,inciderint latefluum Oceanum.
Qui etiam exoriens terret magnum Orionem.
Diana æque ferat:ueterū sermo:qui ipsum fabulati sunt
Arripuisse peplo in Chio,quando feras omnes
Fortis Orion ualida cædebat claua,
Venationis administrans illi gratiam Oenopioni:
Illa autem ei ex ipsa immisit feram aliam
Insula,distringens medios utrinq; colles,
Scorpiū,qui quidē ipsum uulnerauit & occidit grādē existentē
Maior præcellens:quoniam Dianam læsit ipsam.
Quare etiam aiunt ab imo ueniente
Scorpio Orionem ad terræ extrema fugere.
Neq; quidē Andromedæ & Ceti quæcunq; relicta sunt
Illo exoriente ignota:sed etiam hæc

Πάντες ὑπὲκ φεύγουσιν. ὁ δὲ ζώνῃ τότε Κηφεὺς
Γαῖαν ἐπιξύει, τὰ μὲν εἰς κεφαλὴν μάλα πάντα
Βάπτων ὠκεανοῖο, τὰ δ' οὐ θέμις, ἀλλὰ τά γ' αὐτοὶ
Ἄρκτοι κωλύουσι πόδας καὶ γοῦνα καὶ ἰξύν.
Ἡ δὲ καὶ αὐτὴ παιδὸς ἐπείγεται εἰδώλοιο
Δειλὴ Κασσιέπεια. τὰ δ' οὐκέτι οἱ κατὰ κόσμον
Φαίνεται ἐκ δίφροιο πόδες καὶ χεῖρες ὕπερθεν.
Ἀλλ' ἥ γ' εἰς κεφαλὴν ἴση δύετ' ἀρνευτῆρι
Μειρομένη γονάτων. ἐπεὶ οὐκ ἄρ' ἔμελλεν ἐκείνη
Δωρίδι καὶ Πανόπῃ μεγάλων ἄτερ ἰσώσασθαι.
Ἡ μὲν ἄρ' εἰς ἑτέρην φορέεται. τὰ δὲ νειόθι μᾶλλον
Οὐρανὸς ἀντιφέρει, στεφάνοιό τε δεύτερα κύκλα,
Ὕδρης τ' ἐσχατιήν, φορέει τ' ἐπὶ Κενταύροιο
Σῶμά τε καὶ κεφαλήν, καὶ θηρίον, ὅ ῥ' ἐνὶ χειρὶ
Δεξιτερῇ Κένταυρος ἔχει. τοὶ δ' αὖθι μένουσι
Τόξον ἐπερχόμενον πρότεροι πόδες ἱππότα φηρός.
Τόξῳ καὶ σπείρη ὄφιος καὶ σῶμ' ὀφιούχου
Ἀντέλλει ἐπιόντι. καρήατα δ' αὐτὸς ἀγινεῖ
Σκορπίος ἀντέλλων. ἀνάγει δ' αὐτὰς ὀφιούχου
Χεῖρας. καὶ προτέρην ὄφιος πολυτειρέος αὐχήν.
Τοῦ γε μὲν ἐν γόνασιν, ποσὶ γὰρ τετραμμένος αἰεὶ
Ἀντέλλει, τό τε μὲν πρώτης ἐξέρχεται ἄλλα,
Γυῖά τε καὶ ζώνη καὶ στήθεα πάντα καὶ ὦμοι
Δεξιτερῇ σὺν χειρί. κάρη δ' ἑτέρης μετὰ χειρὸς
Τόξῳ ἀνέρχονται καὶ τοξότῃ ἀντέλλοντι.
Σὺν τοῖς ἑρμαίη τε λύρη, καὶ στῆθος ἄχρις
Κηφεὺς ἠὼς παρελαύνεται ὠκεανοῖο.
Ἦμος καὶ μεγάλοιο κυνὸς πᾶσαι ἀμαρυγαὶ
Δύουσι. καὶ πάντα κατέρχεται ὠρίωνος.
Πάντα γε μὴν ἀτέλεστα διωκομένοιο λαγωοῦ.
Ἀλλ' οὐχ ἡνιόχῳ ἔριφοι, οὐδ' ὠλενίη αἶξ
Εὐθὺς ἀπέρχονται. τὰ δέ οἱ μεγάλην ἀνὰ χεῖρα
Λάμπονται, καί οἱ μελέων διακέκριται ἄλλων
Κινῆσαι χειμῶνας, ὅτ' ἠελίῳ συνίασιν.
Ἀλλὰ τὰ μὲν, κεφαλήν τε καὶ ἄλλην χεῖρα καὶ ἰξὺν
Αἰγόκερως ἀνιὼν κατάγει, τὰ δὲ νείατα πάντα
Αὐτῷ τοξευτῆρι κατέρχεται. οὐδέ τι Περσεὺς,
Οὐδέ τι ἄκρα κόρυμβα μένει πολυτειρέος Ἀργοῦς.
Ἀλλ' ἤτοι Περσεὺς μὲν, ἄτερ γουνός τε ποδός τε
Δεξιτεροῦ, δύεται. πρύμνης δ' ὅσον ἐς ποδιαγήν.
Αὐτὴ δ' αἰγοκερῆϊ κατέρχεται ἀντέλλοντι.
Ἦμος καὶ προκύων δύεται. τὰ δ' ἀνέρχεται ἄλλα,
Ὄρνις τ', αἰητός τε, τά τε πτερόεντος ὀϊστοῦ
Τείρεα, καὶ νοτίου θυτηρίου ἱερὸς οὖδος.
Ἵππος δ' ὑδροχόοιο νέον ποτιτελλομένοιο
Ποσσί τε καὶ κεφαλῇ ἀνελίσσεται. ἀντία δ' ἵππου
Ἐξ οὐρῆς Κένταυρον ἐφέλκεται ἀστερίη νύξ.
Ἀλλ' οὔ οἱ δύναται κεφαλὴν, οὐδ' εὐρέας ὤμους
Αὐτῷ σὺν θώρηκι χαδεῖν. ἀλλ' αἴθοπος ὕδρης
Αὐχένιον κατάγει σπεῖραν, καὶ πάντα μέτωπα.
Ἡ δὲ καὶ ἐξόπιθεν πολλὴ μένει, ἀλλ' ἄρα καὶ τὴν

Glomeratim fugiunt, cingulo item tunc Cepheus
Terram adradit, quæ quidem ad caput sunt planè omnia
Tingens Oceano, reliqua non licet, sed hæc quidem ipsæ
Vrsæ prohibent, pedes, & genua, & lumbum.
Sed & ipsa filiæ urgetur simulacro
Misera Cassiepia: uerum haud ei decore
Apparent è sella pedes & manus desuper:
Sed hæc in caput similis occidit urinatori,
Diuisa à genubus: siquidem non poterat illa
Doridi & Panopæ magnis sine malis conferri.
Hæc quidem in occasum fertur: sed illa ab imo magis
Cœlum affert, Coronæq́; secundos orbes,
Hydræq́; extremitatem: offertq́; Centauri
Corpusq́; & caput, & bestiolam quam in manu
Dextera Centaurus habet, at illic expectant
Arcum suborientem priores pedes inequitantis gigantis.
Cum Arcu etiam spira serpentis & corpus serpentarii
Oritur ascendente, capita autem ipse agitat
Scorpius exoriens: reducit autem ipsas Serpentarii
Manus, atq; priorem serpentis constellati fulgorem.
Ipsius quidem Engonasi (siquidem obuersus semper
Oritur) tunc sanè ab imo egrediuntur alia,
Membráq;, & cingulus, & pectora tota, & humeri,
Dextra cum manu: sed caput altera cum manu
Sub arcu ascendunt & Sagittario exoriente.
Cum quibus mercurialisq́; Lyra, & ad pectus usq;
Cepheus ab eo agitatur Oceano.
Tum etiam magni Canis omnes micantiæ
Occidunt, & omnes partes descendunt Orionis:
Omnes quidem mutilæ imperiti Leporis.
At non Aurigæ Hœdi, neq; Olenia capra
Statim decedunt, quæ ei magnam per manum
Lucent, atq; ei à membris discreta sunt aliis,
Ad commouendum tempestates quando soli cooriantur:
Sed hæc quidem, caputq́;, & aliam manum & lumbum
Capricornus ascendens deducit: infima uero omnia
Sub ipso Sagittario occidunt. Neq; amplius Perseus
Neq; summa rostra manent stellatæ Argus:
Sed Perseus quidem (præter genuq́; pedemq́;
Dexterum) occidit: ipsius puppis uero quantū ad circumactum
Ipsa autem sub Capricorno descendit oriente.
Tum quoq; minor Canis occidit. Sed oriuntur alia
Olor, Aquiláq;, alatæq́; sagittæ
Astra, & austrinæ Aræ sacra Hydra.
Equus autem Aquario recenter exoriente
Pedibusq́; & capite sursum uoluitur: è regione autem Equi
A cauda Centaurum attrahit sydetea Nox:
Sed non ei potest caput, neq; latos humeros
Ipso cum thorace uorare, at rutilæ Hydræ
Collarem subducit spiram, & omnem frontem:
Hæc autem à posterioribus multa manet, sed etiam hanc

Αὐτῷ Κενταύρῳ, ὁπότ' ἰχθύες ἀντέλλωσιν,
Ἀθρόον ἐμφορέεται. ὁ δ' ἐπ' ἰχθύσιν ἔρχεται ἰχθὺς
Αὐτῷ κυανέῳ ὑποκείμενος αἰγοκερῆι,
Ουτι γ' ἄδην, ὀλίγον δὲ δυωδεκάδα μὲν ἄλλην.
Οὕτω καὶ μογεραὶ χεῖρες καὶ γοῦνα καὶ ὦμοι
Ἀνδρομέδης δίχα πάντα, τὰ μὲν πάρος, ἄλλα δ' ὀπίσσω
Τείνεται ὠκεανοῖο, νέον ὁπότε προγένωνται
Ἰχθύες ἀμφότεροι. τὰ μὲν οἱ κατὰ δεξιὰ χειρὸς
Αὐχοὶ ἐφέλκονται. τὰ δ' ἀριστερὰ νειόθεν ἕλκει
Κριὸς ἀνερχόμενος. τοῦ καὶ περιτελλομένοιο
Ἑσπερόθεν κεν ἴδοιο θυτήριον, αὐτὰρ ἐν ἄλλῃ
Περσέος ἀντέλλοντος ὅσον κεφαλήν τε καὶ ὤμους.
Αὐτὴ δὲ ζώνη καί κ' ἀμφήριστα πέλοιτο
Ἢ κριῷ λήγοντι φαείνεται ἢ ἐπὶ ταύρῳ.
Σὺν τῷ δὲ πανσυδίῃ ἀνελίσσεται. οὐδ' ὅγε ταύρου
Λείπεται ἀντέλλοντος ἐπεὶ μάλα οἱ συναρηγὼς
Ἡνίοχος φορέεται. μοίρῃ γε μὲν οὐκ ἐπὶ ταύτῃ
Ἀθρόος ἀντέλλει. δίδυμοι δέ μιν οὖλον ἄγουσιν.
Ἀλλ' ἔριφοι λαιός τε θέναρ ποδὸς αἰγὶ σὺν αὐτῇ
Ταύρῳ συμφορέονται, ὅτε λοφιή τε καὶ οὐρὴ
Κήτεος αἰθερίοιο περαιόθεν ἀντέλλωσι.
Δύει δ' ἀρκτοφύλαξ ἤδη πρώτῃ τότε μοίρῃ,
Τάων, αἳ πίσυρες μὲν ἄτερ χειρὸς κατάγουσι
Λαιῆς. ἡ δ' αὐτοῦ μεγάλῃ ὑποτέλλεται ἄρκτῳ.
Ἀμφότεροί τε πόδες καταδυομένου ὀφιούχου
Μέσφ' αὐτῶν γονάτων διδύμοις ἐπὶ σῆμα τετύχθω
Ἐξ ἑτέρης ἀνιοῦσι. τότ' οὐκέτι κήτεος οὐδὲν
Ἕλκεται ἀμφοτέρωθεν, ὅλον δέ μιν ὄψεαι ἤδη.
Ἤδη καὶ ποταμοῦ πρώτης ἁλὸς ἐξανιοῦσαν
Καμπὴν ἐν καθαρῷ πελάγει σκέψαιτό κε ναύτης,
Αὐτὸν ἐπ' ὠρίωνα μένων, εἴ οἱ ποθὶ σῆμα
Ἢ νυκτὸς μέτρον γ' ἠὲ πλόου ἀγγείλειε.
Πάντῃ γὰρ τάγε πολλὰ θεοὶ ἄνδρεσσι λέγουσι.
Οὐχ ὁράᾳς, ὀλίγου μὲν ὅταν κεράεσσι σελήνη
Ἑσπερόθεν φαίνηται, ἀεξομένοιο διδάσκει
Μηνός, ὅτε πρῶτον ἀποκίδναται αὐτόθεν αὐγή,
Ὅσον ἐπισκιάειν, ἐπὶ τέτρατον ἦμαρ ἰοῦσα,
Ὀκτὼ δ' ἐν διχάσι, διχόμηνα δὲ παντὶ προσώπῳ.
Αἰεὶ δ' ἄλλοθεν ἄλλα παρακλίνουσα μέτωπα
Εἴρει ὁποσταίου μηνὸς περιτέλλεται ἠώς;
Ἄκρα γε μὴν νυκτῶν κεῖναι δυοκαίδεκα μοῖραι
Ἄρκιαι ἐξειπεῖν, τὰ δέ που μέγαν εἰς ἐνιαυτὸν
Ὧραι μέν τ' ἀρόσαι νειοὺς, ὧραι δὲ φυτεῦσαι.
Ἐκ διὸς ἤδη πάντα πεφασμένα πάντοθι κεῖται.
Καὶ μέν τις καὶ νηὶ πολυκλύστου χειμῶνος
Ἐφράσατ' ἢ δεινοῦ μεμνημένος ἀρκτούροιο,
Ἤ τινων ἄλλων, οἵ τ' ὠκεανοῦ ἀρύονται
Ἀστέρες ἀμφιλύκης, οἵ τε πρώτης ἔτι νυκτός.
Ἤτοι γὰρ τοὺς πάντας ἀμείβεται εἰς ἐνιαυτὸν
Ἠέλιος, μέγαν ὄγμον ἐλαύνων. ἄλλοτε δ' ἄλλῳ
Ἐμπλάζων, ὁτὲ μέν τ' ἀνιών, ποτὲ δ' αὐτίκα δύνων.

Ἄλλος

Cum ipso Centauro, quando pisces oriantur,
Cumulatim infert. At sub Piscibus oritur Piscis
Ipso obscuro subiectus Capricorno:
Haud quidem plene: parumper enim signum expectat aliud.
Sic etiam lassæ manus, & genua, & humeri
Andromedæ dimidiatim omnia, hęc quidé ante, alia uero post
Pertingunt ex Oceano, primum quando prodeunt
Pisces ambo: dexteram quidem ei manum
Pisces attrahunt: at sinistram ab imo trahit
Aries ascendens. Quo etiam oriente,
Ab occasu conspexeris Aram: cæterum in altera parte
Persei orientis tantum caput & humeros:
Ipse autem cingulus etiam ambiguum fuerit
An sub Ariete desinente luceat, an sub Tauro:
Cum quo cumulatim aduoluitur. Nec item Tauro
Linquitur oriente, quoniam ualde ei coniunctus
Auriga fertur: signo tamen haud sub illo
Plenus oritur, Gemini autem ipsum totum proferunt.
At Hœdi, sinistriq́ planta pedis, Capra cum ipsa
Tauro cooriuntur, quando dorsumq́ & cauda
Ceti cœlestis ab imo oriantur.
Occidit autem Arctophylax iam primo tunc signo,
Quorum quatuor quidem præter manum deducunt
Læuam, sed sub ipso magna oritur Vrsa.
At ambo pedes occidentis Serpentarii
Vsq; ad ipsa genua Geminis in signum sunto
Ab altera parte orientibus. Tunc non amplius Ceti quicquam
Voluitur utrinq;, totum uero ipsum uidebis iam.
Iam quoq; fluuii primo mari egredientem
Curuaturam in sereno pelago conspexerit nauta,
Ipsum Orionem expectans, sicubi ei signum
Vel noctis mensuram uel nauigationis nunciare possit.
Vbiq; enim istiusmodi multa dii hominibus prædicant.
Non uides, modica quidem quando cornibus Luna
Ab occasu appareat, quod inchoantem significat
Mensem, quando prima spargatur inde lux
Sic ut umbram creet, quod ad quartum diem tendit,
Octauum in dimedietatibus, medium mensem plena facie,
Semper autem alias atq; alias declinans frontes
Dicat quota mensis oriatur aurora?
Terminos sanè noctium illa duodecim signa
Sufficicientia sunt indicare, quæ item longum in annum.
Tempus quidem arandi nouales, tempus quoq; plantandi.
E Ioue iam omnia ostensa ubiuis sunt.
Etenim quispiam naui pluuiosam tempestatem
Animaduertit, uel uehementis memor Arcturi,
Vel quarundam aliarum, quæ ab Oceano tolluntur
Stellæ diluculo, quæq́ prima adhuc nocte,
Siquidem illas omnes transit per annum
Sol, longam orbitam ductans, aliàs autem aliam
Accedet, nunc quidé oriens, nunc uero uicissim occidens.

Ἄλλος δ' ἀλλοίην ἀστὴρ ἐπιδέρκεται ἠῶ.
Γινώσκεις τάδε καὶ σύ. τὰ γὰρ συναείδεται ἤδη
Ἐννεακαίδεκα κύκλα φαεινοῦ ἠελίοιο,
Ὅσα τ' ἀπὸ ζώνης εἰς ἔσχατον ὠρίωνα
Νὺξ ἐπιδινεῖται, κύνα τε θρασὺν ὠρίωνος.
Οἵ τε Ποσειδάωνος ὀρώμενοι ἢ Διὸς αὐτοῦ
Ἀστέρες ἀνθρώποισι τετυγμένα σημαίνουσι.
Τῶν κείνων πεπόνησο. μέλει δέ τοι, εἴποτε νηῒ
Πιστεύεις, εὑρεῖν ὅσα που κεχειμένα κεῖται
Σήματα χειμερίοις ἀνέμοις ἢ λαίλαπι πόντου.
Μόχθος μέν τ' ὀλίγος, τὸ δὲ μυρίον αὐτίκ' ὄνειαρ
Γίνετ' ἐπιφροσύνης αἰεὶ πεφυλαγμένῳ ἀνδρί.
Αὐτὸς μὲν τὰ πρῶτα σαώτερος, εὖ δὲ καὶ ἄλλον
Παρειπὼν ὤνησεν ὅτ' ἐγγύθεν ὤρορε χειμών.
Πολλάκι γὰρ καί τίς τε γαληναίῃ ὑπὸ νυκτὶ
Νῆα περιστέλλει πεφοβημένος ἦρι θαλάσσης.
Ἄλλοτε μὲν τρίτον ἦμαρ ἐπιτρέχει, ἄλλοτε πέμπτον.
Ἄλλοτε δ' ἀπρόφατον κακὸν ἵκετο. πάντα γὰρ οὔπω
Ἐκ Διὸς ἄνθρωποι γινώσκομεν, ἀλλ' ἔτι πολλὰ
Κέκρυπται, τῶν αἴκε θέλῃ καὶ ἐς αὐτίκα δώσει
Ζεύς. ὁ γὰρ οὖν γενεὴν ἀνδρῶν ἀναφανδὸν ὀφέλλει,
Πάντοθεν εἰδόμενος, πάντῃ δ' ὅγε σήματα φαίνων.
Ἄλλα δέ που ἐρέει ἤπου διχόωσα σελήνη
Πληθοῦσ' ἀμφοτέρωθεν, ἢ αὐτίκα πεπληθυῖα.
Ἄλλα δ' ἀνερχόμενος, τότε δ' ἄκρῃ νυκτὶ κελεύων
Ἠέλιος. τὰ δέ τοι καὶ ἀπ' ἄλλων ἔσεται ἄλλα
Σήματα καὶ περὶ νυκτὶ καὶ ἤματι ποιήσασθαι.
Σκέπτεο δὲ πρῶτον κεράων ἑκάτερθε σελήνην.
Ἄλλοτε γάρ τ' ἄλλῃ μιν ἐπιγράφει ἕσπερος αἴγλη.
Ἄλλοτε δ' ἀλλοῖαι μορφαὶ κερόωσι σελήνην
Εὐθὺς ἀεξομένην, αἱ μὲν τρίτῃ, αἱ δὲ τετάρτῃ,
Τάων καὶ περὶ μηνὸς ἐφεσταότος κε πύθοιο.
Λεπτὴ μὲν καθαρή τε περὶ τρίτον ἦμαρ ἐοῦσα,
Εὔδιός κ' εἴη. λεπτὴ δὲ καὶ εὖ μάλ' ἐρευθὴς,
Πνευματίη. παχίων δὲ καὶ ἀμβλείῃσι κεραίαις
Τέτρατον ἐκ τριτάτοιο φόως ἀμενηνὸν ἔχουσα,
Ἢ νότῳ ἀμβλῦνεται, ἢ ὕδατος ἐγγὺς ἐόντος.
Εἰ δέ κ' ἐπ' ἀμφοτέρων κεράων, τρίτον ἦμαρ ἄγουσα,
Μήτ' ἐπινευσάζοι μήθ' ὑπτιόωσα φαείνοι,
Ἀλλ' ὀρθαὶ ἑκάτερθε περιγνάμπτωσι κεραῖαι,
Ἑσπέριοι κ' ἄνεμοι κείνην μετὰ νύκτα φέροιντο.
Εἰ δ' αὔτως ὀρθὴ καὶ τέτρατον ἦμαρ ἀγινοῖ,
Ἦ τ' ἂν χειμῶνος συναγειρομένοιο διδάσκει.
Εἰ δέ κεν οἱ κεράων τὸ μετήορον εὖ ἐπινεύοι,
Δειδέχθαι Βορέω, ὅτε δ' ὑπτιάῃσι, νότοιο.
Αὐτὰρ ἐπὴν τριτόωσαν ὅλος περὶ κύκλος ἑλίσσοι
Πάντῃ ἐρευθόμενος, μάλα κεν τότε χείμερος εἴη.
Μείζονι δ' ἂν χειμῶνι πυρώτερα φοινίσσοιτο.
Σκέπτεο δ' ἐς πληθύν τε, καὶ ἀμφότερον διχόωσαν,
Ἠ μὲν ἀεξομένην, ἠδ' ἐς κέρας αὖθις ἰοῦσαν.
Καί οἱ ἐπὶ χροιῇ τεκμαίρεο μηνὸς ἑκάστου.

Πάντῃ

Alia item aliam stella inspicit autoram.
Cognoscis hæc & tu: Concinunt enim iam
Nouem & decem circuli lucidi solis.
Quotquot etiam à zona ad extremum Orionem
Nox obuoluit, Canemq́ audacem Orionis.
†Etiam Neptuni conspectæ aut Iouis ipsius
Stellæ hominibus euentus significant.
Idcirco illis operam da. Curæ item sit tibi, si quando naui
Te credis, depræhendere quæcunq; debita ponuntur
Signa hybernis uentis, aut turbini maris.
Labor quidem paruus, ingens uero mox commoditas
Fit diligentiæ semper cauto uiro:
Ipse quidem primum tutior, probè uero & alium
Admonens iuuat quando mox irruat tempestas.
Sæpe enim uel quispiam serena sub nocte
Nauem subducit metuens mane pelagus.
Aliàs quidem ad tertium diem durat, aliàs quintum:
Quandoq; uero improuisum malũ subit. Omnia enim nondũ
E Ioue mortales didicimus, uerum adhuc multa
Occulta sunt: quorũ aliqua cum libuerit, etiam in posterũ dabit
Iuppiter: hic enim genus hominum aperte iuuat,
Vndiq; conspectus: passim uero hic signa ostendens.
Quædam aũt indicat uel alicubi dimidiata luna
Augescens utrinq;, uel iam aucta:
Quædam item exoriens, tum uero summa nocte indicans
Sol: sed etiam ab aliis licebit alia
Signa & per noctem & diem facere.
Obserua autem primum à cornibus utrinq; lunam.
Aliàs enim alio ipsam depingit uesperus splendore:
Aliàs uero aliæ facies miscent lunam
Primum crescentem, hæ quidem tertio, illæ uero quarto:
Quibus & de mense instante perquirere poteris.
Rara quidem puráq; circa tertium diem existens,
Serena fuerit: rara uero & probè admodum rubens,
Ventosa: crassa autem & obtusis cornibus
Quartum à tertio lumen debile habens,
Aut Austro hebetatur, aut pluuia propè existente.
Sin autem in ambobus cornibus, tertium diem agens,
Neq; nutet, neq; resupina luceat,
Sed recta utrinq; inclinent cornua,
Occidentales uenti illam post noctem agitarentur.
At si eodem modo recta, & quartum diem agat,
Certe pluuiam collectam indicat.
Sin autem ei cornuum superius apte nutet,
Expecta Boream: cum uero resupinet, Austrum.
Verum quando triduanam totus orbis circumambiat
Vndiq; rubens, ualde tunc tempestas fuerit:
Maiore autem tempestate rubentius colorari solet.
Aspice item ad plenamq́, & utrinq; dimidiatam,
Tum crescentem, tum ad cornu rursus euntem,
Atq; eius ex colore signa capasce mensis cuiusuis:

Concinunt enim iam) Refert Arati commentator, istis temporibus astronomos tabulas publice in urbibus suspẽdisse, quibus usque ad decimum nonum annũ durãtibus, quatuor anni partium initia et fines, pluuias et uentos, aliaq́; ad uitam conducentia monstrabant. Præterea singulari obseruatione usos circa Orionem & Canem.

†Etiam Neptuni cõspectæ &c.) Neptuni stellæ, quæ suo ortu uel occasu tempestatem serenitatem ue nunciãt: Iouis, quæ agrorum culturam.

Πάντῃ γὰρ καθαρῇ, καὶ μάλ᾽ εὔδια τεκμήραιο.
Πάντα δ᾽ ἐρευθομένῃ, δοκέειν ἀνέμοιο κελεύθους.
Ἄλλοθι δ᾽ ἄλλο μελαινομένῃ, δοκέειν ὑετοῖο.
Σήματα δ᾽ οὔτ᾽ ἄρα πᾶσιν ἐπ᾽ ἤμασι πάντα τέτυκται.
Ἀλλ᾽ ὅσα μὲν τριτάτῃ τετρατάῃ τε πέλονται,
Μέσφα διχαιομένης, διχάδος γε μὲν, ἄχρις ἐπ᾽ αὐτὴν
Σημαίνει διχόμηνον, ἀτὰρ πάλιν ἐκ διχομήνης,
Ἐς διχάδα φθιμένην. ἔχεται δέ οἱ αὐτίκα τετρὰς
Μηνὸς ἀποιχομένου, τῇ δὲ τριτάτῃ ἀπιόντος.
Εἰ δέ κέ μιν περὶ πᾶσαν ἁλωαὶ κυκλώσονται
Ἢ τρεῖς, ἠὲ δύω περικείμεναι, ἠὲ μί᾽ οἴη,
Τῇ μὲν ἰῇ, ἀνέμοιο γαληναίης τε δοκεύειν,
Ῥηγνυμένῃ, ἀνέμοιο, μαραινομένῃ δὲ, γαλήνης.
Ταὶ δύο δ᾽ ἂν χειμῶνι περιτροχάοιτο σελήνη.
Μείζονα δ᾽ ἂν χειμῶνα φέροι τριέλικτος ἁλωὴ,
Καὶ μᾶλλον μελανεῦσα, καὶ εἰ ῥηγνύατο μᾶλλον.
Καὶ τὰ μὲν οὖν ἐπὶ μηνὶ σεληναίης τε πύθοιο.
Ἠελίοιο δέ τοι μελέτω ἑκάτερθεν ἰόντος.
Ἠελίῳ καὶ μᾶλλον ἐοικότα σήματα κεῖται
Ἀμφοτέρου, δύοντι, καὶ ἐκ περάτης ἀνιόντι.
Μή οἱ ποικίλλοιτο νέον βάλλοντος ἀρούραις
Κύκλος, ὅτ᾽ εὐδίου κεχρημένος ἤματος εἴης,
Μηδέ τι σῆμα φέροι, φαίνοιτο δὲ λιτὸς ἁπάντη.
Εἰ δ᾽ αὔτως καθαρόν μιν ἔχοι βουλύσιος ὥρη,
Δύοι δ᾽ ἀνέφελος μαλακὴν ὑποδείελος αἴγλην,
Καί μιν ἐπερχομένης ἠοῦς ἔθ᾽ ὑπεύδιος εἴη.
Ἀλλ᾽ οὐχ ὁππότε κοῖλος ἐειδόμενος περιτέλλοι,
Οὐδ᾽ ὁπότ᾽ ἀκτίνων αἱ μὲν νότον, αἱ δὲ βορῆα
Σχιζόμεναι βάλλωσι, τὰ δ᾽ αὖ περὶ μέσσα φαείνῃ.
Ἀλλά που ἢ ὑετοῖο διέρχεται ἢ ἀνέμοιο.
Σκέπτεο δ᾽, εἰ καί τοι αὐγαὶ ὑπείκειν ἂν ἠελίοιο,
Αὐτὸν ἐς ἠέλιον. τοῦ γὰρ σκοπιαὶ καὶ ἄρισται.
Εἴ τί που ἢ καὶ ἔρευθος ἐπιτρέχει, οἷά τε πολλὰ
Ἑλκομένων νεφέων ἐρυθαίνεται ἄλλοθεν ἄλλα,
Ἢ εἴ που μελανεῖ, καί σοι τὰ μὲν ὕδατος ἔσω
Σήματα μέλλοντος, τὰ δ᾽ ἐρεύθεα πάντ᾽, ἀνέμοιο.
Εἴ γε μὲν ἀμφοτέροις ἅμυδις κεχρωσμένος εἴη,
Καί κεν ὕδωρ φορέοι, καὶ ὑπηνέμιος τανύοιτο.
Εἰ δέ οἱ ἀνιόντος, ἢ αὐτίκα δυομένοιο
Ἀκτῖνες συνίωσι, καὶ ἀμφ᾽ ἑνὶ πεπλήθωσι,
Ἤ ποτε καὶ νεφέων πεπιεσμένος ἢ ὅτ᾽ ἐς ἠῶ
Ἔρχηται παρὰ νυκτὸς, ἢ ἐξ ἠοῦς ἐπὶ νύκτα,
Ὕδατί κεν κατιόντι παρατρέχοι ἤματα κεῖνα.
Μηδ᾽ ὅτε οἱ ὀλίγη νεφέλη πάρος ἀντέλλῃσι,
Τὴν δὲ μετ᾽ ἀκτίνων κεχρωσμένος αὐτὸς ἀερθῇ,
Ἀμνηστεῖν ὑετοῖο. πολὺς δ᾽ ὅτε οἱ περὶ κύκλος
Οἷον τηκομένῳ ἐναλίγκιος εὐρύνηται
Πρῶτον ἀνερχομένοιο, καὶ ἂψ ἐπὶ μεῖον ἵκῃσι,
Εὔδιός κε φέροιτο. καὶ εἴ ποτε χείματος ὥρῃ
Ὠχρήσῃ κατιών. ἀτὰρ ὕδατος ἡμερινοῖο
Γινομένου κατόπισθε περὶ νέφεα σκοπέεσθαι,

Omnino enim pura cum sit, serenitatem obseruato:
Omnino uero rubens, coniicito uenti meatus:
Aliàs aliter nigricans, coniicito pluuiam.
Signa autem non omnibus diebus omnia eueniunt:
Sed quæ quidem tertio quartóq; fuerint,
Vsq; ad dimidiatam, à dimidiata quidem, usq; ad ipsam
Significant semimenstruam: atq; rursus è semimenstrua,
Ad dimidiatam decrescenté: habetur uero eius mox quarta
Mensis decedentis, post hanc autem tertia abeuntis:
Sin autem ipsam totam circi ambiant
Aut tres, aut duo circumiacentes, aut unus solus:
Per unum quidem uentum serenitatemq́; obserua,
Per scissum, uentum, marcescentem uero, serenitatem.
Duo autem tempestate ambierint lunam:
Maiorem uero tempestatem afferre solet triplicatus circus,
Tum magis nigricans, tum si fragatur magis.
Atq; hæc quidem in mense lunáq; deprehenderis.
Solis item tibi cura sit utrinq; euntis:
Soli etiam magis nota signa ponuntur
Vtrobiq;, occidenti, & ex imo ascendenti:
Ne eius uarietur primum tangentis arua
Circulus, quando sereni indigus diei fueris:
Neq; aliquam notam ferat, sed appareat unicolor ubiq;.
Si item planè purum ipsum habeat uespertinum tempus,
Occumbatq́; innubilus, blando postmeridianus fulgore,
Equidem subsequente aurora adhuc serenus fuerit:
At non, quando cauus apparens exoriatur,
Neq; quando ex radiis quidam Austrum, quidam Boream
Scissi tangant, media autem lucida sint:
Sed tum uel pluuiam ostendit, uel uentum.
Aspice autem, si etiam subeant radii solis,
Ipsum in solem: huius enim obseruationes optimæ sunt,
Si quando uel rubor incidit, ut sæpe
Attractis nubibus rubescit alicunde aliter,
Aut si quando nigrescet: & tibi hæc quidem pluuiæ sunto
Signa futuræ, rubea uero omnia, uenti.
Porro si ambobus simul coloratus fuerit,
Et sanè pluuiam ferret, & uentis obnoxius panderetur.
Si uero eius orientis, aut uicissim occidentis
Radii coëant & circa unum locum crassescant,
Aut quandoq; nubibus pressus, uel cum ad auroram
Veniat à nocte, uel ab aurora ad noctem,
Pluuiis delabentibus peraguntur dies illi.
Nec item, cum ei modica nubes præoriatur,
Hanc uero post radiis uariatus ipse eleuatus fuerit,
Immemor esto pluuiæ. Magnus autem cum eius circùm orbis
Ferè flaccescenti similis dilatetur
Primum exorientis, & mox decrescat,
Serenus sanè agatur: etiam si quando pluuiæ tempore
Palluerit occumbens. At pluuia diurna
Facta, postea nubes circumspicito:

Atq;

Καὶ δὲ δυομένου τετραμμένου ἠελίοιο,
Ἢν μὲν ὑποσκιάησι μελαινομένη εἰκυῖα
Ἠέλιον νεφέλη, ταὶ δ' ἀμφί μιν ἔνθα καὶ ἔνθα
Ἀκτῖνες μεσσηγὺς ἑλισσόμεναι διχόωνται,
Ἦτ' ἂν ἔτ' εἰς ἠῶ σκέπαος κεχρημένος εἴης.
Εἰ δ' ὁ μὲν ἀννέφελος βάπτοι ῥόου ἑσπερίοιο,
Ταὶ δὲ κατερχομένου νεφέλαι καὶ οἰχομένοιο
Πλησίον ἑστήκωσιν ἐρευθέες, οὔ σε μάλα χρὴ
Αὔριον οὐδ' αὐτῇ νυκτὶ περιτρομέειν ὑετοῖο.
Ἀλλ' ὁπότ' ἠελίοιο μαραινομένῃσιν ὁμοῖαι
Ἐξαπίνης ἀκτῖνες ἀπ' οὐρανόθεν τανύονται,
Οἷον ἀμαλδύνονται ὅτε σκιάησι κατ' ἰθὺ
Ἱσταμένη γαίης τε καὶ ἠελίοιο σελήνη,
Οὐδ' ὅτε οἱ ἐπέχοντι φαήμεναι ἠῶθι πρὸ
Φαίνονται νεφέλαι ὑπερευθέες ἄλλοθεν ἄλλαι,
Ἄῤῥαντοι γίνονται ἐπ' ἤματι κείνῳ ἄρουραι.
Μηδ' αὔτως ἔτ' ἐόντι πρωῒ, ὁπότε προταθεῖσαι
Ἀκτῖνες φαίνονται ἐπίσκιοι ἠῶθι πρὸ,
Ὕδατος ἢ ἀνέμοιο κατερχομένου λελαθέσθαι.
Ἀλλ' εἰ μὲν κεῖναι μᾶλλον κνέφας φορέοιντο
Ἀκτῖνες, μᾶλλόν κεν ἐφ' ὕδατι σημαίνοιεν.
Εἰ δ' ὀλίγος τανύοιτο περὶ δνόφος ἀκτίνεσσιν,
Οἷόν που μαλακαὶ νεφέλαι φορέουσι μάλιστα,
Ἦτ' ἂν ἐπερχομένοιο περιδνοφέοιντ' ἀνέμοιο.
Οὐδὲ μὲν ἠελίου σχεδόθεν μελανεῦσαι ἅλωαι,
Εὔδιοι, ἀσσότεραι δὲ καὶ ἀστεμφὲς μελανεῦσαι,
Μᾶλλον χειμέριαι. δύο δ' ἂν χαλεπώτεραί εἰσι.
Σκέπτεο δ' ἢ ἀνιόντος ἢ αὐτίκα δυομένοιο,
Εἴπου οἱ νεφέων, τὰ παρήλια κικλήσκονται,
Ἢ νότου ἠὲ βορῆος ἐρεύθεται, ἢ ἑκάτερθεν.
Μηδ' οὕτω σκοπιὴν ταύτην ἀμενηνὰ φυλάσσειν.
Οὐ γὰρ ὅτ' ἀμφοτέρωθεν ὁμοῦ περὶ μέσσον ἔχωσιν
Ἠέλιον κεῖναι νεφέλαι, σχεδὸν ὠκεανοῖο,
Γίγνεται ἀμβολίη Διόθεν χειμῶνος ἰόντος.
Εἴγε μὲν ἐκ Βορέαο μί' οἴη φοινίσσοιτο,
Ἐκ βορέω πνοιάς κε φέροι, νοτίη δὲ, νότοιο.
Ἦ καί που ῥαθάμιγγες ἐπιτροχόωσ', ὑετοῖο.
Ἑσπερίοις καὶ μᾶλλον ἀληθέα τεκμήραιο.
Ἑσπερόθεν γὰρ ὁμῶς σημαίνεται ἔμμενες αἰεί.
Σκέπτεο καὶ φάτνην, ἡ μέν τ' ὀλίγῃ ἐϊκυῖα
Ἀχλύϊ, Βοῤῥαίη ὑπὸ καρκίνῳ ἡγηλάζει.
Ἀμφὶ δέ μιν δύο λεπτὰ φαεινόμενοι φορέονται
Ἀστέρες, οὔτέ τι πολλὸν ἀπήοροι, οὔτε μάλ' ἐγγὺς,
Ἀλλ' ὅσον τε μάλιστα πυγούσιον οἰήσασθαι.
Εἷς μὲν Βοῤῥείαο, νότῳ δ' ἐπέρχεται ἄλλος.
Καί τοι μὲν καλέονται ὄνοι. μέση δέ τε φάτνη.
Ἥτε καὶ ἐξαπίνης πάντῃ Διὸς εὐδιάοντος
Γίνετ' ἄφαντος ὅλη, τοὶ δ' ἀμφοτέρωθεν ἰόντες
Ἀστέρες ἀλλήλων αὐτοσχεδὸν ἰνδάλλονται.
Οὐκ ὀλίγῳ χειμῶνι τότε κλύζονται ἄρουραι.
Εἰ δὲ μελαίνηται, τοὶ δ' αὐτίκ' ἐοικότες ὦσιν

Atq; occidentem conuersus ad solem,
Si quidem obscuret nigricanti similis
Solem nubes, circum ipsam autem hinc inde
Radii interuoluti findantur,
Certe adhuc in auroram operimento indigus esses.
At si hic quidem innubilus se submergat fluxu uespero,
Descendenti uero nubes & abeunti
Vicine existant rubicundæ, haud te ualde oportet
Cras, neq; per noctem timere de pluuia.
Verum quando solis marcescentibus similes
Extemplo radii à cœlo protenduntur
(Sicut euanescunt quando obumbret ex directo
Stans terræq́; & solis luna)
Neq;, quando ei moranti lucere ante auroram,
Apparent nubes subrubeæ, alibi alia,
Arida fiunt in die illo arua.
Neq; pari modo adhuc existenti inferne quando prætensi
Radii apparent obscuri ante auroram,
Pluuiæ aut uenti irruituri obliuiscere.
Porro si illi magis caligine inuoluantur
Radii, magis certe de pluuia monerent.
Sin autem modica extendatur caligo circum radios,
Qualem nonnunquam teneræ nubes ferunt maxime,
Certe adueniente obtenebrari solent uento.
Neq; quidem prope solem nigrescentes coronæ,
Sereni: uiciniores uero & impense nigrescentes,
Magis tempestuosi: duo item sæuiores fuerint.
Considera autem, uel orientis, uel uicissim occidentis
Sicubi eius nubes, quas parelia uocant,
Aut ab austro aut borea rubescant, aut utriq;:
Neq; adeo obseruationem hanc friuole custodi:
Non enim, cum utrinq; simul medium circundent
Solem illæ nubes propè Oceanum,
Fit dilatio è cœlo pluuiæ uenientis.
Si uero è Borea una sola rubescat,
E Borea flatus ferre solet, austrina uero, Austro:
Aut sicubi guttæ decidant, pluuiæ
Occidentalibus etiam magis certa deprehenderes:
Ab occidente nanq; signa sumuntur inuariabiliter semper.
Intuere quoq; præsepe, id quidem tenui simile
Nubeculæ, Boreale sub Cancro uersatur:
At circa ipsum duæ parum lucentes feruntur
Stellæ, nec multum distantes, neq; ualde uicine,
Sed quàm maxime cubitum puta:
Vna quidem Boreæ est, Austro uero appropinquat altera
Atq; hæ quidem uocantur asini: medium autem præsepe est:
Quod etiam confestim cœlo sereno
Fit euanidum totum: atq; utrinq; coeuntes
Stellæ sibiinuicem uicine apparent:
Non modica tempestate tunc inundant arua.
Si autem nigrescat, rursus uero eodem colore existent

Ἀστέρες ἀμφότεροι, περί χ' ὕδατι σημαίνοιεν.
Εἰ δ' ὁ μὲν ἐκ Βορέω φάτνης ἀμενηνὰ φαείνῃ
Λεπτὸν ἐπαχλυόων, νότιος δ' ὄνος ἀγλαὸς εἴη,
Δειδέχθαι ἀνέμοιο νότου. Βορέω δὲ μάλα χρὴ
Ἔμπαλιν ἀχλύοντι, φαεινομένῳ τε, δοκεύειν.
Σῆμα δέ τοι ἀνέμοιο καὶ οἰδαίνουσα θάλασσα
Γινέσθω, καὶ μακρὸν ἐπ' αἰγιαλοὶ βοόωντες,
Ἀκταί τ' εἰνάλιοι, ὁπότ' εὔδιοι ἠχήεσσαι
Γίγνονται, κορυφαί τε βοώμεναι οὔρεος ἄκραι.
Καὶ δ' ἂν ἐπὶ ξηρὴν ὅτ' ἐρωδιὸς οὐ κατὰ κόσμον
Ἐξ ἁλὸς ἔρχηται, φωνῇ περὶ πολλὰ λεληκώς,
Κινυμένου κε θάλασσαν ὑπερφορέοιτ' ἀνέμοιο.
Καί ποτε καὶ κέπφοι, ὁπότ' εὔδιοι ποτέωνται,
Ἀντία μελλόντων ἀνέμων εἰληδὰ φέρονται.
Πολλάκι δ' ἀγριάδες νῆσσαι, ἢ εἰν ἁλὶ δῖναι
Αἴθυιαι χερσαῖα τινάσσονται πτερύγεσσιν.
Ἢ νεφέλη ὄρεος μηκύνεται ἐν κορυφῇσιν.
Ἤδη καὶ πάπποι λευκῆς γήρειον ἀκάνθης,
Σῆμ' ἐγένοντ' ἀνέμου, κωφῆς ἁλὸς ὁππότε πολλοὶ
Ἄκρον ἐπιπλείωσι, τὰ μὲν πάρος, ἄλλα δ' ὀπίσσω.
Καὶ θέρεος βρονταί τε καὶ ἀστραπαὶ ἔνθεν ἴωσιν,
Ἔνθεν ἐπερχομένοιο περισκοπέειν ἀνέμοιο.
Καὶ διὰ νύκτα μέλαιναν ὅτ' ἀστέρες ἀΐσσωσι
Ταρφέα, τοὶ δ' ὄπιθεν ῥυμοὶ ὑπολευκαίνωνται,
Δειδέχθαι κείνοις αὐτὴν ὁδὸν ἐρχομένοιο
Πνεύματος. εἰ δέ κεν ἄλλοι ἐναντίον ἀΐσσωσιν
Ἄλλοις ἐξ ἄλλων μερέων, τότε δὴ πεφύλαξο
Παντοίων ἀνέμων, οἵτ' ἄκριτοί εἰσι μάλιστα,
Ἄκριτα δὲ πνείουσιν ἐπ' ἀνδράσι τεκμήρασθαι.
Αὐτὰρ ὅτ' ἐξ εὔροιο καὶ ἐκ νότου ἀστράπτῃσιν,
Ἄλλοτε δ' ἐκ ζεφύροιο, καὶ ἄλλοτε πὰρ Βορέαο,
Δὴ τότε τις πελάγει ἔνι δείδιε ναυτίλος ἀνήρ.
Μή μιν τῇ μὲν ἔχῃ πέλαγος, τῇ δ' ἐκ διὸς ὕδωρ.
Ὕδατι γὰρ τοσσαίδε περὶ στεροπαὶ φορέονται.
Πολλάκι δ' ἐρχομένων ὑετῶν νέφεα προπάροιθεν
Οἷα μάλιστα πόκοισιν ἐοικότα ἰνδάλλονται,
Ἢ διδύμη ἔζωσε διὰ μέγαν οὐρανὸν ἶρις,
Ἤ καί που τις ἅλωα μελαινομένην ἔχει ἀστήρ.
Πολλάκι λιμναῖαι ἢ εἰνάλιαι ὄρνιθες
Ἄπληστον κλύζονται ἐνιέμεναι ὑδάτεσσιν,
Ἢ λίμνην περὶ δηθὰ χελιδόνες ἀΐσσονται,
Γαστέρι τύπτουσαι αὔτως εἰλυμένον ὕδωρ,
Ἢ μᾶλλον δειλαὶ γενεαί, ὕδροισιν ὄνειαρ,
Αὐτόθεν ἐξ ὕδατος πατέρες βοόωσι γυρίνων.
Ἢ τρύζει ὀρθρινὸν ἐρημαίη ὀλολυγών,
Ἤπου καὶ λακέρυζα παρ' ἠϊόνι προὐχούσῃ
Χείματος ἀρχομένου χέρσῳ ὑπέκυψε κορώνη,
Ἤπου καὶ ποταμοῖο ἐβάψατο μέχρι παρ' ἄκρους
Ὤμους ἐκ κεφαλῆς, ἢ καὶ μάλα πᾶσα κολυμβᾷ,
Ἢ πολλὴ στρέφεται παρ' ὕδωρ παχέα κρώζουσα.
Καὶ βόες ἤδη τοι πάρος ὕδατος ἐνδίοιο,

Stellæ ambæ, de pluuia sanè signum dare solent.
Si uero hic qui est è Borea præsepis languide splendeat
Modice tenebrascens, austrinus uero asellus lucidus sit,
Obseruato uentum Austrum: Boream uero ualde oportet
E contra tenebrascente, lucenteq́ obseruare.
Atqui signum uenti etiam intumescens mare
Esto, & multum margines insonantes,
Littoráq; marina, cum serena arguta
Fiunt, cacuminaq́ sonantia montis summa.
Quinetiam ad terram cum ardeola non rite
E mari ueniat, uoce multum perstrepens,
Commoto sanè mare superferatur uento.
Interdum etiam fulicæ, cum serenæ uolitent,
Contra futuros uentos glomeratim feruntur.
Sæpe item feræ anates, aut in mari urinatores
Mergi terras quatiunt alis:
Aut nubes montis elongatur in uerticibus.
Iam etiam decidui flores, albi senium cardui,
Indicium fiunt uenti, muti maris quando multi
Summum supernatent, partim ante, partim post.
Etiam æstatis tonitruaq́ & fulgura unde eant,
Inde aduenientem obserua uentum.
Item per noctem atram cum stellæ præcipites ruant
Crebro, à tergo uero tractus subalbescant,
Accipito per illas eadem uia uenientem
Ventum. Sin autem aliæ contrario ruant
Aliis ex aliis partibus, tunc utiq; obseruato
Omniuarios uentos, qui confusi sunt maxime,
Confuse item spirant hominibus obseruando.
Cæterum cum ex Euro & ex Austro fulguret,
Tum etiam è Zephyro, & interdum à Borea,
Certe tunc quispiam in pelago timuerit nauita:
Velim ne ipsum partim teneret pelagus, partim cœli pluuia:
Super pluuia enim tot fulgura feruntur.
Sæpenumero item uenientibus pluuiis nubes prius
Vt plurimum uelleribus similes apparent,
Aut gemina circumcingit magnum cœlum iris,
Vel etiamnum aliqua aream nigricantem habet stella:
Sæpe palustres aut marinæ aues
Insaturabiliter se immergunt, desiderantes aquam:
Aut paludem circum hirundines agitantur
Ventre uerberantes incassum conuolutam undam:
Aut magis miseræ progenies, hydris esca,
Indidem ex aqua patres coaxant ranulatum
Aut ululat mane solitaria bubo:
Aut alicubi etiam garrula ad littus prominens
Tempestate instante terræ subsidit cornix:
Etiam si quando flumini se immergit usq; ad summos
Humeros à capite, uel etiam planè tota subternatat,
Vel frequens uersatur prope undam crasse crocitans.
Etiam boues iam ante pluuiam cœlestem,

Οὐρανὸν εἰσανιδόντες, ἀπ' αἰθέρος ὠσφρήσαντο.
Καὶ κοίλης μύρμηκες ὀχῆς ἐξ ὤεα πάντα
Θᾶσσον ἀνηνέγκαντο. καὶ ἀθρόοι ὤφθησαν ἴουλοι
Τείχη ἀνέρποντες, καὶ πλαζόμενοι σκώληκες
Κεῖνοι, τοὺς καλέουσι μελαίνης ἔντερα γαίης.
Καὶ τιθαὶ ὄρνιθες, τοὶ ἀλέκτορος ἐξεγένοντο,
Εὖ ἐφθειρίσαντο, καὶ ἔκρωξαν μάλα φωνῇ.
Οἷόντε σταλάον ψοφέει ἐπὶ ὕδατι ὕδωρ.
Δή ποτε καὶ γενεαὶ κοράκων, καὶ φῦλα κολοιῶν,
Ὕδατος ἐρχομένοιο Διὸς πάρα σῆμ' ἐγένοντο,
Φαινόμενοι ἀγεληδά, καὶ ἰρήκεσσιν ὁμοῖον
Φθεγξάμενοι. καί που κόρακες δίους σταλαγμοὺς
Φωνῇ ἐμιμήσαντο σὺν ὕδατος ἐρχομένοιο.
Ἤ ποτε καὶ κρώξαντε βαρείῃ δισσάκι φωνῇ
Μακρὸν ἐπιρροιζεῦσι τιναξάμενοι πτερὰ πυκνά.
Καὶ νῆσσαι οἰκουροί, ὑπωρόφιοί τε κολοιοί,
Ἐρχόμενοι ἐπὶ γεῖσα, τινάσσονται πτερύγεσσιν.
Ἢ ἐπὶ κῦμα διώκει ἐρωδιὸς ὀξὺ λεληκώς.
Τῶν τοι μηδὲν ἀπόβλητον πεφυλαγμένῳ ὕδωρ
Γινέσθω. μηδ' εἴ κεν ἐπὶ πλέον ἠὲ πάροιθεν
Δάκνωσι μυῖαι, καὶ ἐφ' αἵματος ἱμείρωνται.
Ἢ λύχνοιο μύκητες ἀγείρωνται περὶ μύξαν
Νύκτα κατὰ σκοτίην. μηδ' ἢν ὑπὸ χείματος ὥρῃ
Λύχνων ἄλλοτε μέν τε φάος κατὰ κόσμον ὀρώρει.
Ἄλλοτε δ' ἀΐσσωσιν ἄπο φλόγες, ἠΰτε κοῦφαι
Πομφόλυγες. μηδ' εἴ κεν ἐπ' αὐτόφι μαρμαίρωσιν
Ἀκτῖνες. μηδ' ἢν θέρεος μέγα πεπταμένοιο
Νησσαῖοι ὄρνιθες ἐπασσύτεροι φορέωνται.
Μηδὲ σύ γ' ἢ χύτρης ἢ τρίποδος πυριβήτεω,
Σπινθῆρες ὅτ' ἔωσι περιπλέονες, λελαθέσθαι.
Μηδὲ κατὰ σποδιὴν ὁπότ' ἄνθρακος αἰθομένοιο
Λάμπηται περὶ σήματ' ἐοικότα κεγχρείοισιν.
Ἀλλ' ἐπὶ καὶ τὰ δόκευε περισκοπέων ὑετοῖο.
Εἰ γέ μεν ἠερόεσσα πάρεξ ὄρεος μεγάλοιο
Πυθμένα τείνηται νεφέλη, ἄκραι δὲ κολῶναι
Φαίνωνται καθαραί, μάλα κεν τόθ' ὑπεύδιος εἴης.
Εὔδιος κ' εἴης, καὶ ὅτε πλατέος περὶ πόντου
Φαίνηται χθαμαλὴ νεφέλη, μηδ' ὑψόθι κύρῃ,
Ἀλλ' αὐτοῦ πλαταμῶνι παραθλίβηται ὁμοίη.
Σκέπτεο δ' εὔδιος μὲν ἐὼν ἐπὶ χείματι μᾶλλον,
Εἰς δὲ γαλήνην χειμῶνόθεν. εὖ δὲ μάλα χρὴ
Ἐς φάτνην ὁράαν, τὴν Καρκίνος ἀμφιελίσσει,
Πρῶτα καθαιρομένην πάσης ὑπένερθεν ὀμίχλης.
Κείνη γὰρ φθίνοντι καθαίρεται ἐν χειμῶνι.
Καὶ φλόγες ἡσύχιαι λύχνων, καὶ νυκτερίη γλαύξ
Ἥσυχον ἀείδουσα, μαραινομένου χειμῶνος
Γινέσθω τοι σῆμα. καὶ ἥσυχα ποικίλλουσα
Ὥρῃ ἑσπερίῃ κρώζῃ πολύφωνος κορώνη.
Καὶ κόρακες μοῦνοι μὲν ἐρημαῖοι βοόωντες
Δισσάκις, αὐτὰρ ἔπειτα μετὰ βρόχα κεκλήγοντες,
Πλειότεροι δ' ἀγεληδὸν ἐπὴν κοίτοιο μέδωνται

Φωνῆς

Cœlum intuiti, ab æthere mox sentiunt.
Etiam cauo formicæ foramine oua omnia
Ocyus efferunt: atque cumulatim cernuntur iuli,
Muros asserpentes: atque obeuntes uermes
Illi, quos uocant atra intestina terræ.
Etiam pulli uolucres, quæ gallo prognatæ sunt,
Studiose pedunculos quærunt, pipiuntque maiore uoce,
Sicut stillans strepit super aquam aqua.
Quandoque etiam genera coruorum, & turmæ graculorum,
Pluuiæ uenientis è cœlo signum fiunt,
Visi gregatim, & accipitrum instar
Garrientes. Etiamnum corui magnas guttas
Voce imitantur simul pluuia ueniente:
Vel quandoque etiam crocitantes graui congemina uoce,
Multum constrepitant quatientes alas frequentes.
Etiam anates pulli, domesticique graculi,
Venientes super pinnacula, quatiunt alis:
Aut ad aquam festinat ardea acute uociferans.
Quorum tibi nullum friuolum obseruanti pluuiam
Esto. Nec item si amplius quàm ante
Mordeant muscæ, & sanguinem desiderent:
Aut lucernæ fungi congregentur circa labium
Noctem per caliginosam: Neque si sub hyemis tempore
Lucernarum aliàs quidem lumen debite moueatur,
Aliàs uero delabantur flammæ, ceu leues
Ampullæ: Neque si ad ipsam lucernam splendeant
Radii: Neque si æstate multum uolitante
Anates aues accũmulatiores obuersentur:
Neque tu si ab olla aut tripode in igne stante
Scintillæ cum fuerint perplures obliuiscere:
Neque per cinerem quando carbone ardente
Splendeant circumcirca signa similia cenchris:
Sed ad hæc etiam spectato obseruans pluuiam.
Cæterum si obscura per montis magni
Vallem extendatur nebula, summa uero cacumina
Appareant pura, ualde tunc serenus fueris.
Serenus sanè fueris etiam quando uastum circa pontum
Videatur humilis nebula, neque in alto existat,
Sed inibi planiciei maritimæ deprimatur similis.
Respice uero serenus cum sis ad tempestatem magis:
Ad serenitatem uero è tempestate, diligenter uero oportet
Ad præsepe respicere, quod Cancer circumuoluit,
Recens purgatum ab omni subtus nebula:
Illud nanque pereunte purgatur sub tempestate.
Etiam flammæ quietæ lucernarum, & nocturna noctua
Tranquille canens, marcescentis tempestatis
Esto tibi signum, & tranquille uarians
Tempore uespertino crocitet garrula cornix.
Item corui priuati & solitarii uociferantes
Ingeminanter, at postea turmatim clamitantes,
Frequentius uero congregati quando cubilis memores sint

Φωνῆς ἔμπλειοι. χαίρειν καί τις ὀΐσαιτο,
Οἷα τὰ μὲν βώωσι λιγαινομένοισιν ὁμοῖα.
Πολλὰ δὲ δενδρείοιο ποτὶ φλόον, ἄλλοτ' ἐπ' αὐτῷ
Ἤχι τε κείουσιν, καὶ ὑπότροποι ἀπτερύονται.
Καὶ δ' ἄν που γέρανοι μαλακῆς προπάροιθε γαλήνης
Ἀσφαλέως τανύσαιεν ἕνα δρόμον ἤλιθα πᾶσαι,
Οὐδὲ παλιῤῥόθιοι κεν ὑπεύδιοι φορέοιντο.
Ἦμος δ' ἀστρόθεν καθαρὸν φάος ἀμβλύνηται,
Οὐδέ ποθεν νεφέλαι πεπιεσμέναι ἀντιόωσιν,
Οὐδέ ποθεν ζόφος ἄλλος ὑποτρέχῃ, οὐδὲ σελήνη.
Ἀλλὰ τά γ' ἐξαπίνης αὔτως ἀμενηνὰ φέρονται,
Μηκέτι τοι τόδε σῆμα γαληναίης ἐπικείσθω,
Ἀλλ' ἐπὶ χεῖμα δόκευε. καὶ ὁππότε ταὶ μὲν ἐῶσιν
Αὐτῇ ἐν χώρῃ νεφέλαι, ταὶ δ' ἄλλαι ἐπ' αὐταῖς,
Ταὶ μὲν ἀμειβόμεναι, ταὶ δ' ἐξόπιθεν φορέονται.
Καὶ χῆνες κλαγγηδὸν ἐπειγόμεναι βρωμοῖο.
Χειμῶνος μέγα σῆμα καὶ ἐννεάγηρα κορώνη
Νύκτερον ἀείδουσα, καὶ ὀψὲ βοῶντε κολοιοί,
Καὶ σπίνος ἠῶ ἀπίζων, καὶ ὄρνεα πάντα
Ἐκ πελάγους φεύγοντα, καὶ ὀρχίλος, ἢ καὶ ἐριθεὺς
Δύνων εἰς κοίλας ὀχεάς, καὶ φῦλα κολοιῶν
Ἐκ νομοῦ ἐρχόμενα τραφεροῦ ἐπὶ ὄψιον αὖλιν.
Οὐδ' ἂν ἐπιξουθαὶ μεγάλου χειμῶνος ἰόντος
Πρόσσω ποιήσαιντο νομὸν κηροῖο μέλισσαι,
Ἀλλ' αὐτοῦ μέλιτός τε καὶ ἔργων εἱλίσσονται.
Οὐδ' ὑψοῦ γεράνων μακραὶ στίχες αὐτὰ κέλευθα
Τείνονται, στροφάδες δὲ παλιμπετὲς ἀγρέονται.
Μηδ' ὅτε νηνεμίῃ ἐν ἀράχνια λεπτὰ φέρηται,
Καὶ φλόγες αἰθύσσωσι μαραινομένοιο λύχνοιο,
Ἢ πῦρ ἅπτηται σποδιῇ, καὶ ὑπεύδια λύχνα,
Πιστεύειν χειμῶνι. τί τοι λέγω ὅσσα πέλονται
Σήματ' ἐπ' ἀνθρώπους; δὴ γὰρ καὶ ἀεικέϊ τέφρῃ
Αὐτοῦ πηγνυμένῃ νιφετοῦ ἐπιτεκμήραιο,
Καὶ λύχνῳ χιόνος, κέγχροις ὅτ' ἐοικότα πάντῃ
Κύκλῳ σήματ' ἔχει πυριλαμπέος ἐγγύθι μύξα,
Ἄνθρακι δὲ ζώοντι, χαλάζης, ὁππότε λαμπρὸς
Αὐτὸς ἐείδηται, μέσσῳ δέ οἱ ἠΰτε λεπτὴ
Φαίνηται νεφέλη, πυρὸς ἔνδοθεν αἰθομένοιο.
Πρῖνοι δ' οὐ καρποῖο καταχθέες, οὐδὲ μέλαιναι
Σχῖνοι, ἀπείρητοι. πάντῃ δέ τε πολλὸς ἀλωεὺς
Αἰεὶ παπταίνει μή οἱ θέρος ἐκ χερὸς ἔῤῥῃ.
Πρῖνοι μὲν θαμινῆς ἀκύλου κατὰ μέτρον ἔχουσαι,
Χειμῶνός κε λέγοιεν ἐπὶ πλέον ἰσχύσοντος.
Μὴ δὲ ἄδην ἔκπαγλα περιβρίθοιεν ἁπάντῃ.
Τηλοτέρω δ' αὐχμοῖο συνασταχύοιεν ἄρουραι.
Τριπλόα δὲ σχῖνος κύει. τρισσαὶ δέ γε αὖξαι
Γίνονται καρποῖο. φέρει δέ τε σήματ' ἑκάστη
Ἑξείης ἀρότου. καὶ γάρ τ' ἀροτήσιον ὥρην
Τριπλόα μείρονται, μέσσην, καὶ ἐπ' ἀμφότερ' ἄκρας.
Πρῶτος μὲν πρώτην ἄροσιν, μέσσος δέ τε μέσσην
Καρπὸς ἀπαγγέλλει, πυματίην γε μὲν ἔσχατος ἄλλων.

Ὅντινα

Voce pleni: lætari etiam quis putauerit:
Sic enim uociferantur iucundantium in morem.
Sæpe item arboris per ramos, quandoque super ipsam
Vbi cubant, etiam reduces alas excutiunt.
Præterea grues blandam ante serenitatem
Secure pandere solent unicum uolatum gregatim omnes,
Neque retroacti sereni ferri solent.
Cum autem è stellis lucidus fulgor hebetetur,
Neque alicunde nubes pressæ obuient,
Neque alicunde caligo alia succedat, neque luna,
Sed astra extemplo planè languida ferantur,
Non amplius tibi hoc signum ad serenitatem ponatur,
Sed ad tempestatem specta. Etiam quando quædam existant
Eodem in loco nubes, aliæ uero iuxta ipsas,
Hæ quidem prætereuntes, illæ uero à tergo ferantur.
Etiam anseres cum clangore festinantes ad pastum.
Tempestatis certum signū etiam nouem ætates uiuens cornix
Noctu cornicans: & sero clamantes monedulæ:
Et passer mane pirpitans: & uolucres omnes
E mari fugientes: & orchilus: & erithacus
Subiens caua foramina: & turmæ graculorum
A pastu uenientes sicco ad serotinum lustrum.
Neque sane sufflauæ, magna tempestate instante,
Ante facere solent pabulum faui apes,
Sed intus melleque & structuris occupantur.
Neque in alto gruum elongati ordines easdem uias
Tendunt, conuersi uero reuolanter absistunt.
Neque, quando in uentorū tranquillitate araneæ graciles ferātur,
Et flammæ flagrent marcescentis lucernæ,
Aut ignis lambat cinere, & serenæ lucernæ,
Crede tempestati. Quid tibi refero quæcunque sunt
Indicia per homines: Siquidem uel uili cinere
Ipsam concreto niuem obserues licet:
Etiam per lucernam niuem, milio cum similes undique
Circumcirca notas habet candicans, propè ellychnium:
Carbone aūt ardente, grandinem, quando candens
Ipse uideatur, in medio uero ipso uelut tenuis
Appareat nebula, igne intus candente.
Nec uero ilices fructu onustæ, neque nigræ
Lentisci sine signo sunt. Passim aūt frequens agricola
Continuo circumspicit, ne ei æstas è manu fluat.
Ilices quidem frequentis glandis non parum ferentes,
Hyemem certe nunciare solent haud leuiter inualescentem,
Neque nimis insolenter grauidæ fiant undiquaquam:
Sed magis procul à squallore spicis compleantur arua.
Tribus uicibus uero lentiscus foetificat: tria item incrementa
Fiunt fructus: fert autem indicia quoduis
Ex ordine arationi: Etenim arandi tempus
Trifariam diuidunt, medium, & utrinque extremum:
Primus quidem primam arationem, medius uero mediam
Fructus denunciat, ultimam autem ultimus aliorum.

Ὅντινα γὰρ κάλλιστα λοχαίη σχῖνος ἄεξηται,
Κείνῳ γ᾽ ἐξ ἄλλων ἄροσις πολυλήϊος εἴη,
Τῷ δ᾽ ἔτ᾽ ἀφαυροτάτῳ, ὀλίγη, μέσσῳ δέ τε, μέσση.
Οὕτως δ᾽ ἀνθερικὸς τριχθὰ σκύλλης ὑπεραρθῇ,
Σήματ᾽ ἐπιφράσσασθαι ὁμοίϊον ἀμήτοιο.
Ὅσσα δ᾽ ἤδη σχίνου ἀροτὴρ ἐπιφράσσατο καρπῷ,
Τόσσα καὶ ἐν σκύλλης τεκμαίρεται ἄνθεϊ λευκῷ.
Αὐτὰρ ὅτε σφῆκες μετοπωρινὸν ἤλιθα πολλοὶ
Πάντῃ βεβρίθωσι καὶ ἑσπερίων προπάροιθεν
Πληϊάδων, εἴποι τις ἐπερχόμενον χειμῶνα,
Οἷος ἤδη σφήκεσσιν ἑλίσσεται αὐτίκα δῖνος.
Θήλειαι δὲ σύες, θήλεια δὲ μῆλα, καὶ αἶγες,
Ὁππότ᾽ ἀναστρωφῶσιν ὀχῆς, τὰ δέ γ᾽ ἄρρενα πάντα
Δεξάμεναι πάλιν αὖτις ἀναβλήδην ὀχέωνται,
Αὐτῷ καὶ σφήκεσσι μέγαν χειμῶνα λέγοιεν.
Ὀψὲ δὲ μισγομένων αἰγῶν μήλων τε συῶν τε,
Χαίρει ἄνολβος ἀνὴρ, ὅ οἱ οὐ μάλα θαλπιόωντι
Εὔδιον φαίνουσι βιβαιόμενοι ἐνιαυτόν.
Χαίρει καὶ γεράνων ἀγέλαις ὡραῖος ἀροτρεὺς
Ὥριον ἐρχομέναις. ὁ δ᾽ ἀώριος αὐτίκα μᾶλλον.
Αὔτως γὰρ χειμῶνες ἐπέρχονται γεράνοισι,
Πρώϊα μὲν μᾶλλον καὶ ὁμιλαδὸν ἐρχομένῃσι,
Πρώϊον, αὐτὰρ ὅτ᾽ ὀψὲ καὶ οὐκ ἀγεληδὰ φανεῖσαι
Πλειότερον φορέονται ἤδη χρόνον, οὐδ᾽ ἅμα πολλαὶ,
Ἀμβολίη χειμῶνος ὀφέλλεται ὕστερα ἔργα.
Εἰ δὲ βόες καὶ μῆλα μετὰ βρίθουσαν ὀπώρην
Γαῖαν ὀρύσσωσι, κεφαλὰς δ᾽ ἀνέμοιο βορῆος
Ἀντία τείνωσιν, μάλα κεν τότε χείμερον αὐτοὶ
Πληϊάδες χειμῶνα κατερχόμεναι φορέοιεν.
Μὴ δὲ λίην ὀρύχοιεν, ἐπεὶ μέγας οὐ κατὰ κόσμου
Γίνεται οὔτε φυτοῖς χειμὼν φίλος, οὔτ᾽ ἀρότοισιν.
Ἀλλὰ χιὼν εἴη πολλὴ μεγάλαις ἐπ᾽ ἀρούραις,
Μήπω κεκριμένῃ, μὴ δὲ βλωθρῇ ἤδη ποίῃ,
Ὄφρα τις εὐεστοῖ χαίρῃ ποτιδέγμενος ἀνήρ.
Μὴ δ᾽ εἶεν καθ᾽ ὕπερθεν ἐοικότες ἀστέρες αἰεὶ,
Μήθ᾽ εἷς, μήτε δύω, μηδὲ πλέονες κομόωντες.
Πολλοὶ γὰρ κομόωσιν ἐπ᾽ αὐχμηρῷ ἐνιαυτῷ.
Οὐδὲ μὲν ὀρνίθων ἀγέλαις ἠπειρόθεν ἀνὴρ
Ἐκ νήσων ὅτε πολλαὶ ἐπιπλήσσωσιν ἀρούραις
Ἐρχομένων θέρεος χαίρει. περιδείδιε δ᾽ αἰνῶς
Ἀμήτῳ, μή οἱ κενεὸς καὶ ἀχυρμιὸς ἔλθῃ
Αὐχμῷ ἀνιηθείς. χαίρει δέ που αἰπόλος ἀνὴρ
Αὐταῖς ὀρνίθεσσιν, ἐπὴν κατὰ μέτρον ἴωσιν,
Ἐλπόμενος μετέπειτα πολυγλαγέος ἐνιαυτοῦ.
Οὕτω γὰρ μογεροὶ καὶ ἀλήμονες ἄλλοθεν ἄλλοι
Ζώομεν ἄνθρωποι. τὰ δὲ πὰρ ποσὶ πάντες ἑτοῖμοι
Σήματ᾽ ἐπιγνῶναι, καὶ ἐς αὐτίκα ποιήσασθαι.
Ἄρνασι μὲν χειμῶνας ἐτεκμήραντο νομῆες,
Ἐς νομὸν ὁππότε μᾶλλον ἐπειγόμενοι προχέωσιν.
Ἄλλοι δ᾽ ἐξ ἀγέλης κριοί, ἄλλοι δὲ καὶ ἀμνοὶ
Εἰνόδιοι παίζωσιν ἐρειδόμενοι κεράεσσιν.

Ἠ ὁπότ

Quem enim pulcherrime fœtificans lentiscus tulerit,
Illi præ aliis aratio frugifera extiterit:
Minutissimo uero, modica, at medio, media.
Sic etiam flos trifariam scillæ cum superetur,
Signa aduertito similiter messis.
Quæcunque uero in lentisci arator obseruauit fructu,
Eadem etiam in scillæ deprehendit flore albo.
Sed cum uespæ autumni tempore glomeratim multæ
Passim constipatæ fuerint, etiam uespertinas ante
Pleiades, dixerit quis subsecuturam hyemem,
Qualis in uespis conglomeratur itidem turbo.
Fœminæ item sues, fœminæ oues, & capræ
Cum redeant à pastu, maribus omnibus
Admissis, rursus mutuo coëant:
Ex hoc & uespis multam hyemem prædicere solent.
Tarde autem coëuntibus capris, ouibusq́, suibusq́,
Gaudet pauper uir: quia ei parum calenti
Serenum monstrant coactæ annum.
Gaudet etiam gruum cateruis tempestiuus arator
Tempestiue uenientibus: intempestiuus uero è diuerso magis:
Pari modo enim hyemes consequuntur grues,
Cito quidem magis & constipatim uenientes,
Cito: sed quando sero & non gregatim uisæ
Maius uolant ad tempus, neque simul multæ,
Dilatio hyemis promouet serotina opera.
Sin autem boues & oues post plenum autumnum
Terram cornupetant, capita uero uentum boream
Contra tendant, ualde tunc tempestuosam ipsæ
Pleiades hyemem occidentes afferre solent.
Ne uero nimium fodiant: quoniam magna & immoderata
Fit, neque plantis hyemis grata, neque arationibus:
Sed nix esto multa spaciosis in aruis,
Nedum discreta, neque grandi in segete,
Quo quilibet anni feracitate gaudere possit fruens uir.
Nec item fuerint desuper uisæ stellæ semper
Vel una, uel duæ, uel plures comatæ:
Multæ enim comantur in arido anno.
Neque quidem uolucrum agminibus in continente degens uir
Ex insulis cum multæ irruant arua
Veniente tempestate gaudet: timet uero anxie
Messi, ne ei uacua & sine granis ueniat
Squallore læsa: gaudet uero opilio
Ipsis uolucribus, cum non omnino paucæ ueniant,
Spem capiens sequentis lacte abundantis anni.
Sic enim ærumnosi & instabiles alibi alii
Viuimus homines: atque ea quæ ante pedes sunt omnes parati
Signa cognoscere, & in posterum capere.
Agnis quidem tempestates obseruare soliti sunt pastores
Ad pabulum cum magis festinantes currant:
Alii etiam è grege arietes, alii item agelli
In itinere ludant, innixi cornibus.

Aut quando

Ἢ ὁπότ᾽ ἄλλοθεν ἄλλοι ἀναπλήσωσι πόδεσσι,
Τέτρασιν οἱ κοῦφοι, κεραοί γε μὲν ἀμφοτέροισιν.
Ἢ καὶ ὅτ᾽ ἐξ ἀγέλης ἀεκούσια κινήσωσι
Δείελον εἰσελάοντες ὁμῶς, τὰ δὲ πάντοθι ποίης
Δάκνωσιν πυκινῇσι κελευόμενα λιθάκεσσιν.
Ἐκ δὲ βοῶν ἐπύθοντ᾽ ἀρόται καὶ βουκόλοι ἄνδρες
Κινυμένου χειμῶνος. ἐπεὶ βόες ὁππότε χηλὰς
Γλώσσῃ ὑπωμαίοιο ποδὸς περιλιχμήσωνται,
Ἢ κοίτῳ πλευρὰς ἐπὶ δεξιτερὰς τανύσωνται,
Ἀμβολίην ἀρότοιο γέρων ἐπιέλπετ᾽ ἀροτρεύς.
Ἠδ᾽ ὅτε μυκηθμοῖο περίπλειοι ἀγέρωνται,
Ἐρχόμεναι σταθμόνδε βόες βουλύσιον ὥρην,
Σκυθραὶ, λειμῶνος πόριες καὶ βουβοσίοιο,
Αὐτίκα τεκμαίρονται ἀχείμεροι ἐμπλήσεσθαι.
Οὐδ᾽ αἶγες πρίνοιο περισπεύδουσαι ἀκάνθαις,
Εὔδιοι, οὐδὲ σύες φορυτῷ ἐπιμαργαίνουσαι.
Καὶ λύκος, ὁππότε μακρὰ μονόλυκος ὠρύηται,
Ἢ ὅτ᾽ ἀροτρήων ὀλίγον πεφυλαγμένος ἀνδρῶν
Ἔργα κατέρχηται, σκέπαος χατέοντι ἐοικὼς
Ἐγγύθεν ἀνθρώπων, ἵνα οἱ λέχος αὐτόθεν εἴη,
Τρὶς περιτελλομένης ἠοῦς χειμῶνα δοκεύειν.
Οὕτω καὶ προτέροις ἐπὶ σήμασι τεκμήραιο
Ἐσσομένων ἀνέμων ἢ χείματος ἢ ὑετοῖο,
Αὐτὴν ἢ μετ᾽ αὐτὴν, ἢ τριτάτην ἔτ᾽ ἐς ἠῶ.
Ἀλλὰ γὰρ οὐδὲ μύες τετριγότες, εἴποτε μᾶλλον
Εὔδιοι ἐσκίρτησαν, ἐοικότες ὀρχηθμοῖσιν,
Ἄσκεπτοι ἐγένοντο παλαιοτέροις ἀνθρώποις.
Οὐδὲ κύνες. καὶ γάρ τε κύων ὠρύξατο ποσσὶν
Ἀμφοτέροις χειμῶνος ἐπερχομένοιο δοκεύων.
Καὶ μὴν ἐξ ὕδατος καὶ καρκίνος ᾤχετο χέρσον
Χειμῶνος μέλλοντος ἐπαΐσσεσθαι ὁδοῖο.
Καὶ μύες ἡμέριοι ποσσὶ στιβάδα στρωφῶντες
Κοίτης ἱμείρονται, ὅτ᾽ ὄμβρου σήματα φαίνοι,
Κἀκεῖνοι χειμῶνα μύες τότε μαντεύονται.
Τῶν μηδὲν κατόκνει. καλὸν δ᾽ ἐπὶ σήματι σῆμα
Σκέπτεσθαι. μᾶλλον δὲ δυοῖν εἰς ταὐτὸν ἰόντοιν
Ἐλπωρὴ τελέθοι. τριτάτῳ δέ κε θαρσήσειας.
Αἰεὶ δ᾽ ἂν παριόντος ἀριθμοίης ἐνιαυτοῦ
Σήματα, συμβάλλων εἴπου τι ἐπ᾽ ἀστέρι τοίη
Ἠὼς ἀντέλλοντι κατέρχεται ἢ κατιόντι
Ὁπποῖον καὶ σῆμα λέγοι. μάλα ἄρκιον εἴη
Φράζεσθαι φθίνοντος, ἐφισταμένοιό τε μηνὸς
Τετράδας ἀμφοτέρας. αἱ γάρ τ᾽ ἄμυδις συνιόντων
Μηνῶν πείρατ᾽ ἔχουσιν, ὅτε σφαλερώτατος αἰθὴρ
Ὀκτὼ νυξὶ πέλει χήτει χαροποῖο σελήνης.
Τῶν ἄμυδις πάντων ἐσκεμμένος εἰς ἐνιαυτὸν,
Οὐδέποτε σχεδίως κεν ἐπ᾽ αἰθέρι τεκμήραιο.

Τέλος τῶν τοῦ Ἀράτου φαινομένων
καὶ διοσημείων.

Aut quando alibi alii referiant pedibus,
Quatuor leues, cornuti uero duobus.
Vel quando aliqui è grege inuite moueantur
Vespere ad stabulum redeuntes simul, sed undiqꝫ herbam
Arrodant crebris impetiti lapillis.
Sed & à bobus signa capere solent agricolæ & armentarii
Surgentis tempestatis: siquidem boues quando ungulas
Lingua posteriorum pedum circumlingant,
Aut stabulo latere super dextro iaceant extenti,
Ad differendam arationem peritus spectat arator.
Etiam quando mugientes plus solito congregentur
Venientes ad stabulum boues uespertino tempore,
Tristes, è prato uitulæ & pastu:
Tunc indicant ante tempestatem se cupere saturari.
Neqꝫ capræ ilicis studiosæ circum ramos,
Serenæ sunt: neqꝫ sues in luto furentes.
Item lupus quando alte solus ab aliis eiulet,
Aut quando egricolarum parum cautus uirorum
Opera accedat, tegmine indigenti similis
Vicine hominibus, ut ei lectus ibi sit,
Ad tertiam exorientem auroram tempestatem obserua.
Sic etiam prioribus in signis coniecturam facito
Futurorum uentorum, aut tempestatis, aut pluuiæ,
Aut præsenté, aut pòst præsentem, aut tertiã deniqꝫ ad auroram:
At uero neqꝫ mures uociferantes, si quando frequentius
Sereni saliunt, similes tripudiantibus,
Sine significatione habiti sunt ueteribus hominibus:
Neqꝫ canes: etenim canis fodere consueuit pedibus
Ambobus, tempestatem instantem sentiens.
Quin ex aqua etiam cancer egredi solet, terra
Tempestate futura accingendo se itineri.
Etiam mures domestici lectulum sternentes
Cubitum desiderant, cum pluuiæ signum appareat:
Et illi tempestatem mures tunc uaticinantur.
Quorum nullũ fastidito, bonum uero est cum signo signum
Obseruare: magis uero duobus in unum tendentibus
Spes esto: tertio autem confidas licet.
Semper item prætereunti numerare poteris anni
Signa, conferens sicubi etiam sub stella talis
Aurora exoriente transeat, uel occidente,
Quale etiam signum nunciet. Impense uero idoneum fuerit
Contemplare decrescentis instantisqꝫ mensis
Quartas utrasqꝫ: hæ enim simul coëuntium
Mensium terminos habent, cum maxime dubius æther
Octo noctibus est defectu pulchræ aspectu Lunæ.
Quæ simul omnia contemplatus ad annum,
Haud unquam leuiter super æthere significabis.

FINIS ARATI APPAREN-
tium & prognosticorum.

ΠΡΟΚΛΟΥ ΣΦΑΙΡΑ.

Περὶ ἄξονος καὶ πόλων.

Ἄξων καλεῖται τοῦ κόσμου ἡ διάμετρος αὐτοῦ, περὶ ἣν στρέφεται. τὰ δὲ πέρατα τοῦ ἄξονος, πόλοι λέγονται τοῦ κόσμου. τῶν δὲ πόλων, ὁ μὲν λέγεται βόρειος, ὁ δὲ νότιος. βόρειος μὲν, ὁ διὰ παντὸς φαινόμενος, ὡς πρὸς τὴν ἡμετέραν οἴκησιν. νότιος δὲ, ὁ διὰ παντὸς ἀόρατος, ὡς πρὸς τὸν ἡμέτερον ὁρίζοντα. εἰσὶ μέντοι τόποι τινὲς ἐπὶ τῆς γῆς, ὅπου συμβαίνει τὸν παρ᾽ ἡμῖν πόλον τὸν ἀεὶ φανερὸν, ἐκείνοις ἀόρατον εἶναι. τὸν δὲ παρ᾽ ἡμῖν πόλον ἀόρατον, ἐκείνοις φανερὸν εἶναι. καὶ πάλιν, ἔστι τις τόπος ἐπὶ τῆς γῆς, ὅπου δύο πόλοι ὁμοίως ἐπὶ τοῦ ὁρίζοντος κεῖνται.

Περὶ σφαίρας κύκλων.

Τῶν δ᾽ ἐν τῇ σφαίρᾳ κύκλων, οἱ μέν εἰσι παράλληλοι, οἱ δὲ λοξοὶ, οἱ δὲ διὰ τῶν πόλων. παράλληλοι μὲν, οἱ τοὺς αὐτοὺς πόλους ἔχοντες τῷ κόσμῳ. εἰσὶ δὲ παράλληλοι κύκλοι πέντε, ἀρκτικὸς, θερινὸς τροπικὸς, ἰσημερινὸς, χειμερινὸς τροπικὸς, ἀνταρκτικός. Ἀρκτικὸς μὲν οὖν ἐστι κύκλος ὁ μέγιστος τῶν ἀεὶ θεωρουμένων κύκλων, ὁ ἐφαπτόμενος τοῦ ὁρίζοντος καθ᾽ ἓν σημεῖον, καὶ ὅλος ὑπὲρ γῆν ἀπολαμβανόμενος. ἐν ᾧ τὰ κείμενα τῶν ἄστρων, οὔτε δύσιν, οὔτ᾽ ἀνατολὴν ποιεῖται, ἀλλὰ δι᾽ ὅλης τῆς νυκτὸς περὶ τὸν πόλον στρεφόμενα θεωρεῖται. οὗτος δὲ ὁ κύκλος ἐν τῇ καθ᾽ ἡμᾶς οἰκουμένῃ ὑπὸ τοῦ ἐμπροσθίου ποδὸς τῆς μεγάλης ἄρκτου περιγράφεται. Θερινὸς δὲ τροπικὸς κύκλος ἐστὶν ὁ βορειότατος τῶν ὑπὸ τοῦ ἡλίου γραφομένων κύκλων. ἐφ᾽ οὗ γενόμενος ὁ ἥλιος τὴν θερινὴν τροπὴν ποιεῖται. ἐν ᾗ ἡ μεγίστη μὲν πασῶν τῶν ἐν τῷ ἐνιαυτῷ ἡμέρα, ἐλαχίστη δὲ ἡ νὺξ γίνεται. μετὰ μέντοι τὴν θερινὴν τροπὴν, οὐκέτι πρὸς τὰς ἄρκτους παροδεύων ὁ ἥλιος θεωρεῖται, ἀλλ᾽ ἐπὶ θάτερα μέρη τρέπεται τοῦ κόσμου. διὸ κέκληται τροπικός. Ἰσημερινὸς δὲ κύκλος ἐστὶν ὁ μέγιστος τῶν πέντε παραλλήλων κύκλων, ὁ διχοτομούμενος ὑπὸ τοῦ ὁρίζοντος, ὥστε ἡμικύκλιον μὲν ὑπὲρ γῆν ἀπολαμβάνεσθαι, ἡμικύκλιον δὲ ὑπὸ τὸν ὁρίζοντα. ἐφ᾽ οὗ γενόμενος ὁ ἥλιος τὰς ἰσημερίας ποιεῖται, τήν τ᾽ ἐαρινὴν καὶ τὴν φθινοπωρινήν. Χειμερινὸς δὲ τροπικὸς κύκλος ἐστὶν ὁ νοτιώτατος τῶν ὑπὸ τοῦ ἡλίου γραφομένων κύκλων κατὰ τὴν ὑπὸ τοῦ κόσμου γινομένην περιστροφήν. ἐφ᾽ οὗ γενόμενος ὁ ἥλιος τὴν χειμερινὴν τροπὴν ποιεῖται. ἐν ᾗ ἡ μεγίστη μὲν πασῶν τῶν ἐν τῷ ἐνιαυτῷ νὺξ ἐπιτελεῖται, ἐλαχίστη δὲ ἡμέρα. μετὰ μέντοι τὴν χειμερινὴν τροπὴν, οὐκέτι πρὸς μεσημβρίαν παροδεύων ὁ ἥλιος θεωρεῖται, ἀλλ᾽ ἐπὶ θάτερα μέρη τρέπεται τοῦ κόσμου, διὸ κέκληται καὶ οὗτος τροπικός. Ἀνταρκτικὸς δὲ ἐστι κύκλος ἴσος τε καὶ παράλληλος τῷ ἀρκτικῷ, καὶ ἐφαπτόμενος τοῦ ὁρίζοντος καθ᾽ ἓν σημεῖον, καὶ ὅλος ὑπὸ γῆν ἀπολαμβανόμενος. ἐν ᾧ τὰ κείμενα τῶν ἄστρων διὰ παντὸς ἡμῖν ἐστιν ἀόρατα. Τῶν δὲ προειρημένων ε̄ κύκλων, μέγιστος μέν ἐστιν ὁ ἰσημερινός. ἑξῆς δὲ οἱ τροπικοί. ἐλάχιστοι δὲ, ὡς πρὸς τὴν ἡμετέραν οἴκησιν, οἱ ἀρκτικοί. τούτους δὲ τοὺς κύκλους δεῖ νοεῖν ἀπλατεῖς, λόγῳ θεωρητοὺς, ἐκ τῆς τῶν ἄστρων θέσεως καὶ τῆς αὐτῆς διόπτρας θεωρίας, καὶ τῆς ἡμετέρας ἐπινοίας διατυπουμένους. μόνος γὰρ ἐν τῷ κόσμῳ κύκλος ἐστὶν αἰσθητὸς ὁ τοῦ γάλακτος. οἱ δὲ λοιποὶ λόγῳ εἰσὶ θεωρητοί.

Διὰ τί πέντε μόνον παράλληλοι ἐν τῇ σφαίρᾳ κύκλοι.

Πέντε δὲ παράλληλοι μόνοι καταγράφονται κύκλοι εἰς τὴν σφαῖραν, οὐ διὰ τὸ μόνον τούτους ἐν τῷ κόσμῳ παραλλήλους εἶναι, ὁ γὰρ ἥλιος καθ᾽ ἑκάστην ἡμέραν ὡς πρὸς αἴσθησιν κύκλον παράλληλον περιστρέφεται τῷ ἰσημερινῷ κατὰ τὴν τοῦ κόσμου γινομένην περιστροφήν. ὥστε μεταξὺ τῶν τροπικῶν κύκλων ρπ̄ δὶς κύκλους παραλλήλους γράφεσθαι ὑπὸ τοῦ ἡλίου. τοσαῦται γὰρ ἡμέραι εἰσὶν αἱ μεταξὺ τῶν τροπῶν. φέρονται δὲ καὶ πάντες οἱ ἀστέρες ἐπὶ παραλλήλων κύκλων καθ᾽ ἑκάστην ἡμέραν. οὐ μὴν συγκαταγράφονται δὲ οὕτως πάντες εἰς τὴν σφαῖραν, διὰ τὸ πρὸς ἄλλας πραγματείας τῶν ἐν τῇ ἀστρολογίᾳ πολλὰ συμβάλλεσθαι. οὐδὲ γοῦν κατασκευασθῆναι δυνατὸν καλῶς τὴν σφαῖραν ἄνευ πάντων τῶν παραλλήλων κύκλων, οὐδὲ τὰ μεγέθη καὶ τῶν νυκτῶν τῶν ἡμερῶν τε ἀκριβῶς εὑρεθῆναι ἄνευ τῶν προειρημένων κύκλων. πρὸς μέντοι τὴν πρώτην εἰσαγωγὴν τῆς ἀστρολογίας οὐδὲν ἀποτέλεσμα φερόμενοι, οὐ καταγράφονται ἐν τῇ σφαίρᾳ. οἱ δὲ πέντε παράλληλοι κύκλοι, διὰ τὸ ἀποτελέσματά τινα προσφέρεσθαι διωρισμένα εἰς τὴν πρώτην εἰσαγωγὴν τῆς ἀστρολογίας, κατεγράφησαν εἰς τὴν σφαῖραν. ὁ μὲν γὰρ ἀρκτικὸς κύκλος

ἀφορίζει

PROCLI SPHAERA, THOMA LINACRO BRITANNO INTERPR.

De Axi & Polis.

AXis mundi uocatur demetiens ipſius, circa quam uoluitur. Axis extre/ma, poli mundi ſeu uertices ſunt nominati: Horum alter ſeptentrionalis, alter auſtrinus dicitur. Septentrionalis, qui ſemper in noſtra habitatione apparet: Auſtrinus contra, qui ſemper, ut ad noſtrum horizonta, conditur. Sunt tamen in terra loca quædam, in quibus polus, qui ſemper nobis conſpicuus eſt, iis qui ibi degunt haudquaquã cernitur. Qui uero nobis perpetuo occultus eſt, iiſdem cõſpicuus euadit. Rurſus quoq; locũ quempiam in terris inuenias, ubi ambo poli æquabilem in horizonte ſitum habent.

De circulis ſphæræ.

Circulorum ſphæræ, alii paralleli ſiue æquidiſtantes ſunt, alii obliqui per polos ducti. Aequidiſtantes ſunt, quibus iidem cum mundo poli ſunt. Sunt autem ii numero quinq;: Septentrionalis, Solſticialis, Aequator, Brumalis, Antarcticus. Septentrionalis igitur circulus is eſt, qui omnium, quos perpetuo cernimus, planè maximus eſt, quiq́ horizonta ſolo puncto cõtingit, totus ſupra terram interceptus. In hoc quæcunq; claudantur aſtra, nec ortum nec occaſum norunt, ſed circa polum uerti tota nocte cernuntur. Porro is circulus in noſtro tractu, à priore maioris urſæ pede deſcribitur. Solſticialis autem circulus is eſt, qui omnium, qui à ſole deſcribuntur maxime ſeptentrionalis habetur. In quem cum ſe ſol receperit, æſtiuã reciprocationẽ peragit: longiſſimusq́ totius anni dies, breuiſſimáq; nox exit. Poſt hanc autem reciprocationem nequaquam ultrà ſeptentriones uerſus ſolem progredi, quin potius ad diuerſa mundi regredi, cernas: Vnde & tropico græce nomen. Aequator circulus is eſt, qui maximus ęquidiſtantium circulorum ſtatuitur: ita nimirum ab horizonte diſſectus, ut alter eius ſemicirculus ſupra terram, alter ſub terra condatur. In hoc ſol duplex æquinoctium, uernum, autumnaleq́ facit. Brumalis circulus is eſt, qui omnium circulorum, qui à ſole mundi circumactu deſcribuntur, maxime ad auſtrum pertinet. In quo ſol brumalem reciprocationem facit: maximaq́ totius anni nox, minimusq́ dies efficitur. Poſt hanc metam nequaquã ultrà progreditur ſol, ſed ad alteras mundi partes reuertitur: Vnde tropicus hic quoq;, quaſi uerſilis appellatur. Antarcticus uero circulus æqualis & æquidiſtãs ſeptentrionali circulo eſt, & horizonta uno puncto contingens, totus præterea ſub terris merſus: In quo ſita aſtra ſemper nobis occulta manent. Maximus aũt ex quinq; memoratis circulis eſt æquator: deinde tropici: Minimi uero (quod ad noſtram habitationem dixerim) arctici. Porro hos circulos citra omnem latitudinem intelligi conuenit, ratione cognoſcibiles ex aſtrorũ ſitu, & eodem dioptræ obtutu, & noſtro intellectu delineatos. Senſu enim unus lacteus diſcerni in cœlo poteſt: Reliqui omnes ratione.

Cur quinq; duntaxat æquidiſtantes in ſphæra.

Quinq; uero æquidiſtantes circuli deſcribi in ſphæra ſolent: quod tamen non eo ualet, quaſi ii ſoli in mundo æquidiſtantes ſint: Quippe cum ſol quotidie æquidiſtantem æquatori circulũ (quod ſenſu animaduerti licet) mundi rotatu peragat. Quo fit, ut bis centum octuaginta duos æquidiſtantes circulos intra tropicos deſcribat: totidem enim dies intra reciprocationes numerãtur, quin & ſtellæ ipſæ uniuerſæ in æquidiſtantibus circulis quotidie feruntur. Non tamen hi omnes in ſphæram adhibentur. Qui tametſi multis aliis rebus in aſtrologia conducant (ſiquidem fieri nequit, ut uel aſtra probe in ſphæra locentur ſine omnibus æquidiſtantibus circulis, uel examuſſim dierum noctiumq́ magnitudines ſine iiſdẽ inueniantur) tamen quod ad prima aſtrologiæ rudimenta nõ adeo utiles exiſtimati ſunt, parũ uiſum eſt eos in ſphæram adſcribi. Quinq; uero æquidiſtantes circuli ob certa compendia, quæ aſtrologiæ tyronibus afferunt, optimo iure in ſphæram ſunt adhibiti. Septentrionalis enim aſtra, quæ nobis perpetuo

 cernun=

ἀφορίζει τὰ ἀεὶ θεωρούμενα τῶν ἄστρων. ὁ δὲ θερινὸς τροπικὸς κύκλος τὴν τροπὴν περιέχει, καὶ πέρας ἐστὶ τῆς τοῦ ἡλίου πρὸς ἄρκτον μεταβάσεως. ὁ δὲ ἰσημερινὸς κύκλος τὰς ἰσημερίας περιέχει. ὁ δὲ χειμερινὸς τροπικὸς κύκλος τέρμα ἐστὶ τῆς πρὸς μεσημβρίαν προσόδου τοῦ ἡλίου, καὶ τὴν χειμερινὴν τροπὴν περιέχει. ὁ δὲ ἀνταρκτικὸς κύκλος τὰ μὴ θεωρούμενα τῶν ἄστρων ἀφορίζει. ἔχοντες οὖν κεφάλαια ὡρισμένα καὶ ἀποτελέσματα πρὸς τὴν εἰσαγωγὴν τῆς ἀστρολογίας, εὐλόγως κατεγράφησαν εἰς τὴν σφαῖραν.

Περὶ ἐπιφανείας καὶ κρύψεως τῶν πέντε παραλλήλων κύκλων.

Τῶν δὲ προειρημένων πέντε παραλλήλων κύκλων, ὁ μὲν ἀρκτικὸς κύκλος ὅλος ὑπὲρ γῆν ἀπολαμβάνεται. ὁ δὲ θερινὸς τροπικὸς κύκλος εἰς δύο μέρη ἄνισα τέμνεται ὑπὸ τοῦ ὁρίζοντος, καὶ τὸ μὲν μεῖζον τμῆμα ὑπὲρ γῆν ἀπολαμβάνεται, τὸ δὲ ἔλασσον ὑπὸ τὴν γῆν. οὐ κατὰ πᾶσαν δὲ χώραν καὶ πόλιν ὁμοίως ὁ θερινὸς τροπικὸς κύκλος τέμνεται ὑπὸ τοῦ ὁρίζοντος, ἀλλὰ παρὰ τὰς τῶν κλιμάτων παραλλαγάς, διάφορον τὴν τῶν κλιμάτων ὑπεροχὴν συμβαίνει γίνεσθαι. καὶ τοῖς μὲν πρὸς ἄρκτον μᾶλλον ἡμῶν οἰκοῦσιν εἰς ἀνισώτερα μέρη συμβαίνει τέμνεσθαι τὸν θερινὸν ὑπὸ τοῦ ὁρίζοντος. καὶ πέρας ἐστὶ χώρα τις, ἐν ᾗ ὅλος ὁ θερινὸς τροπικὸς κύκλος ὑπὲρ γῆν γίνεται. τοῖς δὲ πρὸς μεσημβρίαν μᾶλλον ἡμῶν οἰκοῦσιν εἰς ἰσώτερα μέρη ὁ θερινὸς τροπικὸς κύκλος ὑπὸ τοῦ ὁρίζοντος τέμνεται. καὶ πέρας ἐστὶ χώρα τις πρὸς μεσημβρίαν ἡμῶν κειμένη, ἐν ᾗ διχοτομεῖται ὁ θερινὸς τροπικὸς κύκλος ὑπὸ τοῦ ὁρίζοντος. κατὰ δὲ τὴν ἡμετέραν οἴκησιν ὁ θερινὸς τροπικὸς ὑπὸ τοῦ ὁρίζοντος τέμνεται οὕτως, ὥστε τοῦ ὅλου κύκλου διαιρουμένου εἰς η μέρη, ε μὲν τμήματα ὑπὲρ γῆν ἀπολαμβάνεσθαι, γ δὲ ὑπὸ γῆν. πρὸς δὲ τοῦτο τὸ κλίμα δοκεῖ καὶ ὁ Ἄρατος συντετάχθαι τὴν τῶν φαινομένων πραγματείαν. περὶ γὰρ τοῦ θερινοῦ τροπικοῦ κύκλου διαλεγόμενος φησὶν οὕτως. τοῦ μὲν ὅσον τε μάλιστα δι' ὀκτὼ μετρηθέντος, πέντε μὲν ἔνδια στρέφεται καθ' ὑπέρτατα γαίης, τὰ τρία δ' ἐν περάτῃ. θέρεος δέ οἱ ἐν τροπαί εἰσιν. ἐκ δὲ ταύτης τῆς διαιρέσεως ἀκολουθεῖ τὴν μεγίστην ἡμέραν ὡρῶν ἰσημερινῶν γίνεσθαι ιε, τὴν δὲ νύκτα ὡρῶν ἰσημερινῶν θ. ἐν δὲ τῷ κατὰ Ῥόδον ὁρίζοντι, ὁ θερινὸς τροπικὸς κύκλος ὑπὸ τοῦ ὁρίζοντος τέμνεται οὕτως, ὥστε τοῦ ὅλου κύκλου διῃρημένου εἰς μέρη μη, τὰ μὲν κ καὶ θ τμήματα ὑπὲρ τὸν ὁρίζοντα ἀπολαμβάνεσθαι, τὰ δὲ ιθ ὑπὸ γῆν. ἐκ δὲ τῆς διαιρέσεως ταύτης ἀκολουθεῖ τὴν μεγίστην ἡμέραν ἐν Ῥόδῳ γίνεσθαι ὡρῶν ἰσημερινῶν ιδ καὶ ἥμισυ, τὴν δὲ νύκτα ὡρῶν ἰσημερινῶν θ καὶ ἥμισυ. ὁ δὲ ἰσημερινὸς κύκλος καθ' ὅλην τὴν οἰκουμένην διχοτομεῖται ὑπὸ τοῦ ὁρίζοντος, ὥστε ἡμικύκλιον μὲν ὑπὲρ γῆν ἀπολαμβάνεσθαι, ἡμικύκλιον δὲ ὑπὸ γῆν. δι' ἣν αἰτίαν καὶ ἐπὶ τοῦ κύκλου τούτου αἱ ἰσημερίαι γίνονται. ὁ δὲ χειμερινὸς τροπικὸς κύκλος ὑπὸ τοῦ ὁρίζοντος τέμνεται οὕτως, ὥστε τὸ μὲν ἔλασσον τμῆμα ὑπὲρ γῆν γίνεσθαι, τὸ δὲ μεῖζον ὑπὸ γῆν. ἡ δ' ἀνισότης τῶν τμημάτων τὴν αὐτὴν παραλλαγὴν ἔχει ἐπὶ πάντων τῶν κλιμάτων, ἥτις ἐγίνετο καὶ ἐπὶ τοῦ θερινοῦ τροπικοῦ κύκλου. διὰ παντὸς γὰρ τὰ ἐναλλὰξ τμήματα τῶν τροπικῶν κύκλων ἴσα ἀλλήλοις ἐστί. δι' ἣν αἰτίαν ἡ μεγίστη ἡμερινὴ ἴση ἐστὶ τῇ μεγίστῃ νυκτερινῇ, καὶ ἡ ἐλαχίστη ἡμερινὴ ἴση τῇ ἐλαχίστῃ νυκτερινῇ. ὁ δὲ ἀνταρκτικὸς κύκλος ὅλος ὑπὸ τὸν ὁρίζοντα κρύπτεται.

Περὶ μεγέθους τῶν πέντε παραλλήλων κύκλων.

Τῶν δὲ προειρημένων πέντε παραλλήλων κύκλων, τινῶν μὲν τὰ μεγέθη ἐφ' ὅλην τὴν οἰκουμένην διαμένει τὰ αὐτά, τινῶν δὲ τὰ αὐτὰ μεγέθη μεταπίπτει παρὰ τὰ κλίματα, καὶ οἷς μὲν μείζονες οἷς δὲ ἐλάττονες οἱ κύκλοι γίνονται. οἱ μὲν γὰρ τροπικοὶ κύκλοι καὶ ὁ ἰσημερινὸς καθ' ὅλην τὴν οἰκουμένην ἴσοι εἰσὶ τοῖς μεγέθεσιν. οἱ δὲ ἀρκτικοὶ μεταπίπτουσι κατὰ τὰ μεγέθη, καὶ οἷς μὲν μείζονες, οἷς δὲ ἐλάττονες γίνονται. τοῖς μὲν γὰρ πρὸς ἄρκτον οἰκοῦσι μείζονες οἱ ἀρκτικοὶ κύκλοι γίνονται. τοῦ γὰρ πόλου μετεωροτέρου φαινομένου, ἀνάγκη καὶ τὸν ἀρκτικὸν κύκλον τὸν ἐφαπτόμενον τοῦ ὁρίζοντος μείζονα ἀεὶ μάλιστα γίνεσθαι. τοῖς δ' ἔτι πρὸς ἄρκτον οἰκοῦσι γίνεταί ποτε ὁ θερινὸς τροπικὸς κύκλος ἀρκτικός. ὥστε τοὺς δύο κύκλους ἐφαρμόσαι ἀλλήλοις τὸν θερινὸν τροπικὸν κύκλον καὶ τὸν ἀρκτικόν, καὶ μίαν ἀναλαβεῖν τάξιν. πρὸς δὲ τοὺς ἀρκτικωτέρους τόπους καὶ τοῦ θερινοῦ τροπικοῦ κύκλου μείζονες οἱ ἀρκτικοὶ κύκλοι γίνονται. πέρας δέ ἐστι χώρα τις πρὸς ἄρκτον κειμένη, ἐν ᾗ ὁ μὲν πόλος κατὰ κορυφὴν γίνεται. ὁ δὲ ἀρκτικὸς κύκλος τὴν τοῦ ὁρίζοντος ἐπέχει τάξιν, καὶ ἐφαρμόζει αὐτῷ μετὰ τὴν στροφὴν τοῦ κόσμου, καὶ τὸ αὐτὸ μέγεθος λαμβάνει

τῷ ἰση-

cernuntur, definit. Solstitialis tropicus, solis reciprocationē continet, finisq́ʒ est eiusdem ad boream transitus. Aequator circulus æquinoctia complectitur: Brumalis tropicus solis ad austrū progressi meta est, et brumalē eius reciprocationem in se habet: Antarcticus circulus astra, quæ nostrum conspectum fugiunt, determinat. Itaqʒ cum iis, qui primis astrologiæ rudimentis imbuendi sunt, certa emolumenta suggerant, merito in sphæram coniectos, quis dubitet?

De occultatione & emersu æquidistantium.

Verum ex memoratis quinqʒ æquidistantibus circulis, Arcticus sane supra terram totus existit. Solsticialis aūt tropicus bipertito ab horizonte scinditur: maiore eius parte supra terram conspicua: minore subter occulta. Neqʒ tamen in omni tractu, urbē ue similiter circulus hic ab horizonte secatur: sed pro climatum uarietate, uariam sectionū exuperantiam sortitur: iis quoqʒ, qui propius septentriones agunt, inæquabilius ab horizonte scinditur: Nec finis, donec eò loci uentum sit, ubi totus supra terrā emineat. Qui uero ad austrum magis uergunt, iis profecto per æquabiliores partes ab horizonte diuiditur: donec ad plagam quandam uentum sit, nobis certe australem, in qua tropicus ab horizonte per æquas partes secatur. At in nostra habitatione, ita solstitialis ab horizonte scinditur, ut uniuerso circulo per octo partes dissecto, quinqʒ supra terram appareant, tres sub terra lateant. Sanè ad hoc clima direxisse stylum Aratus uidetur, cum Phænomena conscriberet: In quibus cum de solstitiali tropico disserit, ita ait.

Huius in octonis dissecti partibus, alta
Terrarum inuisunt quinqʒ, tres ima frequentant.
Alterni & Phœbi reditus celebrantur eodem.

Ex hac diuisione sequitur maximum diem horarum æquinoctialium quindecim esse, noctem uero nouem. In Rhodio autem horizone ita tropicus ab horizonte dirimitur, ut cū circulus uniuersus in octo & quadraginta partes secetur, unde triginta sectiones supra horizontem appareant, unde uiginti sub terra lateant. Ex qua diuisione fit, ut apud Rodios longissimus dies horas æquinoctiales quatuordecim habeat, nox nouem, additis hinc inde semissibus unius horæ singulis. Aequator uero circulus per uniuersum terrarum orbem ita ab horizonte diuiditur, ut semicirculus eius supra terram extet, semicirculus sub terra linquatur. Quo fit, ut in hoc circulo æquinoctia fiant. Brumalis autem tropicus ea ratione ab horizonte intersectus est, ut minor è sectionibus supra terram habeatur, maior sub terra. Inæquabilitas uero sectionum eandem in omnibus climatibus uarietatem habet, quam etiam in solsticiali tropico diximus: Semper enim respondētes ex aduerso tropicorum sectiones æquales inter se sunt. Eóqʒ fit, ut maximus dies maximæ nocti, & minimus dies minimæ nocti æqualis euadat. Antarcticus autem circulus totus sub horizonte latet.

De magnitudine æquidistantium.

Sed ex quinqʒ iam memoratis circulis, quorundam magnitudines per uniuersum terrarum orbem eædem sibi constant, nōnullorum pro climatibus mutantur, aliis'qʒ maiores, aliis minores circuli euadunt. Tropici enim & æquator pares per totum orbem magnitudines seruant: Arctici magnitudine euariāt, cum alibi maiores, alibi minores cernantur. Quippe iis qui septentriones uersus degunt, maiores septentrionales fiunt, cum polo magis in altum sublato arcticum circulum, qui horizonta contingit, necesse sit assidue maiorem fieri. His uero qui magis etiam ad septentriones uergunt, interdum solsticialis tropicus in arcticum planè abit: fit'que ut duo circuli, septentrionalis, tropicus'que coēant, pro unóque habeantur. Adeo cum magis etiam ad septentriones acceditur, maiores solstitiali tropico septentrionales redduntur. Nec finis donec eò uentum sit, ubi polus supra uerticem conspicitur, septentrionalis in horizontis locum cedit, ei'que in mundi rotatu coniungitur, æquatoris planè magni-

τῷ ἰσημερινῷ. ὥστε τοὺς τρεῖς κύκλους, τὸν ἀρκτικὸν καὶ τὸν ἰσημερινὸν καὶ τὸν ὁρίζοντα, τὴν αὐτὴν τάξιν καὶ θέσιν λαμβάνειν. πάλιν δὲ τοῖς πρὸς μεσημβρίαν οἰκοῦσιν, οἱ μὲν πόλοι ταπεινότεροι γίνονται, οἱ δὲ ἀρκτικοὶ κύκλοι ἐλάσσονες. καὶ ἐπειδάν ἐστί τις χώρα πρὸς μεσημβρίαν ἡμῶν κειμένη, αὕτη δέ ἐστιν ἡ λεγομένη ὑπὸ τὸν ἰσημερινόν, ἐν ᾗ οἱ μὲν πόλοι ὑπὸ τὸν ὁρίζοντα γίνονται, οἱ δὲ ἀρκτικοὶ κύκλοι καθ' ὅλου ἀναιροῦνται. ὥστε ἀντὶ τῶν πέντε παραλλήλων κύκλων τρεῖς παραλλήλους γίνεσθαι, τούς τε τροπικοὺς καὶ τὸν ἰσημερινόν. διὰ γὰρ τὰ προειρημένα οὐχ ὑποληπτέον καθολικῶς γίνεσθαι τοὺς πέντε παραλλήλους, ἀλλ' ὡς πρὸς τὴν ἡμετέραν οἴκησιν τὸ πλῆθος αὐτῶν ἐκκεῖσθαι. εἰσὶ γάρ τινες ὁρίζοντες ἐν οἷς τρεῖς μόνοι παράλληλοι γίνονται κύκλοι. εἰσὶ δὲ οἰκήσεις τρεῖς τῆς γῆς, ὧν πρώτη μὲν οἴκησις, παρ' οἷς ὁ θερινὸς τροπικὸς κύκλος ἐφάπτεται τοῦ ὁρίζοντος, καὶ τὴν τοῦ ἀρκτικοῦ κύκλου τάξιν λαμβάνει, δευτέρα δὲ οἴκησις, ἡ λεγομένη ὑπὸ τῶν πόλων, τρίτη δέ ἐστιν οἴκησις, ὑπὲρ ἧς μικρὸν ὕστερον εἰρήκαμεν, ἡ προσαγορευομένη ὑπὸ τὸν ἰσημερινόν.

Περὶ τάξεως τῶν πέντε παραλλήλων κύκλων.

Ὅθεν οὐδ' ἡ τάξις τῶν πέντε παραλλήλων κύκλων ἡ αὐτὴ παρὰ πᾶσίν ἐστιν. ἀλλ' ἐν μὲν τῇ καθ' ἡμᾶς οἰκουμένῃ, πρῶτος μὲν ὀνομάζεται ἀρκτικός, δεύτερος δὲ, ὁ θερινὸς τροπικός. εἶτα ἰσημερινός, καὶ χειμερινός. πέμπτος δὲ, ὁ ἀνταρκτικός. τοῖς δὲ πρὸς ἄρκτον μᾶλλον ἡμῶν οἰκοῦσιν, γίνεται ποτὲ πρῶτος, ὁ θερινὸς τροπικός. δεύτερος δὲ, ὁ ἀρκτικός, τρίτος δὲ, ὁ ἰσημερινός, τέταρτος δὲ, ὁ ἀνταρκτικός, πέμπτος δὲ, ὁ χειμερινὸς τροπικός. παρ' οἷς γὰρ ὁ ἀρκτικὸς κύκλος μείζων γίνεται τοῦ θερινοῦ τροπικοῦ, ἀνάγκη τὴν προειρημένην τάξιν ὑπάρχειν.

Περὶ δυνάμεως τῶν πέντε παραλλήλων κύκλων.

Ὁμοίως δὲ οὐδ' αἱ δυνάμεις τῶν πέντε παραλλήλων κύκλων αἱ αὐταί εἰσιν, ὁ γὰρ παρ' ἡμῖν θερινὸς τροπικὸς κύκλος, τοῖς ἀντίποσιν χειμερινὸς τροπικὸς κύκλος γίνεται. ὁ δὲ παρ' ἐκείνοις θερινὸς τροπικὸς κύκλος, παρ' ἡμῖν γίνεται χειμερινὸς τροπικός. τοῖς δὲ ὑπὸ τὸν ἰσημερινὸν οἰκοῦσι, τῇ μὲν δυνάμει οἱ τρεῖς κύκλοι θερινοὶ εἰσὶ τροπικοί. ὑπὸ αὐτὴν γὰρ τὴν πάροδον τοῦ ἡλίου κεῖνται. τῇ δὲ πρὸς ἀλλήλους παραλλαγῇ γένοιτ' ἂν θερινὸς μὲν τροπικός, ὁ παρ' ἡμῖν ἰσημερινός. χειμερινοὶ δὲ οἱ δύο τροπικοί. φύσει γὰρ λέγοιτ' ἂν καὶ καθολικῶς πρὸς ἅπασαν τὴν οἰκουμένην θερινὸς τροπικὸς κύκλος ὑπάρχειν, ὁ ἔγγιστα τῆς οἰκήσεως ὑπάρχων. δι' ἣν αἰτίαν τοῖς ὑπὸ τὸν ἰσημερινὸν οἰκοῦσι θερινὸς τροπικὸς γίνεται ὁ ἰσημερινός. τότε γὰρ αὐτοῖς κατὰ κορυφὴν γίνεται ὁ ἥλιος. ἰσημερινοὶ δὲ κύκλοι γίνονται παρ' αὐτοῖς πάντες οἱ παράλληλοι. ἰσημερία γὰρ διὰ παντός ἐστι παρ' αὐτοῖς, πάντες γὰρ οἱ παράλληλοι κύκλοι διχοτομοῦνται ὑπὸ τοῦ ὁρίζοντος.

Περὶ διαστάσεως τῶν πέντε παραλλήλων κύκλων.

Οὐ δὲ αἱ διαστάσεις αἱ ἀπ' ἀλλήλων τοῖς κύκλοις αἱ αὐταὶ διαμένουσι καθ' ὅλην τὴν οἰκουμένην, ἀλλὰ πρὸς τὴν καταγραφὴν τῶν σφαιρῶν διαιροῦνται οὕτως. τοῦ παντὸς μεσημβρινοῦ κύκλου διαιρουμένου εἰς μοίρας ξ ὁ ἀρκτικὸς ἀπὸ τοῦ πόλου καταγράφεται ἀπέχων ξξ ϛ. ὁ δ' αὐτὸς ὁ θάτερα μοίρας ἀπὸ τοῦ θερινοῦ καταγράφεται ἀπέχων ξξ ε. ὁ δὲ ἰσημερινὸς ἀφ' ἑκατέρων τῶν τροπικῶν ξξ δ. ὁ δὲ χειμερινὸς τροπικὸς κύκλος ἀπὸ τοῦ ἀνταρκτικοῦ ἀπέχων ξξ ε. ὁ δὲ ἀνταρκτικὸς ἀπὸ τοῦ πόλου ξξ ϛ. κατὰ πᾶσαν δὲ χώραν καὶ πόλιν οὐ τὰς αὐτὰς διαστάσεις ἔχουσιν ἀπ' ἀλλήλων οἱ κύκλοι. ἀλλ' οἱ μὲν τροπικοὶ ἀπὸ τοῦ ἰσημερινοῦ κατὰ πᾶν ἔγκλιμα τὴν αὐτὴν ἀπόστασιν ἔχουσιν. οἱ δὲ τροπικοὶ κύκλοι ἀπὸ τῶν ἀρκτικῶν οὐ τὴν αὐτὴν ἔχουσι διάστασιν κατὰ πάντας τοὺς ὁρίζοντας, ἀλλ' οἱ μὲν ἔλασσον, οἱ δὲ πλεῖον διεστᾶσιν. ὁμοίως δὲ οἱ ἀρκτικοὶ ἀπὸ τῶν πόλων οὐ τὴν ἴσην ἀπόστασιν ἔχουσι κατὰ πᾶν ἔγκλιμα, ἀλλ' οἱ μὲν ἐλάττω, οἱ δὲ πλείω. καταγράφονται μὲν τοι πᾶσαι αἱ σφαῖραι πρὸς τὸν ἐν τῇ Ἑλλάδι ὁρίζοντα.

Περὶ κολούρων κύκλων.

Διὰ τῶν πόλων δέ εἰσι κύκλοι ὑπό τινων κόλουροι προσαγορευόμενοι, οἷς συμβέβηκεν ὑπὸ τῶν ἰδίων περιφερειῶν τοὺς τοῦ κόσμου πόλους ἔχειν. κόλουροι δὲ κέκληνται, διὰ τὸ μέρη τινὰ ἀθεώρητα αὐτῶν γίνεσθαι. οἱ μὲν γὰρ λοιποὶ κύκλοι κατὰ τὴν περιστροφὴν τοῦ κόσμου ὅλοι θεωροῦνται, τῶν δὲ κολούρων κύκλων μέρη τινά ἐστιν ἀθεώρητα, τὰ ἀπὸ τοῦ ἀνταρκτικοῦ ὑπὸ τὸν ὁρίζοντα ἀπολαμβανόμενα. γράφονται δὲ οὗτοι οἱ κύκλοι διὰ τῶν τροπικῶν σημείων, καὶ εἰς μοίρας λ ἴσας διαιροῦσι τὸν διὰ μέσων τῶν ζωδίων κύκλον.

Περὶ ζωδιακοῦ κύκλου.

Λοξὸς δέ ἐστι κύκλος, ὁ τῶν ιβ ζωδίων. αὐτὸς δὲ ἐκ τριῶν κύκλων παραλλήλων συνέστηκεν,

ὧν αἱ

tudine: fitq́ ut tres circuli, septentrionalis, æquator, & horizon eundem situm positumq́ obtineant. Rursus autem iis, qui ad austrum habitant, poli humiliores fiunt, septentrionales uero circuli minores: Finis autem decrementi est locus ad austrum nobis situs sub æquatore, in quo poli sub horizonte habentur, septentrionales autem circuli prorsus euanuere. Ita ex quinq; æquidistantibus tres deniq; superant, nempe cum æquatore tropici duo. Neque enim ob ea quæ dicta sunt, quinque perpetuos æquidistantes existimandum, sed pro nostra habitatione numerum eorum existere: Quippe quibusdam in horizontibus tres duntaxat æquidistantes inuenias. Sunt sanè & supra terram habitationes, quarum prima est, in qua solstitialis circulus horizonta cõtingit, & pro arctico plane habetur: Secunda, quam sub polo appellant: Tertia, de qua paulo ante retulimus, quam sub æquatore nominant.

De ordine æquidistantium.

Quo circa nec ordo quinq; æquistantium circulorum idem apud omnes est: Sed in nostro tractu primum sanè septentrionalem dixeris, secundum solstitialem, tertium æquatorem, quartum brumalem, quintũ antarcticum. At iis, qui propius quàm nos septentriones incolunt, primus interdum solsticialis tropicus numeratur, secundus septentrionalis, tertius æquator, quartus antarcticus, quintus brumalis circulus. Cũ nãq; septentrionalis solstitiali capacior euadit, necesse est memoratum ordinem seruari.

De potestate æquidistantium.

Iam uero nec potestates eorundem æquidistantium eædem. Nam qui nobis solstitialis circulus habetur, Antipodibus certe brumalis efficitur: contrà qui illis solstitialis est, nobis brumalis redditur. Sed qui sub æquatore degunt, iis uniuersi tres circuli uiribus planè solstitiales sunt, utpote sub ipsam solis orbitam incolentibus. Quanquam si ad se inuicem conferantur, qui nobis pro æquatore statuitur, solstitialis uicem obtinet: Ambo uero tropici pro brumalibus censentur. Nanq; is demum natura solstitialis circulus, perpetuaq́ ratione in toto terrarum orbe dici potest, qui proxime habitationem habetur. Quo fit, ut iis, qui sub æquatore agunt, æquator ipse pro solstitiali statuatur, utpote in quo sol supra uerticem agitur: pro æquatoribus autem omnes æquidistantes circuli, uelut per æquas partes ab horizonte dissecti.

De interuallo æquidistantium.

Sed nec interualla circulorũ in toto orbe à se inuicem stata sunt: Verũ pro sphærarũ descriptione ad hunc modum dispensari solent. Diuiso in sexaginta partes meridiano quouis circulo, septentrionalis circulus à polo sexagesimarũ partiũ sex interuallo describitur. Idem in alteram partem à solstitiali circulo sexagesimarũ partiũ quinq; interuallo notatur. Aequator ab utroq; tropicorũ sexagesimis quaternis distat. Brumalis circulus ab Antarctico sexagesimis quinq;. Antarcticus à polo sexagesimis sex. Neq; tamen in omni plaga urbé ue eandem intercapedinem inter se seruãt: Sed tropici ab æquatore parem in omni inclinatione distantiam uendicant: Iidem aũt ab arcticis non parem per omnes horizontas, sed alibi minorem, alibi maiorem. Ita demum & arctici à polis nõ parem in quauis inclinatione distantiam seruant, sed alibi maiorem alibi minoré habent. Sphæræ tamen omnes ad Græciæ horizonta describuntur.

De Coluris.

Sunt & per polos ducti circuli quos nonnulli coluros uocant. Iis accidit, ut in ambitus suos mundi polos recipiant. Coluri auté dicti sunt, quod partes aliquas in se minime conspectas habent. Reliqui enim circuli in mundi circumactu integri cernuntur: Sed colurorum partes quæpiam, quæ uidelicet ab arctico sub horizonte latent, cerni non possunt. Signantur autem ii circuli per tropica puncta, diuiduntq́ per duas æquas partes circulum, qui per media signiferi ducitur.

De signifero.

Obliquus circulus is est, qui duodecim signa continet, ex tribus æquidistantibus

ὧν οἱ μὲν τὸ πλάτος ἀφορίζειν λέγεται τοῦ ζῳδιακοῦ κύκλου, ὁ δὲ διὰ μέσων τῶν ζῳδίων καλεῖται. οὗτος δὲ ἐφάπτεται δύο κύκλων ἴσων καὶ παραλλήλων, τοῦ μὲν θερινοῦ τροπικοῦ κατὰ τὴν τοῦ καρκίνου πρώτην μοῖραν, τοῦ δὲ χημερινοῦ τροπικοῦ κατὰ τὴν τοῦ αἰγοκέρωτος πρώτην μοῖραν. τὸ δὲ πλάτος τοῦ ζῳδιακοῦ κύκλου ἐστὶ μοῖραι ιβ, λοξὸς δὲ κέκληται ὁ ζῳδιακὸς κύκλος, διὰ τὸ τέμνειν τοὺς παραλλήλους κύκλους.

Περὶ ὁρίζοντος.

Ὁρίζων δέ ἐστι κύκλος ὁ διορίζων ἡμῖν τό, τε φανερὸν καὶ τὸ ἀφανὲς μέρος τοῦ κόσμου, καὶ διχοτομῶν τὴν ὅλην σφαῖραν τοῦ κόσμου, ὥστε ἡμισφαίριον μὲν ὑπὲρ γῆν ἀπολαμβάνεσθαι, ἡμισφαίριον δὲ ὑπὸ γῆν. εἰσὶ δὲ ὁρίζοντες δύο, εἷς μὲν ὁ αἰσθητὸς, ἕτερος δὲ ὁ λόγῳ θεωρητός. αἰσθητὸς μὲν οὖν ἐστιν ὁρίζων ὁ ὑπὸ τῆς ἡμετέρας ὄψεως περιγραφόμενος κατὰ τὸν ἀπαρτισμὸν τῆς ὁράσεως, ὃς οὐ μείζονα τὴν διάμετρον ἔχει σταδίων διχιλίων. ὁ δὲ λόγῳ θεωρητὸς ὁρίζων ἐστὶν, ὁ μέχρι τῆς τῶν ἀπλανῶν ὁράσεως ἀστέρων σφαίρας διήκων, καὶ διχοτομῶν τὸν ὅλον κόσμον. οὐ κατὰ πᾶσαν δὲ χώραν καὶ πόλιν ὁ αὐτός ἐστι ὁρίζων, ἀλλὰ πρὸς μὲν τὴν αἴσθησιν σχεδὸν ἐπὶ σταδίους τετρακοσίους ὁ αὐτὸς ὁρίζων διαμένει, ὥστε καὶ τὰ μεγέθη τῶν ἡμερῶν, καὶ τὸ κλίμα, καὶ πάντα τὰ φαινόμενα, τὰ αὐτὰ διαμένειν. πλειόνων δὲ σταδίων γινομένων κατὰ τὴν παραλλαγὴν τῆς οἰκήσεως, ἕτερος ὁρίζων γίνεται κατὰ τὸ κλίμα διάφορον, καὶ πάντα τὰ φαινόμενα μεταπίπτει. δεῖ μέντοι γε τὴν παραλλαγὴν τῆς οἰκήσεως τὴν ὑπὲρ τετρακοσίους σταδίους, διαλαμβάνεσθαι κατὰ τὴν πρὸς ἄρκτον μεσημβρίαν τε πάροδον. τοῖς μὲν γὰρ ἐπὶ τοῦ αὐτοῦ παραλλήλου οἰκοῦσιν, κἂν μυρίων σταδίων ὑπάρχουσιν, ὁ μὲν ὁρίζων ἐστὶ διάφορος, τὸ δὲ κλίμα τὸ αὐτὸ, καὶ πάντα τὰ φαινόμενα παραπλήσια. αἱ μέντοι ἀρχαὶ καὶ τελευταὶ αἱ τῶν ἡμερῶν οὐχ ἅμα πᾶσι γίνονται τοῖς ἐπὶ τοῦ αὐτοῦ παραλλήλου οἰκοῦσι. κατὰ δὲ τὴν πρὸς τὸν λόγον ἀκρίβειαν, ἅμα τῷ στιγμιαίαν πάροδον γίνεσθαι καθ' ὁποιονοῦν μέρος τοῦ κόσμου, μεταπίπτει καὶ ὁ ὁρίζων καὶ τὸ ἔγκλιμα καὶ πάντα τὰ φαινόμενα διάφορα. οὐ καταγράφεται ὁ ὁρίζων ἐν ταῖς σφαίραις διὰ ταύτην τὴν αἰτίαν. ὅτι οἱ μὲν λοιποὶ κύκλοι πάντες, φερομένου τοῦ κύκλου ἀπ' ἀνατολῶν ἐπὶ τὴν δύσιν, συμπεριστρέφονται καὶ αὐτοὶ τῇ τοῦ κόσμου κινήσει, ὁ δὲ ὁρίζων ἐστὶ φύσει ἀκίνητος, τὴν αὐτὴν τάξιν διαφυλάττων διὰ παντός. εἰ οὖν κατεγράφοντο οἱ ὁρίζοντες ἐν ταῖς σφαίραις, στρεφομένων αὐτῶν συνέβαινεν ἂν τὸν ὁρίζοντα κινεῖσθαι, καὶ κατὰ κορυφὴν ποτὲ γίνεσθαι, ὅπερ ἐστὶν ἀδύνατον καὶ ἀλλότριον τοῦ σφαιρικοῦ λόγου. ὑπὸ μέντοι γε τῆς σφαιρικῆς θήκης ἡ τοῦ ὁρίζοντος θέσις κατανοεῖται.

Περὶ τῶν μεσημβρινῶν κύκλων.

Μεσημβρινὸς δέ ἐστι κύκλος, ὁ διὰ τῶν τοῦ κόσμου πόλων καὶ τοῦ κατὰ κορυφὴν σημείου γραφόμενος κύκλος. ἐφ' οὗ γινόμενος ὁ ἥλιος τὰ μέσα τῶν ἡμερῶν καὶ τὰ μέσα τῶν νυκτῶν ποιεῖται. καὶ οὗτος δέ ἐστιν ὁ κύκλος ἀκίνητος ἐν τῷ κόσμῳ, καὶ τὴν αὐτὴν τάξιν διαφυλάσσων ἐν ὅλῃ τῇ τοῦ κόσμου περιστροφῇ. οὐ καταγράφεται δὲ οὗτος ὁ κύκλος ἐν ταῖς κατασκευαζομέναις σφαίραις, διὰ τὸ καὶ ἀκίνητος εἶναι, καὶ μηδεμίαν ἐπιδέχεσθαι μετάπτωσιν. ἀλλὰ πρὸς μὲν τὴν αἴσθησιν σχεδὸν ἐπὶ σταδίους τριακοσίους ὁ αὐτὸς μεσημβρινὸς διαμένει. πρὸς δὲ τὴν ἐν τῷ λόγῳ ἀκρίβειαν, ἅμα τῷ τὴν παροῦσαν γίνεσθαι πάροδον, ἢ πρὸς ἀνατολὴν ἢ πρὸς δύσιν, ἕτερος γίνεται μεσημβρινός. κατὰ μὲν γὰρ πρὸς ἄρκτον καὶ μεσημβρίαν πάροδον, κἂν μεταξὺ μυρίοι στάδιοι ὑπάρχωσιν, αὐτὸς μένει μεσημβρινός. κατὰ δὲ τὴν ἀπ' ἀνατολῆς πρὸς δύσιν πάροδον, διαφοραὶ μεσημβρινῶν.

Περὶ γαλακτικοῦ κύκλου.

Λοξὸς δέ ἐστι κύκλος καὶ ὁ τοῦ γάλακτος. οὗτος μὲν οὖν μείζονι πλάτει λελόξωται τῷ τροπικῷ κύκλῳ. συνέστηκε δὲ ἐκ Βραχυμερίας νεφελοειδοῦς, καὶ ἔστιν ἐν τῷ κόσμῳ μόνος θεωρητός. οὐχ ὥρισται δὲ αὐτοῦ τὸ πλάτος, ἀλλὰ κατὰ μέν τινα μέρη πλατύτερός ἐστιν, κατὰ δέ τινα, στενότερος. δι' ἣν αἰτίαν ἐν ταῖς πλείσταις σφαίραις οὐδὲ καταγράφεται ὁ τοῦ γάλακτος κύκλος. ἔστι δὲ καὶ οὗτος τῶν μεγίστων κύκλων. μέγιστοι γὰρ ἐν σφαίραις λέγονται κύκλοι, οἱ τὸ αὐτὸ κέντρον ἔχοντες τῇ σφαίρᾳ. εἰσὶ δὲ μέγιστοι κύκλοι ἑπτὰ, ἰσημερινὸς, ζῳδιακὸς, καὶ ὁ διὰ μέσων τῶν ζῳδίων, ὁ διὰ τῶν πόλων, ὁ καθ' ἑκάστην οἴκησιν ὁρίζων, ὁ μεσημβρινὸς, ὁ τοῦ γάλακτος.

Περὶ τῶν πέντε ζωνῶν.

Ἡ τῆς συμπάσης ἐπιφάνεια σφαιροειδὴς ὑπάρχουσα, διαιρεῖται εἰς ζώνας πέντε. ὧν δύο

μὲν αἱ

circulus constans: quorum duo latitudinem signiferi determinant, unus per media signa ductus uocatur: hic adeo duos pares & æquidistantes circulos attingit, solstitialem in prima Cancri parte, brumalem in Capricorni principio. Latitudo signiferi continet partes duodecim. Dictus est autem hic circulus obliquus, quod æquidistantes ad inæquales angulos intersecet.

De horizonte.

Horizon uero circulus est, qui conspectam mundi partem ab inconspecta dirimit. Itaq; in duas partes uniuersam sphæram secat, ut alterum hemisphærium supra terram, alterũ sub terra relinquat. Est uero horizon duplex, alter qui sensu usurpatur, alter qui sola ratione percipitur. Ergo sensilis horizon est, qui à nostro uisu in termino uisionis circumscribitur. Hic adeo nõ amplius duum milium stadiorum demetientem habet. Qui autem ratione percipitur, ad fixarum stellarum sphæram pertinet, mundumq́; totum in duo secat. Nec uero per omnem tractum urbém ue idem horizon est: Sed sensu idem quadringentis ferè stadiis manet. Quo fit, ut dierum longitudo, & clima, & apparentiæ omnes eædem sibi constent: Aucto uero stadiorum numero, pro habitationis diuersitate Horizon, Clima, omnes deniq; apparentiæ mutantur. Cõuenit tamen, ut habitationis ultra quadringenta stadia mutationem ad austrum boreám ue accipiamus. Siquidem qui eundem æquidistantem incolunt, in quamlibet magno stadiorũ numero horizonta quidem diuersum habent, clima uero idem, & apparẽtias omnes similes. Dierum tamen exitus initiaq́; hauquaquam iis qui eundem æquidistantẽ habitant, eodem temporis momento euenient. Verum si exactæ rationis examini stare uelimus, pro quolibet puncto, in quauis orbis parte mutati situs Horizon, Clima, & apparentiæ omnes euariant. Horizon uero ea ratione in sphærarum descriptionem non adhibetur, quod reliqui circuli omnes ab ortu ad occasum circumacto mundo unà rapiuntur, Horizon suapte natura quietem amat, eodem semper seruato situ. Si ita horizon in sphæras adderetur, circumactis iis, etiã eum moueri, & nõnunquam supra uerticem esse accideret. Id quod certe tum captum omnem superat, tum à sphæræ ratione abhorret. Verum non incommode situs eius ab alueo, in quo sphæra reuoluitur, intelligi solet.

De meridianis circulis.

Meridianus circulus est, qui per mundi polos & punctum quod nobis supra uerticem eminet, ducitur. In quem cum sol incidit, medios dies, mediasq́; noctes efficit. Hic etiam circulus, immotus in mundo est, uno eodemq́; in tota mundi uertigine seruato positu. Nec in sphæris, qui astris insigniũtur, adscribitur, quod & immotus sit, & nullam mutationẽ recipiat: Sed (quod sensu usurpari possit) trecentis ferè stadiis idem meridianus manet. Rationis tamen scrupulosiore indagine ad quemuis gressum, qui ortum uersus occasum'ue dirigitur, nouus meridianus notatur. Ad austrum enim boream'ue quantũuis progrediare, etiam si decem milium stadiorum interuallum intersit, idem meridianus seruatur: cum ab ortu ad occasum itur, mutatur.

De lacteo circulo.

Obliquus etiam est & lacteus circulus: Hic itaq; supra tropicos obliquatus cernitur. Constat autem ex tenui nebulosa substantia: Vnus certe cœlestium circulorum conspicuus: nec certa latitudine definitus, sed aliqua sui parte latiore, aliqua angustiore: Quo minus equidẽ in plerasq; sphæras adscribi solet. Est aũt unus è numero maximorũ circulorum: quippe cum maximi circuli in sphæris dicantur, quibus idem centrum cum sphæra est. Sunt porro maximi circuli septem: Aequator, Signifer, qui per media signa ducitur, qui per polos ducitur, cuiusq; habitationis Horizon, Meridianus, Lacteus.

De quinq; zonis.

Totius terræ superficies sphærica est, & diuidit in zonas quinq;. Ex quibus duæ sunt,

μὲν αἱ περὶ τοὺς πόλους. πορρωτάτω δὲ κείμεναι τῆς τοῦ ἡλίου προσόδου, κατεψυγμέναι λέγονται, καὶ ἀοίκητοι διὰ τὸ ψύχος εἰσίν. ἀφορίζονται δὲ ὑπὸ τῶν ἀρκτικῶν πρὸς τοὺς πόλους. αἱ δὲ τούτων ἑξῆς, συμμέτρως μὲν κείμεναι πρὸς τὴν τοῦ ἡλίου πάροδον, εὔκρατοι καλοῦνται. ἀφορίζονται δ᾽ αὗται ὑπὸ τῶν ἐν τῷ κόσμῳ ἀρκτικῶν καὶ τροπικῶν κύκλων, μεταξὺ κείμεναι αὐτῶν. ἡ δὲ λοιπή, μέση τῶν προειρημένων κειμένη δ. ἐπ᾽ αὐτὴν τὴν τοῦ ἡλίου πάροδον, διακεκαυμένη καλεῖται. διχοτομεῖται δ᾽ αὕτη ὑπὸ τοῦ ἐν τῇ γῇ ἰσημερινοῦ κύκλου, ὃς κεῖται ὑπὸ τὸν ἐν τῷ κόσμῳ ἰσημερινὸν κύκλον. τῶν δὲ εὐκράτων δύο ζωνῶν, ἡ ὑπὸ τῶν ἐν τῇ καθ᾽ ἡμᾶς οἰκουμένῃ κατοικεῖσθαι συμβέβηκεν, ἧς μὲν τὸ μῆκος οὖσα ὡς ἔγγιστα περὶ δέκα μυριάδας σταδίων, ἧς δὲ τὸ πλάτος ὡς ἔγγιστα τὸ ἥμισυ.

Περὶ τῶν κατεστηριγμένων ζωδίων.

Τὰ κατεστηριγμένα ζώδια διαιρεῖται εἰς μέρη τρία, ἃ μὲν γὰρ αὐτῶν ἐπὶ τοῦ ζωδιακοῦ κύκλου κεῖται, ἃ δὲ λέγεται βόρεια, ἃ δὲ προσαγορεύεται νότια. τὰ μὲν οὖν ἐπὶ τοῦ ζωδιακοῦ κύκλου κείμενα, ἐστὶ τὰ ιβ ζώδια, ὧν τὰς ὀνομασίας προειρήκαμεν ἐν ἄλλοις. καὶ ἐν τοῖς ιβ ζωδίοις, τινὲς ἀστέρες διὰ τὰς ἐπ᾽ αὐτοῖς γινομένας ἐπισημασίας, ἰδίας προσηγορίας ἠξιωμένοι εἰσίν. οἱ μὲν γὰρ ἐπὶ τοῦ ταύρου, ἐπὶ τοῦ νώτου αὐτοῦ κείμενοι ἀστέρες, τὸν ἀριθμὸν ἕξ, καλοῦνται πλειάδες. οἱ δὲ ἐπὶ τοῦ βουκράνου τοῦ ταύρου κείμενοι ἀστέρες, τὸν ἀριθμὸν καὶ αὐτοὶ ε, καλοῦνται ὑάδες. ὁ δὲ προηγούμενος τῶν ποδῶν τῶν διδύμων ἀστήρ, προσαγορεύεται πρόπους. οἱ δὲ ἐν τῷ καρκίνῳ νεφελοειδεῖ συστροφῇ ἐοικότες, καλοῦνται φάτνη. οἱ δὲ πλησίον αὐτῆς δύο ἀστέρες κείμενοι, ὄνοι προσαγορεύονται. ὁ δὲ ἐν τῇ καρδίᾳ τοῦ λέοντος κείμενος λαμπρὸς ἀστὴρ ὁμωνύμως τῷ τόπῳ ἐφ᾽ οὗ κεῖται, καρδία λέοντος προσαγορεύεται, ὑπὸ δέ τινων βασιλίσκος καλεῖται, ὅτι δοκοῦσιν οἱ περὶ τὸν τόπον τοῦτον γεννώμενοι, βασιλικὸν ἔχειν τὸ γενέθλιον. ὁ δὲ ἐν ἄκρᾳ τῇ ἀριστερᾷ χειρὶ τῆς παρθένου κείμενος λαμπρὸς ἀστήρ, στάχυς προσαγορεύεται. ὁ δὲ παρὰ τὴν δεξιὰν τῆς παρθένου πτέρυγα κείμενος ἀστερίσκος, προτρυγητὴς ὀνομάζεται. οἱ δὲ ἐν ἄκρᾳ τῇ δεξιᾷ χειρὶ τοῦ ὑδροχόου τέσσαρες ἀστέρες, κάλπη καλοῦνται. οἱ δὲ ἀπὸ τῶν οὐραίων μερῶν τῶν ἰχθύων κατὰ τὸ ἑξῆς κείμενοι ἀστέρες, λίνοι προσαγορεύονται. εἰσὶ δὲ ἐν μὲν τῷ νοτίῳ λίνῳ ἀστέρες θ, ἐν δὲ τῷ βορείῳ λίνῳ ε. ὁ δὲ ἐν ἄκρῳ τῷ λίνῳ κείμενος λαμπρὸς ἀστήρ, σύνδεσμον προσαγορεύεται. Βόρεια δέ ἐστιν, ὅσα τοῦ τῶν ζωδίων κύκλου πρὸς ἄρκτους κεῖται. ἔστι δὲ τάδε. ἡ μεγάλη ἄρκτος, ἡ μικρά, δράκων ὁ διὰ τῶν ἄρκτων, ἀρκτοφύλαξ, στέφανος, ἐνγόνασιν, ὀφιοῦχος, ὄφις, λύρα, ὄρνις, ὀϊστός, ἀετός, δελφίς, προτομὴ ἵππου, καθ᾽ Ἵππαρχον ἵππος, κηφεύς, κασσιέπεια, ἀνδρομέδα, περσεύς, ἡνίοχος, δελτωτόν. καὶ ὁ ὕστερον κατεστηριγμένος ὑπὸ Καλλιμάχου Βερενίκης πλόκαμος. πάλιν δὲ καὶ ἐν τούτοις ἀστέρες τινές, ἰδίας ἔχουσι προσηγορίας διὰ τὰς ὁλοσχερεῖς ἐπ᾽ αὐτοῖς γινομένας ἐπισημασίας. ὁ μὲν γὰρ ἀνὰ μέσον τῶν σκελῶν τοῦ ἀρκτοφύλακος κείμενος ἐπίσημος ἀστήρ, ἀρκτοῦρος ὀνομάζεται. ὁ δὲ παρὰ τὴν λύραν κείμενος λαμπρὸς ἀστήρ, ὁμωνύμως ὅλῳ τῷ ζωδίῳ λύρα προσαγορεύεται. οἱ δὲ ἐν ἀριστερᾷ ἄκρᾳ χειρὶ τοῦ περσέως κείμενοι ἀστέρες, γοργόνιοι καλοῦνται. οἱ δὲ ἐν ἄκρᾳ τῇ δεξιᾷ χειρὶ τοῦ περσέως κείμενοι ἀστερίσκοι πυκνοὶ καὶ μικροί, εἰς τὴν ἅρπην κατηστερίζονται. ὁ δὲ ἐν τῷ εὐωνύμῳ ὤμῳ τοῦ ἡνιόχου κείμενος λαμπρὸς ἀστήρ, αἲξ προσαγορεύεται. οἱ δὲ ἐν ἄκρᾳ τῇ αὐτῇ χειρὶ ἀστερίσκοι δύο, ἔριφοι καλοῦνται. νότια δέ ἐστιν ὅσα τοῦ τῶν ζωδίων κύκλου πρὸς μεσημβρίαν κεῖται. ἔστι δὲ τάδε, ὠρίων, προκύων, λαγωός, ἀργώ, ὕδρος, κρατήρ, κόραξ, κένταυρος, θηρίον ὃ κρατεῖ ὁ κένταυρος, θυρσόλογχος ὃν κρατεῖ ὁ κένταυρος, θυμιατήριον, νότιος ἰχθύς, κῆτος, ὕδωρ τὸ ἀπὸ τοῦ ὑδροχόου. ποταμὸς ὁ τοῦ ὠρίωνος, νότιος στέφανος, ὑπό τινων οὐρανίσκος προσαγορευόμενος, κηρύκιον καθ᾽ Ἵππαρχον. πάλιν δὲ καὶ ἐν τούτοις τινὲς ἀστέρες ἰδίας ἔχουσι προσηγορίας. ὁ μὲν γὰρ ἐν τῷ προκύονι ὢν λαμπρὸς ἀστήρ, προκύων καλεῖται. ὁ δὲ ἐν τῷ στόματι τοῦ κυνὸς λαμπρὸς ἀστήρ, ὃς δοκεῖ τὴν ἐπίτασιν τῶν καυμάτων ποιεῖν, ὁμωνύμως ὅλῳ τῷ ζωδίῳ, κύων προσαγορεύεται. ὁ δὲ ἐν ἄκρῳ τῷ πηδαλίῳ τῆς ἀργοῦς κείμενος λαμπρὸς ἀστήρ, κάνωβος ὀνομάζεται. οὗτος μὲν ἐν ῥόδῳ μόλις θεώρητός ἐστιν, ἢ παντελῶς ἀφ᾽ ὑψηλῶν τόπων ὁρατός. ἐν ἀλεξανδρείᾳ δὲ ἐστὶ παντελῶς ἀφανής. σχεδὸν γὰρ τέταρτον μέρος ζωδίου ἀπὸ τοῦ ὁρίζοντος μετεωρισμένος φαίνεται.

Τέλος τῆς τοῦ πρόκλου σφαίρας.

quæ circa polos describũtur: frigidæ dictæ, quod maxime absunt à solis orbita: Eedem ob frigoris iniuriam parum habitatæ. Determinantur aũt polos uersus arcticis circulis. Quæ uero post has deinceps habentur, quod mediocriter ad prætereuntem solem sunt sitæ, temperatæ appellantur: habentq́ in cœlo limites arcticos, tropicosq́ circulos, quibus interiacent. Reliqua, quæ inter memoratas quatuor medium locum tenet, quod sub ipso solis transitu iacet, torrida nuncupatur: à terrestri æquatore in duas partes diuisa: Is porro sub mũdi æquatore porrigitur. Sed ex temperatis altera à nostri orbis hominibus incolitur, ipsa longa propè centum milibus stadiorum, lata ferè dimidio.

De signis cœlestibus.

Signa stellis insignita diuidũtur in partes tres: Quædã enim in signifero locata sunt, quædam septentrionalia uocantur, quædam austrina. Quæ itaq; in signifero sita sunt, duodecim animalia sunt, quorũ nomenclaturas alibi diximus. In iis duodecim stellæ quædam sunt, quæ ob quasdam quas referũt notas, proprias appellationes meruerunt. Siquidem sex numero, quæ in tauri dorso uisuntur, Pleiades nominãtur. Quinque uero, quæ in capite tauri cernuntur, Hyades dicuntur. Stella uero, quæ pedes geminorum præcedit, Propus quasi præpes uocatur. Quæ uero in Cancro nubeculam referunt, Præsepe uocant. At duæ quæ iuxta Præsepe collocatæ sunt, Aselli dicuntur. Prænitens autem sydus, quod in corde leonis notatur, simili cum loco nomine leonis cor dicitur, à nonnullis regia stella, quod qui sub ea nascuntur, regiam natiuitatem sint nacti. Sed quæ in uirginis summa sinistra manu hæret, fulgida sanè stella, spicam nominant. Stellula uero quæ iuxta uirginis dextram alam figitur, Protrigeter dicitur. At quatuor stellæ, quæ in summa Aquarii dextra uisuntur, Vrnæ nomen habent. Quæ uero à piscium caudæ partibus sitæ deinceps sunt, gręce lini, latinæ lineæ, uel, ut quibusdam placet, lineolæ nuncupãtur. Sunt itaq; in austrina linea stellæ nouem, in septentrionali quinq;. Sed præfulgens sydus, quod in summa linea conspicitur, græce syndesmos, latine nodus nuncupatur. Septentrionalia sunt, quæcunq; ad septentrionem signiferi situm habent: Sunt aũt hæc. Vrsa maior, Vrsa minor, Draco qui inter Vrsas locatur. Arctophylax, Corona, Engonasin, Serpentarius, Serpens, Lyra, Auis, Sagitta, Aquila, Delphinus, Protome hippi, hoc est prior equi portio, iuxta Hipparchum equus, Cepheus, Casiopeia, Andromeda, Perseus, Auriga, Deltoton, Et qui postea à Callimacho in astra relatus est, Berenices crinis. In iis rursus stellæ quædam, ob notas quasdam integras, quas in se continent proprias appellationes sunt sortitæ. Nam insigne sydus, quod supra media Arctophylacis crura iacet, Arcturus appellatur. Clara autem stella, quæ iuxta Lyram posita est, totius signi nomine Lyra dicitur. Quæ uero in Persei summa sinistra spectantur, Gorgonę nomen habent: Sed quæ in summa eius dextra notantur, stellulæ certe crebræ paruæq́, falcem conficiunt. At illustre sydus, quod in aurigæ sinistro humero cernimus, Capram nominamus. Duas uero exiguas stellas, quæ in summa eiusdem aurigæ manu figuntur, Hœdos dicimus. Austrina signa sunt, quæcunq; ad meridionalẽ signiferi partem sunt posita. Eorũ nomina hæc sunt. Orion, Procyon, Lepus, Argo, Hydra, Cratera, Coruus, Centaurus, Fera quãm centaurus tenet, Thyrsolochus quem centaurus præfert. Thuribulũ, Austrinus piscis, Cetus, Aqua quæ ab aquario funditur, Flumen quod ab Orione defluit. Australis corona, quam nonnulli Vraniscum uocauere, ac si à cœlo diminutiuũ declines: et iuxta Hipparchũ caduceus. In iis quoq; stellæ quædã propria sibi nomina uendicauere: Quippe lucida stella, quæ in Procyone cernitur, Porcyon appellatur: Quæ uero in ore canis conspicuo splendore aspicitur, quodq́ æstus incrementa secũ afferre putatur, canis eodem, quo totũ signum, nomine censetur. At sydus quod in summo argus gubernaculo fulget, Canobus nominatur: hic in Rhodo ægre conspicitur, aut certe ab editis locis: In Alexandria uero prorsus non cernitur: utpote uix quarta signi portione, supra horizontem extante.

FINIS SPHAERAE.

ΑΡΑΤΟΥ ΒΙΟΣ.

Ἄρατος πατρὸς μὲν ἦν Ἀθηνοδώρου, μητρὸς δὲ Δηοδώρας, ἐκ σόλων τῆς κιλικίας. ὠνόμασται δὲ ἡ πόλις ἀπὸ σόλωνος τοῦ λινδίου. ἔστι δὲ ἡ νῦν πομπηϊόπολις. ἦν δὲ ἐπὶ πτολεμαίου τοῦ φιλαδέλφου. καὶ ἐσχόλασε διονυσίῳ τῷ ἡρακλεώτῃ. συνῆν δὲ ἀντιγόνῳ τῷ μακεδόνων βασιλεῖ, καὶ φίλᾳ τῇ τούτου γαμετῇ. συνήκμασε δὲ ἀλεξάνδρῳ τῷ αἰτωλῷ, καὶ καλλιμάχῳ, καὶ μενάνδρῳ, καὶ φιλητᾷ. ἀδελφοὺς δὲ εἶχε τρεῖς, μύριν, καλώνδαν, καὶ ἀθηνόδωρον, ὃς πρῶτος ἀντειπεῖν λέγεται ζωΐλῳ τῷ κατὰ τῆς ὁμηρικῆς ποιήσεως γράψαντι. σχολάσας δὲ ὁ Ἄρατος περσαίῳ τῷ φιλοσόφῳ ἀθήνησι, καὶ συνελθὼν αὐτῷ εἰς μακεδονίαν μεταπεμφθέντι ὑπὸ ἀντιγόνου. καὶ παρελθὼν εἰς τὸν ἀντιγόνου καὶ φίλας γάμον, καὶ εὐδοκιμήσας, τὸ λοιπὸν τοῦ χρόνου διέτριψεν ἐκεῖσε. ἦν δὲ ὁ ἀντίγονος υἱὸς δημητρίου τοῦ πολιορκητοῦ, καὶ παρέλαβε τὴν ἀρχὴν περὶ ἑκατοστὴν καὶ πέμπτην ὀλυμπιάδα, καθ' ἣν πτολεμαῖος ὁ φιλάδελφος αἰγύπτου ἐβασίλευσεν. ὥστε καὶ θρυλλούμενον εἶναι ὑπό τινων, ὡς ἦν κατὰ τὸν αὐτὸν χρόνον νικάνδρῳ τῷ κολοφωνίῳ τῷ τὰ θηριακὰ γράψαντι. λέγουσί τε προτεῖναι ἀλλήλοις, ὁ μὲν, νικάνδρῳ σκέψασθαι τὰ φαινόμενα, ὁ δὲ, Ἀράτῳ τὰ θηριακά. τοῦτο δὲ καταφανῶς ἐστι ψεῦδος. ὁ γὰρ νίκανδρος δώδεκα ὅλαις ὀλυμπίαις νεώτερος φαίνεται. ἔνιοι δέ φασι τὸν Ἄρατον Μνασέου πατρὸς γεγονέναι, ἀριστοθήρου δέ τινος μαθηματικοῦ διακοῦσαι. ἰατρὸν δὲ προηγουμένως καὶ ποιητὴν γενέσθαι ἐν τοῖς ἀντιγόνου βασιλείοις. γηραιῷ δὲ τῷ κυρηναίῳ ἐπεβάλλετο, παρ' οὗ καὶ τοῦ γράμματος ἠξιώθη. συνήκμασε δὲ νικάνδρῳ μαθηματικῷ, καὶ αὐτῷ κολοφονίῳ, θεραπεύοντι ἅμα αὐτόν. ζηλωτὴν δέ φασι τοῦτον γενέσθαι Ὁμήρου, οἱ δὲ, Ἡσιόδου μᾶλλον.

BASILEAE APVD IOAN. HERVAGIVM
ANNO M. D. XXXV.